DOZE DIAS
A REVOLUÇÃO DE 1956

OBJETIVA

Victor Sebestyen

DOZE DIAS
A REVOLUÇÃO DE 1956
O levante húngaro contra os soviéticos

Tradução
Saulo Adriano

OBJETIVA

Todos os direitos desta edição reservados à
EDITORA OBJETIVA LTDA.
Rua Cosme Velho, 103
Rio de Janeiro — RJ — CEP: 22241-090
Tel.: (21) 2199-7824 — Fax: (21) 2199-7825
www.objetiva.com.br

Título original
Twelve Days — Revolution 1956: How the Hungarians Tried to Topple their Soviet Masters

Capa
Victor Burton

Imagem de capa
Hulton Archive/Getty Images

Revisão
Marcelo Magalhães
Diogo Henriques
Isabel Kopschitz

Editoração eletrônica
Abreu's System Ltda.

CIP-BRASIL. CATALOGAÇÃO-NA-FONTE
SINDICATO NACIONAL DOS EDITORES DE LIVROS, RJ.

S449d

Sebestyen, Victor
Doze dias : a Revolução de 1956 : o levante húngaro contra os soviéticos / Victor Sebestyen ; tradução Saulo Adriano. - Rio de Janeiro : Objetiva, 2008.

423p. ISBN 978-85-7302-918-5
Tradução de: *Twelve days : Revolution 1956 : how the Hungarians tried to topple their Soviet masters*
Inclui bibliografia e índice

1. Comunistas - Hungria - Biografia. 2. Hungria - História - Revolução, 1956. 3. Hungria - Política e governo - 1945-1989. I. Título.

08-3417 CDD: 943.9052
CDU: 94(439)

Para Jess

SUMÁRIO

ILUSTRAÇÕES

As fotografias se encontram entre as páginas 128 e 129 e 288 e 289

Mikhail Suslov[1]
Anastas Mikoian[8]
Defensores da liberdade levantam a bandeira nacional húngara sobre um tanque soviético capturado, 2 de novembro de 1956[8]
Pál Maléter no quartel do comando rebelde, 31 de outubro de 1956[9]
János Szabó[3]
Uma multidão se reúne em volta do corpo de um membro da ÁVO,* 23 de outubro de 1956[10]
O corpo linchado de um membro da ÁVO no galho de uma árvore, em Budapeste, 1º de novembro de 1956[11]
János Kádár[7]
Réus no julgamento de Imre Nagy durante o pronunciamento da sentença, 15 de junho de 1958[1]
Cadáver de um membro da ÁVO coberto de lixívia, 31 de outubro de 1956[9]

[1] Museu Nacional Húngaro
[2] CORBIS
[3] Instituto da História da Revolução de 1956
[4] Empics
[5] Agência de Notícias Húngara / Magyar Távirati Iroda
[6] Keystone — França / Gamma, Camera Press, Londres
[7] Topham Picturepoint
[8] akg-images
[9] Time & Life Pictures
[10] Gamma, Camera Press, Londres
[11] Keystone/Getty Images

Apesar de todos os esforços empreendidos para se chegar aos detentores dos direitos das imagens, alguns podem ter sido inadvertidamente omitidos. Caso isto tenha acontecido, os editores ficarão felizes em poder conferir-lhes os devidos créditos em edições futuras deste trabalho.

* ÁVO é a sigla para "Államvédelmi Osztály" (Departamento de Segurança do Estado). Em 1949, a ÁVO se tornou a "Államvédelmi Hatóság", ou ÁVH (Autoridade de Segurança do Estado). Os húngaros continuaram a chamar a instituição de ÁVO, nome de pronúncia mais fácil para eles (N. T.).

AGRADECIMENTOS

Tenho viajado à Hungria desde o final dos anos 1970, quando o grande tabu era falar sobre a Revolução de 1956. Pelos padrões do bloco comunista da época, o regime era relativamente brando, e era chamado de "o barraco mais alegre do bloco socialista". Entretanto, mesmo nas conversas familiares e entre os dissidentes que produziam a literatura *samizdat*, as publicações clandestinas, 1956 era um assunto arriscado, do qual pouco se falava; e, quando mencionado, era sempre em voz baixa. Em meados dos anos 1980, nos dois ou três anos anteriores ao colapso do comunismo, as pessoas se permitiram falar mais abertamente sobre a Revolução. Nesta época, eu visitava a Hungria com freqüência, trabalhando como repórter, e ouvi histórias pessoais de muitos que participaram da Revolução e que permaneceram no país após o seu término. Alguns deles já morreram, mas tomei a liberdade de usar suas memórias aqui.

Na Budapeste de hoje, as pessoas falam pouco das quatro décadas e meia de comunismo, que chegaram ao fim apenas há meia geração. Uma amnésia coletiva se abateu sobre o país, especialmente entre os mais jovens. Os húngaros gostam de se achar a parte moderna e progressista da União Européia. Não querem ser associados ao comunismo sinistro ou a algo fora de moda, como um fracasso heróico, mesmo um de grande magnitude como a Revolução de 1956.

Entretanto, muitos desejam se lembrar. O número de pessoas na Hungria que se empenharam de maneira especial para me ajudar é enorme. Tenho espaço para mencionar apenas algumas delas. Miklós Haraszti é um dos homens mais inteligentes que conheço, e possui uma das melhores listas de contatos da Europa Central, a qual explorei implacavelmente. Os funcionários do Instituto da História da Revolução de 1956 foram extremamente generosos com seu tempo, assim como as seguintes pessoas: Mária Vásárhelyi, Károly Makk, Nóra Walkó, Klára Kelémeri, Sándor Zsindely, László Eörsi, Csaba Békés, Ágnes Gergely, Sándor Vas, Júlia Gábor, Gergely Pongrácz, Sándor Revesz, Csilla Strbik, Mihály Szilágy, László Rajk, János Rainer e Géza Doromby. Katalin Jánosi me forneceu muitas outras informações úteis sobre a vida doméstica de seu avô Imre Nagy, e também foi minha guia em um passeio fascinante à casa dele em Budapeste. O general Béla Király foi uma fonte valiosa. Os curadores do Arquivo Nacional Húngaro e da Biblioteca Nacional me indicaram o rumo de grandes áreas de pesquisa que, sozinho, não teria achado.

Gostaria de agradecer à Biblioteca da Universidade de Columbia, em Nova York, por me ter permitido acesso ao extraordinário arquivo Bakhmeteff, que contém centenas de entrevistas com refugiados, a maioria das quais feitas apenas poucos dias após eles terem deixado suas casas, em 1956. Também em Nova York, sou grato pelas idéias originais e pelos conselhos de Joan Stein e Rebecca Mead. Na Rússia, o Arquivo do Presidente Russo e o Arquivo do Ministério das Relações Exteriores foram essenciais pelo acesso ao material sobre 1956, disponibilizado somente após o colapso da União Soviética.

Em Londres, tenho uma enorme dívida de gratidão para com Simon Sebag Montefiore, por ter me encorajado a começar o livro, e também por sua ajuda e apoio constantes, que possibilitaram que eu o finalizasse. Ele foi um arrimo fiel. Muitos refugiados húngaros na Inglaterra, exilados em 1956, foram incrivelmente generosos com seu tempo, em especial Stephen Vizinczey e Mátyás e Ilona Sárközi. Nenhum detalhe de suas memórias de 1956 pareceu banal demais para ser deixado de lado. Gostaria, também, de agradecer a Katalin Bogyay, Peter Unwin, István Dénes, Andrew Roberts, George Schöpflin, Amanda Sebestyen e Gizela Doromby por terem me ajudado com suas idéias e na localização de informações essenciais. Piers Dixon foi muito generoso ao me conceder o acesso aos diários pessoais de seu pai, Sir Pierson Dixon. Os funcionários da Biblioteca Britânica, da Biblioteca de Londres e da Biblioteca Bodleian, em Oxford, foram sempre muito prestativos.

Pelas idéias e inspirações variadas, estou particularmente em dívida para com a biografia de János Rainer escrita por Imre Nagy; o livro de György Litván, *The Hungarian Revolution: Reform, Revolt and Repression (A revolução húngara: reforma, revolta e repressão)*; e as memórias do general russo Ievgeni Malaschenko.

Georgina Capel, minha agente, sempre levantou meu ânimo quando eu mais precisei. Ion Trewin, meu sábio editor na Weidenfeld & Nicolson, foi uma fonte constante de encorajamento; e Anna Hervé, sua editora-assistente, foi também de uma ajuda enorme. Linden Lawson, minha copidesque, demonstrou entusiasmo e profissionalismo extremos.

Agradeço à minha irmã, Judith Maynard, pela ajuda com as traduções, e estou em dívida para com ela e com meu irmão, John Walko, pelas suas reflexões sobre a Revolução, ainda tão vívidas após quase 50 anos. Peter, Paul, Jayne e Wendy Diggory foram um apoio constante e essencial.

É impossível prestar o devido reconhecimento a tudo que devo a Jessica Pulay. Sem ela, este livro simplesmente jamais teria sido escrito. Com seu interesse apaixonado pela Europa Central, seu discernimento objetivo e sua mente organizada, ela examinou meticulosamente o manuscrito e sugeriu inúmeros melhoramentos. Ela foi capaz de notar minhas inconsistências lógicas antes mesmo que eu as pusesse no papel. Seu encorajamento amoroso foi um estímulo constante para que eu me esforçasse mais. Achei extremamente difícil conviver comigo enquanto escrevia este livro, porque eu praticamente não conseguia pensar em nada a não ser o ano de 1956. Não faço a menor idéia de como Jess conseguiu. Serei eternamente grato por ela ter conseguido.

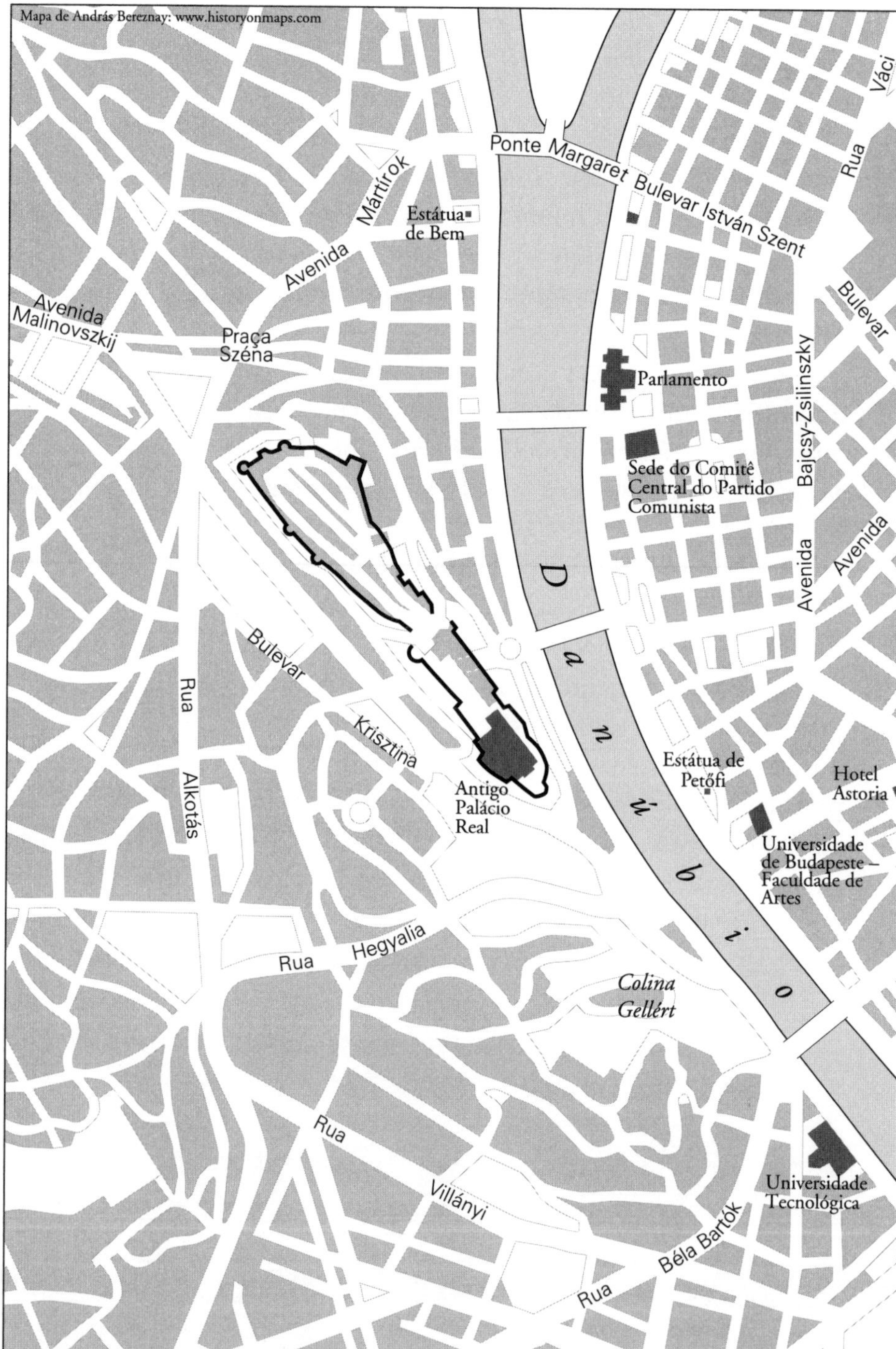
Mapa de András Bereznay: www.historyonmaps.com
Ponte Margaret
Bulevar István Szent
Rua Váci
Avenida Mártírok
Estátua de Bem
Avenida Malinovszkij
Praça Széna
Bulevar
Parlamento
Avenida Bajcsy-Zsilinszky
Sede do Comitê Central do Partido Comunista
Avenida
D a n ú b i o
Rua Alkotás
Bulevar Krisztina
Antigo Palácio Real
Estátua de Petőfi
Hotel Astoria
Universidade de Budapeste – Faculdade de Artes
Rua Hegyalia
Colina Gellért
Rua Villányi
Universidade Tecnológica
Rua Béla Bartók

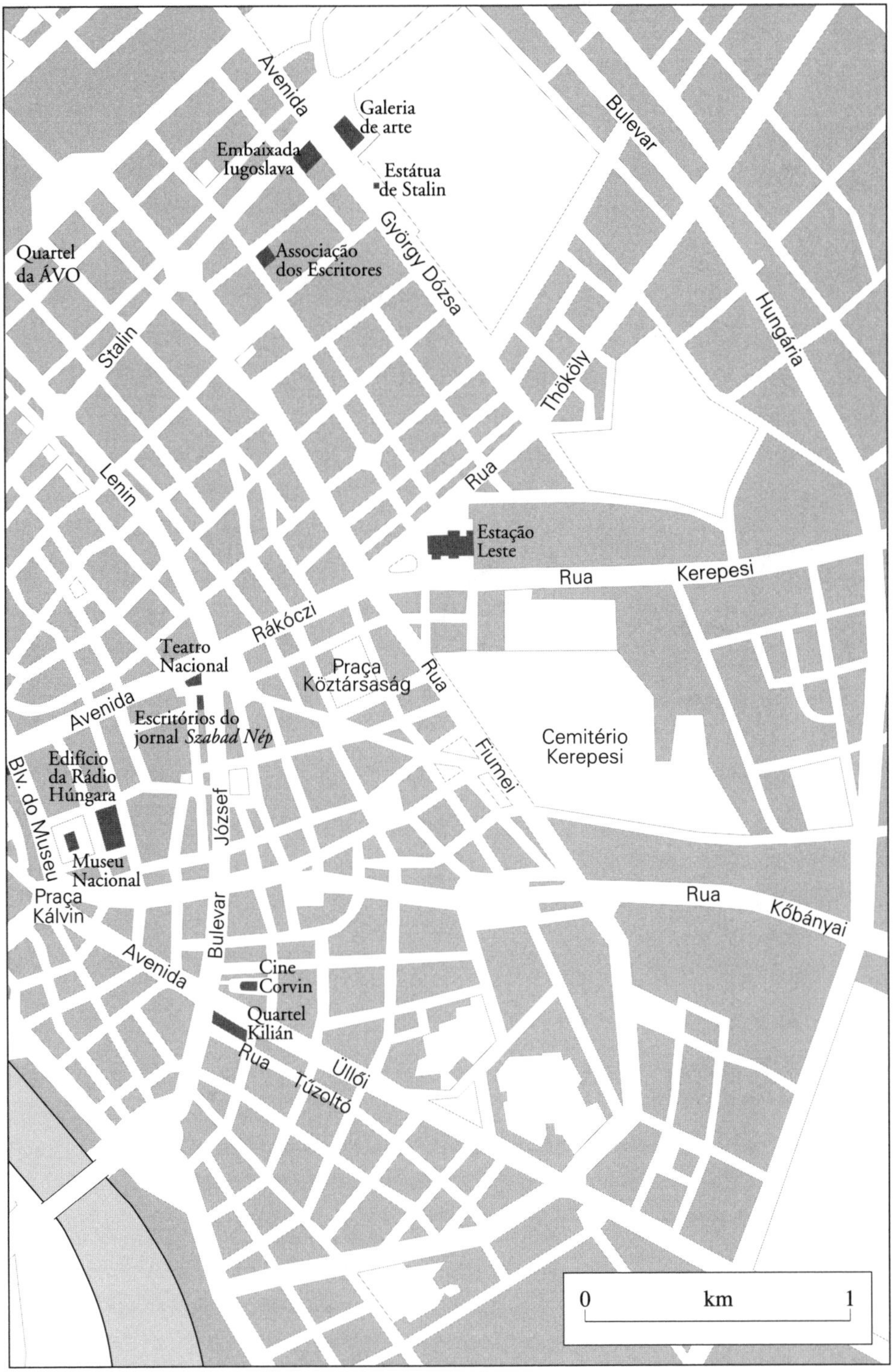
Avenida
Galeria de arte
Embaixada Iugoslava
Estátua de Stalin
Bulevar
Quartel da ÁVO
Associação dos Escritores
György Dózsa
Hungária
Stalin
Thököly
Lenin
Rua
Estação Leste
Rua
Kerepesi
Rákóczi
Teatro Nacional
Praça Köztársaság
Rua
Avenida
Escritórios do jornal Szabad Nép
Fiumei
Cemitério Kerepesi
Edifício da Rádio Húngara
Blv. do Museu
József
Museu Nacional
Praça Kálvin
Rua
Kőbányai
Bulevar
Avenida
Cine Corvin
Quartel Kilián
Rua
Üllői
Tűzoltó
0
km
1

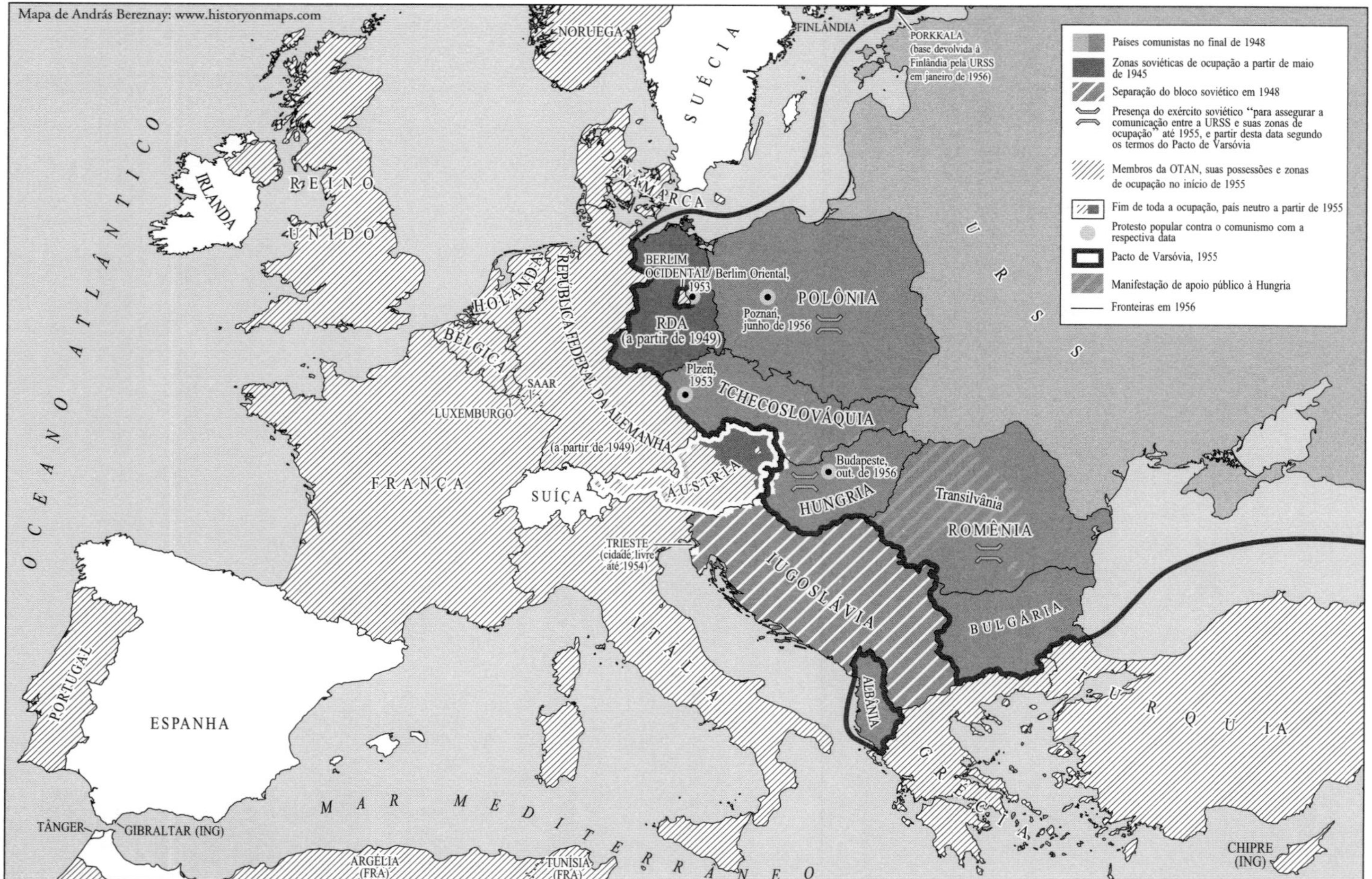

Mapa de András Bereznay: www.historyonmaps.com
Países comunistas no final de 1948
Zonas soviéticas de ocupação a partir de maio de 1945
Separação do bloco soviético em 1948
Presença do exército soviético "para assegurar a comunicação entre a URSS e suas zonas de ocupação" até 1955, e partir desta data segundo os termos do Pacto de Varsóvia
Membros da OTAN, suas possessões e zonas de ocupação no início de 1955
Fim de toda a ocupação, país neutro a partir de 1955
Protesto popular contra o comunismo com a respectiva data
Pacto de Varsóvia, 1955
Manifestação de apoio público à Hungria
Fronteiras em 1956
OCEANO ATLÂNTICO
IRLANDA
REINO UNIDO
NORUEGA
SUÉCIA
FINLÂNDIA
PORKKALA (base devolvida à Finlândia pela URSS em janeiro de 1956)
DINAMARCA
URSS
HOLANDA
BÉLGICA
LUXEMBURGO
SAAR
REPÚBLICA FEDERAL DA ALEMANHA (a partir de 1949)
BERLIM OCIDENTAL
Berlim Oriental, 1953
RDA (a partir de 1949)
POLÔNIA
Poznań, junho de 1956
Plzeň, 1953
TCHECOSLOVÁQUIA
ÁUSTRIA
Budapeste, out. de 1956
HUNGRIA
Transilvânia
ROMÊNIA
BULGÁRIA
IUGOSLÁVIA
ALBÂNIA
TRIESTE (cidade livre até 1954)
FRANÇA
SUÍÇA
ITÁLIA
ESPANHA
PORTUGAL
TÂNGER
GIBRALTAR (ING)
MAR MEDITERRÂNEO
ARGÉLIA (FRA)
TUNÍSIA (FRA)
GRÉCIA
TURQUIA
CHIPRE (ING)

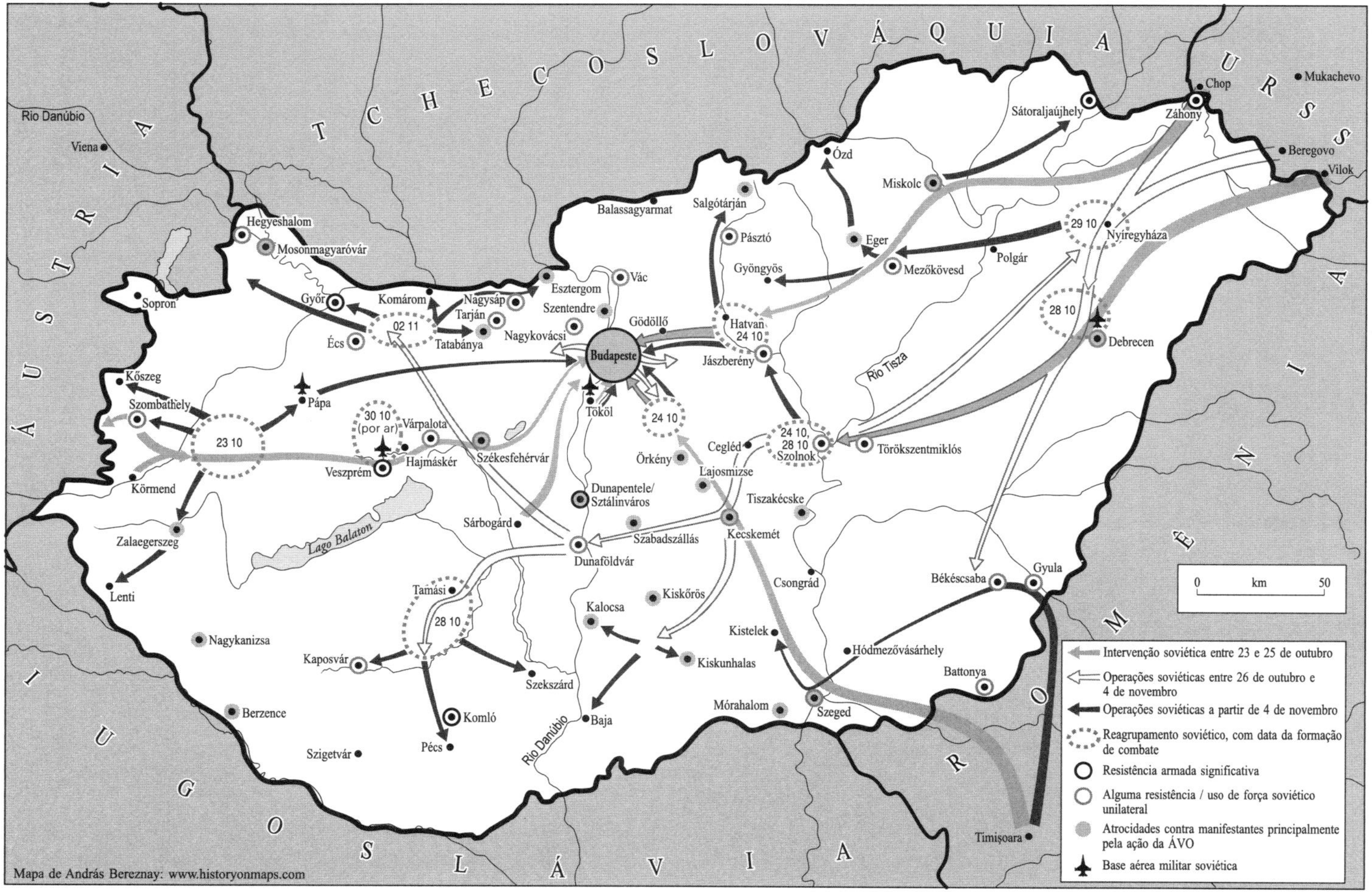

TCHECOSLOVÁQUIA
URSS
ÁUSTRIA
IUGOSLÁVIA
ROMÊNIA
Rio Danúbio
Viena
Mukachevo
Chop
Beregovo
Vilok
Záhony
Sátoraljaújhely
Miskolc
Ózd
Eger
Mezőkövesd
Polgár
Nyíregyháza
Debrecen
Salgótarján
Pásztó
Gyöngyös
Balassagyarmat
Hatvan
Jászberény
Gödöllő
Vác
Esztergom
Szentendre
Nagykovácsi
Budapeste
Tököl
Nagysáp
Tarján
Tatabánya
Komárom
Győr
Écs
Hegyeshalom
Mosonmagyaróvár
Sopron
Kőszeg
Szombathely
Körmend
Zalaegerszeg
Lenti
Pápa
Veszprém
Várpalota
Hajmáskér
Székesfehérvár
Sárbogárd
Lago Balaton
Dunapentele/
Sztálinváros
Dunaföldvár
Szabadszállás
Örkény
Cegléd
Lajosmizse
Szolnok
Törökszentmiklós
Rio Tisza
Tiszakécske
Kecskemét
Csongrád
Kiskőrös
Kalocsa
Kiskunhalas
Kistelek
Hódmezővásárhely
Mórahalom
Szeged
Baja
Rio Danúbio
Békéscsaba
Gyula
Battonya
Timişoara
Tamási
Kaposvár
Szekszárd
Komló
Pécs
Szigetvár
Nagykanizsa
Berzence
23 10
30 10 (por ar)
02 11
24 10
24 10, 28 10
28 10
29 10
0 km 50
Intervenção soviética entre 23 e 25 de outubro
Operações soviéticas entre 26 de outubro e 4 de novembro
Operações soviéticas a partir de 4 de novembro
Reagrupamento soviético, com data da formação de combate
Resistência armada significativa
Alguma resistência / uso de força soviético unilateral
Atrocidades contra manifestantes principalmente pela ação da ÁVO
Base aérea militar soviética
Mapa de András Bereznay: www.historyonmaps.com

OS ATORES PRINCIPAIS

István Bibó (1911-1979) — Um dos pensadores políticos mais influentes da Hungria e ministro de Estado, por um dia, do último gabinete de Nagy. Foi o único ministro que se recusou a fugir quando o Parlamento foi atacado pelos soviéticos, em 4 de novembro de 1956. Foi condenado à prisão perpétua em 1956 e libertado pela anistia geral em 1963.

József Dudás (1912-1957) — Líder revolucionário cujo grupo de combatentes ocupou vários edifícios estratégicos durante o levante de Budapeste. Foi um dos primeiros líderes insurgentes a ser executado, em janeiro de 1957.

Ernő Gerő (1889-1980) — Permaneceu exilado por duas décadas na URSS, a partir de meados dos anos 1920, e foi agente do alto escalão da KGB. Depois da "libertação" da Hungria, tornou-se o segundo comunista mais importante entre 1945 e 1956. Assumiu a liderança do Partido em julho de 1956, mas foi afastado do cargo pelos russos no segundo dia da Revolução. Exilou-se na Rússia até 1961 e retornou, então, a Budapeste, onde trabalhou esporadicamente como tradutor.

András Hegedüs (1922-1999) — Primeiro-ministro húngaro de 1955 a 1956. Fugiu para a URSS em 28 de outubro de 1956, no meio da revolução. Regressou à Hungria em 1958 e lecionou sociologia.

János Kádár (1912-1989) — Ministro do Interior comunista entre 1948 e 1951, sob o comando de Rákosi. Ficou preso entre 1951 e 1954. Aderiu ao governo revolucionário de Imre Nagy em 25 de outubro de 1956, mas voltou-se contra ele em 1º de novembro. Foi empossado como líder húngaro pelos soviéticos, depois que estes reprimiram a Revolução, e permaneceu como chefe do Partido da Hungria até 1988.

Béla Király (1912-) — General do exército condenado à prisão perpétua em um julgamento-espetáculo de 1952 e libertado em setembro de 1956. Foi nomeado chefe das Forças Armadas Revolucionárias húngaras durante o mês de outubro de 1956, e a defesa de Budapeste ficou a seu encargo. Fugiu para o Ocidente após a invasão soviética, em novembro de 1956. Foi condenado *in absentia* à morte. Lecionou História no Brooklin College, em Nova York. Retornou à Hungria em 1989 e foi Membro Independente do Parlamento entre 1990 e 1994.

Sándor Kopácsi (1922-2001) — Chefe da polícia de Budapeste entre 1952 e 1956. Foi julgado, juntamente com Nagy, como um dos agitadores da revolução, e condenado à prisão perpétua. Anistiado em 1963, emigrou para o Canadá, onde trabalhou por vinte anos como mecânico na empresa de energia elétrica de Toronto. Regressou à Hungria em 1989.

Géza Losonczy (1917-1957) — Jornalista, amigo e assessor político mais próximo de Imre Nagy. Foi preso e torturado durante os expurgos de Rákosi. Buscou asilo político com Nagy na Embaixada Iugoslávia em 4 de novembro, e foi capturado e preso com ele. Morreu quando foi forçado a comer durante sua greve de fome, no período em que estava detido na Prisão Central de Budapeste, em 21 de dezembro de 1957.

Pál Maléter (1917-1958) — Comandante do exército húngaro, liderou a defesa das principais fortificações dos revolucionários. Foi promovido a major-general e nomeado ministro da Defesa por Imre Nagy. Ao ser enviado para negociar com os soviéticos, foi seqüestrado pela KGB, em 3 de novembro de 1956. Foi julgado com Imre Nagy e executado em 16 de junho de 1958.

Cardeal József Mindszenty (1892-1975) — Primaz católico da Hungria condenado à prisão perpétua após um julgamento-espetáculo em 1949. Foi libertado em 31 de outubro de 1956 durante a revolução. Em 4 de novembro, durante a invasão russa, recebeu asilo político da Legação dos Estados Unidos, onde permaneceu até 1971.

Imre Nagy (1896-1958) — Primeiro-ministro húngaro de 1953 a 1955, e novamente de 24 de outubro a 4 de novembro de 1956. Foi o líder político da Revolução. Depois que os soviéticos sufocaram o levante, eles o seqüestraram e o deportaram para a Romênia. Foi preso e trazido de volta a Budapeste em 1957. Foi julgado em segredo no ano seguinte e enforcado em 16 de junho de 1958.

Mátyás Rákosi (1892-1971) — Líder dos exilados húngaros na União Soviética entre 1940 e 1944 e secretário-geral do Partido Comunista Húngaro entre 1945 e 1956. Foi afastado do cargo pelos russos e passou o resto de sua vida na URSS, no Quirguistão. Em 1970, obteve a autorização para retornar à Hungria sob a condição de não se envolver com a política, mas recusou. Seu corpo foi levado de volta à União Soviética e enterrado em Budapeste.

"Tio" János Szabó (1897-1957) — Motorista de caminhão e comandante rebelde mais famoso. Liderou um dos principais grupos armados de defensores da liberdade. Foi preso quando tentava fugir para o Ocidente e enforcado em janeiro de 1957.

Attila Szigethy (1912-1957) — Um dos principais líderes da revolução fora de Budapeste. Chefe do Conselho Revolucionário em Györ, a principal cidade do oeste da Hungria. Depois do fracasso da revolução, cometeu suicídio, em agosto de 1957, poucos dias antes da data marcada para seu julgamento.

József Szilágyi (1917-1957) — Coronel da polícia de Budapeste e uma das principais figuras de oposição a Rákosi. Foi secretário de Imre Nagy durante a revolução. Foi julgado e enforcado em 1957.

Zoltán Tildy (1889-1961) — Presidente da Hungria entre 1946 e 1948. Foi mantido em prisão domiciliar entre 1948 e 1956. Tornou-se vice-primeiro-ministro e confidente íntimo de Imre Nagy. Foi preso em novembro de 1956 e condenado a seis anos de prisão. Em 1959, ganhou anistia individual e foi libertado.

INTRODUÇÃO

Ainda hoje, mesmo Budapeste sendo uma capital da União Européia moderna e cheia de vida, algumas de suas repartições públicas e grandes edifícios residenciais são marcados por buracos de balas. Esses buracos foram deixados de propósito e são uma lembrança, tanto para os húngaros quanto para os visitantes, da tragédia que completa cinqüenta anos e que sempre será uma inspiração para os que lutaram contra a tirania: a Revolução Húngara de 1956.

A Revolução é a história de um fracasso heróico, de uma coragem admirável demonstrada em uma causa condenada ao fracasso, e de uma crueldade impiedosa. Uma pequena nação, com pessoas armadas com pouco mais que rifles e coquetéis molotov, teve a ousadia de se levantar contra uma das superpotências mundiais. A determinação ardente dos húngaros em resistir aos russos maravilhou os estrangeiros. Pessoas de todos os tipos, em todo o mundo ocidental, tornaram-se profundamente envolvidas com o destino da Hungria. Por uns poucos dias eufóricos, teve-se a impressão de que aconteceria um milagre, de que os revolucionários poderiam vencer. Então a realidade mostrou-se dura. Os soviéticos invadiram com uma força avassaladora e os húngaros foram reprimidos brutalmente. Sua capital foi devastada, milhares de pessoas morreram e o país foi ocupado por mais três décadas.

A Revolução foi o momento de definição da Guerra Fria. Foi então que, sem sombra de dúvida, a União Soviética demonstrou estar preparada para fazer uso de medidas bárbaras para manter o seu império, e que o Ocidente concordou em deixá-la agir assim. Enquanto os tanques russos transformavam partes da linda Budapeste em destroços, o mundo livre, solidário, assistia a tudo horrorizado. Os líderes do Ocidente, porém, nada fizeram.

Desde o colapso do comunismo, têm surgido muitos materiais novos sobre o levante.* Quanto mais descobrimos, a Hungria revela-se cada vez mais claramente como apenas um campo de batalha na grande luta entre o Oriente e o Ocidente na segunda metade do século XX. O país foi uma marionete aprisionada entre potências maiores. Em 1956, seu destino não foi decidido nas ruas de Budapeste pelos heróis húngaros, pelos vilões e charlatões que aparecerão nas páginas deste livro. Todas as grandes decisões foram tomadas pelos chefões em Moscou e em Washington. Por isso, as cenas deste livro mudam com freqüência de cenário, da Hungria para a Rússia ou para os Estados Unidos.

Os documentos disponibilizados recentemente pela Rússia aprofundam idéias antigas sobre a maneira como os líderes soviéticos administraram a revolução de 1956 na Hungria. Os herdeiros de Stalin, rivais ferrenhos, hesitaram por alguns poucos dias e sentiram-se surpreendentemente inseguros, mas ao final demonstraram a selvageria impiedosa que se espera dos tiranos. Os métodos que aplicaram na Hungria foram atrozes, mas os czares vermelhos se comportaram como sempre fizeram os imperialistas, desde os tempos dos romanos. Eles tentaram manter o que tinham pelo máximo de tempo possível. Eles não eram tolos e tinham poucas ilusões. Compreendiam com grande clareza o quanto o comunismo era odidado — assim como também eles, os russos, no Leste Europeu. O edifício que eles construíram depois da guerra, o grande bloco de poder monolítico, parecia extremamente forte. Porém, os velhos do Kremlin sabiam prever o futuro e estavam conscientes de que todo o império poderia ruir em uma questão de dias, e foi exatamente o que aconteceu 33 anos após a Revolução Húngara. Em 1989, a União Soviética já havia perdido o interesse em manter seus Estados vassalos europeus. Mas, em 1956, manter suas possessões imperiais era uma prioridade ideológica e nacional. Os russos não tinham nenhuma intenção de deixar que seus satélites abandonassem o "campo socialista". Do ponto de vista de Ni-

* Livros inteiros foram escritos, questionando se o que houve em 1956 na Hungria foi uma revolução ou um levante. Os húngaros insistem em dizer que foi uma revolução, apesar de ter durado tão pouco. Sou inclinado a concordar, pois por um certo tempo teve-se a impressão de que tudo mudara. Porém, os dois termos não são excludentes, e eu faço uso de ambos em meu texto.

kita Kruschev e dos outros magnatas comunistas de Moscou, eles fizeram a coisa "certa", ou pelo menos o que se esperava, em Budapeste. Eles ganharam tempo a um alto custo de sangue.

Quanto ao papel dos Estados Unidos em 1956, os documentos são muito mais reveladores. Os norte-americanos "venceram" a Guerra Fria e ditaram a maneira como sua história está escrita. O estadista-soldado e presidente Dwight Eisenhower e seu secretário de Estado, o austero John Foster Dulles, são respeitados nos Estados Unidos nos dias de hoje. A Revolução Húngara não aconteceu nos melhores dias para eles, pois coincidiu com a última semana da campanha de reeleição presidencial e a crise do canal de Suez. Eisenhower considerou a crise no Egito mais importante que a da Hungria, o que foi um julgamento racional. Entretanto, o que gerou perplexidade foi a política de duas faces no período anterior ao levante. Durante a administração de Eisenhower, os seus assistentes e assessores de mídia usaram uma retórica belicosa sobre a "libertação" dos "povos cativos" atrás da Cortina de Ferro e sobre o "retrocesso" do comunismo. A CIA gastou milhões de dólares em propaganda política para espalhar o evangelho da democracia, e não há dúvida de que os húngaros foram encorajados a se rebelar. Porém, quando os revolucionários precisaram de ajuda, Washington oficialmente lavou as suas mãos, e os húngaros foram deixados à sua própria sorte. É um grande exagero dizer, como o fez um defensor da liberdade em Budapeste, que os *Cold Warriors** norte-americanos estavam preparados para lutar contra o comunismo até o último húngaro. Porém, em 1956, muitos húngaros se sentiram traídos pelos Estados Unidos.

É fácil perceber o porquê. A reputação de Nixon, que faz uma entrada neste drama, passou por uma grande reavaliação favorável após o caso Watergate. Ele era vice-presidente em 1956, e foi o autor de um exemplo extremamente terrível de política pragmática. Em uma reunião na Casa Branca três meses antes do início da Revolução Húngara, ele disse que, do ponto de vista norte-americano, não seria nada mal se, no que se refere às relações públicas, "a mão de ferro soviética se voltasse com força novamente contra o próprio bloco soviético".

---

* Os que "lutaram" na Guerra Fria.

As tropas russas massacraram civis húngaros, e foram os assassinos do Kremlin que os enviaram; portanto, os norte-americanos não podem ser responsabilizados pela matança. Porém, na época, algumas das principais figuras em Washington sentiam um certo desconforto em relação à maneira como a crise húngara estava sendo conduzida, e achavam que a administração tinha uma responsabilidade bem maior pela tragédia do que admitia. As perguntas da época deixadas sem respostas ainda merecem ser levantadas. Os Estados Unidos estavam do "lado certo" na grande batalha da década de 1950, mas do líder do mundo livre esperavam-se padrões mais elevados de honestidade, integridade e decência do que os de um dos piores tiranos da história.

Um dos temas da Guerra Fria que exercem um fascínio permanente, o da espionagem, tem um papel importante nesta história. Somas elevadas foram gastas em redes de inteligência do Oriente e do Ocidente, e tudo indica que os espiões trabalhavam incansavelmente. Porém, é espantoso o grau de ignorância de todas essas agências em relação ao que estava de fato acontecendo nos Estados satélites. Os russos, apesar dos choques sofridos em outras partes de seu sistema, eram notavelmente complacentes em relação à Hungria. Nem a CIA nem o MI6 e nem as outras organizações de espionagem ocidentais foram capazes de prever nenhum dos tumultos graves na Hungria em 1956, e muito menos que a mais violenta de todas as rebeliões contra o domínio soviético estava prestes a irromper.

Por que a Hungria e por que 1956? O motivo mais óbvio é que, no início da década de 1950, a Hungria vivia sob a ditadura mais opressiva do bloco oriental. Mátyás Rákosi, seu déspota por oito anos, podia ser comparado, juntamente com seu grande mentor, Stalin, ou com Mao Tse-tung, a um monstro. De acordo com o princípio do historiador Tocqueville, as ditaduras estão em seu ponto mais vulnerável quando começam as reformas. Em 1956, o regime havia abrandado significativamente, o bastante para que a fúria e o ódio substituíssem o medo como fatores de motivação na vida política. Porém, um fator mais importante foi que a Hungria se sentia diferente cultural, histórica e lingüisticamente das outras nações do bloco oriental. Havia uma indignação contra a União Soviética nos países satélites depois da guerra, pois a Rússia considerava todos como suas colônias, e os tratava como tal. Porém, em nenhum outro lugar o ódio era tão forte e profundo como na Hungria, uma nação derrotada e tratada como inimiga, o que foi um fator psicológico determinante. Diferentemente dos poloneses ou tchecos, a Hungria, sob o comando de um ditador fascista local por duas décadas, invadira a União Soviética na Segunda Guerra Mundial. As circunstâncias da revolução explicam muito da extrema brutalidade e da sordidez demonstrada pelos dois lados durante aqueles 12 dias de outono.

Os nomes húngaros podem ser terrivelmente confusos e difíceis de entender para os que não estão familiarizados com a língua. Entre estes está o de Imre Nagy,* um dos personagens mais importantes da história de 1956. Ele se tornou conhecido como o líder da revolução, teve uma morte extremamente honrada e corajosa no cadafalso e é reverenciado como um mártir da causa da liberdade. Nos últimos anos, houve na Hungria uma estranha inversão de papéis. O papel de Nagy foi novamente pesado, e os ponteiros da balança moveram-se levemente. Sua morte foi mais gloriosa que sua vida. Algumas evidências indicam que ele foi um agente da KGB no auge dos expurgos de Moscou, nos anos 1930. Os húngaros contemporâneos passaram a considerá-lo um homem digno de grande respeito, mas sofrível como líder político. Parecia inevitável que seu fim seria trágico no momento em que ele assumiu o papel de protagonista na Revolução.

János Kádár, ao contrário, traiu a Revolução. Foi empossado pelos russos como seu vassalo na Hungria, e certificou-se de que Nagy fosse enforcado. Sobreviveu no poder por 32 anos, e na maior parte deste tempo foi uma figura admirada e genuinamente popular. Uma pesquisa de opinião conduzida em Budapeste em 2003 deu a ele o posto de segundo húngaro mais popular da história, bem à frente de Nagy.

A palavra húngara para revolução é *forradalom*. Significa literalmente "transbordamento das massas", e foi isto o que aconteceu em Budapeste em outubro de 1956. Esta revolução foi marcada pelo idea-

* Nagy significa "grande", e é um dos nomes mais comuns na Hungria. Em húngaro, o sobrenome é sempre colocado antes do primeiro nome. Por exemplo, ele seria chamado de "Nagy Imre". Manter a tradição húngara provavelmente confundiria os leitores de outros locais, por isso aqui eu adoto o sistema usado internacionalmente e coloco os primeiros nomes na frente.

lismo e entusiasmo incontrolável, e também pela violência e confusão absoluta. Às vezes não fica claro quem estava lutando contra quem, ou por que motivo. Algumas imagens da época, a maioria em preto-e-branco granulado, ainda hoje têm o poder de chocar: as armas russas disparando através do Danúbio contra qualquer alvo móvel, multidões de linchadores formadas por civis armados aplicando a justiça instantânea aos espiões da polícia, e crianças de 12 anos lutando contra os tanques. Algo que sempre me perturbou foi que estes jovens, assim como os adultos que os armaram e os enviaram para lutar, devessem ser louvados como heróis revolucionários.

Minha mãe costumava freqüentar regularmente um grupo de discussão com seus amigos em Budapeste. A revolução poderia ter sido vitoriosa? Foi mesmo necessário que 2.500 húngaros morressem em uma batalha contra probabilidades insuperáveis? A revolução foi de alguma maneira uma "vitória na derrota", como os húngaros gostam de dizer? Fui criado com a história de 1956, e ela faz parte de mim desde que meus familiares deixaram a Hungria na condição de refugiados, quando eu era uma criança pequena. Desde as minhas memórias mais antigas, tenho feito as mesmas perguntas que minha mãe fazia sobre a revolução que mudou nossas vidas.

PRÓLOGO

Domingo, 4 de novembro de 1956

Às seis e meia da manhã, começou a chegar à redação da Associated Press de Viena uma série de mensagens por telex de Budapeste. Foram enviadas em caráter de urgência do escritório do jornal húngaro *Szabad Nép* (Povo Livre). Porém, não se tratava de palavras de um repórter comum. Foram escritas por um jovem, com uma das mãos operando o teclado do teletipo e a outra carregando uma arma, que via suas esperanças extremas de liberdade serem esmagadas.

> Desde o começo da manhã as tropas russas estão atacando Budapeste e a nossa população. [...]
> Por favor, informem ao mundo sobre o ataque traiçoeiro contra nossa luta pela liberdade. [...]
> Nossas tropas já entraram na batalha.
> Socorro! Socorro! Socorro!
> SOS! SOS! SOS!
> As pessoas viraram um bonde para usar como barricada perto deste prédio. No prédio, os jovens estão fazendo coquetéis molotov e granadas de mão para lutar contra os tanques. Estamos calmos, não estamos com medo. Enviem estas notícias para o público de todo o mundo e digam que todos precisam condenar a agressão.
> Agora a luta está bem próxima, e nós não temos metralhadoras suficientes no prédio. Não sei por quanto tempo nós vamos conseguir resistir. Agora eles estão fazendo granadas de mão. Há um tiroteio pesado aqui perto. Do alto, ouvimos o barulho dos aviões. [...]

A linha ficou muda por meia hora, e depois as mensagens angustiadas recomeçaram.

> Agora está tudo silencioso. Pode ser a calmaria antes da tempestade. Estamos quase sem armas, só com metralhadoras leves, rifles longos de fabricação russa e algumas carabinas. Não temos nenhuma arma pesada.
> As pessoas estão subindo nos tanques, jogando granadas dentro deles e fechando as janelas com violência. O povo húngaro não tem medo da morte. Só lamentamos não conseguir resistir por muito tempo.
> Um homem acabou de entrar, vindo da rua. Disse que não devemos pensar assim porque a rua está deserta, e as pessoas foram se abrigar. Elas estão nas entradas de suas casas, esperando o momento certo.

Houve mais uma falha na transmissão, por uns minutos, e depois a linha voltou a funcionar. Já haviam passado duas horas desde que os tanques soviéticos começaram a atacar Budapeste com força maciça.

> O tiroteio começou de novo neste instante. Estamos sendo atingidos. Os tanques estão se aproximando, e eles têm artilharia pesada.
> Acabamos de receber um comunicado dizendo que nossa unidade está recebendo reforços e munição. Mas ainda é muito pouco. Não se pode permitir que pessoas desarmadas ataquem os tanques. O que as Nações Unidas estão fazendo?
> Aqui no prédio do jornal há entre duzentas e 250 pessoas, e cerca de cinqüenta são mulheres.
> Os tanques estão chegando mais perto. As duas estações de rádio estão nas mãos dos rebeldes. Eles estão tocando o hino nacional.
> Vamos resistir até a última gota de sangue. No andar de baixo há homens que só têm uma granada de mão.
> Vou para a janela da sala ao lado para atirar. Mas eu vou voltar se houver algo novo para contar [...] senão, liguem para mim.
> Não se irritem com a maneira como estou escrevendo. Estou agitado. Quero saber como isto vai terminar. Quero atirar, mas não há nenhum alvo à vista. Vou manter vocês informados enquanto for possível.
> Onde está a ONU?
> Um avião russo acabou de disparar rajadas atrás de rajadas. Não sabemos onde atiraram. Só vimos o avião e ouvimos o barulho.

> Continuam a construir barricadas. O Parlamento e as áreas a seu redor estão cheias de tanques. [...] Há aviões sobrevoando, mas são tantos que não dá para contar. Estão chegando longas fileiras de tanques. Já começaram a atirar em nosso prédio, mas ainda não houve nenhuma baixa. O estrondo dos tanques é tão alto que aqui ninguém consegue ouvir o que os outros estão falando.
> Agora eu tenho que ir de novo para a sala ao lado dar alguns tiros da janela. Mas vou tentar voltar se houver alguma novidade.

O jovem fez uma outra "pausa para o rifle" e depois voltou.

> Acabamos de receber uma notícia de que as tropas norte-americanas vão chegar dentro de uma ou duas horas.
> As balas atingiram este prédio de novo. Os tanques estão agora atirando em direção ao Danúbio. Nossos jovens estão nas barricadas pedindo mais armas e mais munição. A luta mais violenta está acontecendo no centro da cidade. [...] Os tanques saíram daqui e foram para algum outro lugar. [...]
> Acabaram de disparar um tiro perto daqui. Agora há uma luta pesada na direção do Teatro Nacional, perto de nós, no centro da cidade. Em nosso prédio, temos jovens de 15 anos de idade e homens de 40. Não se preocupem conosco. Somos uma nação pequena, mas somos fortes. Quando a luta acabar, vamos reconstruir nosso triste país. Enviem para nós qualquer notícia sobre a ação mundial em favor da Hungria. Não se preocupem. [...] Nós queimamos nossas mensagens logo que terminamos de lê-las. [...]

Pouco antes das 11 da manhã, a linha caiu, e o repórter não voltou mais.

PARTE UM
PRELÚDIO

UM

Moscou, 9 de outubro de 1944

Em seu apartamento no Kremlin, Josef Stalin abrigou uma conferência de guerra com Winston Churchill. Ambos sabiam que a derrota da Alemanha era uma questão de meses e procuravam chegar a um acordo sobre o futuro da Europa após o fim do conflito.

Para o grande desgosto do primeiro-ministro britânico, uma pessoa de hábitos diurnos, Stalin dormia a maior parte do dia e trabalhava à noite. Os líderes se encontraram às dez da noite, na presença apenas de seus ministros das Relações Exteriores, Viacheslav Molotov e Anthony Eden, e de dois intérpretes. Tempos depois, ao descrever a cena, Churchill diria: "Como o momento era propício para negócios, eu disse: 'Vamos já resolver nossos assuntos nos Bálcãs. Os seus exércitos estão na Romênia e na Bulgária; e nós temos interesses, missões e agentes nesses lugares. Não vamos deixar que aconteça um mal-entendido por pouca coisa. No que diz respeito aos interesses da Inglaterra e da Rússia, o que você acha de vocês ficarem com 90% de domínio na Romênia, de nós ficarmos com 90% de controle na Grécia e de dividirmos meio a meio o poder na Iugoslávia?'"

Churchill pegou uma folha de papel e escreveu em metade dela o acordo que propunha. A Hungria era outro país onde o comando seria dividido meio a meio. "Ao olhar o papel, Stalin pegou seu lápis azul, assinalou a folha com um grande tique e nos devolveu. Foi tudo acertado em menos tempo do que foi necessário para se escrever o acordo. Depois disso houve um longo silêncio. O papel ticado se encontrava no centro da mesa. Depois de um bom tempo, eu disse: 'Não vão achar muito cínico se ficar a impressão de que nós tratamos destes assuntos tão vitais para milhões de pessoas assim, de maneira tão leviana? Vamos queimar o papel.' Stalin disse: 'Não, fique você com ele.'"[1] No dia seguinte, as tropas soviéticas atravessaram a fronteira da

Ucrânia e entraram na Hungria oriental, e de lá não saíram antes que se passassem mais 45 anos.

Diplomatas e historiadores ainda hoje discutem a importância do "acordo das porcentagens", ou, como Churchill o chamava, "o documento indecente". Muitos dizem que ele simplesmente reconhecia a existência de tropas russas no solo. Porém, se levado em consideração juntamente com o acordo norte-americano na Conferência de Yalta no ano seguinte, a divisão pós-guerra da Europa teve um efeito psicológico devastador na Hungria. "Depois da Guerra, nos sentimos abandonados pelo Ocidente", observou Eva Walko, uma jovem bem informada e inteligente que viajara bastante para o Ocidente no entreguerras. "E o nosso pressentimento se confirmou." Após a conclusão do "acordo das porcentagens", Eden escreveu a Alexander Cadogan, seu secretário permanente, uma nota que dizia: "Acho que os russos vão querer ser muito duros com os húngaros." Ele era um mestre em usar meias-palavras.[2]

Os russos, porém, tinham primeiro que conquistar sua vitória. Os seis meses seguintes na Hungria testemunharam algumas das lutas mais ferozes de toda a guerra. Dois exércitos soviéticos comandados pelo marechal Rodion Malinovski pouco a pouco cercaram Budapeste, enquanto dentro da capital havia caos e guerra civil.

A Hungria, sob o comando de seu "regente" nos últimos 25 anos, o almirante Miklós Horthy, havia sido uma aliada-chave dos alemães.* Horthy tinha modos impecáveis, mas era impiedoso e violento. Milhares de seus opositores foram assassinados ou desapareceram. Seu objetivo principal era simples: a reconquista das terras húngaras históricas perdidas após a Primeira Guerra Mundial. Hitler prometera restituir à Hungria a maior parte da Transilvânia, Eslováquia e Croácia, cedidas sob o Tratado de Trianon. A partir de meados dos anos 1930, com o apoio de Horthy, a Hungria se tornou cada vez mais nazificada e,

* Horthy foi, de muitas maneiras, o exemplo de ditador do entreguerras. Ele tomou o poder em 1919 por meio de um violento golpe contra uma breve república soviética, depois do qual milhares de esquerdistas foram presos e mortos. Governou por quase 25 anos e escapou por pouco de ser processado por crimes de guerra após a Segunda Guerra Mundial. Foi o único dos líderes do Eixo a morrer calmamente em seu leito, enquanto desfrutava uma aposentadoria tranqüila em Portugal.

quando chegou a ocasião, o exército do Regente marchou com entusiasmo contra a Rússia soviética.

Os húngaros escaparam do pior da guerra até março de 1944, quando os alemães ocuparam o país. Os alemães estavam desesperados para reforçar a frente oriental, que se enfraquecia rapidamente, e queriam compensar o tempo perdido na implementação, na Europa Central, de seu plano de extermínio dos judeus, a "solução final". Em pouco menos de seis meses, 450 mil judeus húngaros que viviam fora de Budapeste foram enviados para as câmaras de gás em Auschwitz-Birkenau. Horthy não poderia ter feito nada, mesmo que tivesse desejado salvá-los.[3] Na verdade, as evidências apontam o contrário, pois seus documentos pessoais o revelam como um anti-semita fervoroso.[4]

Em setembro de 1944, o Regente finalmente tentou fazer algo decente. Quando se deu conta de que os alemães perderiam a guerra, ele fez propostas secretas a Stalin para um acordo de paz soviético-húngaro em separado. Sua tentativa não deu em nada. Os alemães ficaram sabendo de seus planos e comandos militares raptaram seu filho sobrevivente, Miklós Junior, e em 15 de outubro forçaram o Regente a abdicar. Ele foi, então, deportado para a Alemanha. Em seu lugar, Hitler pôs como chefe de Estado Ferenc Szálasi, líder do "Cruz de Flechas", grupo fascista húngaro local que desencadeou um reinado de terror sem precedentes no país, cuja barbaridade chocou até mesmo o alto-comando alemão.[5] Os transportes aos campos de morte pararam no verão, mas o Cruz de Flechas continuou a chacina. Seus bandos percorriam Budapeste à caça de judeus e dos suspeitos de serem simpatizantes socialistas. Milhares e milhares foram baleados no cais do Danúbio e jogados no rio.

À medida que as tropas de Malinovski apertavam o cerco contra Budapeste, a derrota da Hungria era um acontecimento esperado e comemorado com antecipação pelos aliados ocidentais. Diferentemente da Polônia ou da Tchecoslováquia, a Hungria não era vista na época como uma pequena vítima corajosa. A propaganda de Londres, Washington e Moscou alertava que os húngaros haviam estado do lado "errado" nas duas guerras e os colocava entre os maiores criadores de problemas da Europa Central. A opinião de Harold Nicolson, jornalista e deputado do partido tóri, homem de opiniões liberais, era comum na época:

> Quando fiquei sabendo que os exércitos russos estavam à distância de um tiro de canhão de Budapeste, senti prazer, mas não achei esta atitude nem digna nem sensata. Minha razão me dizia que os húngaros se viram numa posição difícil, e que se tivessem teimado em permanecer neutros a situação teria sido bem difícil para eles. Eles foram forçados a entrar na guerra por causa da necessidade territorial e de um ressentimento ardente contra o Tratado de Trianon. O fato é que, desde o dia em que Árpád entrou na Hungria pela primeira vez, há mais de mil anos, os magiares têm feito mais mal do que bem à Europa. [...] Minha satisfação pode ser fruto do pressentimento lógico de que desta vez os húngaros não vão conseguir de novo perturbar a paz.

O cerco sangrento de Budapeste começou na noite de Natal e durou 51 dias. Os alemães haviam transferido dez divisões da frente ocidental para a Hungria, e as ordens de Hitler eram para defender a cidade a qualquer custo. Mais de 40 mil soldados alemães e 70 mil russos morreram na batalha, números muito elevados para um corpo-a-corpo.[6] Milhares incontáveis de civis, escondidos nos porões, foram mortos no fogo cruzado. No final, Budapeste se encontrava em ruínas. Todas as pontes que ligavam os dois lados do Danúbio haviam sido detonadas pelos alemães em retirada. Depois de Berlim e Varsóvia, Budapeste foi a capital européia mais devastada pela guerra.[7] Ferenc Nagy,* que pouco tempo depois se tornaria primeiro-ministro, descreveu a cena que viu ao sair de seu esconderijo em 14 de fevereiro de 1945: "As ruas estavam cheias de escombros da altura de um homem, e as vias principais entupidas com grandes entulhos de concreto, vigas de aço, destroços, tijolos e vidros dos prédios que caíram. Por toda parte se viam fragmentos de milhares de aviões, de tanques e de veículos blindados. [...] A neve piedosa cobria os incontáveis mortos, e havia carcaças de animais espalhadas pelas ruas. As janelas das lojas estavam cheias de mortos, enquanto os vivos, de aparência cadavéri-

* Não confundir com Imre Nagy.

ca, saqueavam os armazéns abandonados. Linhas de bondes retorcidas projetavam-se em direção ao céu, como dedos finos de uma mão em posição de súplica."[8]

Por uns poucos dias de alegria, os russos foram recebidos efusivamente como salvadores. Porém, a linha de frente do exército marchou adiante para efetuar o ataque final à Alemanha, deixando para trás soldados que logo fizeram com que os húngaros entendessem rapidamente o que significa ser um inimigo conquistado. A ocupação do Exército Vermelho provocou desespero mesmo entre os que o saudaram como uma derrota do fascismo, e logo o ódio da União Soviética se tornou mais forte do que antes da derrota. As primeiras palavras russas que a maioria dos húngaros aprendeu foram *Davai tchassey* ("Me dê o seu relógio"). O saque era generalizado, e havia desde as "brigadas de troféus" sancionadas oficialmente, que procuravam objetos valiosos para enviar à Moscou, até soldados que esvaziavam as mercearias.*

Os pertences do grande romancista Sándor Márai foram tomados, assim como os de muitos dos seus amigos:

> O russo que veio pela manhã conversou amigavelmente com a família, mostrou fotografias de sua esposa e filhos em sua casa, acariciou as cabeças das crianças e deu doce a elas. Partiu e depois voltou à tarde ou tarde da noite e assaltou a mesma família com quem tinha feito amizade naquela manhã. [...] O saque não tinha como alvo o "inimigo fascista", era provocado simplesmente pela pobreza abjeta. Estes comunistas russos eram tão pobres, tão miseravelmente necessitados, tão completamente despojados de tudo [...] que agora, libertos após trinta anos de privação e trabalho penoso, se lançaram avidamente sobre tudo que caísse em suas mãos.[9]

* A família Hatvany tinha a coleção de arte mais refinada da Hungria, com inúmeras obras de Tintoretto, El Greco, Lucas Cranach pai e Lucas Cranach filho, Delacroix, Manet, Corot, Rodin, Degas, Constable, Pissarro e Renoir. Os alemães pilharam a maior parte de sua coleção no outono de 1944, mas não conseguiram levar as pinturas para a Alemanha. Quando os russos entraram na Hungria, as "brigadas de troféus" soviéticas puseram suas mãos nas obras. Porém, os Hatvany conseguiram comprar de volta algumas das peças dos russos em 1947 e contrabandeá-las para o Ocidente.

Isso incluía as mulheres. Por mais de quatro décadas, até as tropas soviéticas saírem da Hungria, em 1990, ninguém ousava mencionar o tabu dos estupros cometidos pelos soldados russos em 1945. Muitas vítimas não falavam a respeito disso nem com suas famílias ou com amigos, e muito menos em público. Ainda não se sabe ao certo quantas mulheres foram estupradas, mas um relatório elaborado pela Embaixada Suíça na ocasião, e mantido em segredo por muitos anos, fez uma estimativa aproximada de cerca de 150 mil (numa população feminina de aproximadamente 4,5 milhões). Como conseqüência direta, as leis do aborto foram liberalizadas para que as mulheres pudessem interromper gravidezes indesejadas.[10]

As mulheres foram atacadas a partir do primeiro dia da libertação. Christine Arnothy, uma garota de 15 anos, lembra esta cena ao sair de um porão em Budapeste com sua irmã Ilas: "Os russos estavam avançando e [...], a cada casa que passavam, um grupo de soldados deixava a unidade principal. [...] Um destacamento entrou em nossa casa. O oficial que comandava gritou para nós para saber se havia alemães na casa. Muitos de nós apontaram para a direção da escada. O alemão foi morto no local e Ilas, a quem eles encontraram perto do homem abatido, foi estuprada ao lado do cadáver ainda quente. Desde o primeiro momento entendemos que o que estava acontecendo era muito diferente do que tínhamos esperado."[11]

Alaine Polcz, que tinha 20 e poucos anos ao final da guerra, fora prisioneira dos alemães. Quando os russos chegaram à sua aldeia na Hungria oriental, ela foi feita prisioneira novamente. Os soldados soviéticos viram uma fotografia dela com o marido. Ele era oficial do exército húngaro, e por isso eles a prenderam. Ela foi mantida, juntamente com um grupo de outras mulheres, no oratório de uma igreja próxima da linha de frente, de onde era possível ouvir o tiroteio. Anos mais tarde, ela recordou sua provação. "No começo da guerra, eu via cartazes em Budapeste mostrando um soldado russo arrancando um crucifixo do pescoço de uma mulher, e lia panfletos dizendo tudo o que os russos faziam. Não acreditei em nada. Pensei que fosse propaganda política." Logo ela descobriu que as coisas eram diferentes. Ela viu uma menina com a cabeça sangrando. Uma mecha de seu cabelo havia sido arrancada, e ela estava triste e desesperada.

"Os russos a levaram para um passeio", disse a mãe da menina. Não entendi e perguntei: "De bicicleta?" A mãe ficou nervosa: "Você é idiota? Você não sabe o que eles fazem com as mulheres?"

No dia seguinte, Polcz estava em uma sala com sua sogra:

> Entraram três russos e me disseram para ir com eles. Eu entendi então exatamente o que eles queriam. Pus minhas botas e amarrei meu lenço na cabeça. Desamarrei e amarrei de novo, e depois desamarrei uma outra vez para ganhar tempo. Enquanto eu estava lá, ouvi o som de algo batendo na porta: era o barulho dos saltos das minhas botas, eu estava tremendo muito.
>
> Saímos e entramos num corredor em forma de L. Comecei a atacá-los violentamente, [..] chutei e bati com todas as minhas forças, mas logo eu estava no chão. Ninguém fez nenhum som, nós lutamos em silêncio. Eles me levaram para a cozinha nos fundos da casa e, como eu tentava me defender, eles me derrubaram e eu bati a cabeça na quina da lixeira. Ela era feita de madeira.
>
> Eu recobrei os sentidos no salão do padre. Os vidros das janelas estavam quebrados e as janelas estavam cobertas com tábuas pregadas. Não havia nada sobre a cama a não ser umas tábuas onde eu estava deitada. Um russo estava em cima de mim. [...] Meu corpo não recobrara os sentidos, como acontecera com minha consciência, era como se eu estivesse dormente ou fria. [...] Naquele cômodo sem janelas e sem aquecimento, eu estava nua da cintura para baixo. Não sei quantos russos me usaram depois daquela vez, nem quantos haviam me usado antes. Quando amanheceu, eles me deixaram. Levantei-me, e só conseguia caminhar com muita dificuldade. Minha cabeça e meu corpo doíam, e eu sangrava profusamente. Nos dias que se seguiram, chegaram mais soldados, e eu fui muito molestada.[12]

Ela foi contaminada com sífilis devido aos estupros constantes.

Os homens que tentavam proteger as mulheres eram barbaramente reprimidos ou mortos. O caso mais famoso foi o do bispo Vilmos Apor, da cidade de Györ, no oeste da Hungria, que bravamente se opusera à perseguição dos judeus. Na Sexta-feira Santa de 1945, soldados soviéticos bêbados entraram em sua residência à procura de um grupo de mulheres que eles haviam visto entrar pelo acesso lateral. Quando os soldados desceram ao porão, viram o bispo vestido com todo o aparato cerimonial bloqueando a entrada do cômodo onde as mulheres se refugiaram. Ele tentou lutar com os intrusos, mas eles atiraram nele três vezes. O bispo Apor morreu dois dias depois, no domingo de Páscoa.[13]

Para muitos húngaros, os "saques oficiais", como eles se referiam às indenizações de guerra pagas à Rússia após os acordos de paz do pós-guerra, pareceram tão ruins quanto a pilhagem dos soldados. Na época, algo que se dizia muito era: "Nós tivemos três grandes tragédias na Hungria: a conquista dos tártaros no século XIII, a ocupação turca de 150 anos e a libertação russa." A divisão da Europa e os julgamentos em Yalta e Potsdam contra a Hungria para que o país fizesse indenizações por danos causaram tanto ressentimento quanto os tratados de Versalhes e Trianon uma geração antes, após a Primeira Guerra Mundial. "O país vitorioso exige que nós façamos valer seus direitos pelo fato de o país derrotado ter iniciado a guerra contra ele", explicou sem rodeios Vladimir Dekanozov, vice-comissário das Relações Exteriores da União Soviética, em uma visita anterior a Budapeste.[14]

A Rússia tinha o direito a todas as propriedades dos alemães na Hungria para compensar a União Soviética por algumas das perdas sofridas pelas mãos dos nazistas. Cerca de 1/3 da indústria húngara era controlada por capital alemão, avaliado em aproximadamente um bilhão de dólares nos valores de 1945. Duzentas fábricas inteiras e as máquinas de outras trezentas foram desmontadas e enviadas à União Soviética.[15] A Rússia assumiu o controle de indústrias inteiras e montou empresas sob propriedade conjunta russo-húngara. Desta maneira, os soviéticos lucravam com usinas de aço, construção de ferrovias, navegação e transporte no Danúbio, eletricidade, carvão para eletricidade e petróleo. O socialista István Ries, o primeiro ministro da Justiça do pós-guerra, brincou com um amigo a respeito dos termos da Companhia de Navegação conjunta húngaro-soviética. "Você sabe como é, o acordo foi feito segundo o princípio da igualdade perfeita.

Os russos têm o direito de navegar rio acima e rio abaixo. Nós temos o direito de navegar de uma margem à outra do rio."*

Um terço das reservas de ouro e prata foi levado pelos russos. Duzentos milhões de dólares tinham de ser pagos como indenizações oficiais de guerra à União Soviética, e 50 milhões (em valores de 1938) para os outros "países vitoriosos" vizinhos, a Iugoslávia e a Tchecoslováquia. O orçamento nacional húngaro para 1946 e 1947 reservou para indenizações de guerra oito vezes mais que a soma designada para a reconstrução no pós-guerra.[16] Três anos após o fim da guerra, as autoridades da ONU calcularam que a perda material total da Hungria com as indenizações dos soviéticos, a ocupação e o saque era de 40% da renda nacional.[17]

Em parte devido à pressão de ter que pagar as indenizações e em parte por causa dos anos sucessivos de safras pobres, a moeda entrou em colapso, e a Hungria se deparou com uma hiperinflação recorde. Um dólar valia 1.320 pengos em julho de 1945, e em novembro daquele ano a taxa de conversão era de um dólar para 296 mil. No verão do ano seguinte, um dólar valia 4,6 quatrilhões (ou seja, uma cifra de 15 zeros, um recorde nada invejável). A maioria dos húngaros recusava pagamento em dinheiro. Os papéis de parede em muitas salas em Budapeste eram decorados com notas promissórias com cifras fabulosas. A moeda foi estabilizada, em grande parte, com a ajuda dos norte-americanos, que devolveram ao Banco Nacional 40 milhões de dólares em reservas de ouro, que haviam sido levadas para a Alemanha no final de 1944. Se o ouro estivesse na Hungria na época da "libertação", com certeza teria sido confiscado como despojo de guerra pelos russos.[18]

Junto com as tropas russas veio um grupo de comunistas nascidos na Hungria, conhecidos como "moscovitas". Em número de aproximadamente trezentos, eles haviam passado longos anos no exílio russo, se preparando para o dia em que entrariam de novo em Budapeste, de maneira triunfante. Escolhidos pessoalmente por Stalin, seu propósito

* Foi uma brincadeira fatal. Seu senso de humor freqüentemente o punha em apuros, e foi considerado perigoso demais pelos comunistas. Ele foi jogado na prisão e em 15 de setembro de 1950 foi espancado até a morte em um interrogatório policial.

era agir como governadores na província húngara do novo império do Czar Vermelho. Foram escolhidos por uma razão: sua lealdade inquebrantável à União Soviética. A maioria deles era composta de cidadãos soviéticos que haviam passado 15 ou vinte anos na Rússia e que tinham perdido contato com sua terra natal. A União Soviética lhes dera abrigo, uma causa na qual acreditar e um emprego. A maior parte deles era formada por agitadores comunistas profissionais que jamais haviam trabalhado em outra coisa, e quase todos haviam cumprido pena de prisão, com sentenças de durações variadas, sob o regime de Horthy. Quando regressaram à Hungria após a guerra, eles não estavam voltando para casa. A Hungria há muito deixara de ser o lar para a maioria deles. Eles voltaram como representantes de um poder estrangeiro para servir aos interesses da União Soviética. Se tivessem sido enviados a qualquer outro lugar, teriam servido aos seus senhores com o mesmo fervor.

A vida de um exilado na Rússia Soviética era algo perigoso. Mesmo para um russo, sobreviver aos expurgos que ocorreram a partir de meados dos anos 1930 era muito difícil. Um estrangeiro que estivesse trabalhando como agente da Internacional Comunista estava freqüentemente em contato com outros estrangeiros de caráter potencialmente duvidoso, e era sempre uma figura suspeita. Muitos viviam no sórdido Hotel Lux, em Moscou, com outros exilados, e estavam sempre precavidos uns com os outros e atentos ao que se passava ao seu redor. Vários comunistas húngaros ilustres pereceram durante os expurgos de Stalin, na década de 1930. A bala assassina foi o destino de Béla Kun, o líder da tragicômica república comunista da Hungria, que durou apenas 133 dias em 1919. Nem mesmo o seu status de celebridade menor foi suficiente para livrá-lo de ser exterminado como um agente trotskista.

Os moscovitas tinham uma vida movida por lemas e corriam grande perigo quando estes mudavam, como sempre acontecia, segundo os caprichos de Stalin.

> A vida que os moscovitas levavam não era nem um pouco invejável, pois sempre viviam com medo. Um moscovita [...] nunca estava seguro, onde quer que estivesse, muito menos na União Soviética. Nem a sua lealdade nem a sua associação de longa data ao Partido o protegiam. Ele

> sabia que não precisava nem mesmo cometer um erro para ser dispensado de seu trabalho, ou ser preso e julgado. Os moscovitas sabiam que a verdade permanente era uma coisa que não existia, porque isto jamais existiu na União Soviética. [Um moscovita] sabia que a verdade tem muitas faces e que a única coisa com que tinha de se preocupar era saber qual face estava voltada para cima no momento. Estava totalmente consciente o tempo todo de que a verdade era o que o secretário geral ou o Comitê Supremo do Partido sustentava como tal, e que, portanto, não lhe interessava particularmente se a verdade de ontem tinha se tornado hoje uma mentira.[19]

Os moscovitas sabiam o que se esperava deles: tinham de construir uma colônia soviética sem a menor variação do modelo stalinista. Porém, o plano não iria ser implantado imediatamente. A ordem dos mestres no Kremlin era para esperar até que chegasse o momento oportuno.

DOIS

Budapeste, 1945

O homem que Stalin escolheu como seu representante em Budapeste foi Mátyás Rákosi. Seus crimes são pouco conhecidos fora da Hungria, mas, se tivesse atuado em um palco maior, seria reconhecido hoje como um dos grandes monstros do século XX, apesar da forte concorrência. Em quase uma década no poder, proporcionalmente ele assassinou e aprisionou tantos húngaros quanto seu chefe na União Soviética. Ele provocava fascínio, repúdio e terror em igual medida a seus subordinados.

Rákosi nasceu em 9 de março de 1892 na pequena cidade de Ada Szabadka, atual Subotica, na Sérvia. Seu pai, József Rosenfeld, foi um comerciante relativamente bem-sucedido. A família hungarizou seu sobrenome em 1904, prática comum da época entre os judeus de classe média que desejavam integrar-se à sociedade húngara. O jovem Rákosi era extraordinariamente precoce e aos 17 anos ganhou uma vaga para o curso de Estudos Clássicos na Academia Oriental de Budapeste. Entretanto, como desejava ter experiência comercial, trabalhou como assistente em Hamburgo em 1912 por uns poucos meses e, em 1914, em um banco em Londres.

Ele regressou à Hungria quando a Primeira Guerra Mundial foi deflagrada e se apresentou como voluntário para o exército. Como sargento do batalhão de infantaria na frente oriental, foi feito prisioneiro pelos russos em 1915. Enquanto ainda era prisioneiro de guerra, se converteu fervorosamente ao comunismo depois que os bolchevistas tomaram o poder. Rákosi costumava dizer que um dos momentos de sua vida que mais o orgulhavam foi quando teve um breve encontro com Lenin em Petrogrado, em 1918. Porém, como ele era um mentiroso incorrigível, é bem provável que o encontro jamais tenha acontecido, pois não há registros de sua ocorrência.[1]

Ele foi um dos fundadores do Partido Comunista Húngaro. Durante o período curto e violento da República Soviética de Béla Kun e do Terror Vermelho, Rákosi foi o mais jovem comissário, embora desempenhasse uma função menor. Ele escapou do Terror Branco que sucedeu a tomada de poder pelo Almirante Horthy. A história da Hungria é uma história de extremos, principalmente no último século. Rákosi fugiu para a Áustria, onde foi aprisionado por um breve período. Em 1920, se pôs a caminho da Rússia, onde os soviéticos logo reconheceram suas habilidades. Ele era um lingüista fabulosamente talentoso, um bem valioso para a carreira que escolheu: promover a revolução mundial. Falava dez línguas fluentemente, incluindo o turco, que aprendera enquanto prisioneiro de guerra. Como secretário da Internacional Comunista, viajou pela Europa com seis passaportes falsos, ajudando a estabelecer partidos comunistas leais a Moscou na Tchecoslováquia, Itália e Áustria.

Em 1925, foi mandado de volta à Hungria, onde o Partido Comunista era ilegal. No ano seguinte, foi preso e condenado a oito anos e meio de prisão, sob a acusação de sedição. Rákosi se tornou uma figura bem conhecida, de renome internacional, ao final de sua prisão em 1935. Em vez de libertá-lo, o regime de Horthy decidiu fazer dele um exemplo e o levou de novo a julgamento, nesta segunda vez por causa de suas atividades em 1919. O Regente recebeu protestos de todo o mundo, mas Horthy não deu ouvidos aos apelos.

Rákosi conduziu sua própria defesa e, quando condenado à prisão perpétua, com poucas esperanças de ver de novo a luz do dia, confrontou seu destino com a bravura que em Moscou se esperava de um revolucionário. No tribunal, declarou em tom de desafio: "Meu destino pessoal me é indiferente, mas a causa pela qual vivo triunfará." Rákosi se tornou motivo de debate em toda a esquerda. O batalhão húngaro da Brigada Internacional que combateu na Guerra Civil Espanhola foi batizado com seu nome. Em 1940, após o pacto entre Hitler e Stalin, ele obteve a permissão para ir à URSS.* Foi recebido como herói em Moscou, e Stalin

* Foi trocado por duas bandeiras de batalha húngaras, altamente simbólicas, em poder dos russos havia um século. Eram duas bandeiras do exército revolucionário húngaro, que lutara sob o comando de Kossuth para se libertar da Áustria. O bravo combate dos húngaros fora esmagado cruelmente pelo exército czarista, em aliança com o imperador austríaco.

concedeu a ele lugar de honra no palanque da praça Vermelha, em 7 de novembro de 1940, nas celebrações dos 23 anos da Revolução Russa.

Entretanto, Rákosi em nada se parecia com um herói. Baixo, gordo e calvo, depois que se tornou ditador da Hungria ele passou a ser constantemente chamado pelas costas de "Cabeça de Batata". O dramaturgo húngaro Gyula Háy, que o conheceu no exílio soviético, o descreveu assim: "Corpo baixo e atarracado, era como se o Criador não tivesse conseguido terminar seu trabalho por repulsa. A cabeça era desproporcionalmente grande, coroada por uma cúpula calva enorme, e na frente tinha uma face pálida e inchada, com um sorriso agridoce inalterado. Entre os ombros altos praticamente não tinha pescoço, de maneira que quem o via podia achar que era corcunda. Tinha movimentos desajeitados, tendência para pés chatos, dedos curtos e grossos [...]."[2]

Seus biógrafos indicam que ele não tinha nenhuma paixão, a não ser pelo poder. Não bebia nem namorava, e em relação ao sexo era um pilar da integridade bolchevista. Dois anos após ser libertado da prisão, em uma casa de repouso perto de Moscou, ele conheceu e se casou com uma advogada de Iakutsk, na Sibéria. Fenia Fiodorovna Kornilova era 11 anos mais jovem e tinha uma fé igualmente fervorosa no comunismo, e segundo todos os relatos eles viveram felizes até a morte dele. Rákosi era incrivelmente vaidoso e dono de uma crueldade sádica. Ele jamais manchava suas próprias mãos de sangue. Talvez quase uma década e meia na prisão o tivesse pervertido. Porém, era fascinado pela mecânica do terror. Tal como Stalin, ele se deleitava quando ouvia dos carrascos os relatos com detalhes sórdidos sobre como as vítimas de suas prisões reagiam sob tortura ou no momento da execução.[3]

Seu cinismo era impressionante. Em 1952, quis excluir a palavra "estupro" da literatura húngara depois que um escritor, Tibor Déry, escrevera uma história que ousava contar o caso de uma mulher sendo violada por um soldado russo após 1945. Rákosi atacou o autor furiosamente, dizendo: "Você não consegue deixar este idiotismo de lado? O que há para ser escrito? Na Hungria há, digamos, três mil aldeias. Supondo que os russos tenham abusado de, digamos, três mulheres em cada aldeia, isto significa nove mil no total. Isso é muito?* Vocês,

---

* O próprio Rákosi não era brilhante no que se referia a números grandes. Ele subestimava grandemente o número de mulheres húngaras estupradas.

escritores, não têm idéia nenhuma da lei dos números grandes."[4] Ele falava com freqüência desta lei. Certa vez, explicou como manter fiéis os partidários comunistas, os *apparatchiks*: era "pelo cálculo da lei dos números grandes, [...] matando alguns e corrompendo o restante".[5]

Ainda assim, as pessoas que o conheciam ficavam extremamente impressionadas. De certo modo, ele era um homem de habilidade e eloqüência notáveis. Sua memória era fenomenal. Era sedutor, sagaz, tinha um cérebro excepcionalmente brilhante e modos excelentes quando resolvia mostrá-los. Era um orador refinado, que usava a linguagem direta. Quando fazia uso do jargão marxista-leninista, temperava o discurso com algumas piadas. Rákosi era também abençoado pela sorte. Stalin não gostava dele e não confiava nele. Primeiro por ser judeu, e o Czar Vermelho do Kremlin, um anti-semita ardente. Stalin sabia também que Rákosi não era o herói comunista criado pela propaganda política. Quando Rákosi foi capturado em 1925, sob interrogatório do serviço de contra-inteligência de Horthy, ele havia revelado alguns segredos sobre as operações da Internacional Comunista que chegaram até as agências de espionagem da Inglaterra e da França. Muitos trabalhadores leais do Partido, por mais que tivessem sofrido nas prisões fascistas, pereceram por ofensas menores. Porém, em vez de ser "expurgado" por tais erros graves, tudo o que ele recebeu da parte dos magnatas do Kremlin foi uma reprimenda. Em um gesto raro de clemência, Stalin disse que havia pagado pelo erro na prisão.[6]

Apesar das sérias desconfianças, Stalin considerava Rákosi útil e fez dele o líder dos comunistas húngaros. Quando o Exército Vermelho concluiu sua tarefa de derrotar os alemães, Rákosi foi enviado à Hungria com instruções específicas para fazer do país um modelo de colônia soviética, e estas ordens ele cumpriu nos mínimos detalhes.

TRÊS

4 de novembro de 1945

Este foi o dia da eleição. De maneira ímpar em seu novo império europeu, a União Soviética permitiu eleições genuinamente livres na Hungria. Estas foram as primeiras eleições honestas e justas que o país realizou, e as únicas nos 45 anos seguintes. Stalin sempre pretendera assumir o poder na Hungria, mas se conteve e não instalou imediatamente no país um regime vassalo, como fizera na Polônia, Bulgária, Romênia e em seus outros feudos. Ele tinha certeza de que o tempo estava a seu favor. Mais importante que considerações locais, a política das grandes potências ditava precaução. Ele achou que uma demonstração de democracia em algum ponto da Europa Central poderia conter a maré de protestos que estava recebendo de seus antigos aliados de guerra sobre o comportamento da Rússia em outros locais.[1]

Entretanto, quando os resultados da votação começaram a sair, tarde da noite, causaram um choque profundo aos moscovitas que retornaram à Hungria, e também ao homem de Stalin no local, o elegante marechal Kliment Voroshilov, de 64 anos. Ele não era um homem famoso por ter uma mente brilhante. No posto de comandante militar, afastaram-no de qualquer papel relevante na guerra por ter perdido invariavelmente batalha após batalha. Contudo, por ser um grande adulador, não só conseguiu sobreviver como também fez parte dos bajuladores mais ilustres do círculo mais íntimo de Stalin. Apesar do grande fraco de Voroshilov pelo álcool, Stalin lhe confiara a função importante de moldar o império ocidental da Rússia.

Os comunistas receberam apenas 17% dos votos, o mesmo percentual que o esquerdista Partido Socialdemocrata. O Partido dos Pequenos Proprietários Rurais, representante tradicional da burguesia urbana e da aristocracia rural, venceu a votação. Os resultados foram piores que os da eleição municipal de Budapeste de seis semanas antes, quando o Partido Comunista obteve 18% da votação e Voroshilov atacou Rákosi furiosamente.[2] O russo tinha sido levado a acreditar que os comunistas se sairiam muito melhor. No verão, Rákosi escrevera a ele: "Se os tratarmos bem, eles devem nos levar a uma vitória comunista e socialdemocrata colossal." Ele previra "uma maioria de 70%, talvez mais".[3] "A perda foi sentida profundamente", recordou Gyula Háy, que acabara de retornar à Hungria após anos de exílio. "Não conseguíamos acreditar que teríamos uma derrota tão esmagadora depois de tudo que o maior país socialista do mundo tinha realizado pela Hungria."

Rákosi, mudando o tom, culpou o comportamento dos libertadores russos pelo desempenho fraco, em uma das poucas vezes que disse algo em crítica à União Soviética. Ele escreveu assim para Georgi Dimitrov, líder do Departamento Internacional do Partido Comunista Soviético: "A nossa posição se torna mais difícil porque eles associam os excessos do Exército Vermelho à imagem do Partido. Os casos de estupro em massa de mulheres, o saque e tudo o mais se repetiam cada vez que um território era libertado."[4]

Voroshilov já havia anunciado antes das eleições que, quaisquer que fossem os resultados, o governo de coalizão que estava no local desde o fim da guerra permaneceria no cargo. Os comunistas tinham uma parcela do poder, três ministérios e um emprego para Rákosi como vice-premiê. O marechal russo, no cargo de presidente da Comissão do Controle Aliado, tomava todas as decisões importantes.* Teoricamente, Voroshilov deveria administrar a Comissão do Controle Aliado, agindo pelos interesses dos três aliados. Na prática, porém, nas reuniões semanais ele simplesmente anunciava o que tinha decidido ao representante norte-americano, Arthur Schoenfeld, e ao da Inglaterra, Alvary Gascoigne. Schoenfeld escreveu ao Departamento de Estado o seguinte telegrama: "O presidente soviético da Comissão deu ordens de que toda comunicação entre os representantes dos aliados ocidentais e as autoridades húngaras deve passar por ele."[5] As

* Na verdade, quem tomava a maioria das decisões era seu tenente-general, Vladimir Sviridov. Voroshilov era um grande consumidor de vodca, especialmente durante o tempo que passou em Budapeste.

potências do Ocidente toleraram isto com poucas queixas, em uma atitude de aceitação tácita do controle soviético, o que causou danos sérios a seu prestígio aos olhos dos húngaros. Ferenc Nagy, o primeiro-ministro de 44 anos, baixo, magro e de olhar intenso, membro do Partido dos Pequenos Proprietários Rurais e bem conhecido nos círculos liberais da Europa, descreveu como tinha que submeter as decisões às autoridades soviéticas. Se ele informasse também aos americanos e aos ingleses, Voroshilov o acusaria de conspiração.[6]

No verão de 1945, o Partido Comunista se mudou para os escritórios no centro de Budapeste que haviam sido ocupados pela Gestapo. Porém, a princípio os comunistas agiram de maneira apropriada, como parceiros de uma coalizão, e conseguiram até mesmo passar a impressão de que eram democratas-modelo. O lema favorito de Rákosi era: "Unam todas as forças para a reconstrução." Para demonstrar sua boa intenção, os comunistas ajudaram a consertar as igrejas bombardeadas. O braço direito de Rákosi, o sinistro e cadavérico Ernő Gerő, desempenhou com esforços sobre-humanos a tarefa de reconstruir as pontes do Danúbio em Budapeste.* Os comunistas foram a força motriz das reformas agrárias há muito em atraso, e que mesmo as figuras de ponta da direita haviam insistido em adotar nos cinqüenta anos anteriores. Em 1945, a economia da Hungria era ainda predominantemente rural. Apesar de sua famosa sofisticação urbana e da alta sociedade dos salões badalados de sua capital, o país era conhecido também no entreguerras como a "terra de um milhão de mendigos". Era uma sociedade aristocrática que abolira a servidão havia menos de um século, em 1849. Quase metade das terras cultiváveis pertencia a 1% dos proprietários de terra. Por exemplo, a família Esterházy possuía 152 mil hectares, o conde György Festetics, 43 mil, e o conde Pallavicini, 35 mil. A Igreja Católica Romana da Hungria era uma das maiores latifundiárias da Europa, com 720 mil hectares de terras excelentes para a agricultura.[7]

Cerca de 2 milhões de hectares foram, então, distribuídos entre 600 mil camponeses, e ninguém tinha a permissão de possuir mais de 20 hectares. O plano recebeu o apoio entusiasmado de todos os parti-

* Ironicamente, Gerő acabou ganhando o apelido popular de "Construtor de Pontes".

dos da coalizão. Porém, foi implementado por Imre Nagy, um comunista de 49 anos, bem-humorado, de aparência profissional, acima do peso e com um bigode de morsa como marca registrada, e que se tornara especialista em agronomia durante seu longo exílio em Moscou. Ele creditou a conquista como uma vitória do comunismo, herdou o apelido de "Divisor de Terras" e conquistou uma popularidade que jamais perderia.

Muitos húngaros acreditavam, com um estranho otimismo, apesar dos indícios de outros locais dos domínios soviéticos, que os russos permitiriam que esta democracia nascente criasse raízes e prosperasse. O filósofo de direita Oscar Jászi rejeitou a insinuação de que o que estava acontecendo era "simplesmente uma repetição do que ocorrera nos Estados bálticos, na Bulgária e na Romênia". Ele afirmou: "Os bolchevistas são desprovidos de demagogia. O comunismo se tornou respeitável e cavalheiro. Até mesmo a crítica da hierarquia católica romana a certas medidas do governo foram ouvidas com respeito [...] e a réplica foi moderada e diplomática. De maneira geral, não se fala muito no comunismo hoje." A atmosfera era "de tons patrióticos intensos".[8] Hugh Seton-Watson, acadêmico inglês especialista em Europa Central, e em Hungria em particular, tinha muitas esperanças no futuro. "Quem visitar a Hungria ficará surpreso pela atividade intelectual vigorosa presente tanto na imprensa quanto nas conversas. Comparada à esterilidade mental e ao medo obsessivo prevalecentes nos Bálcãs, a Hungria parece um oásis de cultura e de liberdade."[9]

Esta situação não tinha como durar. Rákosi retornou à Hungria com instruções cuidadosamente calculadas por Stalin para um projeto de tomada do poder passo a passo, em dois ou três anos. O ditador soviético especificou tudo em uma carta altamente secreta ao seu sátrapa húngaro em 5 de dezembro de 1944, ainda no calor da batalha por Budapeste. Ele acautelou Rákosi a respeito da pressa excessiva e aconselhou: "Não seja cáustico com as palavras, não assuste ninguém. Mas assim que você ganhar terreno, vá em frente. Você precisa utilizar tantas pessoas que possam ser úteis para nós quanto for possível."[10]

Stalin sabia que Rákosi e os outros moscovitas estavam regressando a um país que mal conheciam ou entendiam. A Hungria não seria um solo fértil, apesar de ter suportado um quarto de século de fascismo e uma ocupação alemã calamitosa. Havia pouquíssimos comunistas na Hungria. O líder do partido clandestino no país durante o último período da guerra era o pouco conhecido János Kádár, de 32 anos de idade, e que fora mecânico. Ele calculava que, quando a Hungria foi "libertada", havia talvez duzentos membros, dos quais conhecia pessoalmente uns dez. Com apoio tão limitado, não seria fácil tomar o controle. Porém, havia 75 mil soldados soviéticos na Hungria prontos e dispostos a dar uma mão e, apesar de os comunistas não terem nenhum treinamento como políticos democratas, eram muito experientes nas artes da intriga, suborno e intimidação.

Os moscovitas tinham outros grandes problemas a superar e não trouxeram nenhuma receita do Kremlin para adoçar a amarga derrota da Hungria e a sua ocupação. Os soviéticos fizeram rapidamente alguns acordos de fronteira após a guerra: a antiga fronteira ocidental da Polônia dos dias pré-Hitler foi restaurada, a Transilvânia foi concedida perpetuamente à Romênia, e as populações alemãs e húngaras foram retiradas da Tchecoslováquia. Estes Estados eslavos pareciam ao menos ter ganhado algo, enquanto a Hungria, em total separação cultural, e aliada da Alemanha, perdera tudo. Os moscovitas estavam cientes disso. Falava-se do "dote" que iriam trazer, mas os soviéticos não estavam preparados para discutir isso. Rákosi e sua facção não tinham nenhuma base nacional, o que os tornava ainda mais dependentes da União Soviética, mais ávidos a procurar a simpatia de Stalin e se submeter ao comando soviético, superando todos os outros Estados-clientes em sua "vigilância revolucionária" contra a menor variação do modelo russo. Os principais moscovitas eram judeus: Rákosi e o trio mais próximo a ele, formado por Gerő, o perverso ministro da Defesa Mihály Farkas e o sofisticado, brilhante e traiçoeiro czar cultural József Révai. Em um país onde o anti-semitismo era profundamente arraigado, isto causou grande indignação. Para não ser eclipsado ou superado, Rákosi absurdamente se tornou um dos mais fervorosos anti-semitas da Hungria. "Pode-se imaginar que a Igreja Católica seja o maior centro de inteligência anti-Estado, mas, na realidade, como os judeus estão em toda parte, é o sionismo o verdadeiro centro de espionagem", escreveu ele em uma carta particular a um companheiro moscovita judeu.[11]

*

Havia pouca controvérsia a respeito dos primeiros passos do governo de coalizão. Era preciso acertar muitas questões da guerra e da ditadura de um quarto de século de Horthy. Após julgamentos relativamente honestos, foram enforcados 279 criminosos de guerra, incluindo quatro ex-primeiros-ministros, líderes do Cruz de Flechas, voluntários húngaros das SS e fascistas ilustres. Era esta a justiça popular. Um ano após o fim da guerra, multidões furiosas atacaram o portão do pátio da Prisão Central quando ficaram sabendo que precisavam comprar ingressos para testemunhar a execução de criminosos de guerra. Até então, tais execuções eram espetáculos públicos.[12]

Alguns outros, com extensos históricos antifascistas, simplesmente desapareciam no *gulag*. István Bethlen, primeiro-ministro de 1921 a 1931 e assessor de confiança de Horthy, queria um acordo de paz em separado com a União Soviética ao final da guerra. No ministério, ele rebatia objeções segundo as quais os soviéticos cometeriam estupros e saques, dizendo: "Talvez sim, mas eles farão menos se vierem como amigos." Ele foi preso, deportado para a URSS e nunca mais se ouviu falar dele. Em 1939, o ilustre político monarquista Iván Lajos, antinazista ferrenho, publicou um panfleto chamado de "Livro Cinza", no qual denunciava a preparação de Hitler para a guerra. O livro foi censurado por Horthy após a pressão dos alemães. Lajos passou a maior parte da guerra no campo de concentração de Mauthausen. Depois de regressar à sua terra, propôs o estabelecimento de uma confederação do Danúbio para a Europa Central, que incluiria a Hungria, a Áustria e a Tchecoslováquia. Foi enviado à Rússia e lá desapareceu.[13]

Os comunistas continuaram a fragmentar e eliminar a oposição, usando métodos que passaram a ser conhecidos como "táticas de salame", expressão cunhada por Rákosi. O alvo inicial era o Partido dos Pequenos Proprietários Rurais, burguês e de centro-direita, que tinha conquistado a maioria dos votos com larga vantagem. Rákosi alegou ter descoberto um estratagema de uma organização direitista secreta chamada Movimento Comunista Húngaro, a qual, segundo afirmou, pretendia restaurar o regime pré-guerra. A acusação era absurda, mas 24 deputados do Partido dos Pequenos Proprietários Rurais foram acusados de participação na trama e forçados a renunciar. O mais influente dos líderes do partido, Béla Kovács, era visto pelos comunistas como uma ameaça. Ele foi acusado de envolvimento na suposta trama e reivindicou seu privilégio como deputado, que supostamente lhe dava a imunidade de detenção. Porém, em 27 de fevereiro de 1947, soldados russos entraram no edifício do Parlamento em Budapeste, o prenderam e o deportaram para a União Soviética. Ele não retornou à Hungria por nove anos.

O primeiro-ministro Ferenc Nagy foi o próximo a ser afastado. Na primavera de 1947, ele saiu em uma viagem de férias. Rákosi ligou para ele na Suíça e fez uma oferta irrecusável para que ficasse fora da Hungria. Caso retornasse, o acusariam de ser agitador de um outro golpe. Porém, se permanecesse no Ocidente, enviariam a ele seu filho caçula. Nagy aceitou o acordo.[14]

Tempos depois, falando a um grupo de oficiais do Partido em treinamento, Rákosi foi extraordinariamente franco a respeito do caminho desonesto e enganador que os comunistas trilharam em direção ao poder, e se vangloriava do golpe lento que lhes trouxera autoridade. Ele explicou: "Inicialmente, nossas exigências são modestas, e depois nós as aumentamos. [...] Por exemplo, primeiro exigimos apenas o 'controle governamental' dos bancos e só mais tarde pedimos a nacionalização irrestrita dos três maiores bancos. Foram os métodos de precisão e as táticas de salame que nos possibilitaram derrotar os reacionários."[15]

Após decapitar seus maiores opositores políticos, Rákosi levou os comunistas a novas eleições no verão de 1947. Toda a campanha foi ofuscada pelos termos do Tratado de Paz de Paris, há muito em atraso. Os pormenores do tratado significaram um golpe profundo nas esperanças húngaras de que os soldados soviéticos partiriam em breve. Os russos obtiveram a permissão de manter suas tropas no país para preservar as linhas de comunicação com suas forças, que ocupavam uma área da Áustria. Rákosi sustentava ter sido a contínua "presença das tropas soviéticas que fez a balança pender para a implantação da democracia popular". Seu companheiro moscovita, József Révai, deu uma explicação em termos simples: "Nós éramos minoria no Parlamento e no governo, mas ao mesmo tempo representávamos a força principal. Tínhamos poder decisivo sobre a polícia. [...] Nossa força foi multiplicada pelo fato de a União Soviética e o exército soviético estarem lá para nos prestar seu apoio."[16]

Apesar de saber que as tropas russas permaneceriam no futuro próximo, e dos sinais cada vez mais claros da direção que Rákosi tomava, os eleitores rejeitaram os comunistas mais uma vez. A eleição de 1947 foi muito menos honesta do que a feita dois anos antes. Centenas de milhares de pessoas foram misteriosamente privadas dos direitos civis e eleitorais, na eleição que se tornou popularmente conhecida como a eleição do "bilhete azul", porque muitos ausentes fizeram suas procurações em um papel azul que deram aos ativistas comunistas, alguns dos quais votaram várias vezes. Mesmo assim, eles receberam apenas 22% dos votos.

Desde o começo, os comunistas assumiram o controle dos sindicatos, os quais eram usados como seus instrumentos. Eles eram totalmente contra as greves, como Rákosi disse a Arthur Schoenfeld: "As greves para a melhoria das condições de trabalho e por salários mais altos não são toleradas na Hungria. Elas são algo que só a economia norte-americana pode se dar ao luxo de ter."[17]

A seguir, os socialdemocratas foram destruídos. Nos anos de Horthy, Moscou encorajava os comunistas e simpatizantes húngaros a aderir aos socialdemocratas, que na época eram legais. Então o partido cometeu um suicídio eleitoral, ao fazer um referendo interno manipulado sobre a união com os comunistas. Como todos os opositores da fusão eram excluídos do partido e impedidos de votar, apenas um resultado era possível. Em junho de 1948, os dois partidos se uniram.* Foram necessários apenas três anos, o tempo que Stalin tinha em mente, mas agora os comunistas tinham poder ilimitado.

---

* A fusão deu origem ao Partido dos Trabalhadores Socialistas Húngaros. Apesar das várias mudanças de nome com o passar do tempo, o partido jamais usou a palavra comunista em seu título. Entretanto, todos o conheciam como Partido Comunista, e vou me referir a ele desta maneira.

QUATRO

1948

A partir de meados de 1948, a estrela vermelha começou a aparecer nos edifícios públicos e nas fábricas por todo o país. Rákosi estava pronto para realizar a tarefa para a qual seu mestre do Kremlin o havia escolhido: transformar a Hungria em uma República Popular, segundo os moldes soviéticos, para ser motivo de inveja dos outros Estados satélites.

Os bancos foram expropriados no outono e, em 28 de dezembro de 1948, todas as empresas com mais de dez funcionários foram nacionalizadas. Por um período curto e admirável de três anos, os camponeses tiveram a posse de um pouco de sua própria terra. Como conseqüência, os armazéns ficaram abarrotados de produtos agrícolas. Nessa época, as fazendas tinham de ser coletivizadas, transformando-se em empresas estatais enormes, nas quais os camponeses se tornaram servos novamente.

Nas esquinas se viam placas e cartazes mostrando o rosto feio de Rákosi sob os dizeres: "O Melhor Aprendiz de Stalin." A lição mais importante que ele aprendera era que a maneira mais simples de agradar a seu mestre em Moscou era copiar tudo o que este fizera na União Soviética. Em quase todas as classes sociais e profissões havia "assessores" soviéticos convidados a mostrar aos húngaros como as coisas deveriam ser feitas. O próprio Rákosi consultava seus "assessores" praticamente a cada passo que dava. O sistema educacional tradicional e altamente rigoroso, baseado no modelo de "liceus", como em outros lugares da Europa Central, foi alterado de acordo com o modelo soviético, e o russo passou a ser a única língua estrangeira ensinada às crianças. A bandeira nacional também mudou. Ainda era a tricolor — vermelha, branca e verde —, mas o brasão elaborado pelo grande herói revolucionário do século XIX, Lajos Kossuth, foi substituído pela foice e pelo martelo soviéticos. Os feriados públicos foram ajustados segundo os da URSS. O dia 20 de agosto, da tradicional Festa de São Estêvão, em homenagem ao padroeiro e primeiro rei húngaro, se tornou o Dia da Constituição. Uma das primeiras cláusulas da nova Constituição, que entrou em vigor em 20 de agosto de 1949, continha agradecimentos efusivos à "gloriosa União Soviética por seu histórico papel na libertação" do país, em um exemplo de insensibilidade gritante.[1] O Natal se tornou o "Dia dos Pinheiros". Os cafés, tão vitais à vida cultural e social da Hungria, foram criticados como o último vestígio de um estilo de vida decadente, assim como os artistas "burgueses" para quem eles eram a segunda casa.

O exército foi reestruturado, e as armas-padrão passaram a ser as de fabricação russa. Os equipamentos incluíam o tanque soviético T-34, que não atirava. O assessor russo removeu e guardou um componente essencial do mecanismo de mira. Porém, eram as coisas pequenas do dia-a-dia que mais irritavam os oficiais, os soldados regulares e os recrutas. A principal e maior refeição do dia foi mudada: do jantar da noite passou a ser a refeição do meio-dia, por nenhuma outra razão a não ser o fato de que era esse o costume do exército soviético. A partir de 1946, o Honvéd, o exército húngaro, passou a usar o uniforme soviético, com emblemas soviéticos na lapela, o que causou rancor em todos os que eram do exército, os que haviam sido e os que seriam um dia. No país, até mesmo o nome dado ao odiado sistema de fazendas coletivas era ofensivo. Eles usavam a palavra russa *kolkhoz* para designar uma fazenda coletiva, e não um nome húngaro.

A russificação do país provocou um profundo ressentimento nacional. O fato de a Hungria ter se tornado efetivamente uma colônia de uma outra nação causou uma ferida profunda no país que perdera seu próprio império havia menos de uma geração. "Foi isso o que mais doeu", relembra Sándor Zsindely, estudante na época e que mais tarde se tornou um cientista renomado na Hungria. "Ter que engolir o comunismo, contra a nossa vontade, já foi muito ruim, foi terrível. Mas ter tantos costumes estrangeiros impostos sobre nós, e ouvi-los dizendo que eram superiores, era um insulto constante. Parecia que todos os dias os russos esfregavam na nossa cara o fato de que eram nossos senhores. Não conseguimos perdoá-los."

Como de costume, sob a raiva os húngaros inventaram uma piada para aliviar a dor que sentiam. A piada dizia: "Um secretário do Partido é enviado em uma viagem à parte rural da Hungria. Em uma conversa com um velho fazendeiro, ele pergunta: 'Diga-me, quem fez o mundo?' O fazendeiro sabe que há apenas uma resposta, mas sabe também que é a resposta errada. Ele hesita em responder, e o homem do Partido lança a ele um olhar de irritação. 'Espere, camarada, eu ainda não terminei', diz ele. 'Deus fez o mundo, com a ajuda dos especialistas soviéticos.'"

Uma réplica de um modelo russo que se converteu na mais temida organização do país foi a ÁVO. Criada nos moldes da KGB* soviética, tornou-se o motor do Estado policial mais brutalmente eficiente do Leste Europeu. Rákosi disse: "Havia uma posição que [nosso partido] reivindicou desde o primeiro instante, e quanto a isso não levamos em consideração nenhum acordo de coalizão. Foi a do serviço de segurança do Estado. [...] Desde o primeiro dia em que foi implementada, nós comandamos esta organização com pulso firme."[2] A tarefa da ÁVO era eliminar a oposição ao Partido, e por muitos anos desempenhou sua função com eficiência cruel. Há uma palavra húngara, *"csengőfrász"*, muito usada no final da década de 1940 e nos anos 1950, cuja tradução é "pavor da campainha". Significava o terror, generalizado pelo país, do som da campainha no meio da noite. Tal como a maioria dos agentes das polícias secretas de todo o mundo, os da ÁVO trabalhavam melhor à noite, no começo da madrugada, e era neste horário que tocavam a campainha para levar o "suspeito". Eles podiam ser reconhecidos pelos seus uniformes azuis com dragonas verdes e pela sua postura intimidante.

O quartel da ÁVO ficava no número 60 da avenida Stalin,** um dos endereços mais sofisticados de Budapeste, e que fora a sede do Cruz de Flechas. Por um ano e meio após a "libertação", sob as ordens de Rákosi, o Partido Comunista recrutou muitos dos ex-integrantes do Cruz de Flechas para a força de segurança particular que estava organizando para si.[2] Certa vez ele fez uma distinção entre os integrantes do "Cruz de Flechas burguês", ou "peixes grandes", que foram execu-

---

* No decorrer de sua história, a inteligência soviética também mudou de nome. De NKVD passou a MGB, e depois se tornou KGB. Vou usar apenas esta última sigla, KGB, seu nome mais famoso.

** O edifício é hoje um museu fascinante e muito bem organizado. Os visitantes não devem se deixar perturbar pelo nome um tanto quanto grosseiro de "Casa do Terror". Logo após 1958, a avenida Stalin se tornou a avenida do Povo. Hoje se chama avenida Andrássy, tal como era quando foi construída no final do século XIX.

tados, e os "fascistas da classe operária", os "peixinhos" que ele acolheu em sua rede. Ele se preocupava pouco com sua consciência de classe e seu compromisso ideológico com o comunismo, pois eles eram instruídos por meio da intimidação brutal. Ele dizia que eles permaneceriam totalmente fiéis e sem interesses pessoais, porque podiam ser facilmente chantageados posteriormente por causa de seus passados obscuros. Se acaso se tornassem um problema, poderiam ser eliminados quando deixassem de ser necessários.[3]

Do lado de fora, o número 60 era parecido com qualquer um dos outros prédios de escritórios elegantes da avenida. Os carros da ÁVO — sempre o mesmo modelo Poboda de cortinas pretas — descarregavam seus prisioneiros passando por uma via lateral, a rua Csengory, e entravam por um portão que dava acesso a um pátio aparentemente inofensivo à primeira vista. Entretanto, em um lado do pátio a ÁVO ergueu um muro de 6 metros de altura, com uma torre no alto, monitorada 24 horas por dia por um soldado armado com uma metralhadora. Dentro desse mundo havia celas úmidas e salas de tortura com equipamentos variados, como chicotes, cassetetes, instrumentos para extração de unhas e eletrodos. O porão abrigava o temido "*lefolyó*", o banho ácido, de onde os restos das vítimas eram mandados para o sistema de drenagem da cidade.

O chefe da ÁVO, Gábor Péter, era o homem mais odiado na Hungria depois de Rákosi. Nasceu em 1900, e seu nome de batismo era Gábor Auspitz. Trabalhou como ajudante de alfaiate antes de descobrir a sua verdadeira vocação de assassino. Preso por um breve período pela polícia de Horthy por agitação comunista, ele escapou para a União Soviética e imediatamente passou a trabalhar para a polícia secreta russa.* Ele foi enviado a vários lugares da Europa como executor da lei, com o objetivo de manter os partidos locais obedientes a Moscou. Quando regressou à Hungria com os outros moscovitas, ele prontamente se dedicou a implementar a ÁVO, nos moldes rigoro-

* Peter ajudou a "trazer" para a causa comunista Kim Philby, um dos espiões mais ilustres da Rússia, e também um dos traidores ingleses mais famosos. Na década de 1930, Peter recrutou Litzi Friedman, primeira esposa de Philby, para trabalhar para a Inteligência Soviética.

samente stalinistas, como uma organização de terror. O escritor Paul Ignotus foi interrogado por ele, enquanto o bando de torturadores observava. Ignotus disse que Péter tinha "um gabinete enorme revestido de madeira, com um grande candelabro. Tudo que era ligado a ele era grande, exceto ele próprio. Era um homem baixo, com dentes de roedor e um bigode igual ao de Hitler. [...] Sempre manteve seu gosto pela boa alfaiataria, e sempre se vestia com um terno cinza impecável e uma gravata de seda perfeita, na qual passava a mão o tempo todo".[4]

Seu estilo de vida era um perfeito escândalo. Enquanto a maioria das principais autoridades húngaras levava uma vida monótona em uma propriedade burguesa, Péter bebia muito e mantinha várias amantes. Era casado com a bela e terrível Jolán Simon, também uma agente da KGB e secretária pessoal de Rákosi. Para os padrões dos anos 1950, os dois mantinham um "relacionamento aberto" incomum e levavam uma vida de luxo, cercados por empregados em uma grande casa no distrito de Rózsadomb (Colina das Rosas), com uma vista extensa e deslumbrante do Danúbio. Ele sobreviveu e prosperou porque todos sabiam que era um dos homens mais poderosos da Hungria, com uma linha direta com o quartel-general da KGB na praça Lubianka, em Moscou. Na parede de seu escritório, havia uma fotografia sua brindando com Stalin em uma posição de destaque. Ele deliberadamente deixava vago quão íntimo era do Glorioso Mestre. Era assombrosamente cínico, até mesmo para um executor comunista. Quando interrogou o poeta György Faludy, que regressara do conforto da América para morar na Hungria no final dos anos 1940, ele ridicularizou sua vítima, dizendo: "Não precisamos de idiotas como você. [...] Que imbecil você foi, voltando da América para viver nesta imundície."[5]

O principal torturador da ÁVO foi o infame tenente-coronel Gyula Prinz, carvoeiro e ex-integrante do Cruz de Flechas, que trabalhara no mesmo edifício, fazendo o mesmo serviço para a ditadura fascista. Ele era um homem enorme, muito forte e barrigudo, calvo no topo da cabeça e peludo em todo o restante do corpo. Calcula-se que em toda a sua vida ele tenha torturado pessoalmente mais de 25 mil pessoas, e ele tinha muito orgulho de seu trabalho. Sua tarefa era extrair confissões, e ele insistia que isto tinha de ser feito da maneira "correta". Ao ser interrogado por Prinz, Ignotus foi obrigado a ficar de pé junto à parede e manter um lápis preso entre entre o nariz e a boca. Como era de se esperar, o lápis caiu depois de um certo tempo. "Ele me bateu até meu corpo inteiro ficar inchado e cheio de hematomas, e me arrancou alguns dentes. Ele me disse: 'Por que você não usa a imaginação de escritor e escreve uma confissão?' O importante não era escrever coisas absurdas, mas contar 'apenas mentiras aceitáveis'." Ignotus acrescentou: "A fabricação de mentiras inegáveis, elevadas ao status de verdade por meio de confissões forjadas ou forçadas, era justificada pelos inquisidores da ÁVO por meio de várias fórmulas. Uma delas procurava distinguir entre a prova 'factual' comum e a 'verdade política', sendo que esta última tinha precedência. Na prática, no momento em que alguém era colocado na lista de suspeitos do regime, o crime do qual se suspeitava se tornava uma 'verdade política' que justificava a invenção de quaisquer 'fatos' necessários para prová-la."[6]

Outros tiveram uma experiência diferente da astúcia e da capacidade intelectual sofisticada dos torturadores da ÁVO. Faludy conta:

> Eles extraíram uma confissão detalhada de mim. Nela eu admiti que tinha ido à França para me aliar a um grupo trotskista, para me envolver em atividades anti-soviéticas enquanto trabalhava para a restauração do capitalismo no pós-guerra. Fui entregue a um "especialista em Estados Unidos" [na ÁVO], que me forçou a descrever como eu havia me envolvido em uma atividade subversiva e como eu tinha aderido à OSS, a agência de espionagem norte-americana, enquanto eu estava nos Estados Unidos. [...] Cheguei à conclusão de que eles estavam preparando um julgamento de espiões trotskistas, e que eu seria o principal acusado. Por isso eu me esforcei ao máximo em inventar detalhes para fazer com que os jornalistas estrangeiros entendessem o que estava acontecendo. Por exemplo, eu disse ao meu interrogador que fui recrutado à OSS por dois agentes norte-americanos, o capitão Edgar Allan Poe e o major Walt Whitman, e descrevi os dois homens nos mínimos detalhes. Para o caso de um investigador ou juiz descobrir minha intenção, inventei um terceiro agente norte-americano, de pés tortos, chamado Z. E. Bubbel anagrama em inglês para Belzebu —, o qual eu pretendia revelar apenas no julgamento. Falei extensamente sobre as orgias homéricas nos prédios de Nova York da OSS. De lá, após me embriagar até cair, [...]

> o próprio Bubbel me levou para casa. Quando meu interrogador pediu que eu desse o endereço da sede da OSS em Nova York, não soube responder, porque eu nunca havia estado lá. Sugeri que ele procurasse na lista telefônica de Nova York, e então ele me bateu e me fez ficar em pé por dois dias e três noites, apertando meu nariz contra a parede. Quando acabou, ele já havia colocado o endereço em minha "confissão".[7]

A forma mais comum de tortura da ÁVO era o "ferro curto", que causava dores agonizantes nas costas e nos joelhos. As mãos do prisioneiro eram presas aos pés por uma corrente de ferro curta e ele era obrigado a ficar em pé entre quatro e 16 horas. Uma outra favorita, especialmente de Gyula Prinz, era a "bandagem do lobo". Esta consistia em amarrar os pulsos dos prisioneiros aos seus joelhos e pendurá-los em uma barra, com a cabeça para baixo. Nesta posição, eles batiam nos testículos dos prisioneiros. O prisioneiro era então obrigado a beber água salgada, de maneira que sua língua inchava e quase o asfixiava. Isto poderia durar dias, ou noites, para ser mais preciso.[8] Béla Szász, refugiado que escapou para a Inglaterra, foi capturado pela ÁVO e ficou preso por cinco anos. Ele descreveu uma sessão típica de tortura: "Uma pessoa se assentava nas costas de um homem e levantava suas pernas. Uma outra batia nele com um cassetete de borracha com toda a força. [...] Este tratamento consistia em 25 golpes em cada pé. Fui submetido a isso mais de trinta vezes. As solas dos meus pés estavam em carne viva e a pele toda ferida, e mesmo assim eu tinha de ficar em pé."[9]

A ÁVO se tornou uma grande instituição de terror, burocrática e inchada, que tratava bem aos seus. Eles formavam a elite do sistema e eram recompensados regiamente. Cerca de 10% de sua força total de 48 mil agentes recebiam a simples incumbência de patrulhar as fronteiras. Estes recebiam salários medianos. Porém, os altos oficiais envolvidos na parte abominável do trabalho da ÁVO recebiam cerca de vinte vezes mais que a média salarial nacional, o que equivalia ao salário de um juiz.

Eles eram auxiliados por um grande número de informantes, que forneciam informações de diferentes graus de confiabilidade, obtidas por meio da intimidação. Calculou-se que quase um milhão de húngaros eram informantes regulares da ÁVO, ou seja, 10% da população, um número aparentemente fantasioso. Porém, um "Relatório de Segurança do Estado" altamente confidencial da ÁVO, que saiu clandestinamente do país após 1956, mostra a idéia sobre como achar informantes úteis. "Agentes de seguros, cobradores de aluguel e leituristas de consumo de gás são informantes excelentes", afirma o documento. "Limpadores de chaminés são muito úteis. Geralmente eles podem entrar livremente nas casas das pessoas. Eles sempre ficam sozinhos em vários cômodos e geralmente conseguem fazer amizade com as pessoas, e ninguém suspeita deles."

A ÁVO não admitia erros. Gyula Fazekas era um veterinário da cidade de Pécs, no sudeste do país. Ele foi preso e interrogado sobre supostos amigos dos quais jamais ouvira falar. Os interrogadores o espancaram e torturaram por três semanas. Então, em uma noite, um coronel da ÁVO foi até sua cela e disse que infelizmente eles estavam procurando por um outro Gyula Fazekas. Entretanto, disse ele, devido ao estado em que ele se encontrava, era impossível libertá-lo. Fazekas penou em um campo de trabalho por vários anos.

János Cseri foi preso em um bar. Os amigos com quem ele estava bebendo cantavam uma canção proibida do exército, que dizia "Sou soldado de Miklós Horthy". Cseri não se deu conta disso, porque estava bêbado debaixo da mesa. Seus amigos foram levados ao distrito policial local, espancados e libertados. Entretanto, Cseri foi enviado à sede da ÁVO em Budapeste. Seu mandado de prisão foi uma obra-prima: "János Cseri foi preso em um bar, juntamente com seus amigos que estavam cantando canções antidemocráticas. Embora tenha sido provado que, devido ao seu alto grau de intoxicação, Cseri não participou da cantoria, pode-se presumir que ele o teria feito se estivesse sóbrio. Com base no pressuposto acima, ordeno a prisão de Cseri por seis meses, por motivos de segurança do Estado. Assinado: Tenente-coronel Márton Károlyi." Na verdade, Cseri permaneceu preso por mais de dois anos.[10]

CINCO

Dia de Natal de 1948, às três da tarde

Na capela da colina Géllert, no coração de Budapeste, os fiéis da cidade celebravam uma missa especial de Natal. Fazia um frio cortante neste dia, mas milhares de pessoas desafiavam as más condições para conseguir ver o clérigo alto, magro e de olhar sério que ministrava o serviço religioso, o cardeal József Mindszenty, arcebispo de Esztergom e principal dirigente da Igreja Católica húngara. Mindszenty estava melancólico. Quando escureceu, os celebrantes seguraram velas e rezaram pelo seu arcebispo como se estivessem de luto. E, de fato, no dia seguinte ele foi preso em sua residência, no distrito do Castelo de Buda, e não foi mais visto em público por oito anos.

Os novos mestres comunistas da Hungria haviam destruído a oposição política por volta de meados de 1948, o "ano da tomada do poder", como dizia Rákosi. Contudo, eles ainda enfrentaram uma forma de resistência organizada, a das igrejas. Inicialmente, durante os anos da coalizão, os comunistas cooperaram com as igrejas. Porém, eles sempre tiveram a intenção de esmagar a influência da religião, principalmente a católica romana, praticada ao menos nominalmente por 70% dos húngaros. A "tática do salame" foi então usada contra a hierarquia católica.

O primeiro alvo era o topo. Mindszenty nasceu em 2 de março de 1896 em uma pequena aldeia da Hungria ocidental, próxima da fronteira austríaca. Seu nome de batismo era József Pehm. Após anos em paróquias obscuras e distantes, ele se tornou uma figura ilustre no último ano da guerra, ao ser preso pelo governo do Cruz de Flechas quando era bispo de Veszprém. De uma maneira geral, o clero católico na Hungria fizera pouco para proteger os judeus, tanto quando leis anti-semitas cruéis foram aprovadas no entreguerras como durante o Holocausto. Mindszenty nunca fez declarações públicas contra o transporte de judeus para Auschwitz. Porém, movido por um sentimento nacionalista, instou os húngaros a fazerem um acordo de paz em separado e a romperem a aliança com a Alemanha. Vestido com o traje completo de bispo, e acompanhado por 24 padres de sua comitiva, ele foi levado pela milícia nazista e aprisionado.

Ele foi consagrado como arcebispo primaz em 7 de outubro de 1945. Inicialmente, os comunistas acharam que conseguiriam usar o corajoso prelado que havia se levantado contra os fascistas. Porém, logo perceberam que tinham em suas mãos um opositor sério. Mindszenty era um homem inflexível, que jamais acreditou na separação entre a Igreja e o Estado. Nas eleições de 1945, ele insistiu para que todos os católicos votassem contra os comunistas e com freqüência fazia sermões contra o "mal marxista". Quando a Hungria se tornou oficialmente uma república em 1946, Mindszenty foi um dos poucos húngaros ilustres que fizeram objeção.[1] Ele tinha idéias monarquistas.

Suas virtudes eram sua fé radiante, a coragem admirável, a firmeza de espírito e a honestidade. Porém, ele não era sensato, sofisticado ou sagaz. Embora fosse bastante popular entre os fiéis de seu rebanho, seu estilo abrasivo causou apreensões em muitos intelectuais católicos. Os jesuítas, que eram fortes na Hungria naquela época, o instavam para que fosse mais sutil e flexível no tratamento com os comunistas. O Departamento de Estado dos Estados Unidos o classificou como um homem disposto a se tornar um mártir, e destinado a ter sucesso.[2] O papa Pio XII acreditava que, em países ocupados pelo comunismo na Guerra Fria, a força para enfrentar o martírio era mais importante e mais valiosa em um padre do que o brilho intelectual.

A grande batalha era a respeito das escolas católicas. Os comunistas queriam nacionalizar todas, e iriam acabar alcançando seu objetivo eventualmente, mas a campanha de Mindszenty contra o plano impediu qualquer acordo que pudesse talvez ter salvado algumas delas. Em 17 de maio de 1948, ele escreveu uma Carta Pastoral ameaçando excomungar todos os envolvidos na secularização da educação. Em princípio, ele proibiu os professores católicos de trabalhar em escolas nacionalizadas, o que pôs à prova a lealdade ardente que ele requisitara de seus fiéis. Ele cedeu poucas semanas depois.

Rákosi decidiu que era a hora certa para se livrar do padre problemático. Os comunistas acharam que precisavam afastá-lo da vida pública, e isto poderia ser feito se ele fosse mantido em reclusão em um mosteiro, sem a necessidade de submetê-lo a humilhação, tortura ou prisão. Eles estavam determinados não apenas a deixá-lo sem poder, mas também a mostrar que qualquer resistência ao regime era inútil. Em 19 de novembro, prenderam o secretário do cardeal, András Zakar, e Mindszenty sabia que ele em breve seria o próximo. Pouco antes de sua prisão, ele disse em um sermão que, se fosse privado de sua liberdade, seus fiéis não deveriam perder a fé nele. Talvez eles ouvissem falar que ele admitiu ter cometido atos sediciosos, mas disse que essas declarações deveriam ser atribuídas à fragilidade da natureza humana sob pressão. Ele afirmou: "Se vocês lerem ou ouvirem que eu fiz estas declarações, ou que renunciei, e mesmo se a minha assinatura for usada na tentativa de autenticar estas confissões, isto deve ser imputado à fraqueza humana."[3]

Mindszenty foi torturado por alguns dias até fazer uma confissão que era inacreditável sob todos os aspectos. Mais tarde se provou que algumas das evidências foram forjadas, incluindo algumas alegações de especulação financeira. Em seu julgamento, em janeiro de 1949, em frente de uma audiência criteriosamente selecionada, ele recebeu a sentença de prisão perpétua. Os húngaros logo se acostumariam a ouvir réus acusados em julgamentos-espetáculo fazerem declarações ensaiadas à exaustão, admitindo acusações fraudulentas. As declarações de Mindszenty ao tribunal, amplamente citadas nos jornais na época, eram ridículas e totalmente em desarmonia com suas opiniões e seu estilo de escrita. "Sou um nobre húngaro. Meu sobrenome original era Pehm. A família Pehm foi declarada nobre em 1732. [...] Meu objetivo é o objetivo do movimento monarquista na Hungria, uma monarquia federativa da Europa Central com a união da Hungria, da Áustria e de outros países católicos. Achei que isso somente seria possível com a derrubada da república húngara, com a ajuda estrangeira, e principalmente com a ajuda norte-americana." Os stalinistas usaram o seu cinismo assombroso para imaginar que qualquer destas afirmações poderia soar genuinamente verdadeira.

Entretanto, a situação ficou clara para os húngaros. Se isto poderia acontecer a um primaz da Igreja, poderia acontecer com qualquer um. Ninguém que falasse contra o regime se sentiria seguro. Dois meses após a humilhação de Mindszenty, o arcebispo Károly Grosz, o segundo na hierarquia da Igreja, foi preso sob acusação de sedição e condenado a cinco anos de prisão. A seguir, foi a vez de vários jesuítas "liberais". Os manifestantes, uma minoria de tamanho considerável, não foram deixados em paz. A prisão do bispo luterano Lajos Ordass foi um presságio da perseguição a todos os cristãos. A partir de 1949, ministros religiosos de todas as denominações tiveram que prestar um juramento à Constituição, e os que se recusassem eram presos.

O tratamento mais brutal de todos foi o dispensado ao bispo da Igreja Ortodoxa Grega János Ödön Péterfalvy. Ele foi preso pela polícia secreta e espancado até perder todos os dentes do maxilar inferior. Três dias depois, foi acusado de ser um espião norte-americano e colocado em uma cela cheia de água gelada. Após três semanas, foi entregue à KGB soviética. Ele se recusou a assinar uma confissão, mesmo quando as unhas de seus pés foram arrancadas. Depois disso, seu interrogador lhe disse que seus pais também haviam sido presos. Disseram a ele: "Seu pai já está velho e enfermo. Você quer causar inconveniências para ele também?" O bispo então assinou a confissão e foi condenado a vinte anos de prisão. Ele foi deportado para a União Soviética, onde passou quase dez anos em um campo de trabalho na Sibéria.[4]

Os comunistas descobriram uma maneira poderosa e concreta para reforçar a sua opinião sobre a religião. Um ano após a prisão de Mindszenty, eles demoliram uma das igrejas mais belas de Budapeste, a Regnum Marianum, situada na magnífica praça dos Heróis. Foi substituída por uma estátua de bronze de 12 metros de altura do Grande Mestre Stalin, colocada sobre um pedestal de pedra calcária vermelha. Quando a estátua foi oficialmente inaugurada, em setembro de 1951, pelo chefe ideológico do Partido húngaro, József Révai, até mesmo alguns comunistas extremistas ficaram perplexos com o seu comentário: "Esta é uma estátua que brota da alma de nossa nação. [...] É uma estátua húngara."[5]

SEIS

Budapeste, 15 de outubro de 1949

Ao amanhecer, em sua cela com vista para o pátio da Prisão Central de Budapeste, Júlia Rajk foi acordada pelo som de botas nos paralelepípedos. Ela era alta, mas a janela de sua cela era elevada demais, de forma que ela não conseguia enxergar nada. Porém, como sua audição era aguçada, ela percebeu imediatamente que logo ouviria um enforcamento — um dos 51 que testemunhara no último mês, ao menos parcialmente. "Eu ouvi alguém falar assim: 'Géza, a execução já pode ser realizada'", narrou ela tempos depois. "Ouvi o som da cadeira sendo tirada de debaixo dos pés do condenado. E, no grande silêncio da manhã, ouvi o médico confirmar que estava morto." Somente horas depois, naquele mesmo dia, foi que ela soube que ouvira pela manhã a execução de seu marido.[1]

A morte de László Rajk marcou o momento em que, à clássica maneira bolchevista, a revolução começou a devorar seus próprios filhos, em uma orgia de derramamento de sangue. Primeiramente, a ÁVO tinha como alvos os opositores claramente definidos dos comunistas e do regime vassalo soviético. Os alvos mudaram à medida que mudavam as relações internacionais da União Soviética.

As relações entre o Oriente e o Ocidente congelaram totalmente. Então, no inverno de 1948-9, a Guerra Fria irrompeu dentro do bloco socialista. Um líder de um dos "territórios libertados" ousou desafiar o Czar Vermelho do Kremlin. Durante a guerra, Josip Broz Tito havia sido um herói guerrilheiro na luta da Iugoslávia contra Hitler e ganhara o respeito mesmo entre os anticomunistas. Ele estabeleceu uma ditadura marxista em Belgrado, mas resistiu a que a Iugoslávia fosse rebaixada à mesma condição escrava de seus vizinhos dos Bálcãs. Ele dizia que havia vários caminhos para o socialismo, se declarava "comunista nacional" e via um futuro para a Iugoslávia na condição de "não-alinhada". Tudo isso era heresia aos olhos de Stalin, que se gabou dizendo: "É só eu estalar os dedos e destruo Tito."[2]

Não foi tão fácil como ele imaginava. Stalin achou que não podia deixar transparecer nenhuma fissura na solidariedade comunista, pois isto poderia ser explorado pelo Ocidente. A insolência de Tito tinha de ser punida, e qualquer pessoa do bloco soviético inclinada a demonstrar empatia pelos iugoslavos seria reprimida violentamente. Stalin ordenou um expurgo contra o ninho dos "espiões trotskistas titoístas" em todos os Estados satélites, o que convulsionou todo o Leste Europeu e abalou principalmente a Hungria nos anos seguintes. Mátyás Rákosi, o melhor aprendiz de Stalin, como era de se esperar, era o mais empenhado entre todos os vassalos estrangeiros da Rússia no cumprimento das ordens de seu mestre. Ele ofereceu vários batalhões húngaros para a guerra contra Tito, mas Stalin vetou a idéia. Por isso, Rákosi teve de se contentar em organizar o maior e mais dramático julgamento-espetáculo dos territórios cativos, envolvendo milhares de comunistas no Caso Rajk.[3]

László Rajk foi um dos principais arquitetos do Estado Policial da Hungria. Como ministro do Interior, foi o mentor do julgamento do cardeal Mindszenty e da repressão das igrejas. Rajk era um stalinista ferrenho, inclemente contra todo tipo de oposição. "Todo homem precisa de uma bússola, e a minha é a União Soviética", afirmava ele. Rajk era alto, magro, de beleza impressiva, e era casado com uma das maiores beldades de Budapeste, Júlia Földi. Juntos formavam o casal comunista glamoroso da época. Rákosi odiava Rajk, e costumava citar a tragédia *Júlio César*, de Shakespeare, para outros magnatas nas reuniões do ministério. Fazia uso da fala de Júlio César a Marco Antônio ao alertar sobre o perigo dos "homens esquálidos e famintos". Rákosi se sentia corroído pela boa aparência e pelo status de celebridade de Rajk e o via como um líder rival em potencial. Como todos os moscovitas que viveram no exílio, Rákosi desconfiava dos comunistas que, assim como Rajk, permaneceram clandestinos durante os anos do governo de Horthy. Por estas razões, Rákosi elegeu Rajk como o alvo principal de seu expurgo, embora Stalin tivesse sido consultado a respeito e aprovado a escolha.

Rajk nasceu em 1909 em uma família de comerciantes ricos, originários da Transilvânia. Eles se mudaram para a Hungria após o Tratado de Trianon. Na universidade, tornou-se um comunista fervoroso, e organizou uma célula comunista ilegal na Universidade de Eötvös Loránd, o campo de formação de elite de advogados, funcionários públicos e acadêmicos. Foi traído por um colega e preso. Impedido de continuar seus estudos de direito, tornou-se trabalhador da construção civil, e foi deportado após organizar uma grande greve dos trabalhadores do setor em 1935. Lutou na Espanha no batalhão Rákosi da Brigada Internacional. De volta à Hungria após a Guerra Civil Espanhola, ficou conhecido como o líder dos comunistas ilegais até 1944. Preso novamente, foi salvo por seu irmão Endre, um fascista húngaro ilustre que fora secretário de Estado do governo do Cruz de Flechas. O favor que fez a seu irmão foi retribuído quando László Rajk se tornou, após a guerra, um dos maiores magnatas comunistas da Hungria, com um futuro brilhante.

Rajk talvez tenha tido um indício de sua queda iminente quando, como ministro do Interior, foi substituído logo depois do início do julgamento de Mindszenty. Porém, ele foi nomeado ministro das Relações Exteriores, um cargo também elevado, mesmo em um país cuja política externa era decidida fora de suas fronteiras. A prisão de Rajk abalou o país. Em 10 de maio de 1949, ele e sua esposa foram convidados para um almoço na residência de Rákosi. Júlia Rajk, na época com 36 anos, recentemente dera à luz um filho, e Rákosi disse a ela que queria fazer um brinde ao nascimento do bebê. Ele estava todo sorridente durante o almoço, embora já tivesse assinado os mandados de prisão do casal. Péter Kende, na época um jovem comunista e assistente dedicado de Rajk, recorda que algo estranho aconteceu durante o trajeto.

> Fui me encontrar com ele no lado de fora de sua casa. [...] Fiquei impressionado com o grande número de guardas no portão e com a pistola-metralhadora que o guarda que veio conosco no carro carregava. No caminho de volta, ouvimos uma pancada forte. Algo havia batido na parte dianteira do carro e fez com que o motorista e o guarda armado se inclinassem para a frente. Quando paramos e descemos, vimos que uma águia havia batido na frente do carro. [...] Foi um sinal agourento. Se Rajk fosse um estadista da Era Clássica, teria tirado a própria vida depois deste mau presságio, ou reunido seus soldados e deixado o país, porque este era um sinal inequívoco dos deuses de que ele estava sob a ameaça de um grande perigo.[4]

No dia seguinte, Rajk foi preso pela ÁVO em seu apartamento em Budapeste, e não teve nenhuma ilusão quanto ao destino que o aguardava. Inicialmente, ele se recusou a admitir as acusações inventadas de espionagem e traição; porém, os soviéticos não deixavam nada ao sabor do acaso. Stalin havia enviado uma equipe de trinta interrogadores, sob a responsabilidade pessoal de Fiodor Bielkin, a autoridade máxima da KGB responsável pelos Estados satélites, para destruir Rajk e seus 13 co-acusados. Depois de sessões contínuas de tortura, Rajk e todos os demais confessaram e, como se esperava, desempenharam o papel reservado a eles no julgamento. Ensaiaram várias vezes, como se fossem apresentar um espetáculo teatral. Os réus não tinham certeza sobre qual das "apresentações" havia sido o julgamento real, até que aconteceu o último.[5]

O julgamento não foi realizado em um tribunal, mas em um grande salão de um sindicato, que tinha a capacidade de abrigar um público maior. As acusações eram ridículas. Afirmou-se que Rajk, o mais leal dos comunistas, havia trabalhado para quase todas as potências estrangeiras, primeiramente para a Iugoslávia, mas também para os Estados Unidos e para a Espanha do general Franco. As pessoas ainda não estavam acostumadas à linguagem dos julgamentos-espetáculo dos comunistas. Elas ficaram perplexas quando ouviram que o homem que havia poucas semanas era uma das figuras centrais da ditadura durante todo o tempo planejara "uma conspiração contra o Estado com tropas de choque avançadas da força reacionária burguesa internacional". Quando a sentença foi proferida, as autoridades do tribunal e todo o público demonstraram sua aprovação batendo palmas ritmadas. Júlia Rajk, presa juntamente com seu marido, foi condenada a seis anos de prisão. Seu bebê, também chamado László, foi enviado para um orfanato estatal com um nome diferente.[6]

Aparentemente o público não tinha certeza de como reagir diante do ajuste de contas que os comunistas faziam uns com os outros. "Havia uma justiça tosca no fato de os assassinos se voltarem contra seus parceiros de assassinato", relembra Sándor Zsindely, que não era comunista. "Mas não tínhamos tempo e nem muita inclinação para apreciar o espetáculo." Ninguém conseguia ficar indiferente a esta mensagem:

na nova Hungria, qualquer pessoa, até mesmo as maiores autoridades do Partido, poderia desaparecer de um dia para o outro.[7]

O Grande Terror que se seguiu ao caso Rajk durou mais de três anos. Para um país pequeno de menos de 10 milhões de habitantes, os números foram assombrosos. Entre 1950 e 1953, mais de 1,3 milhão de pessoas foram processadas, e metade delas presas, sem falar no cálculo aproximado de 50 mil detidas, sob acusações fraudulentas, sem jamais terem ido a julgamento.[8] Mais de 2.350 foram executadas sumariamente, mas um número muito maior de pessoas apodreceu até a morte nas celas da polícia. Três campos de concentração — sendo os de mais triste fama o de Recsk, nas montanhas Tátra, e o de Kistarcsa — abrigavam mais de 40 mil internos. Apesar de todo o grande empenho por parte da ÁVO, Zoltán Biró, meio-irmão de Rákosi, autoridade de alto escalão da divisão de agitação e propaganda do Partido Comunista, calculava que havia "ainda cerca de 500 mil elementos hostis no país".[9]

Sem quaisquer procedimentos legais, mais de 13 mil "inimigos de classe" — entre eles aristocratas, pessoas da alta burguesia, ex-oficiais, proprietários de fábricas, altos funcionários públicos — foram forçados a deixar Budapeste, entre outras cidades, e enviados para trabalhar em fazendas, em condições estarrecedoras e sob vigilância severa. Segundo a razão oficial, isto era inevitável "num tempo de incitação do imperialismo e de recrudescimento da luta de classes". A verdadeira razão era a satisfação da demanda por casas decentes e apropriadas para a nova classe de chefes burocratas.[10]

Nem sempre a elite tinha a permissão para desfrutar de sua boa sorte. Em 1950, havia 850 mil membros do Partido Comunista, e três anos mais tarde quase a metade exata deles estava em prisões, campos de trabalho, ou havia sido exilada ou morta. Às vezes, os papéis de vítima e executor mudavam a uma velocidade impressionante. No verão de 1950, o general Kálmán Révay, comandante da Academia Militar, foi executado por fuzilamento no pátio do quartel da Polícia Militar. Pouco menos de seis meses antes, ele havia comandado o pelotão de fuzilamento que matou seu velho amigo e camarada-em-armas György Pálffy, o grande lutador da resistência e ex-chefe da contra-inteligência militar.[11]

Dentro do Partido, quase todos eram suspeitos. Se alguém havia deixado o país durante os anos de Horthy, poderia ser um espião do Ocidente. Se tivesse lutado na Espanha, era um trotskista. Se tivesse ficado clandestino na Hungria, era um informante de Horthy. Péter Kende não acreditava nas "confissões" que ouvia. Porém, como era um comunista leal, guardava suas dúvidas para si. "Eu ouvi a confissão de Rajk", disse ele. "Embora eu não estivesse a par dos fatos, eu tinha visto outros 'inimigos' testemunhando no tribunal. Inimigos não falam como alguém que estivesse em uma conferência do Partido; eles não falam para o mundo que a República Popular é maravilhosa e que eles, os inimigos do povo, são terríveis. Muito pelo contrário, eles apresentam sua própria visão de mundo ou tentam passar a melhor impressão possível. Simplesmente alguma coisa não estava certa."[12]

Um dos cargos mais perigosos de se ter era o de ministro do Interior, que era como ser ministro dos assuntos constitucionais na corte de Henrique VIII. O predecessor de Rajk terminou seus dias no cadafalso, e seus três sucessores foram todos "expurgados". Talvez o caso mais trágico de todos tenha sido o de Sándor Zöld, um doutor ilustre que havia sido uma figura heróica do movimento clandestino de esquerda no tempo da guerra. Em 15 de abril de 1951, ele foi criticado em uma reunião do ministério e demitido do governo. Ele tinha certeza de que seria o terceiro ministro do Interior consecutivo a ser preso, torturado e julgado. Aterrorizado pela brutalidade que ele sabia que o esperava, ficou completamente transtornado. Foi para casa, matou sua esposa e seus dois filhos e matou-se com um tiro. Foi encontrado na manhã seguinte, e a notícia se espalhou como fogo num monte de palha nas fileiras do Partido. Sándor Nógrádi, na época um alto oficial do Partido que conhecia Zöld bem, se recorda: "Aquele acontecimento abalou muitas pessoas. Mas não havia ninguém com quem se pudesse discutir a tragédia, e cada um guardou suas próprias dúvidas para si."

Todos estavam com medo. Miklós Vásárhelyi era um jornalista comunista fervoroso nos anos de terror. "Eu estava terrivelmente amedrontado", disse ele. "Mas eu concordava com a campanha contra Tito e com o julgamento de Rajk por disciplina, crença e oportunismo. [...] Mais tarde eu passei a viver constantemente com medo, mas eu não contei a ninguém, nem mesmo para minha esposa. Se eu contasse a ela que estava com medo, e se fosse preso, ela poderia então ter dúvidas a meu respeito, porque eu estava com medo. Um bordão da época dizia que em um sistema socialista uma pessoa com a consciência limpa não tem motivos para ter medo."[13]

À medida que a ÁVO se tornava a lei, um Estado dentro do Estado, as prisões e os campos atingiam sua capacidade máxima. György Páloczi-Horváth encontrou-se com várias personalidades na prisão de Vác.

> Entre eles, havia altos dignitários da igreja, ex-generais de Horthy e generais da Guerra Civil Espanhola (do lado comunista, é claro), os principais criminosos de guerra, todos os apoiadores de Rajk, como o príncipe Paul Esterházy e Zsédenyi, um ex-presidente da República e uma constelação de ex-ministros e subsecretários do Estado. Na primeira manhã, quando os enfermeiros militares vieram para fazer seus turnos, descobrimos que quem prestava serviços em nosso andar era um ex-ministro e um ex-general pára-quedista. Um dos jardineiros era um conde, o encanador de nossa ala era um comunista da Velha Guarda que havia atuado como subsecretário de Estado de Rajk. Conhecemos grandes nomes dos movimentos comunistas da Hungria, Romênia, Tchecoslováquia, França e Bélgica. Em uma outra ala, o coronel Kálcsics era o ordenança. Ele lutara na Guerra Civil Espanhola e depois na resistência belga, e havia uma rua batizada com seu nome em uma cidade da Bélgica. Em 1948, o Partido Comunista belga queria que ele permanecesse lá. Porém, Rákosi insistiu, alegando que o grande herói era de origem húngara, e por isso deveria ajudar na reconstrução do exército húngaro. [...] Ele voltou no início de 1949 e foi condenado à prisão perpétua como cúmplice de Rajk.[14]

Nos constantes expurgos, a inocência ou a culpa eram irrelevantes. Paul Ignotus ficou preso por seis anos sob acusações totalmente inventadas. "Seria difícil calcular a proporção das vítimas que simplesmente não tiveram sorte e das que de fato demonstraram alguma chama de patriotismo ou sentimento humano. Em geral, os que sobreviveram ilesos aos expurgos foram provavelmente mais bajuladores e mais bárbaros do que os outros que foram assassinados, presos ou pelo menos afastados até a morte de Stalin. Contudo, alguns dos executados se sentiam muito pesarosos por não estarem entre os executores. A seleção dos criminosos era baseada bem claramente em suposições de desvio político, mais do que qualquer coisa que se dissesse ou fizesse."[15]

Os irmãos Szűcs foram fiéis à causa comunista durante toda a vida. Miklós Szűcs, originalmente um engenheiro que fora preso com Rákosi nos anos 1920, trabalhou em Londres logo após a guerra como correspondente do jornal do Partido Comunista *Povo Livre* e para a agência de notícias *Telegraph.* Quando os comunistas tomaram o poder, ele falou em diversas ocasiões que queria ir para casa para construir o socialismo. Posteriormente ele obteve a permissão para fazê-lo, e ganhou um emprego como engenheiro elétrico em Budapeste. Ele dividia um apartamento com seu irmão Ernő, oficial da ÁVO e assistente pessoal de Gábor Péter. A situação de Ernő estava se tornando difícil, pois estava tendo problemas com Péter. Ele decidiu reforçar a sua posição denunciando seu próprio irmão, pois desta maneira provaria ser funcionário fiel e confiável do Estado. Miklós foi preso por ser espião inglês, mas a sua prisão em nada ajudou seu irmão. Ernő foi pego pela ÁVO e colocado na mesma cela.

Mais tarde, um dos torturadores mais cruéis da ÁVO, Vladimir Farkas, descreveu o fim dos irmãos Szűcs em detalhes deprimentes.

> Gyula Prinz e o assistente de Gábor Péter, József Kovács, eram responsáveis por minar a resistência deles. Prinz e Kovács eram especialistas em espancar as pessoas, mas, pelo que eu sabia, jamais haviam espancado alguém até a morte. Eu e Mihály Károlyi, que entrevistara os irmãos e que assim como Gábor Péter estava convencido de sua inocência, estávamos assentados em uma sala [...] quando depois de uma hora nos disseram que os dois irmãos não estavam se sentindo bem e que precisavam de um médico. István Bálint, o médico-chefe da ÁVO, e seu assistente, Andor Köröso, ainda estavam no prédio. Bálint examinou os dois homens, voltou e disse: "Apliquei uma injeção neles, não é nada sério. Vocês podem continuar a bater neles em uma hora." Porém, o espancamento não pôde ser retomado, porque menos de meia hora depois os torturadores informaram que um problema grave estava acontecendo. Eu chamei Bálint e seu assistente mais uma vez, e eles confirmaram que os dois homens

> estavam mortos. No relatório, Bálint escreveu que a causa da morte fora queimadura de terceiro grau em todo o corpo. Eu não conseguia entender o que tinha acontecido. [...] Também não conseguia entender como eles podiam ter morrido nas mãos dos torturadores profissionais da ÁVO.[16]

> Uma piada cruel, contada com freqüência na Hungria, dizia: "Ainda existem três classes neste país: a dos que já estiveram na prisão, os que estão lá e os que estarão um dia."

Até mesmo Rákosi tinha medo de Stalin, e tinha todas as razões. O culto à personalidade que ele havia construído à sua volta estava se tornando cada vez mais absurdo. Ele assegurou por decreto do Partido que a palavra "sábio" seria reservada exclusivamente para ele, tal como nas placas que o proclamavam como o "Sábio Líder dos Trabalhadores". Ele demonstrava seu lado sádico mais abertamente. Em 24 de abril de 1950, o chefe de Estado, Árpád Szakasits, ex-secretário geral do Partido Socialdemocrata, foi convidado para jantar com o chefe do Partido. Durante o café, Rákosi se inclinou em sua direção e disse: "Szaki, tenho algo para te mostrar." Era o mandado de prisão de Szakasits, fundamentado em documentos forjados que "provavam" que ele fora um informante da polícia secreta de Horthy. Então ele entregou os documentos para Szakasits, e, enquanto este os lia, Gábor Péter, que esperava na sala ao lado, o prendeu. Ele ficou trancado no porão da residência de Rákosi por vários dias antes de ser levado para a prisão.[17]

Rákosi não revelava a sua verdadeira relação com Stalin. Ele passava todas as suas férias na Criméia, e nem mesmo seu círculo íntimo sabia quando eles se encontravam, se é que isto de fato aconteceu. O atarracado húngaro foi nove vezes à Península entre 1948 e 1953, mas não há registros das visitas. Ele se comunicava com Stalin por meio de uma série de cartas para o "Camarada Fillipov", sobre uma variedade de assuntos domésticos, incluindo o processo de Rajk. Ele solicitou orientação pessoal em 22 ocasiões, mas Stalin nunca se deu o trabalho de responder a maioria delas. O silêncio era interpretado como um sinal de consentimento. Rákosi tinha acesso ao Czar Vermelho em grande parte por causa de seu bom relacionamento com Aleksandr Poskrebitchev, secretário pessoal e "porteiro" de Stalin. Ele também era um homem feio, que tinha a cabeça raspada e três dobras de gordura na nuca. Talvez tenha sido a aparência desastrosa de ambos o que os aproximou.

Este contanto com Stalin provocava ressentimento nos outros comunistas húngaros, assim como em alguns russos, entre eles o embaixador soviético até 1954, Ievgeni Kisilev. O diplomata húngaro György Zagar relatou uma conversa que teve com Kisilev em uma conferência no Oriente Médio. "Ele disse que Rákosi era extremamente teimoso e obstinado. Ele não ouvia ninguém, nem seus aliados, nem ele [Kisilev], ou nenhum dos outros líderes soviéticos do Partido além de Stalin. Kisilev nunca era informado dos conteúdos das conversas com Stalin, o que era um problema delicado, uma vez que ele nunca sabia se as ações de Rákosi eram baseadas em arranjos particulares com Stalin."[18]

Apesar disso, Stalin detestava imensamente Rákosi, e os húngaros sabiam disso. Ele com freqüência mencionava uma fotografia famosa de 1947 de Rákosi no jardim da Casa Branca em uma visita ao presidente Truman. Enquanto os outros políticos da fotografia, até mesmo os membros da coalizão de direita, com olhar vago, pareciam desconfortáveis ou constrangidos por estar perto do presidente, Rákosi está à esquerda de Truman, conversando amigavelmente e compartilhando uma história engraçada. A explicação simples era a de que Rákosi falava inglês fluentemente e que já havia se encontrado anteriormente com algumas das autoridades durante as negociações do Tratado de Paz em Londres e em Paris. Stalin considerava a fotografia inapropriada e disse uma vez que ela sugeria que Rákosi era um espião do Ocidente.[19] Diferentemente de muitos do círculo de Stalin, Rákosi não bebia muito. Em certa ocasião, Stalin fez uma brincadeira com Rákosi em uma noite após um jantar na Criméia, forçando-o a beber tanta vodca que ele desmaiou. Alguns do Politburo soviético acharam que ele estava morto, mas ele recobrou a consciência. Rákosi contava histórias aos seus camaradas húngaros sobre os encontros etílicos sem fim na corte de Stalin. Ridicularizar estes encontros era considerado muito indecoroso pelo ditador soviético.[20]

Em um círculo vicioso, quanto mais Stalin manifestava seu desprezo por seu vassalo húngaro, mais medo Rákosi demonstrava; e quanto mais ele bajulava o homem do Kremlin, mais aumentava o sofrimento dos húngaros.

SETE

31 de dezembro de 1951

Tanto nos escritórios quanto nas fábricas, para a maioria dos húngaros um dia típico de trabalho começava com a leitura coletiva do jornal *Povo Livre.* O ritual diário era considerado pelo regime uma arma de propaganda vital no processo de transformação da Hungria em um estado totalitário onde o Partido tivesse o controle de tudo — e, mais especificamente, como pensavam eles, das opiniões das pessoas. Os trabalhadores chegavam meia hora antes de seus turnos. Abaixo de uma fotografia do "Sábio Líder" Rákosi, o mais alto funcionário comunista de cada local de trabalho recitava, a partir do texto sagrado, em tom marxista-leninista enfadonho e sepulcral, a frase do Partido para o dia. As faltas eram registradas e muito provavelmente atraíam a atenção da ÁVO, um risco que a maioria dos trabalhadores não estava preparada para correr.

A maioria dos trabalhadores mal prestava atenção a estas sessões. Assim como as marchas costumeiras das quais eles eram obrigados a participar, em homenagem ao Partido ou à União Soviética, as "horas do *Povo Livre*" eram vistas como uma perda de tempo e uma lembrança constante de como a política havia se intrometido em cada aspecto da vida dos cidadãos. De qualquer maneira, poucas pessoas acreditavam no que aparecia nos jornais húngaros, com exceção talvez dos resultados esportivos. Contudo, nesta manhã em particular, um artigo de primeira página do jornal chamou a atenção. Com a manchete "Um golpe mortal na face dos imperialistas e dos belicistas ocidentais", o governo anunciou um pacote de "reformas" de preços e salários. Os preços, incluindo os dos alimentos essenciais, aumentaram entre 11% e 20%, e os salários sofreram um corte de aproximadamente o mesmo percentual. Naquele dia, em toda Budapeste havia cartazes nos muros mostrando cópias do jornal, pichadas com a seguinte frase: "Mais um golpe mortal nos imperialistas e nós todos morreremos de fome."[1]

Esta pichação não era uma piada. Desde que começaram a remodelar a Hungria segundo os moldes stalinistas, os comunistas levaram a economia húngara à beira da ruína. Neste Estado de trabalhadores, eram estes os que mais sofriam. Nos campos, a coletivização forçada causou a fome generalizada. Nas cidades, a opressão da vida diária era exaustiva e desalentadora. Mesmo em alguns outros países da Cortina de Ferro, as condições melhoraram nos anos 1950, mas na Hungria elas pioravam. Nos primeiros quatro anos após a tomada de poder pelos comunistas, os padrões de vida caíram 20%, enquanto a jornada de trabalho semanal aumentou. Tomando a renda anual média de um trabalhador, calcula-se que um homem precisaria de um ano e meio de salários para comprar um terno mal-acabado e sem graça — pois não havia outro tipo para se comprar — e o mesmo tempo levaria uma mulher que gostasse de andar na moda para encontrar qualquer modelo de vestido.[2]

O luxo era para poucos: as grandes autoridades do Partido, a polícia secreta e um número seleto de pessoas ligadas ao mercado negro. Na Hungria, havia três tipos de mercados. O primeiro era onde as pessoas comuns formavam filas, às vezes por várias horas, para comprar produtos racionados. O segundo era para a elite húngara, e oferecia uma gama bem mais variada de produtos, alguns deles importados do Ocidente, sendo que os produtos básicos custavam 25% menos do que nos mercados comuns. O terceiro, o mais seletivo de todos, era para um pequeno número de "assessores" russos e oficiais do exército, e seus preços eram aproximadamente 50% mais baixos do que nos mercados freqüentados pela maioria dos húngaros.

O czar econômico da Rússia e tenente mais poderoso de Rákosi era seu companheiro moscovita Ernő Gerő. Em termos de personalidade, os dois não poderiam ser mais diferentes. Enquanto Rákosi apresentava à sua volta um ar de amabilidade, embora falso, Gerő não tinha absolutamente nenhum senso de humor. Ele não tinha vida fora da política e aparentemente não tinha outro interesse a não ser o exercício do poder. Era alto, tinha uma massa de cabelos castanhos ondulados, lábios grossos e era de uma magreza quase esquelética. Sofria de uma úlcera estomacal intratável que lhe causava dores constantes. Politicamente o par era idêntico, para todos os objetivos práticos, embora Gerő aparentasse ser um stalinista fanático e uma ferramenta do Kremlin, mais do que Rákosi. Paul Ignotus, que conheceu Gerő, o descreveu como "um cruzamento entre um inquisidor e uma caixa registradora",[3] e Miklós Nyárádi, que compartilhou o exílio com ele em Moscou, o comparou ao padre dominicano Savonarola, pregador contra a vida pagã e imoral. Segundo Nyárády, "Gerő parecia um Savonarola moderno, [...] um daqueles comunistas ascetas e antiquados que não aceitam nenhum dinheiro, luxo, e não têm alegria de viver".[4]

Sua origem de judeu de classe média era típica dos moscovitas húngaros. Nasceu em 1899, e seu nome de batismo era Ernst Singer. Converteu-se ao comunismo quando era estudante e, a partir deste momento, cortou todo tipo de contato com seus pais e seus oito irmãos. Foi preso em 1922 por sua associação ao Partido Comunista ilegal, e obteve a permissão para deixar a Hungria e ir para a URSS em 1924. Gerő freqüentou a Academia Lenin em Moscou e se formou como um *apparatchik* do Partido Comunista, mas foi atraído para uma vida de intrigas. Ele ingressou na KGB e, durante os anos 1930, foi agente da Internacional Comunista. Era um segredo revelado nos círculos de exilados em Moscou que fora Gerő quem fizera o papel de sargento recrutador de Ramón Mercader, o assassino de Trotski, para a causa stalinista.

Gerő conquistou a reputação de impiedoso durante a Guerra Civil Espanhola. Ele era o chefe da KGB na Catalunha, sob o codinome Pedro, com a tarefa de reforçar a ortodoxia comunista entre os republicanos e de liquidar os rivais de esquerda e os anarquistas. Ele desempenhou seu trabalho meticulosamente e se tornou conhecido como "o açougueiro de Barcelona".[5]* Era puritano e incorruptível, mas traiçoeiro. Ele confessou a Kisilev, o embaixador russo, que durante o Caso Rajk ficara "chocado ao ver que, com Gábor Péter a cargo da ÁVO, não importava se alguém era inocente ou culpado".[6] Na mesma época, ele podia dizer em particular, em outro local: "Nós sabemos que Rajk conspirou juntamente com Tito, mas não temos nenhuma

* Não existem provas concretas, mas é quase certo que ele tenha encorajado e auxiliado no assassinato de Andrés Nin, presidente da República Catalã, em 1937.

prova disso. Ele precisa ser eliminado, mas seria loucura contar toda a verdade para o público. Eles não entenderiam. Eles não estão politicamente maduros o suficiente. Se ele foi de fato um espião ou não, é algo irrelevante, porque no fundo é tudo a mesma coisa: cometer traição ou ser um espião. A imprecisão da acusação é apenas o lado mecânico do processo e não tem nenhuma importância."[7]

Para outros, ele conseguia demonstrar um lado decente, honrado e humilde. Quando era um jovem economista, Péter Kende — que deixou a Hungria como refugiado após 1956 — foi nomeado para trabalhar para ele. "Eu fiquei muito impressionado com Ernő Gerő. Ele era extremamente reservado e educado, e chegava a ser tímido. Demonstrava grande respeito por todos com quem falava, independentemente da posição ou da classe da pessoa. Quando se chegar a um veredicto final sobre Gerő, este terá que levar em consideração o fato de que ele era o menos sanguinário da liderança suprema que tomava as decisões cruciais nos anos 1950. É notável que ninguém do ambiente próximo a ele tenha desaparecido. Ele não deixava que tomassem seus homens."[8]

Esta afirmação foi exagerada, pois Gerő também sabia ser insensível. Porém, ele não tinha mais prazer na crueldade do que parecia demonstrar por qualquer outra coisa na vida.

Dogmático e inflexível, Gerő sempre queria estar certo, e nunca soube o significado do termo "retirada tática". Ele podia ser um organizador eficiente, mas, em todos os anos que passou na Rússia, aprendeu muito pouco sobre Economia, mesmo a Economia marxista-leninista.[9]

As colônias existem para abastecer e dar lucros aos seus senhores imperiais, e a Hungria não era exceção. Gerő e Rákosi enxergavam como propósito principal da Hungria servir aos interesses da União Soviética.

A reconstrução do país após a devastação da guerra foi relativamente rápida, apesar da Grande Inflação de 1945-6. Os comunistas desempenharam um papel na reconstrução da nação. Gerő ainda desfrutava do apelido de "Construtor de Pontes". Porém, quando se tornou o chefe econômico da Hungria, desfez rapidamente o bem que havia realizado. Os novos governantes cometeram um erro catastrófico. Eles tentaram transformar, da noite para o dia, um país primariamente agrícola, com algumas indústrias leves, em uma "nação do carvão e do aço". Eles fizeram isso porque era o que Stalin havia feito na URSS, e a experiência soviética era um dogma para tudo.

Os desastrosos planos qüinqüenais de Gerő pressionaram ainda mais os trabalhadores. Em 1950, o salário-tarefa — o pagamento por cada item que o trabalhador produzia — se tornou o sistema básico de pagamento em todas as fábricas. Quando o governo de coalizão quis introduzir o esquema de salário-tarefa em 1947, o jornal *Povo Livre* observou que nenhum sistema explorava os trabalhadores de maneira mais vergonhosa, um argumento que condizia com um órgão socialista. Entretanto, quando este se tornou o sistema estatal, o mesmo jornal afirmou que era "uma bênção para os trabalhadores", e que poderiam ganhar mais dinheiro se trabalhassem mais.[10]

Naquela mesma época, para cada trabalhador era fixada uma "norma", um programa de produção individual que ele ou ela tinha de alcançar. Os salários dos trabalhadores que não atingissem a meta eram descontados. Quem excedesse a "norma" também era punido. Os trabalhadores descobriam no mês seguinte que sua "norma" fora aumentada, pois era como se eles tivessem provado que podiam produzir mais. Na prática, seus salários eram reduzidos.[11] Por um certo tempo a quantidade aumentou, à custa da qualidade. Havia o problema sério dos produtos rejeitados das fábricas. Mesmo para os padrões do Leste Europeu da época, os produtos húngaros eram notoriamente de má qualidade. A Rússia cancelou dezenas de contratos com as empresas húngaras porque os produtos eram inferiores, e isto levou sérias reclamações do Kremlin a seus vassalos em Budapeste.[12]

Os "empréstimos para a paz" extorquidos dos trabalhadores todos os meses — na verdade, uma taxa extra de 12% — eram ainda mais duros de suportar. Teoricamente, estas "contribuições para a luta contra o imperialismo" deveriam ser voluntárias, mas quem se recusasse a pagar tinha seu nome anunciado publicamente, era humilhado e até mesmo demitido, numa época em que estar desempregado era ilegal. Mudar de emprego sem autorização era extremamente difícil, mas não absolutamente proibido. Em 1951, 15 mil que tentaram fazê-lo foram acusados de "pôr em risco os interesses do plano econômico". A maioria deles foi presa.[13] Roubos no local de trabalho eram comuns.

Ferenc Váli, um observador atento, achava que um dos piores efeitos do comunismo húngaro era a nova imoralidade: "Muitas pessoas acreditavam que era aceitável dilapidar o Estado, com pequenos furtos ou grandes fraudes. Diziam que isto chegava a ser uma maneira de lutar, de resistência."[14]

A maioria das pessoas aceitava seu destino, rancorosa e ressentidamente. Elas podiam fazer pouco a respeito do caos que os comunistas estavam provocando na economia. Um grande exemplo foi a construção de Sztálinváros, uma grande usina de aço e uma nova cidade, 50 quilômetros a sudeste de Budapeste. A construção exigia grandes quantidades de coque e minério de ferro, nenhum dos quais existente na Hungria, e que tiveram de ser importados da Ásia Central soviética, a milhares de quilômetros, sob custos altíssimos. Evidentemente, isto fez com que Sztálinváros se tornasse extremamente dispendiosa e um desperdício de recursos escassos. Contudo, Gerő não se interessava por estas considerações práticas. Sztálinváros tinha de ser construída porque o plano dizia que seria construída. Qualquer um que apontasse a loucura destes empreendimentos grandiloqüentes era classificado como sabotador.[15] A teoria stalinista sustentava que o sistema era perfeito, que os planejadores no topo do Partido eram oniscientes e que, portanto, se alguma coisa saísse errada, seria erro de alguém ou de algum grupo — ou seja, de inimigos do Estado, terroristas ou agentes imperialistas.

Havia planos de produção para o campo de petróleo Lengyeltóti, na Hungria oriental, com as únicas reservas do país. Os especialistas alertaram os administradores e os políticos que uma exploração muito precipitada poderia causar vazamentos. O conselho foi rejeitado, porque o plano era considerado sagrado. Eles cumpriram as cotas de produção, mas o campo de petróleo transbordou. Simon Papp, uma lenda da indústria, trabalhou duro para fazer o campo de petróleo operar novamente. Em 1909, com apenas 23 anos, ele havia se tornado o primeiro professor de Geologia Petrolífera da Hungria, mas o ambiente acadêmico o entediou. Ele tornou-se então prospector de petróleo, uma daquelas figuras românticas antiquadas, e nos anos 1920 viajou pelo mundo perfurando campos à procura de petróleo. Ele de fato chegou a encontrar petróleo na Iugoslávia, na Turquia e nos Estados Unidos. De volta à Hungria nos anos 1930, foi o geólogo-chefe da MAORT, a Indústria de Petróleo Húngara e Americana, cargo que continuou a ocupar mesmo quando os comunistas tomaram o poder. Ele alertou em diversas ocasiões que iria acontecer uma catástrofe nos campos de petróleo húngaros, se não diminuíssem a produção. Quando aconteceram os vazamentos, que há muito ele havia previsto, naturalmente a culpa teria que recair sobre alguém, e este alguém foi ele. Papp e uma equipe de outros especialistas foram presos. Ele foi acusado de crimes contra a ordem democrática e condenado à prisão perpétua.[16]

A pilhagem dos recursos húngaros foi grosseira. As reservas de urânio do país foram exploradas à exaustão para atender às necessidades do programa soviético de armas nucleares. Foi um acordo típico de exploração colonial, e seus detalhes só vieram à tona nos anos 1990, após o colapso do comunismo. O acordo foi elaborado sob grande segredo, e não se fez nenhuma menção a ele nos planos econômicos soviéticos ou húngaros. Foram encontradas reservas de cerca de 15 milhões de toneladas, um dos maiores depósitos do mundo na época, em Kővágószőllős, perto da cidade de Pécs, no sudeste da Hungria. Os húngaros fundaram uma empresa chamada Bauxita, e os termos do acordo eram amplamente favoráveis à URSS. A Rússia ficou encarregada da exploração e extração do minério, e a Hungria responsável por fornecer a infra-estrutura. Moscou estabelecia os preços unilateralmente e era o único comprador, além de ditar o ritmo de exploração do minério. O acordo final, feito depois que a exploração já havia começado, significava que a Hungria colocava as jazidas à disposição da "expedição geológica" soviética, livre de impostos, e isentava os russos que lá trabalhavam do pagamento de quaisquer taxas. As acomodações para os trabalhadores eram de responsabilidade dos húngaros. Os russos, por sua vez, forneceriam todos os equipamentos técnicos e científicos para o refinamento do minério. A Hungria ganhou pouco com este acordo.[17]

O ilustre físico e professor Lajos Jánossi era um cientista húngaro que trabalhou mais próximo aos soviéticos na extração do urânio, mas descobriu, em uma visita à URSS, que sabia muito menos sobre o contrato que seus colegas russos. "As autoridades soviéticas, com receio, mantinham tudo a respeito do urânio em segredo. Nenhuma informação era revelada. Os húngaros eram deixados completamente no escuro. Por exemplo, mesmo sendo vice-presidente da Comissão de Energia Atômica da Hungria, não fui informado sobre a existência de urânio no país. Fiquei sabendo apenas pelos jornais. Não sei nem mesmo que contratos nós temos com a União Soviética." A pilhagem do urânio da Hungria se tornou uma grande questão na Revolução de 1956.[18]

A Hungria rural foi totalmente transformada. Conhecida no entreguerras como o celeiro da Europa, as vastas e excelentes extensões de terras agrícolas da Hungria se encontravam então inativas. Em apenas três anos, 300 mil camponeses deixaram os campos e se mudaram para as cidades, para entrar na "batalha pela indústria" de Gerő. A agricultura tornou-se um fracasso desastroso, e o racionamento de comida era severo no começo dos anos 1950.[19]

Juntamente com a fome veio o medo extremo. As reformas do pós-guerra que pela primeira vez deram títulos de propriedade da terra aos camponeses vigoraram por um período terrivelmente curto. A partir de dezembro de 1948, Rákosi e Gerő estavam determinados a promover uma rápida expansão das fazendas coletivas, o que trouxe o impiedoso Estado Policial para os campos. Os camponeses eram forçados a trabalhar nas fazendas coletivas, da mesma forma como tinha acontecido na União Soviética nos anos 1920. Assim como na URSS, trabalhadores rurais relutantes, que abominavam a perda de sua independência, enfrentavam medidas repressoras. Os camponeses eram forçados a vender seus produtos ao Estado, a preços fixados pelo Plano Qüinqüenal de Gerő. Os recalcitrantes recebiam multas pesadas ou algo pior. A recusa acarretava a visita da ÁVO à família ou um processo por "comprometer o abastecimento público". Havia mais de 400 mil casos de camponeses acusados de esconder estoques. A "limpeza dos celeiros" feita pelos investigadores da ÁVO era uma prática diária da vida no campo. Nos anos mais negros do início dos anos 1950, a renda dos camponeses caiu pela metade. Alguns trabalhadores rurais preferiram matar seus gados a fazer parte das fazendas coletivas. Eles também eram punidos quando pegos neste tipo de resistência.[20]

Um outro termo russo que entrou na língua húngara foi *kulák*, que significa "camponês abastado". Na União Soviética, Stalin havia transformado os *kuláks* em inimigos de classe a serem liquidados. Rákosi e

Gerő fizeram o mesmo na Hungria. Qualquer homem — e, inevitavelmente, era mesmo um homem — que possuísse de 8 a 15 hectares de terra, dependendo da qualidade do solo, era classificado como *kulák*. Em todas as vilas, "listas de *kuláks*" eram elaboradas e publicadas. Milhares foram denunciados — geralmente por pessoas com quem tinham convivido por anos — e enviados para os campos de trabalho forçado. Seus filhos eram impedidos de estudar em universidades. Na maioria das vezes, suas terras eram confiscadas, como era de se esperar, assim como suas casas. Freqüentemente eles eram removidos em caminhões, deixados a quilômetros de distância, e depois descobriam que suas casas haviam sido confiscadas durante sua ausência. Rákosi afirmou que bater em um *kulák* era um ato revolucionário.[21]

OITO

Washington, 4 de novembro de 1952

A vitória esmagadora de Dwight D. Eisenhower na eleição presidencial não foi nem um pouco surpreendente. Aos 62 anos, "Ike", como era conhecido, era imensamente popular, um herói de guerra que os americanos médios viam como um dos seus. Ambos os partidos o queriam como candidato presidencial nesta eleição, não apenas por causa de sua fama como comandante militar, mas também por sua personalidade. Seu sorriso de ponta a ponta irradiava otimismo e uma contagiante alegria de viver. Os que conheciam o seu verdadeiro caráter o conheciam melhor: em particular, ele tinha a tendência a longos períodos de melancolia. Porém, seu lema de campanha dizia "OK com Ike", e milhões de eleitores acharam que as coisas provavelmente seriam mesmo assim. Apenas com sua influência política, ele assegurou ao Partido Republicano a presidência pela primeira vez desde 1928.[1]

Eisenhower era um mestre em manobras políticas.[2] Poucos presidentes foram de fato tão diferentes da imagem que criaram. Ele se apresentava como uma pessoa simplória, provinciana e sem refinamento, um homem que preferia jogar uma rodada de golfe com os amigos a passar seu tempo no escritório. Sua aparência de tio bondoso e sua maneira desajeitada de andar, arrastando os pés, quase escondia sua inteligência aguda e a surpreendente dimensão de seu conhecimento. Ele era bem mais inteligente do que aparentava. Eisenhower inventou as coletivas de imprensa televisionadas regularmente. Ele falava aos tropeções e aparentemente desconhecia a sintaxe. Entretanto, quem hoje ler seus comentários impressos terá certeza de que ele sempre soube o que estava dizendo. Sua imagem cuidadosamente polida era a de um soldado-estadista bem acima das rixas políticas: ele era quase um monarca constitucional. Porém, mantinha um olho agudo voltado para seus índices de popularidade, e podia atuar como um mediador partidário de habilidades sutis.[3]

Eisenhower lutara em uma campanha eleitoral cheia de retórica belicosa anticomunista. O pior da caça macarthista às bruxas já havia passado, mas a equipe de Eisenhower falava com freqüência da "ameaça vermelha".[4] O vice-presidente escolhido pessoalmente por Ike, Richard Milhous Nixon, foi praticamente criado no Comitê de Atividades Antiamericanas da Câmara, onde atuou como o carrasco da esquerda. Aparentemente os norte-americanos achavam que, se iam acontecer novas batalhas na Guerra Fria, eles estariam em uma situação melhor com um general os defendendo. Eisenhower disse que a política de seu predecessor, Harry Truman, de "contenção" da União Soviética era demasiado "passiva". Por sua vez, ele defendia o "retrocesso" do comunismo, não por meio da guerra, mas a qualquer custo que não fosse o conflito militar. Ele planejou elevar a temperatura da batalha ideológica contra os soviéticos para ver como eles reagiriam.[5]

Uma das atitudes simuladas de Eisenhower era insinuar que deixava o trabalho duro para os outros, enquanto ele próprio só aparecia na Casa Branca de vez em quando, vindo do campo de golfe para tomar decisões importantes. Muitos diplomatas e políticos — principalmente Anthony Eden[6] — estavam convencidos de que a política externa norte-americana era dirigida por John Foster Dulles, secretário de Estado de Eisenhower e puritano até a medula. Conforme comprovam todos os documentos da época, Ike era bem mais intervencionista do que a imagem que passava para o público ou para os líderes estrangeiros. Ele e Dulles eram uma força formidável, mas o secretário de Estado sempre relembrava que servia às ordens do presidente.

Robert Bowie, diplomata de Foggy Bottom, o bairro sinônimo de Departamento de Estado, que nos anos 1950 assessorou Dulles em questões relativas à política européia oriental, disse:

> Não tenho a menor dúvida de que era Eisenhower quem ditava a política. Ele estava totalmente no comando. Dulles era o assessor confiável que ele ouvia com freqüência ou sempre. Eisenhower geralmente concordava com ele, mas tomava suas próprias decisões sem questionamen-

> tos, e todos na administração sabiam disso. Dulles fez questão de deixar isto claro para o pessoal do Departamento de Estado. Ele jamais tomava uma grande decisão ou fazia um discurso importante sem primeiro obter o aval de Ike. E Ike não autorizava dizendo simplesmente "fale o que você quiser, Foster". Ele escrevia comentários no documento, ou no texto de um discurso, dizendo "sugiro que você faça isso" ou "sugiro que você diga assim".[7]

Dulles era um homem grande e melancólico que parecia um pai vitoriano sério. Seus lábios se curvavam para baixo e tremiam quando ele ficava nervoso, o que acontecia com freqüência. Quase sempre ele mantinha as mãos nos bolsos. Ele nasceu no Departamento de Estado, pois seu avô e seu tio foram secretários de Estado. Foster Dulles teve que esperar até chegar aos 64 anos para ocupar o cargo. Ele empregava o vocabulário rígido usado por um pregador presbiteriano leigo, ocupação que tivera antes de se tornar presidente do Conselho Nacional de Igrejas. Por muitos anos, quando era chefe de uma grande firma de advocacia em Nova York, dizia-se que ele era o advogado mais bem pago dos Estados Unidos.[8] Era uma figura autoritária que às vezes demonstrava alguma simpatia, embora Churchill não conseguisse enxergar isso. Depois de se encontrar com ele pela primeira vez, em janeiro de 1953, em Washington, Churchill foi se deitar resmungando que desejava nunca mais ter nada a tratar com o homem de "cuja carranca ele não gostava nem confiava".[9] Seis meses depois, Churchill comentou com seu médico que Dulles era "esperto o bastante para ser estúpido em uma escala ampla".[10] Eden considerava negociar com ele pior do que com o ministro nazista alemão Ribbentrop.[11]

Tal qual a maioria dos republicanos, ele havia sido um isolacionista durante a maior parte dos anos 1920 e 1930. Contudo, a paixão pelo anticomunismo mudou seu modo de pensar e despertou nele a consciência intensificada da posição da América como uma superpotência. Dulles inventou a expressão "libertação dos povos cativos" da Cortina de Ferro, a qual declarou pomposamente, durante sua campanha eleitoral, ser o objetivo da administração republicana. Por várias vezes, afirmou que a "política de libertação de Eisenhower" seria "ativista", e incluiria passos tomados pela CIA para fornecer e coordenar movimentos patrióticos de resistência nos Estados satélites soviéticos do Leste Europeu.[12] Seus críticos entenderam aonde a lógica da "retórica do retrocesso" iria chegar. O ex-embaixador em Moscou e especialista soviético Averell Harriman disse na televisão, no verão de 1952: "Foster, se você seguir essa política, vai carregar a morte de algumas pessoas corajosas em sua consciência." Essa profecia provocou uma reação furiosa de Dulles, pelas dúvidas levantadas quanto à retidão moral do secretário de Estado.

A Hungria não era um território fértil para a espionagem norte-americana, como mais tarde admitiria Peer de Silva, chefe do destacamento da CIA em Viena no início dos anos 1950.[13] Na administração anterior, os Estados Unidos arregimentaram agentes húngaros, mas a ÁVO foi surpreendentemente eficaz em sua captura. Tamás Pásztor, deputado do Partido dos Pequenos Proprietários Rurais de 1945 a 1948, confessou que trabalhou para o serviço secreto norte-americano depois de escapar da Hungria para os Estados Unidos, em 1956. "Durante os anos do pós-guerra eu escrevia relatórios semanais [...] a pedido da Legação [norte-americana] em Budapeste. Eu geralmente entregava os relatórios para uma pessoa da Legação em um local e horário predeterminados, na rua. Às vezes a pessoa não aparecia e eu tinha de me encontrar com ela na semana seguinte, no mesmo local e mesmo horário. [...] Em uma ocasião, nós não nos encontramos por duas semanas seguidas. Então, eu tinha três relatórios comigo quando a polícia política me prendeu. Eles tinham provas bem claras contra mim. Fui entregue ao Tribunal Militar, em Budapeste, onde fui julgado [...] e condenado à prisão perpétua."[14] Um outro agente da CIA, James McCargar, que fora recrutado para informar sobre os movimentos militares do Exército Vermelho na Hungria, conseguiu escapar do país no momento certo. "A ÁVO estava no meu encalço e eu tive que fugir. Acho que eles sabiam desde o começo."[15]

A CIA enviou agentes, mas invariavelmente seus esforços de pouco valiam. O espião Gordon Mason foi enviado à região da Transilvânia romena, onde tinha ordens para contatar movimentos de resistência de etnia húngara, que seriam preparados para cruzar a fronteira, se infiltrar na Hungria e trabalhar contra o regime de Rákosi. No final de

1951, dois de seus agentes foram presos com equipamentos de radiotransmissão, armas e dinheiro.*

Um ano após assumir o cargo, a administração de Eisenhower admitiu que sua rede de espionagem era de uso limitado para sua "política de libertação". Um documento secreto do Conselho de Segurança Nacional (o NSC 174) preparado para o presidente afirmava: "As dificuldades de se conduzir operações secretas aumentaram constantemente [...] por causa da eficiência crescente do aparato de segurança [soviético] em todo o bloco. [...] Tendo em vista a experiência recente, é de importância fundamental prosseguir com extremo cuidado neste campo, com a meta de realizar conquistas sólidas a longo prazo, e não de buscar resultados rápidos na construção de capacidades de resistência [...] e correr o risco maior de infiltração, detecção e constrangimento da propaganda e da ação política dos Estados Unidos."[16] De qualquer maneira, as informações obtidas eram de valor duvidoso. Um relatório da CIA de dezembro de 1953 sobre a Hungria afirmava acertadamente: "Não há grupos organizados de resistência. A população não tem agora nem terá no futuro a capacidade para resistir ativamente ao regime atual. Mas o povo húngaro continuará [...] a resistir passivamente."[17]

Em agosto de 1953, oito meses após entrar na Casa Branca, Eisenhower foi informado por seus especialistas em defesa de que eles estavam certos de que os russos possuíam a bomba H. A notícia não era nenhuma surpresa, embora tenha garantido que o presidente agiria com extrema cautela no palco mundial. Ele continuava a falar duramente sobre o "retrocesso" do comunismo e da "libertação dos povos escravizados", ao mesmo tempo que implementava uma política prática de contenção. Mais tarde, a contradição no cerne da presidência de Eisenhower seria exposta.

---

* Um empresário inglês, Edgar Sanders, foi preso em 1949 e condenado a 13 anos de prisão, no que foi chamado na Hungria de "Julgamento da indústria Standard Electric". O regime de Rákosi o usou como moeda de troca pela libertação de alguns ativistas comunistas na Malásia Britânica, mas nenhum acordo jamais foi feito. Sanders foi libertado no verão de 1953, mas dois húngaros ligados à empresa norte-americana sofreram acusações falsas, foram julgados juntamente com ele e enforcados.

Eisenhower abraçou entusiasticamente o uso da guerra psicológica. Ele era fã da frase: "Na análise final, a opinião pública vence a maioria das guerras e sempre conquista a paz". Os Warriors da Guerra Fria que freqüentavam o Salão Oval tiveram toda a liberdade, à medida que a administração soltou as rédeas do orçamento de sua propaganda política e suas operações. A folha de pagamento do departamento de propaganda continha mais de três mil pessoas. Em Washington, o departamento era encabeçado pelo excêntrico e inspirador Frank Wisner. Wisner era alto, bebia muito, levava uma vida dura e tinha 42 anos quando Eisenhower foi eleito. Ele havia sido um advogado bem-sucedido de Wall Street e de boas ligações na década de 1930, e foi durante a guerra um agente secreto lendário do serviço secreto norte-americano. Durante a maior parte do período do pós-guerra, serviu como espião na linha de frente da guerra de espionagem em Berlim e em Viena. Anticomunista fervoroso, ele se tornou um dos fundadores da CIA.

Wisner acreditava de coração e alma que era necessário difundir a palavra de libertação nos países da Cortina de Ferro e manter viva a chama da liberdade. Sua arma principal, mas não a única, era a Rádio Europa Livre (REL), lançada pela administração de Truman em 1949. Dezoito meses após Eisenhower tomar posse, a rádio transmitia propaganda anticomunista e jazz "decadente", como descreviam os stalinistas, vinte horas por dia, para a maioria dos Estados satélites soviéticos.[18] A REL da Hungria era imensamente popular. As técnicas sofisticadas de interferências na transmissão de sinais usadas pelo regime não foram capazes de silenciar as vozes dos exilados, que falavam para milhões de húngaros sobre a missão norte-americana de libertação da Europa. A estação de rádio doméstica, administrada como um braço do Partido Comunista, era totalmente desacreditada. A REL tinha uma audiência muito maior, e seus ouvintes acreditavam fervorosamente em suas transmissões.[*19]

A estação foi implantada como uma frente da CIA, embora fosse de vital importância para os Estados Unidos que Washington sustentasse

* Em uma pesquisa de opinião realizada pelo Instituto Austríaco de Opinião de Mercado e Pesquisa dos Refugiados Húngaros na Áustria, 85% dos que responderam disseram que ouviam regularmente a REL, comparados aos 65% que ouviam a rádio húngara.

uma "negação plausível", de forma a passar a impressão de que a REL era independente. "A REL tinha de estimular a ilusão de ser uma estação de rádio genuinamente privada", explicou o seu historiador, Walter Hixson. Contudo, jamais foi. Lançada pelo Comitê Nacional para uma Europa Livre, seu estatuto social foi elaborado pela firma de advocacia de Foster Dulles, Sullivan e Cromwell. O irmão caçula de Dulles, Allen, um espião de rosto alegre, que usava óculos e fumava cachimbo, foi o primeiro presidente da REL, até se tornar diretor da CIA na administração de Eisenhower, em 1953. A REL tinha uma elaborada estrutura de arrecadação de fundos. Eram realizados encontros da Cruzada da Liberdade por toda a América para angariar os "dólares da verdade". Os encontros exibiam uma réplica do Sino da Liberdade, o símbolo da Guerra da Independência dos Estados Unidos. Havia 25 milhões de contribuintes, mas eles não arrecadaram o suficiente nem para pagar as reuniões da Cruzada. O governo dos Estados Unidos financiou o restante por meio de fundos secretos de fontes não reveladas.

A CIA elaborou diretrizes rígidas para o manual da REL: "As transmissões devem enfatizar a determinação do Ocidente em minar os regimes comunistas. [...] O objetivo da estação é contribuir para a libertação das nações aprisionadas da Cortina de Ferro, mantendo seu moral elevado e estimulando nelas um espírito de não-cooperação para com os regimes dominados pelos soviéticos."[20] Os apresentadores dos programas eram proibidos de usar palavras como "paz" e "desarmamento" em relação ao bloco soviético, pois isso poderia soar como uma aceitação internacional do controle russo no Leste Europeu. Nenhuma restrição foi imposta ao anticomunismo da REL ou à sua "beligerância evidente".[21]

A estação ganhou rapidamente a reputação de porta-voz da verdade, ao ser a primeira com notícias sobre o império soviético que os potentados do Kremlin censuravam. Na Hungria, a REL divulgava regularmente uma "lista negra" que revelava as identidades dos informantes da polícia, em particular os torturadores cruéis da ÁVO e os *apparatchiks* ditatoriais do Partido. Allen Dulles tinha um orgulho especial pela divulgação da história de um contrabandista bem conhecido que pegou dinheiro dos húngaros anticomunistas e prometeu passá-los pela fronteira da Áustria, mas na verdade os entregou à ÁVO.

A REL lançou a "Operação Meias Vermelhas" e a "Operação Foco na Hungria". Balões lançaram milhões de folhetos pelo país contendo frases para elevar o estado de ânimo, tais como "O regime é mais fraco do que você pensa" e "A esperança se encontra com o povo". Outros folhetos relatavam a criação de um movimento de resistência, na verdade totalmente fictício, chefiado por um certo coronel Bell, da CIA, que garantia que o dia da libertação estava próximo. Rákosi se queixou de que o bombardeio dos balões incitava a população à rebelião e à subversão. Washington respondeu dizendo que o que fora lançado dos céus era de iniciativa das organizações privadas REL e Cruzada para a Liberdade, e nada tinha a ver com o governo dos Estados Unidos.[22]

Por volta de 1953, a REL sediada em Munique empregava 252 norte-americanos e 1.526 europeus, apenas em sua nova agência, e seus 26 transmissores forneciam "transmissão saturada" praticamente impossível de ser interceptada. Entretanto, apesar da campanha norte-americana de propaganda cara e vigorosa, os Estados Unidos estavam despreparados para uma rebelião no Leste Europeu. Lawrence de Neufville, agente nomeado para a REL em 1954, fez esta pergunta no seu primeiro mês em Munique: "O que acontecerá se um homem-bomba entrar aqui e disser: 'Nós ouvimos tudo o que vocês falaram e agora estamos prontos para começar uma revolução'? Eles discutiram sobre isso em uma reunião especial do conselho diretor e não sabiam o que fazer. [...] Estavam todos ocupados, pensando que estavam fazendo o bem, mas ninguém tinha nenhum plano concreto. E os acontecimentos os pegaram de surpresa."[23]

NOVE

Budapeste, 3 de janeiro de 1953

Por volta das cinco da tarde, Gábor Péter, o sádico chefe da polícia secreta da Hungria, foi chamado a comparecer à residência luxuosa de Mátyás Rákosi, não distante da sua, no distrito de Rózsadomb. O motivo declarado da visita é desconhecido, mas a maioria dos assuntos sobre a administração do *gulag* da Hungria era conduzida verbalmente por esses dois homens. Pouco do que tratavam era colocado no papel. Rákosi decidia quem dos altos escalões devia ser expurgado, e Péter e seus burocratas do terror escolhiam as outras vítimas menos conhecidas. Estranhamente, quando Péter chegou à casa do Sábio Líder, poucos minutos depois o ministro húngaro da Defesa, Mihály Farkas, entrou no escritório de Rákosi.

De acordo com o filho de Farkas, Vladimir — um dos principais torturadores da ÁVO e um dos favoritos de Péter —, as formalidades e as cortesias foram breves. "Temos provas de que você é um espião inimigo", vociferou Rákosi para ele, e tocou a campainha de sua escrivaninha, chamando o coronel Boda, comandante de sua guarda pessoal, que algemou Péter.[1] Ele foi levado por Farkas ao porão da residência, onde mais tarde sua esposa, Jólan, presa em sua casa, se juntou a ele. Eles foram mantidos no porão úmido por alguns dias e alimentados com restos de comida de Rákosi, antes de serem transferidos para o quartel da ÁVO na avenida Stalin. Foram mantidos em confinamento solitário, e os outros prisioneiros não podiam vê-los. Contudo, suas identidades logo se tornaram conhecidas por toda a rede de câmaras de tortura e calabouços do edifício, elevando o moral a um nível surpreendente. "Péter foi bastante corajoso depois que foi preso", disse Paul Ignotus, outro detento da ÁVO na ocasião. "Ele afirmou para que todo mundo ouvisse: 'Rákosi sabia de tudo. Foi obra dele. Agora ele quer jogar toda a sujeira para cima de mim.' Porém, ele recebeu um tratamento melhor do que o dispensado aos outros." Ele foi obrigado a escrever uma confissão. Recusou-se, mas nunca foi entregue ao seu ex-subalterno Gyula Prinz e seus torturadores. Sua atraente esposa de cabelos escuros não era menos valente. Ela gritava a plenos pulmões para que todos os prisioneiros pudessem ouvi-la: "Justiça para Jolán Simon!"[2]

Por um mês, a prisão de Gábor Péter não foi noticiada, mas logo estava na boca do povo de Budapeste. Nesta época, o público já se acostumara às rixas internas e violentas entre seus senhores e aos constantes expurgos de Rákosi. Cada reviravolta dos acontecimentos pode ter sido incompreensível, pois, conforme disse o chefe de polícia de Budapeste, Sándor Kopácsi, neste ponto, "tornar-se uma vítima ou permanecer livre era simplesmente uma questão de sorte".[3] Apesar disso, a queda de Péter foi um tremendo choque. Ele não a previra. Péter se exibia com ostentação e arrogância pela cidade, ao visitar o seu séquito de jovens namoradas, e acreditava piamente que era intocável. Ele deve ter achado que Rákosi não tinha como se levantar contra ele, por saber demais e por ter amigos em Lubianka que o protegeriam.[4]

A política doméstica húngara teve um papel pequeno em sua queda, que foi originada nas intrigas de Moscou. Péter foi uma vítima do último crime de assassinato de Stalin. O Czar Vermelho do Kremlin, então com 73 anos, estava se tornando cada vez mais paranóico após mais de duas décadas no poder. Além disso, o extremo anti-semitismo que sempre teve tornava-se mais pronunciado à medida que envelhecia. Acima de tudo, ele desconfiava de seus médicos, os "assassinos de uniforme branco". Stalin estava convencido, ou dizia que estava, de que havia uma grande conspiração entre os médicos judeus para assassiná-lo e a outros líderes do Kremlin. O expurgo começou com a detenção de dezenas de médicos judeus na União Soviética. Logo se tornou evidente que o objetivo de Stalin era bem mais ambicioso: ele estava interessado em um *pogrom* antijudeu, em larga escala, em todo o seu império.

Em Budapeste, a "Conspiração dos Médicos" foi um presságio de um acontecimento terrível para Rákosi e seus companheiros moscovitas, ao menos para os de seu meio, que eram judeus. Eles tinham certeza de que era apenas uma questão de tempo para o holofote ser dirigido aos Estados satélites, e os líderes judeus do bloco oriental desapareceriam em um novo Holocausto. O método de sobrevivência de Rákosi era o mesmo que sempre usara e no qual sempre confiara: a adulação servil e imitação exata de tudo o que o Grande Mestre fazia. Rákosi tentou demonstrar que tinha condições de ser tão anti-semita quanto o stalinista mais fiel. Em Budapeste, a ÁVO elaborou listas de médicos judeus a serem presos, e Rákosi acentuou a sua retórica contra os "cosmopolitas sem raiz", expressão soviética para designar os judeus.

Então, em 5 de março de 1953, Stalin morreu.

DEZ

Moscou, 13 de junho de 1953

Pouco antes das onze da manhã, uma delegação das maiores autoridades húngaras chegou ao Kremlin para uma reunião altamente secreta. Foi tão secreta que os detalhes completos a seu respeito não foram revelados antes que se passassem trinta anos. Os magnatas soviéticos haviam ordenado o comparecimento dos húngaros diante de sua presença, tal qual senhores feudais exigindo deferências, para um confronto dramático. Rákosi estava prestes a receber um golpe frontal do qual jamais se recuperaria totalmente.

Após a morte de Stalin, seus herdeiros lutaram ferozmente entre si. Em vida, a grandeza do líder aterrorizador do Kremlin ofuscava a personalidade de seus subalternos. As desavenças nunca vieram a público, e quase nunca eram expressas em nível privado. Suas ganâncias rivais se limitavam a tentar obter favores na corte, ou ao menos o consentimento relutante de Stalin. Suas ambições, ódios e desejos de poder conflitantes vieram então à tona. Após a morte de Stalin, Moscou continuou a interferir nos Estados satélites com a mesma intensidade, porém de uma maneira bem menos consistente. "Na ausência de sinais claros e inequívocos de Moscou, os comunistas do Leste Europeu ficaram [...] confusos", disse Ferenc Váli, que conhecia alguns dos principais comunistas húngaros. "Os líderes bajulavam uma ou outra facção da União Soviética para obter favores. [...] Navegar as águas políticas sob o comando de Stalin era simples. Tudo o que se tinha a fazer era alinhar a própria bússola política segundo os caprichos de Stalin, ajoelhar-se diante dele em atitude de adulação servil, e tudo estava bem. [...] Sob as novas condições, antecipar os humores de Moscou se tornou uma arte complexa."[1]

Apesar de cada um deles preparar seus vários favoritos nos satélites, os potentados do Kremlin concordavam em um ponto. Eles percebiam que era de vital importância manter o império comunista que a União Soviética havia conquistado em menos de uma década, por motivos ideológicos e de prestígio. Ao mesmo tempo, tinham a consciência instintiva de que o edifício inteiro poderia ruir se eles não se mantivessem constantemente alertas. Acertadamente, eles perceberam que uma crise se anunciava na Hungria, e estavam determinados a agir firmemente para evitá-la.

Os dois lados se assentaram em lados opostos de uma mesa grande. Todos os soviéticos presentes tinham participado total e ativamente do assassínio em massa. Nikita Kruschev, de 59 anos, robusto, calvo e de olhar intimidador, fora nomeado secretário geral do Partido Comunista Soviético. Este era o posto que Stalin ocupara oficialmente, mas a posição de Kruschev era precária. De fato, havia uma liderança coletiva, mas esta era composta de rivais. O primeiro-ministro era o obeso e pálido Georgii Malenkov, supostamente o favorito de Stalin na ocasião de sua morte. Os outros incluíam o esquálido Viacheslav Molotov, há muito ministro soviético das Relações Exteriores e que por muitos anos fora efetivamente o número dois no governo de Stalin; um armênio bem vestido e com um bigode discreto chamado Anastas Mikoian; e Lavrenti Beria, chefe da KGB e o executor mais solícito de Stalin.

A delegação húngara era composta por Rákosi e Gerő, e por um grupo de ministros jovens que trabalhavam para eles, incluindo András Hegedüs, de 31 anos, que Rákosi preparava para a grandeza. Surpreendentemente, os russos exigiram a presença de Imre Nagy, o primeiro a ocupar o lugar de ministro da Agricultura depois da guerra, e que desde então havia participado de governos comunistas de maneira descontinuada, ocupando vários cargos relativamente menores. Contudo, Rákosi deu pouca atenção à presença de Nagy, e nenhum dos húngaros presentes tinha qualquer idéia do motivo de terem sido chamados de Budapeste com tão pouca antecedência.[2]

Logo eles descobriram que havia apenas um assunto na pauta: o futuro de Rákosi. Beria foi direto ao assunto: "Escute, camarada Rákosi, nós sabemos que a Hungria já teve imperadores da casa dos Habsburgos, cãs tártaros, príncipes poloneses, sultões turcos e imperadores austríacos. Porém, até onde nós sabemos, jamais teve um rei judeu, e isso é o que você está tentando se tornar. Você pode ter certeza de que nunca vamos permitir isso." Beria olhou para o rosto visivelmente suado de Rákosi e desfiou a sua lista de reclamações, começando com uma ladainha contra a ÁVO, que segundo ele se tornara independente e incontrolável e cometera muitos excessos. "Isto não é permissível e não será tolerado", disse Beria. Vindo de um assassino da estatura de Beria, isto deve ter soado absurdo, mas Rákosi mordeu os lábios.

A investida de Malenkov era contra toda a liderança húngara, mas ele escolheu especificamente Rákosi, a quem via como um estudante colegial cheio de caprichos. Os chefes do Kremlin estavam excepcionalmente bem informados sobre os acontecimentos na Hungria. Eles tinham um arquivo extenso à sua frente, cheio de fatos e números, preparado pelo embaixador de Moscou na Hungria, Ievgeni Kisilev. Malenkov disse que, sob a direção de Rákosi, a economia húngara era um desastre, o mal-estar crescia, as cadeias estavam cheias ou superlotadas, os tribunais proferiam sentenças de uma severidade injustificável, e o culto à personalidade de Rákosi se tornava cada vez mais ridículo. "Nós, todos aqui deste nosso lado, estamos muito abismados com seu estilo despótico e autoritário. Ele tem causado [...] inúmeros erros e crimes, e levado a Hungria à beira da catástrofe", disse Malenkov.

Mikoian, especialista em economia que tinha a reputação de oportunista, mencionou um erro específico que os russos achavam difícil de perdoar, por estar custando muito caro à União Soviética em termos de subsídios. Segundo ele, os húngaros eram culpados do "planejamento desorganizado: por exemplo, ninguém na Hungria jamais chegou a calcular o custo da produção de aço". Molotov interferiu, dizendo: "Você tem de compreender, de uma vez por todas, que não pode governar eternamente com o apoio das baionetas soviéticas."[3]

Kruschev alertou os húngaros dizendo que, se eles não tomassem cuidado, seu povo iria "pô-los para correr com foices". Depois, anunciou a decisão tomada por ele e seus companheiros chefes do Kremlin. Rákosi tinha concentrado todo o poder em suas mãos, pois era ao mesmo tempo chefe do Partido, primeiro-ministro e chefe do governo. Isto não podia continuar. Se a União Soviética pós-Stalin tinha uma liderança coletiva, a Hungria também podia ter uma. Segundo Kruschev, um mês antes os russos haviam levantado a questão da divisão da liderança para Rákosi, mas este havia feito objeção a todos os nomes sugeridos.

Os visitantes de Budapeste ficaram estarrecidos. Para as pessoas em volta da mesa, não pareceu estranho que o governo da Hungria, supostamente uma nação independente, fosse decidido por um grupo de poucos homens de Moscou. Afinal de contas, a maioria dos "húngaros" que estavam lá tinha também a cidadania soviética. Foi o modo como agiram que pareceu tão cruel.

Rákosi contraiu-se e parecia transtornado. Por muitos anos, ninguém, nem mesmo Stalin, jamais havia falado com ele daquela maneira. Eles o estavam tratando como se ele fosse um empregado prestes a ser demitido. Havia pontos que ele podia levantar em sua própria defesa. Mas quem teria a coragem de dizer a Beria ou a Molotov que eles também tinham entusiasmadamente prestado um "culto à personalidade", ou a Kruschev que os húngaros estavam criando fazendas coletivas da mesma maneira que ele fizera na Ucrânia durante a década de 1930? Rákosi tentou dizer alguma coisa. Ele admitiu que algumas das críticas dos camaradas soviéticos eram sem dúvida válidas, mas havia muitos exageros. Não deixaram que ele terminasse. Os líderes soviéticos o informaram que ele teria de abrir mão do cargo de primeiro-ministro, e que teria de partilhar o poder com um homem que ele odiava: Imre Nagy.[4]

ONZE
Budapeste, 4 de julho de 1953

Por volta das duas da tarde, no enorme edifício em estilo gótico do Parlamento, na Câmara da Hungria,* o novo primeiro-ministro se levantou imponente, ajustou cuidadosamente os óculos pincenê sobre seus olhos castanho-escuros e leu um texto que passara anos preparando. Embora o discurso tenha sido feito em um informal sotaque rural húngaro, a princípio se teve a impressão de que poderia ter sido proferido por qualquer um dos funcionários comunistas. Imre Nagy não era um grande orador. Ele começou usando um tom artificial e empolado, cheio de jargões marxista-leninistas, e na seqüência passou a ser mais direto e simples, à medida que se entusiasmou com o tema.

Nagy prometeu um "Novo Curso". Ele reconheceu que os cidadãos haviam sido tratados de maneira "indigna" nos últimos cinco anos de ditadura comunista. Então ele prometeu que os criminosos políticos menores seriam libertados e que os campos de internamento seriam fechados. Os deportados — os chamados inimigos da classe que foram expulsos das cidades — teriam a permissão para voltar para casa. Acabaria toda a discriminação contra os *kuláks*. Nas fábricas, o odiado sistema de normas seria mudado. No interior, o novo governo permitiria que os fazendeiros deixassem as fazendas coletivas nas quais haviam sido obrigados a trabalhar, se assim o desejassem. Seria permitida a abertura de pequenas empresas privadas.[1]

Os húngaros quase nunca se davam o trabalho de ouvir os políticos. Entretanto, esse discurso foi transmitido ao vivo pelo rádio, e

* O extraordinário edifício do final do século XIX, localizado às margens do Danúbio, que reproduz parcialmente as Casas do Parlamento de Londres, é de longe o maior edifício parlamentar da Europa — uma grande realização para um dos menores países do continente, o qual não teve uma democracia real antes de 1989.

sua audiência percebeu imediatamente a importância das palavras de Nagy. Nada disso teria sido possível nos tempos de Stalin. Eles conheciam Nagy como o "Divisor de Terras", um homem de palavra. Contudo, ele ainda era um comunista, um *apparatchik* fiel, um funcionário do sistema que os havia aterrorizado e empobrecido. Nagy prometia então que o "Caminho de Junho", outro nome que dava ao "Novo Curso", traria esperança para a Hungria — e era disso que o povo precisava. Até mesmo nas prisões o discurso foi ouvido com surpresa. György Páloczi-Horváth ouviu o pronunciamento da ala de castigo da Prisão Central de Budapeste. "Aconteceu um milagre. Eu ouvi o rádio [...] que estava no posto de comando dos guardas no andar de baixo. O som ficou mais alto, [...] tão alto que os detentos conseguiam ouvir. Os guardas nunca tinham feito uma coisa dessas antes. Ouvimos com atenção febril. Isto significava a salvação. Achei que a coisa toda havia sido apenas uma alucinação. [...] Mas no dia seguinte, ao meio dia, o departamento de punição [da prisão] foi desmantelado."[2]

Imre Nagy não se parecia com um dos grandes heróis trágicos da história húngara. Pelo contrário, ele tinha a aparência de dono de mercearia ou de diretor de escola de uma aldeia. Ele jamais foi um revolucionário agitador, e por muitos anos serviu fielmente à tirania.[3]

Ele nasceu em 12 de junho de 1896, em Kaposvár, uma pacata cidadezinha do condado de Somogy, no interior fértil e abundante do sul da Hungria, entre o lago Balaton e a fronteira sérvia. Seus pais camponeses cresceram em meio à pobreza abjeta, mas prosperaram. Eles trabalharam para o governador do condado. Eles criaram seu único filho e as três filhas no calvinismo, uma minoria substancial na Hungria predominantemente católica.[4] Nagy conseguiu uma vaga no liceu, algo raro na época para um garoto de família humilde. Um boletim escolar de 1908 continha a observação de que ele não demonstrava nenhum tipo de habilidade especial — embora um de seus professores tenha infundido nele a paixão pela música e literatura que ele carregaria por toda a vida. A escola sugeriu que ele deveria deixar o liceu, e sua educação formal terminou lá, aos 12 anos de idade. Ele foi aprendiz em uma fábrica de maquinário agrícola em Losoc, agora parte da Eslováquia, onde ficou apenas por um ano, porque encontrou trabalho na fundição Mávag, em meio à indigência urbana de Budapeste, no distrito industrial de Angyalföld (Campo dos Anjos).

Quando a Primeira Guerra Mundial começou, ele foi recrutado para o batalhão de infantaria e enviado à Frente Italiana, onde foi ferido. Após receber alta do hospital, foi enviado à Frente Russa, onde foi feito prisioneiro. Por ocasião da Revolução Bolchevista de 1917, ele estava em um campo de prisioneiros de guerra na Sibéria. Nagy não demonstrara nenhum interesse pela política, nem mesmo quando trabalhava em condições severas em Budapeste. Entretanto, a guerra fez dele um radical. Aos 22 anos, tornou-se comunista e encontrou uma fé que jamais perderia.

Em vez de retornar à Hungria em 1918, Nagy se inscreveu como voluntário no Exército Vermelho para lutar na Guerra Civil Russa. Aparentemente, ele gostava de ser soldado da causa do socialismo internacional. Ao que tudo indica, lutou corajosamente. Foi feito prisioneiro dos Guardas Brancos do governo do norte da Rússia, que tentavam restaurar o regime burguês. Escapou e de novo se uniu ao Exército Vermelho. Em 1921, foi enviado à Hungria para trabalhar clandestinamente para o Partido Comunista, com a missão de recrutar novos membros. Suas ordens de Moscou eram para que se infiltrasse e subvertesse a organização legal de esquerda, o Partido Socialdemocrata. Quatro anos mais tarde, casou-se com Mária Egetö, filha de um ilustre político socialdemocrata, no distrito onde nasceu, perto de Kaposvár. Ela era uma jovem bonita, morena, de cabelos e olhos castanhos, dois anos mais jovem que ele. Mária era uma mulher caseira, totalmente fiel ao seu papel de esposa e mãe, mas nunca partilhou da fé de seu marido, e jamais aderiu ao Partido Comunista.

Como muitos dos comunistas que iriam tomar o poder na Hungria após 1945, Nagy passou algum tempo nas prisões do almirante Horthy. Ele foi preso em fevereiro de 1927, por causa de suas atividades comunistas ilegais, e foi condenado a dois anos de prisão. Levou consigo para a cela um objeto que mostrou ser valioso: um chapéu-coco que usava como travesseiro. Porém, mais importante que isso foi o fato de ele começar a estudar avidamente sobre agricultura.[5] Depois de libertado, foi banido da Hungria e morou na Áustria por um ano, deixando para trás sua esposa e a filha de 2 anos, Erzsébet, nascida enquanto estava na prisão.

Em 1930, Nagy foi à Rússia como delegado do 2º Congresso do Partido Comunista Húngaro, realizado próximo a Moscou. Pela primeira vez ele se destacou como um personagem de coragem política no movimento comunista. Sua primeira heresia foi não ter se levantado quando o hino "A Internacional" estava sendo tocado, o que causou consternação entre os *apparatchiks* ultra-ortodoxos do Partido à sua volta. A segunda, bem mais significativa, foi ter argumentado que doar terras aos camponeses era uma maneira muito melhor de se obter apoio no campo do que forçá-los a trabalhar em fazendas coletivas — que era o que Stalin estava fazendo. Esta opinião, tão desviante da linha do Partido, lhe traria problemas várias vezes em sua vida. Nesta ocasião, disseram a ele que tinha de retratar-se e passar pelo típico rito comunista de autocrítica. Apesar das atitudes não-conformistas ocasionais, Nagy era um comunista disciplinado que acreditava que o Partido estava certo a respeito de tudo, e por isso concordou em humilhar-se. O discurso que foi obrigado a fazer na ocasião, um típico mea-culpa bolchevista da época, foi descoberto somente muitos anos depois. "É verdade que eu disse [...] que eu não estava prestando atenção quando ouvia 'A Internacional'. Admito que esta é uma atitude indigna de um bolchevista. Não quero me justificar, mas, creiam-me, não quis dar a entender que não executaria as decisões [do Partido] incondicionalmente."[6]

Nagy permaneceu na Rússia nos 15 anos seguintes. Ele e sua família se tornaram cidadãos soviéticos e, quando voltaram à Budapeste em 1945, sua filha mal sabia falar o húngaro. Contudo, em Moscou eles não moraram no Hotel Lux e passaram o tempo todo conspirando, como tantos outros exilados. Ele encontrou um apartamento no centro de Moscou, com um banheiro coletivo. Trabalhou no Escritório de Estatísticas de Moscou e estudou no Instituto Agrário.

Os anos do exílio de Nagy em Moscou são os mais difíceis de se avaliar, e a respeito deles ainda se levantam hipóteses e debates acalorados. Sabemos que ele levou uma vida tranqüila durante os expurgos, que resultaram nas mortes de metade da *intelligentsia* de Moscou e de muitos exilados húngaros. Os historiadores divergem quanto a como isto foi possível. Uma linha de pensamento diz que Nagy sobreviveu incólume porque era uma figura de pouca importância que não arriscava a própria pele. A outra diz que ele tinha algum tipo de proteção. Em todos os seus anos na Rússia e durante seu período posterior como ministro comunista, houve rumores de que Nagy fora um espião da polícia secreta soviética. Há uma série de documentos que aparentemente o incriminam.[7]

De acordo com estes documentos, Nagy tinha o codinome "Volodia" e fora recrutado como informante em 1933. Segundo escreveram seus instrutores, "Volodia" era um "agente qualificado" que demonstrava ser de "grande iniciativa" e ter uma "habilidade para se aproximar das pessoas". De todas as pessoas sobre as quais ele informou, 15 foram "liquidadas" ou mortas no *gulag*. Alega-se que, em 1939, Nagy forneceu os nomes de 38 exilados políticos húngaros por "instigação", e em outro documento ele relacionou 150 nomes de outros lugares da Europa e também da Hungria.[8] É importante ser cauteloso com estes documentos.* Eles nada provam e surgiram dos arquivos da KGB em circunstâncias suspeitas, na ocasião da queda do Muro de Berlim. Contudo, ninguém jamais conseguiu demonstrar com sucesso que os documentos são falsificações, e provavelmente eles contam uma verdade parcial. Várias vezes durante sua vida, muitas pessoas procuraram saber quem era o principal protetor de Nagy em Moscou. As evidências mais recentes indicam que deve ter sido o policial secreto Beria, e isto explica parcialmente o porquê de Nagy ter sido a primeira escolha para partilhar o poder com Rákosi em junho de 1953.**

Isto não seria surpreendente se Nagy fosse próximo dos serviços de inteligência nos anos 1930. Muitos exilados consideravam que ajudar "os órgãos" era tanto uma responsabilidade quanto um ato de autopreservação. Os relatórios sobre "Volodia" indicam que Nagy colaborava com mais empenho do que o estritamente necessário. Entretanto,

---

* Eles foram divulgados em 1989 por Vladimir Kriuchkov, na época chefe da KGB, e que em 1956 era um agente de funções menores na embaixada húngara. Em 1989, havia um debate na Hungria sobre reabilitar Imre Nagy, e naturalmente Kriuchkov estava inclinado a manchar sua reputação. Por outro lado, embora os documentos contenham uma história parcial, aparentemente são autênticos. Tempos depois, em 1991, Kriuchkov foi um dos agitadores do Golpe de Agosto contra Mikhail Gorbatchev.

** Perto do final de sua vida, János Kádár contava a camaradas e amigos que sabia que Nagy era o "homem de Beria" e que recebia "proteção" da KGB.

János Rainer, o talentoso biógrafo de Nagy, examinou as evidências minuciosamente, e diz que ele pode ter sido um informante ocasional sobre as atividades dos exilados, mas que definitivamente jamais foi um agente. Este é um tema de eterna controvérsia. Todos os exilados moscovitas que tinham como missão levar o comunismo ao estilo soviético para seus países de origem eram, até certo ponto, "agentes" de Moscou, quando não espiões profissionais.

Durante a Segunda Guerra Mundial, Nagy pediu insistentemente ao comando do exército soviético permissão para assumir um papel mais ativo na libertação da Hungria. Ele chegou até mesmo a se dispor a participar de um grupo guerrilheiro com a missão de saltar de paraquedas atrás das linhas de Hitler e Horthy. Em vez disso, foi colocado para trabalhar na estação de rádio húngara implementada pelo dramaturgo Gyula Háy para transmitir a propaganda comunista para a Hungria. Nagy se tornou uma celebridade menor na Rádio Kossuth, falando clara e simplesmente com sua voz harmoniosa que trazia uma mensagem cativante para os camponeses: ele disse que, quando os russos trouxessem a paz, pela primeira vez eles teriam suas próprias terras. O filósofo Georg Lukács, um dos refugiados do Hotel Lux que conheceram Nagy no exílio em Moscou, disse na época: "Eu tinha grande admiração pela sua integridade pessoal e inteligência, e também pela sua competência quanto à questão agrária, mas não o considerava um verdadeiro político."[9]

Entretanto, quando os moscovitas regressaram à Hungria, Nagy foi a escolha óbvia para o Ministério da Agricultura do governo de coalizão. Ele cumpriu sua promessa de terra para os camponeses. No dia em que a sua divisão dos espólios começou a ser implementada, ele a descreveu como "este momento glorioso em que o povo da Hungria rural começa a abolição final e definitiva da Hungria feudal". Ele levou a reforma agrária mais a sério do que Rákosi. Foi demitido do cargo de ministro da Agricultura um ano depois, e empossado como ministro do Interior. Nesse último posto, sobreviveu menos de um ano, até ser afastado totalmente do governo.

Nagy era diferente dos outros comunistas. Usava uma linguagem simples, gostava de rir e contar piadas, uma prática perigosa naqueles tempos, mas ele estava preparado para correr o risco. Quase todos os domingos, era possível vê-lo como um "homem do povo" assistindo a uma partida de futebol, esporte pelo qual era apaixonado.

Logo após seu retorno à Hungria, o casamento de sua filha foi motivo de controvérsia. Em 1946, Erzsébet se casou com Ferenc Jánosi. Ele fora pastor protestante, mas posteriormente ingressou tanto no exército soviético quanto no Partido Comunista, e lutou bravamente como guerrilheiro. Porém, o casamento foi celebrado na principal igreja calvinista de Budapeste; e um comunista, especialmente um que fosse proeminente, necessitava de autorização para assistir a um serviço religioso. Rákosi concedeu a permissão, mas os conformistas do Partido recriminaram Nagy por todo o incidente.

Quando os comunistas conquistaram o poder absoluto, Nagy foi trazido de volta à cena e empossado no cargo decorativo e impotente de presidente do Parlamento. Mais uma vez, ele não durou muito tempo. Quando Rákosi e Gerő começaram a forçar os camponeses a ir para as fazendas coletivas, Nagy bombardeou os dois e seus camaradas com advertências sobre um desastre no campo se os camponeses fossem forçados a se associar às cooperativas tão rapidamente. Em agosto de 1949, ele foi afastado do cargo e forçado mais uma vez a submeter-se a uma sessão pública de autocrítica por causa de suas opiniões heréticas. Foi obrigado a fazer um discurso humilhante, no jargão corrente da época, confessando seu "desvio direitista" e dizendo: "O oportunismo se tornou visível em meu estilo de trabalho."[10]

Nagy poderia ter sido facilmente expurgado nesta ocasião, juntamente com Rajk e milhares de outras pessoas. Contudo, obteve a permissão para voltar à vida acadêmica. Pouquíssimos moscovitas originais foram presos. Acredita-se que todos eles tinham amigos na Rússia que zelavam por eles. Nagy foi professor da Universidade Karl Marx em Budapeste e de uma faculdade de Agricultura em Gödöllő, uma pequena cidade do interior a 80 quilômetros da capital. Ele parecia contente com a vida tranqüila que levava, mas, depois de um ano, voltou à cena política. Foi empossado como ministro para cobrar as colheitas ao clássico estilo bolchevista dos tempos de Lenin. Como teste de lealdade, os funcionários que não acreditavam em uma determinada política eram geralmente obrigados a implementá-la. Rákosi deve também ter visto nisso uma boa maneira de destruir a popularidade de Nagy no interior. O "Divisor de Terras" era então responsável por aplicar a injustiça mais odiada e opressiva dos comunistas: forçar os camponeses a entregar suas colheitas a preços fixados pelo governo. Por mais desagradável que possa ter sido para ele, Nagy uma vez mais cumpriu sua obrigação, como um bom comunista disciplinado.

Ele foi recompensado com o cargo de primeiro-ministro suplente. Depois de algumas semanas após ter assumido o cargo, Stalin morreu e Nagy teve de fazer o discurso fúnebre no Parlamento húngaro. "Sinto meu coração pesado ao subir à tribuna para me voltar para nosso povo em profundo luto", disse ele. "Para expressar seu profundo amor pelo nosso grande amigo, libertador e mestre, o povo húngaro se une ao Partido, ao governo e ao nosso amado camarada Rákosi, e dedica todas as suas forças para fazer triunfar em nosso país a grande causa de Stalin."[11]

Três meses mais tarde, Nagy recebeu ordens para comparecer ao Kremlin, e lá foi incumbido de desfazer todo o dano que Stalin havia causado à Hungria.

O Novo Curso não correspondeu às expectativas, e muito menos às esperanças. A vida ficou mais tranqüila em alguns aspectos. Pela primeira vez em muito tempo, era possível encontrar manteiga nos mercados. Em Budapeste, uns poucos comerciantes independentes começaram de novo a trabalhar, e as pessoas podiam levar seus sapatos para consertar num sapateiro, ou o rádio para um técnico reparar. Em setembro, foi anunciado um modesto corte dos preços de uma variedade de produtos. Livros do Ocidente podiam ser lidos sem o medo da prisão. A ÁVO ainda era uma ameaça, embora não fosse mais onipresente. Os detentos não eram mais enviados aos campos de internamento, mas a libertação dos prisioneiros políticos era angustiosamente lenta: no primeiro ano, não mais que 250 pessoas bem conhecidas, todas elas ex-autoridades comunistas ilustres.[12] Clubes noturnos, como o River Room, tocavam *jazz* americano até o começo da madrugada, e permaneceram abertos ao menos por uns poucos meses ilusórios. E este foi exatamente o maior problema: os efeitos foram muito efêmeros e sentidos por pouquíssimas pessoas.

Rákosi nunca aceitou ser rebaixado. De maneira humilhante, chegou então a sua vez de executar a "autocrítica", da maneira há muito estabelecida e esperada de um bom bolchevista. Quantos membros do Partido acreditaram nas suas desculpas para criar um culto à própria personalidade é motivo de conjecturas. Desde o primeiro dia, Rákosi trabalhou incansavelmente para sabotar a liderança de Nagy e assumir novamente o poder absoluto. Em 11 de julho de 1953, apenas uma semana após Nagy fazer o discurso sobre o Novo Curso, ele disse a um grupo de bajuladores stalinistas: "Com ou sem listas, um *kulák* continua sendo um *kulák*."[13] Ele ainda era o chefe do Partido, e usou esta posição poderosa para assegurar que os *apparatchiks* leais a ele não cooperassem com o governo. Nagy não estava disposto — ou talvez não possuísse a habilidade tática para tal — a contornar a máquina do Partido para colocar seus próprios apoiadores em posições de influência. Gerő ainda era a segunda autoridade mais importante, uma presença ameaçadora e de profunda ambição. Estava furioso porque, sendo reconhecidamente o número dois da Hungria, era ignorado por causa de Nagy.

Do ponto de vista de Moscou, dividir a liderança desta maneira foi um dos grandes erros que levaram posteriormente às convulsões na Hungria. Se os magnatas tivessem afastado Rákosi completamente, nessa ocasião, e apoiado claramente o Novo Curso de Nagy, a Revolução de 1956 poderia ter sido evitada. Em vez disso, eles opuseram dois líderes para ver quem sairia vencedor, e estimularam uma rivalidade que envenenou a política húngara por muitos anos. Posteriormente, Kruschev admitiu o erro e criticou Rákosi asperamente por ter "arruinado" as coisas na Hungria. Porém, ele disse que, naquela ocasião, eles consideravam Rákosi não apenas inteligente, mas também o único líder húngaro "absolutamente confiável".

Por que os líderes do Kremlin tiraram Nagy de uma obscuridade relativa e o colocaram no ninho de víboras ao lado de Rákosi? O fato de não ser judeu pesou na decisão, mas muito pouco. Eles estavam preparados para deixar os outros líderes judeus da Hungria no lugar.[14] Eles optaram por Nagy por causa de sua reputação de honestidade. Como ele havia demonstrado lealdade absoluta à URSS como moscovita, eles o supunham suficientemente confiável. Sua tarefa era remover os excessos de stalinismo, mas manter as fundações do edifício sólidas. Os líderes soviéticos aprovaram o Novo Curso na íntegra, e

Nagy contava com o apoio total de Moscou para executá-lo — algo que ele jamais recebera. Por causa das divisões internas em Moscou, os líderes começaram as experiências na Hungria sem entusiasmo.[15] Ao seu escolhido como primeiro-ministro deram menos de 18 meses para mostrar serviço. Cada passo cuidadoso e hesitante de Nagy para "desestalinizar" a Hungria era observado por Rákosi, o principal stalinista que restara no bloco oriental, e que promoveu ações de guerrilha contra ele. O resultado foi uma inércia.

Todas as grandes decisões tinham de ser tomadas no Kremlin, pois os dois líderes de Budapeste apelavam para Moscou por uma decisão final da cúpula. A liderança soviética tinha os cuidados de não criticar abertamente nenhum dos lados da disputa que eles haviam criado. Um exemplo notável aconteceu em maio de 1954. Rákosi estava sistematicamente impedindo a libertação dos detentos políticos. Para a grande indignação de Nagy, ele havia conseguido inscrever seus próprios indicados em todos os tribunais de revisão, que decidiam quais prisioneiros seriam libertados. Kruschev chamou o primeiro-ministro e o líder do Partido a Moscou para arbitrar entre eles, e aparentemente até mesmo em relação a esta questão ele apoiou os dois lados. "Rákosi é responsável por estas prisões. Portanto, ele não quer libertar estas pessoas", disse o russo. "Ele sabe que ele é culpado e chegará a um acordo. [...] Não é permissível denunciar homens e lançar suspeitas sobre eles." Porém, ele mudava totalmente o discurso: "As reabilitações devem ser efetuadas de modo a não destruir a autoridade de Rákosi", insistia ele, e assim as solturas procediam lentamente.

Com o passar do tempo, Rákosi, o intriguista determinado, tornou-se o favorito para vencer a batalha. Ele passou várias semanas na Rússia, supostamente para descansar e tratar de sua pressão alta, mas na verdade sua intenção era defender seus interesses diretamente em Moscou, bombardeando o Kremlin com queixas incessantes sobre o *kulák* Nagy. Em Moscou, crescia o desencanto com Nagy. Seus objetivos eram sem dúvida sinceros, mas ele falhou em cumprir suas promessas, e aos olhos do Kremlin ainda havia na Hungria uma crise potencial prestes a acontecer. Nagy se encontrava rodeado por inimigos — e, comparado a eles, era um conspirador inocente. Ele se isolava cada vez mais. Seus amigos e apoiadores eram escritores, jornalistas e uns poucos intelectuais. Ele tinha vários admiradores dentro do Partido Comunista, mas estes tinham muito medo de Rákosi para se expor em público.

Em 21 de dezembro de 1954, na antiga cidade provinciana de Debrecen, um fato revelou a todos que o testemunharam a profunda divisão entre os dois líderes da Hungria. Nagy e Rákosi estavam no local para a celebração do 10º aniversário da campanha de libertação da Hungria oriental pelo Exército Vermelho. Nagy fez um discurso no qual sem dúvida acreditava na época: "As batalhas vitoriosas do glorioso exército soviético [...] ocasionaram o momento histórico [...] em que pudemos desfraldar a nossa bandeira nacional, o símbolo de nossa liberdade e independência. O que teria acontecido com o nosso país e nossa cultura, e com a civilização em todo o mundo, sem o exército soviético? Uma página lamentável e muito freqüente da história de nosso país o mostra sendo sujeitado à opressão estrangeira que bloqueia [...] o progresso por gerações. [...] Há dez anos, pela primeira vez na história da Hungria, as coisas tomaram um rumo diferente, porque o exército soviético entrou em nosso país, não como conquistador, mas como libertador."

Rákosi fez um discurso também comovente. Mais tarde, os grupos partiram para fazer uma refeição no restaurante Arany Bika (Touro Dourado). Duas grandes mesas com cavaletes foram colocadas na sala de jantar principal. A uma delas se sentou o primeiro-ministro, com ar deprimido e abatido, junto a uns poucos escritores e amigos. À outra se sentou Rákosi, animado e eufórico, rodeado de vários *apparatchiks* do Partido. Os convivas das duas mesas se olhavam com cautela, sem trocar uma palavra sequer, e isso era o sinal de uma divisão perigosa.

DOZE

Moscou, 7 de janeiro de 1955

Mais uma vez, os senhores do Kremlin exigiram que os sátrapas da província da Hungria comparecessem à sua presença. À mesma mesa grande onde haviam se reunido havia um ano e meio, novamente os russos exigiram a cabeça do primeiro-ministro, só que desta vez era a de Imre Nagy. Em uma repetição idêntica do encontro de 1953, a União Soviética decidiu quem iria compor o governo em Budapeste.

O elenco não sofreu grandes alterações. Beria não fazia mais parte do grupo dos russos. Dezoito meses antes, a liderança coletiva em Moscou decidira em conjunto por sua execução. O atlético, vigoroso e enérgico Lazar Kaganovich, stalinista fervoroso, tornou-se um dos chefes do país nos últimos 18 meses. Ele estava sentado exatamente de frente para Rákosi e o fitava diretamente no olho.[1] O corado Kliment Voroshilov, grande sobrevivente, continuava poderoso. Havia uma crença, principalmente da parte dele, de que por causa de seu cargo em Budapeste, após 1945, ele tinha conhecimentos valiosos sobre a Hungria e suas autoridades comunistas. A trama de Rákosi para desestruturar Nagy funcionara.

Uma vez mais, o principal magistrado era Georgii Malenkov, um dos apoiadores mais importantes de Nagy em junho de 1953, mas ele se encontrava então em uma posição precária na hierarquia do Kremlin. Ele fez uso de um outro extenso dossiê sobre a situação na Hungria, preparado desta vez pelo novo enviado de Moscou ao país, o cortês Iuri Andropov.[2] A intenção dos documentos era provar que o Novo Curso de Nagy fora um fracasso deplorável. Malenkov dispensou ao seu ex-amigo Nagy um tratamento tão duro quanto o dispensado anteriormente a Rákosi. Ele acusou o húngaro de incompetência econômica, ingenuidade e "nacionalismo burguês". Nagy foi responsabilizado até mesmo por uma pequena manifestação anti-soviética, durante uma partida de pólo aquático entre a Hungria e a União Soviética em Budapeste, no verão anterior, a qual gerou comentários na imprensa russa. Malenkov bateu na mesa com o dossiê e vociferou: "Não foi isso que ordenamos que você fizesse."

Nagy tentou contestar: "Se é verdade que ainda há problemas na Hungria, é por causa da herança inevitável da política anterior de meus predecessores." Porém, ele foi rispidamente interrompido por Malenkov, que disse que, na agricultura, "ele não havia mantido na mente o exemplo magnífico dos *kolkhozy* [fazendas coletivas] soviéticos". Magoado e irritado, Nagy não conseguiu se controlar e falou sem pensar: "Você não cometeu poucos erros quando implementou os seus *kolkhozy*." Os russos então ficaram sobressaltados. Eles não estavam acostumados a ser confrontados por um subalterno a quem tinham chamado até o Kremlin para ser reprimido. Este comentário provavelmente causou mais dano a Nagy do que todas as intrigas de Rákosi. Logo após a reunião, Kruschev disse a Mikoian e Malenkov em tom furioso: "Nagy precisa tomar cuidado. Em outros tempos eu mandei executar homens melhores que ele." A atmosfera fria da reunião não impediu Voroshilov de dar a sua interpretação aos acontecimentos. Encerrando a discussão, ele disse que achava que esta "interferência amigável na Hungria [...] forneceu um modelo para nossas relações com todas as democracias populares".[3]

Os soviéticos desistiram de demitir Nagy prontamente, mas deixaram a sua posição insustentável. Rákosi poderia atacá-lo a qualquer momento que desejasse. Porém, antes que o fizesse, Nagy sofreu um ataque cardíaco leve.

TREZE

Budapeste, 2 de março de 1955

Nagy mal acabara de sair do hospital quando armaram um golpe contra ele. Rákosi convocou as autoridades mais importantes do Partido Comunista Húngaro. O único item da agenda era o início do processo de afastamento do primeiro-ministro. Nagy não tinha condições de comparecer para se defender, pois convalescia em sua casa — um palacete elegante de dois andares na rua Orsó, um endereço cobiçado* —, sob estritas ordens médicas para não sair. Nas semanas seguintes, ele foi cortado de todas as posições que tinha no Partido e no governo, por menores que fossem. Em 18 de abril, foi nomeado o seu substituto como primeiro-ministro: era András Hegedüs, a cópia jovem de Rákosi, que simplesmente executava todas as ordens de seu mestre.

Não pela primeira vez, disseram a Nagy para se retratar de suas opiniões heréticas, confessar os erros de seu Novo Curso, penitenciar-se e submeter-se ao ritual de autocrítica. Ele se recusou. Nagy se considerava um comunista disciplinado, leal à causa como sempre fora, mas nesta ocasião achou que não havia razão para se autocriticar. "O Caminho de Junho é a via, a única via, para salvar o comunismo da Hungria", disse ele a seus apoiadores. "Não vou dizer que é um erro."[1] A partir desse momento, sua popularidade decolou. "Se ele tivesse feito o que foi exigido dele, provavelmente ofereceriam a ele uma sinecura em algum lugar, um escritório, talvez um carro e a permissão para executar pequenos serviços para o Partido. Se tivesse feito isso, tempos depois o povo jamais reconsideraria a seu favor. Ele salvou sua repu-

* A casa está localizada nas Colinas de Buda, a 15 minutos do centro de Budapeste, e é uma das partes mais sofisticadas e caras da cidade. Nagy ganhou esta casa por seu trabalho no Partido Comunista. Hoje ela é um museu sobre sua vida, e está preservada imaculadamente como era em 1956.

tação, sua honra e seu orgulho", disse Eva Walko, anticomunista que admirava Nagy.[2]

Rákosi se viu então em condições de tachar Nagy de perturbador, e estava determinado a destruir o rebelde. Nagy não conseguiu voltar à vida acadêmica ou encontrar um trabalho assalariado. Finalmente, em uma medida que foi muito dolorosa para ele, foi expulso do Partido Comunista, ao qual havia servido fielmente por quase quarenta anos. Em sua vida pública, era um ninguém. Porém, a cada humilhação que Rákosi lhe impunha, sua reputação crescia entre os húngaros comuns, e particularmente entre os membros do Partido temerosos de uma recaída no stalinismo. Nagy não era uma figura carismática, mas tinha o poder de inspirar uma lealdade impressionante por meio de sua integridade aparente. Jenő Széll se aliou aos comunistas no início de 1945, durante o cerco de Budapeste. Entre 1948 e 1950, foi embaixador na Romênia e, depois, de volta à Hungria, chefe do departamento de propaganda do Partido. Ele era um típico integrante do círculo de comunistas reformistas que começaram a formar um grupo extra-oficial em torno de Nagy. "A minha opinião sobre Imre Nagy é a de que ele era uma pessoa totalmente decente, tão honrada que para mim é difícil [...] considerá-lo um político. Na época em que Rákosi começou a contra-atacá-lo, eu teria seguido Nagy até o inferno."[3]

O núcleo do grupo era formado por prisioneiros políticos libertados durante os últimos 18 meses. A maioria dos comunistas ilustres, especialmente os melhores e mais brilhantes, já havia sido presa ou levada aos campos de internamento, desde o julgamento de Rajk e os expurgos. O mais próximo a Nagy era Géza Losonczy, que aderiu ao Partido em 1938, aos 21 anos de idade. Durante a guerra, ele trabalhou com distinta coragem para a resistência antifascista. Era uma figura baixa e magra, de cabelos castanhos ondulados, que usava óculos de armação de tartaruga e era o que aparentava: sério, sofisticado e extremamente inteligente. Ele editou o jornal do Partido Comunista a partir de 1945 e, segundo Gyula Háy, era "um comunista ferozmente dedicado, até a última gota de sangue". Porém, ele era franco demais para sobreviver sob o poder de Rákosi. Em 1951, após um julgamento-espetáculo, ele foi condenado a dez anos de detenção e sofreu terrivelmente na prisão. Sua tuberculose foi curada rapidamente, mas as cicatrizes mentais que a experiência deixou nele levaram um bom tempo para fechar.[4]

Ferenc Donáth, grande amigo de Losonczy, saiu da prisão em 1954, aos 41 anos de idade, por volta da mesma época que Losonczy. Era esguio e atlético quando entrou, e saiu esqueleticamente magro e desdentado. Ele também havia sido um comunista clandestino nos tempos de Horthy. Depois da guerra, praticou e lecionou Direito e, como ativista do Partido, demonstrou ser um estrategista político astuto. O jornalista Sándor Haraszti fora um membro do Partido muito dedicado por trinta anos e uma das figuras mais populares do que restou da sociedade dos cafés de Budapeste, por sua sagacidade e por ser uma fonte constante de informações. Ele fora preso pelos fascistas, mas em 1951, aos 55 anos de idade, foi condenado à morte sob acusações fraudulentas. Ele esperou por quase dois anos no corredor da morte, imaginando que cada dia seria o último, até que um carcereiro lhe disse que sua pena havia sido comutada para prisão perpétua.[5]

Aparentemente Rákosi estava de volta ao comando, mas ele descobriu que as coisas haviam mudado. Seu poder absoluto se fora. Ele revogou as políticas econômicas de Nagy, mas seus mestres de Moscou não permitiam mais que ele administrasse a Hungria como seu feudo pessoal. Os chefes do Kremlin disseram a ele que não sancionariam novos expurgos de comunistas e nem um ressurgimento do culto à sua personalidade.[6] A ÁVO ainda tinha o poder de encher as cadeias com trabalhadores que reclamassem de suas cotas de produção, ou de camponeses que se recusassem a voltar para as fazendas coletivas que eles haviam deixado durante o Novo Curso de Nagy. Contudo, as figuras ilustres seriam deixadas em paz. Na Hungria, os soviéticos de fato permitiram a existência de uma oposição semi-oficial — extremamente restrita e livre para operar dentro de limites estreitos apenas em Budapeste. Entretanto, esta foi a única experiência deste tipo, em todos os satélites soviéticos, e teve conseqüências fatais.

Neste meio-tempo, Nagy vivia tranqüilamente. Comunista de crença arraigada, ele insistia em que nenhuma atividade política deveria ser feita fora do Partido.[7] Contudo, ainda preservava um senso de missão poderoso e estava convencido de que um dia seria chamado novamente para completar a missão que começara: demonstrar que o comunismo com face humana existia. Entretanto, como político ele estava também profundamente interessado em seus índices de aprovação. Ele fazia questão de ser muito visto nas ruas de Budapeste. "Ele viajava de ônibus, era sempre acessível e alegre e sempre tinha uma palavra agradável a dizer. Nos fins de semana era visto com freqüência no Café Gerbeaud* dando sorvete para seu neto. Ele simplesmente parecia comum demais, e nós não estávamos acostumados a ver políticos como ele. Ele era de fato um comunista, mas nós sabíamos, e todos sabiam, que ele tinha confrontado Rákosi."[8]

Alguns anos mais tarde, Kruschev disse: "Se uns dez escritores húngaros tivessem sido baleados no momento certo, a revolução jamais teria acontecido."[9] De acordo com seu ponto de vista, o momento certo provavelmente foi nessa época em que os escritores e intelectuais de todos os tipos começaram a afluir em apoio ao "velho", como era chamado Nagy pelo grupo ao seu redor. Os escritores da Hungria, com umas poucas exceções ilustres, sempre desempenharam um papel político evidente. A tradição conta que o poeta nacional Sándor Petőfi iniciou uma revolução, em 1848, contra os austríacos, com uma leitura pública de alguns de seus versos. Ele morreu no campo de batalha um ano depois, quando soldados russos sob o comando do czar Nicolau I sufocaram brutalmente a rebelião.

Sob o comunismo, os escritores existiam para servir ao Partido como "engenheiros da mente", como dizia Stalin. Naturalmente, vozes anticomunistas não eram publicadas. Elas deixaram o país, como o romancista Sándor Márai, ou hibernaram, escondendo seus escritos, e ganharam a vida de alguma outra maneira. Porém, os escritores dispostos e capazes de servir aos mestres comunistas eram mimados, tratados como celebridades, e ganhavam grandes recompensas. Muitos dos que se opuseram ao fascismo eram comunistas convictos, alguns cooperaram por ambição ou instinto de sobrevivência, enquanto uma vasta e extensa burocracia literária foi criada para servir de acessório do Partido.

O escritor comunista era um fenômeno singular: era um criador de trabalhos imaginativos, e ao mesmo tempo, um funcionário

---

* O café mais famoso de Budapeste, tanto naquela época quanto agora.

seguindo instruções. "Qualquer jovem com um talento para a fraseologia, que conseguia aprender a dominar algumas técnicas simples da literatura do Partido, tinha a garantia de se tornar uma pessoa ilustre, uma figura socialmente importante, algo muito improvável para [...] os escritores da velha guarda, ou os do Ocidente, que, apesar de serem às vezes enterrados com honras nacionais, raramente eram considerados importantes em vida. Na Hungria pré-comunista, não se ouvia falar de alguém que recebesse um salário alto do Estado por escrever poemas."[10] Escrever odes em louvor a Rákosi ou relatar os discursos mais recentes do Sábio Líder no Comitê Central, no caso dos jornalistas contratados pelo Partido, parecia a muitos dos escritores um modo aceitável de ganhar a vida. Sua complacência foi abalada quando, sob a liderança de Nagy, pessoas como eles, amigos que eles conheciam e admiravam, começaram a retornar a Budapeste com aparência abatida, e contaram das torturas que sofreram como prisioneiros políticos.

Começaram a surgir trabalhos que alargaram os limites impostos pelos censores do Partido. László Benjámin, um jovem baixo e atlético que usava óculos, de quem poucos húngaros haviam ouvido falar, escreveu um poema que parecia exprimir a sensação de vergonha dos escritores comunistas que fecharam os olhos para as injustiças. Dirigindo-se ao seu amigo Sándor Haraszti, que acabara de ser libertado após anos na prisão, ele disse: "Foi meu crime ter acreditado no *seu*."[11] Artigos ousados começaram a aparecer na revista do sindicato dos escritores, a *Irodalmi Újság* (*Gazeta Literária*). O romancista realista Tamás Aczél, socialista ferrenho e comunista apaixonadamente dedicado, que havia ganhado o Prêmio Literário Kossuth do Partido húngaro e o Prêmio Stalin na União Soviética, escreveu uma história que revelava detalhes de um segredo que os funcionários do Partido queriam manter escondido: a existência de uma colônia de férias para as principais autoridades do Partido nas praias do lago Balaton, protegida dos olhos curiosos dos mortais comuns por muros altos e arame farpado.

"Há uma questão que se levanta em relação a esta revolta intelectual", disse o editor da *Gazeta Literária*, Miklós Molnár. "É de se perguntar por que este grupo, conhecido pela reputação de ter mais discernimento que o homem comum, tenha precisado de choques brutais para compreender a natureza real do sistema e perceber o que um simples camponês ou um condutor de trem já sabia há anos."[12] Contudo, os leitores foram alimentados por anos com nada além da propaganda stalinista, e desejavam então saber o que os melhores destes escritores tinham a dizer. A tiragem da *Gazeta Literária* era de 40 mil exemplares por semana, que se esgotavam uma hora após chegarem às bancas, e depois eram revendidos por um valor três vezes maior que o preço de capa. "Havia uma fome desesperada pela escrita decente que contasse a verdade. É uma necessidade profunda na Hungria, que sempre existiu. Um dos motivos pelos quais nós odiamos tanto os soviéticos é porque eles tiraram de nós a nossa literatura."[13] As pessoas se surpreenderam quando o outrora todo-poderoso Rákosi fez apenas uma pequena retaliação contra os escritores rebeldes. Molnár foi demitido e colocado em um trabalho servil, mas no passado ele com certeza teria sido torturado pela ÁVO, preso e provavelmente executado. "Este foi o momento em que a fúria substituiu o medo entre muitos de nós."[14]

Em outubro de 1955, 59 artistas e escritores célebres assinaram um manifesto, protestando contra os "métodos administrativos" usados contra os intelectuais e exigindo mais liberdade de expressão, algo jamais visto em lugar algum no mundo comunista. No dia 3 de dezembro, Rákosi convocou os agitadores da Revolta dos Escritores para um confronto decisivo, e insistiu em que eles retirassem a petição e se mantivessem dentro das linhas do Partido. "Não damos passe livre para escritores", afirmou ele. Quando eles se recusaram, ele mal esboçou uma surpresa. Rákosi aguardou um tempo e preparou uma lista de 12 escritores que prenderia no momento apropriado. Este momento jamais chegou. Antes que ele pudesse atacar seus inimigos, um drama se desenrolou em Moscou e o deixou politicamente inválido.

QUATORZE

Moscou, 25 de fevereiro de 1956

Durante a Guerra Fria, a maioria das decisões que tinham algum efeito na Hungria era tomada fora do país, e os eventos deste dia no Kremlin não foram nenhuma exceção. Às seis da tarde, no Grande Salão do Povo, Nikita Kruschev começou um dos discursos mais dramáticos de toda a história da União Soviética. Quando terminou, seis horas mais tarde, ele havia desencadeado uma série de levantes sangrentos no império soviético.

No 20º Congresso do Partido Comunista soviético, em frente a centenas de chefes comunistas que deviam suas posições de poder a Josef Stalin, Kruschev revelou o ditador morto como assassino em massa. A maioria do público venerava a memória de Stalin e não sabia ao certo como reagir ao ouvir sobre os expurgos do velho monstro, sobre milhares de execuções em quase duas décadas e os números de mortos não revelados nos *gulagui*.[1]

Durante os três anos anteriores, Kruschev sobressaíra nas lutas pelo poder do Kremlin como o magnata mais influente, embora não fosse de forma alguma o czar. Ele chamou seu pronunciamento de "discurso secreto", mas sabia que não permaneceria assim por muito tempo. O discurso foi uma batalha na luta constante contra seus opositores principais dentro da "liderança coletiva", os stalinistas extremistas que desejavam mudar o curso do pacote experimental de reformas cautelosas que ele iniciara, particularmente seus esforços para alcançar uma "coexistência pacífica" com o Ocidente. Kruschev não mencionou os satélites soviéticos nem uma vez sequer; porém, sem que ele tivesse previsto, as conseqüências do discurso foram sentidas mais imediatamente nos Estados escravos do Leste Europeu do que na própria Rússia.[2]

A Rádio Europa Livre informou detalhadamente sobre o discurso em poucas semanas. Como nenhum dos jornais do mundo comunista dissera uma só palavra a respeito do pronunciamento explosivo de Kruschev, o furo de reportagem que a REL conseguiu aumentou a reputação da estação como fornecedora de notícias precisas da Cortina de Ferro. Imediatamente ficou claro que Kruschev criara um problema para os Estados satélites, mas especialmente para a Hungria. Se Stalin fora um criminoso, o que dizer de Rákosi, o "melhor aprendiz de Stalin", que sempre agira como sua criatura submissa e que sempre o imitava em tudo com devoção? Rákosi disse a seus amigos e apoiadores para se manterem calmos. "Dentro de poucos meses Kruschev passará a ser o traidor e tudo voltará ao normal", alertou ele.[3] A profecia era plausível para os nervosos seguidores do Kremlin à sua volta, mas desta vez o "Sábio Líder" se equivocou.

Na última década, a crítica pública a Rákosi era algo inimaginável dentro da Hungria, mas nesta época, dentro dos círculos do Partido Comunista, ao menos na sofisticada Budapeste, o escárnio aberto à sua figura era generalizado. Rákosi parecia impotente para reafirmar sua autoridade. "Não há nada mais impotente que uma ditadura que enfraquece diante dos olhos", disse o escritor Stephen Vizinczey, estudante em Budapeste na época. "Tinha-se a impressão de que, a partir daquele momento, a mudança era possível. Por exemplo, a ÁVO não era mais a força de antigamente, e nós não estávamos com medo."[4] O chefe da força policial "regular" em Budapeste, Sándor Kopácsi, observou que os homens mais poderosos da ÁVO começaram a se preocupar com sua possível denúncia. O medo de que pudessem em breve passar longos períodos em suas próprias cadeias, como seu ex-chefe Gábor Péter, "ocupava suas mentes e fazia com que agissem de maneira apropriada".

Rákosi fez vários discursos durante o começo de 1956 atacando o "culto à personalidade", mas, como o culto fora construído em torno da sua própria personalidade, os comentários não foram muito convincentes. Por muitos anos, a encenação de *Ricardo III* fora proibida. Nesta época, em uma nova produção do Teatro Nacional, não se escondia quem o tirano feio, corcunda e ameaçador do palco representava. Na primeira noite, os aplausos foram ensurdecedores. Outros trabalhos clássicos de escritores húngaros e estrangeiros, há muito censurados, passaram a ter livre acesso. Foram executados concertos de Zoltán Kodály, o grande compositor húngaro cujos trabalhos caíram em desgraça perante os stalinistas, devido ao seu suposto "chauvinismo". Um fato que causou comoção foi quando o jovem György Litván, um professor quase totalmente desconhecido, interrompeu um discurso de Rákosi em uma reunião pública em março, dizendo: "Você perdeu a confiança do povo. Renuncie!" Um fato ainda mais significativo foi que não houve nenhuma retaliação contra o impulsivo historiador, nem da parte de Rákosi nem de seus capangas.[5]

QUINZE

Budapeste, 27 de junho de 1956, às sete da noite

Em uma noite quente e úmida, a principal sala de reuniões do edifício neoclássico do Clube dos Oficiais, no centro da cidade, estava abarrotada de todas as pessoas importantes da vida intelectual e social de Budapeste. Segundo um boato espalhado boca a boca, naquela noite o clube seria palco de um acontecimento dramático que daria um golpe de misericórdia em Mátyás Rákosi.

Uma mulher de 44 anos, imponente e de cabelos ondulados, se dirigiu a passos largos e firmes para o púlpito. Imeditamente todos reconheceram que se tratava de Júlia Rajk, libertada seis meses antes da prisão, a qual, a julgar pela sua aparência, não havia sido branda. Contendo as lágrimas, ela falou em um tom firme e resoluto:

> Estou diante de vocês profundamente comovida, depois de cinco anos de prisão e humilhação. Deixem-me lhes dizer uma coisa: no que se refere às prisões, as cadeias de Horthy eram bem melhores do que as de Rákosi, até mesmo para os comunistas. Eles não só mataram meu marido, como também arrancaram meu bebê de mim. Por muitos anos, não recebi nenhuma carta e nenhuma informação sobre o destino de meu filho. Estes criminosos não assassinaram László Rajk apenas. Eles pisotearam toda a sensibilidade e a honestidade deste país. Assassinos não devem ser criticados, devem ser punidos. Jamais descansarei até o dia em que todos os que arruinaram este país, corromperam o Partido, mataram milhares e levaram milhões ao desespero recebam seu justo castigo. Camaradas, ajudem-me nesta batalha.

A platéia se pôs de pé para aplaudir. Ela ainda era conhecida como Júlia, mas lhe impuseram uma outra punição dolorosa e humilhante: contra sua vontade, seu nome fora mudado para Lászlóné Györk, como parte de uma campanha para transformar seu finado esposo em uma "não-pessoa". A menção do Caso Rajk teve resultados desastrosos para Rákosi, não apenas pela injustiça cometida contra o ministro comunista, mas porque o caso também era um símbolo para todas as outras. Se Rajk era inocente, o que dizer dos outros milhares? Rákosi tentou jogar a culpa pelo processo de Rajk nas táticas de terror de Gábor Péter, que se encontrava então na prisão, mas ninguém acreditou nele.[1]

Em todos os dias da primavera e do verão, a pressão sobre Rákosi aumentava, e em Budapeste ele era chamado abertamente de assassino. Um novo grupo de oposição fora criado em março. O Círculo Petőfi, assim chamado em homenagem ao poeta, era um grupo de debates formado pela organização comunista de jovens DISZ e administrado por comunistas entusiastas, que fizeram mais para desestabilizar o Partido Comunista Húngaro do que qualquer outra força. Suas reuniões se tornaram grandes eventos públicos, únicos no bloco soviético, e nelas se podia discutir política livremente pela primeira vez desde 1948. A intervenção devastadora de Júlia Rajk aconteceu durante o debate do Círculo Petőfi sobre "legalidade socialista", também conhecido como Estado Policial. Um debate sobre a "ciência socialista" suscitou ondas de indignação quando foi revelada parte da história da exploração russa do urânio húngaro. Em um debate sobre filosofia, o crítico literário e pensador marxista Georg Lukács atacou duramente o realismo socialista como literatura de terceira classe produzida por mercenários do Partido.

A campanha do Círculo Petőfi atingiu seu clímax em 7 de julho, quando os escritores e os jornalistas mais ilustres da Hungria debateram sobre a imprensa livre. Mais de seis mil pessoas se juntaram nas ruas do lado de fora do salão, até as quatro da manhã, para ouvir os alto-falantes. O último a falar foi Géza Losonczy, grande amigo e confidente de Imre Nagy, que ainda se recuperava do colapso psicológico que sofrera nas mãos da ÁVO. Ele explicou tranqüila e detalhadamente como o ex-primeiro ministro fora demitido e posto em desgraça sem ter tido a possibilidade de defesa. À menção do nome de Nagy, a platéia se ergueu e gritou ritmadamente: "Imre, Imre!"

DEZESSEIS

Washington, D.C., 12 de julho de 1956

Para um político relutante, o presidente Eisenhower até que passou uma boa impressão de estar gostando de seu papel e do exercício do poder. Em sua campanha de reeleição, ele concorreu contra o mesmo opositor de quatro anos antes, o intelectual liberal Adlai Stevenson, democrata inteligente e simpático, mas sem carisma. As pessoas estavam familiarizadas também com a retórica republicana agressiva da Guerra Fria desde 1952. Os consultores políticos do presidente ainda falavam sobre levar liberdade e democracia a toda a Europa. Porém, dentro da Casa Branca o clima mudou. O presidente deixou claro aos seus assessores que seus objetivos eram bem mais modestos e limitados. Um documento do Comitê de Segurança Nacional, elaborado havia poucos meses, o qual Eisenhower citava com freqüência, afirmava claramente: "A separação de qualquer um dos grandes satélites europeus do bloco soviético não parece viável no momento, exceto se feita com a aquiescência soviética ou pela guerra."[1] Como os russos rejeitaram a primeira opção e o presidente descartou categoricamente a segunda, isto significava que Eisenhower na verdade aceitava o *status quo* da Cortina de Ferro, embora ninguém ligado à administração tivesse a autorização para comentar o fato em público.

O segredo era de suma importância para a administração, conforme deixam claro os relatos recém-publicados da conversa extraordinária daquele dia entre o presidente e seus principais assessores. As autoridades estavam cientes de que pareceriam hipócritas se a sua verdadeira posição fosse revelada. O secretário de Estado John Foster Dulles leu o texto confidencial sobre uma nova política que o Comitê de Segurança estava preparando. Ele citou trechos da versão preliminar: "Os Estados Unidos devem encorajar os povos dos satélites à resistência passiva aos seus regimes de dominância soviética, quando esta contribuir para a diminuição

Ao centro, Mátyás Rákosi, cujo culto à personalidade o rotulava como "Nosso Sábio Líder" e "O Melhor Aprendiz de Stalin", ladeado por dois senhores coloniais da União Soviética: à direita, o marechal Kliment Voroshilov, velho beberrão stalinista, e à esquerda o sério e inflexível ideólogo do Partido Comunista, Mikhail Suslov. Os três recebem os aplausos da nação agradecida no 9º aniversário da Libertação da Hungria.

Iuri Andropov (centro), embaixador soviético na Hungria, astuto e extremamente ambicioso, foi um pilar da ortodoxia marxista e um grande apoiador dos extremistas comunistas do regime húngaro, como o calculista Ernő Gerő, líder do partido (direita).

Imre Nagy foi um dos poucos políticos comunistas genuinamente populares da Hungria, e era amplamente respeitado como um homem do povo honesto e sincero. Poucos dias antes do início da Revolução, participou como convidado em um festival de vinho na região agrícola de Badacsony, e estava bem-humorado.

Nikita Kruschev, líder do Partido Comunista Soviético de comportamento tipicamente belicoso, empreendeu reformas experimentais e uma campanha anti-stalinista. Suas ações desencadearam forças na Hungria que os russos não conseguiram controlar sem fazer uso dos métodos tradicionais da "mão de ferro".

O presidente Dwight D. Eisenhower (direita) e seu secretário de Estado, John Foster Dulles (esquerda), eram Warriors da Guerra Fria cuja retórica de "retrocesso do comunismo" e "libertação dos povos cativos" jamais correspondeu às suas ações. A Revolução Húngara coincidiu com os últimos dias da campanha de reeleição para o segundo mandato de "Ike" e com uma outra crise internacional, no Oriente Médio, quando forças inglesas e francesas atacaram o Egito e tentaram ocupar o canal de Suez.

Mais de 250 mil pessoas reuniram-se em massa na praça do Parlamento de Budapeste, na noite de 23 de outubro de 1956, em uma demonstração de "poder popular" que aterrorizou os líderes comunistas da Hungria e seus mestres do Kremlin. A manifestação espontânea e não planejada foi totalmente pacífica. A violência explodiu somente quando a polícia secreta disparou contra os manifestantes e, em resposta, eles conseguiram armas de pequeno porte.

A derrubada do "Grande Ditador" foi o primeiro grande momento simbólico da Revolução. A estátua de bronze de 12 metros de Stalin, um presente da União Soviética à Hungria, fora colocada em um pedestal na praça dos Heróis em 1951, em um local célebre anteriormente ocupado por uma das mais belas igrejas de Budapeste. A demolição não foi fácil. Aplaudidos por multidões eufóricas, operários levaram algumas horas para derrubar a cabeça do tirano, usando maçaricos.

da contribuição dos satélites ao poder soviético, ou para o aumento da pressão por uma mudança desejada. No geral, [nós] não desencorajamos, seja por meio de pronunciamentos públicos ou de outra maneira, manifestações espontâneas de insatisfação e oposição ao regime comunista [...] [nos Estados satélites], apesar do risco para os indivíduos, quando o resultado final exercer pressão para sua libertação do domínio soviético."[2] Dulles foi então mais direto ao explicar a política, dizendo: "Às vezes a inquietação e os levantes são uma parte importante da maneira como nós temos que jogar o jogo na situação atual em que enfrentamos a União Soviética." O vice-presidente Richard Nixon foi ainda mais incisivo, ao sugerir que uma insurreição malsucedida em algum ponto do bloco oriental, sufocada pelos russos, ajudaria a América em termos de relações públicas: "Não seria de todo um mal, do ponto de vista dos interesses norte-americanos, se a mão de ferro soviética se voltasse com força novamente contra o próprio bloco soviético."[3]

Como o "retrocesso" não era mais um objetivo real, a administração concordou que a nova política norte-americana deveria aceitar o desenvolvimento de governos "comunistas nacionais" — como o de Tito na Iugoslávia — em todo o Leste Europeu. Este foi um passo radical. Os comunistas nacionais continuavam sendo comunistas, e a demonstração de qualquer tipo de apoio a um governo comunista em um ano eleitoral durante a Guerra Fria, mesmo que morno, poderia dar a impressão de fraqueza. As pessoas do bloco do Leste Europeu também não deveriam saber que, na verdade, os Estados Unidos haviam concordardo em abandoná-las. Nixon disse: "Não consigo pensar em nada pior, do ponto de vista da política doméstica ou das nossas relações internacionais, do que um vazamento de notícia que passe a impressão de que nós, nos níveis mais altos, concordamos com uma política de comunismo nacional sob quaisquer circunstâncias. Espero que todos, tanto os aqui presentes como todos os envolvidos, sem exceção, façam silêncio sobre este assunto." George Humphrey, o secretário do Tesouro, concordou. "Imagine só o que vai acontecer se [...] isso aparecer nos jornais? As conseqüências para a administração seriam devastadoras. Temos que fazer o nosso melhor para minimizar a possibilidade de um vazamento." A administração se preocupava com os eleitores norte-americanos, mas também se inquietava a respeito dos anticomunistas europeus que sabiam o quanto a retórica da Casa Branca se afastara da realidade.[4]

As informações dos serviços de inteligência norte-americanos e ocidentais sobre a Hungria eram de uma pobreza lamentável. Um Balanço da Inteligência Nacional, preparado pela CIA no final de 1955, previa que a "resistência passiva no país" aumentaria, e explicava: "Ela se manifesta pelo absentismo, mudança freqüente de emprego, trabalho de má qualidade, desperdício, fraudes, e geralmente culmina na sabotagem deliberada. A Hungria não tem uma tradição ou história de resistência ativa, e todas as evidências indicam que esta tradição ainda não foi rompida. Durante a Segunda Guerra Mundial, houve algum tipo de resistência, mas estas proezas provavelmente se encaixam melhor na descrição de feitos de heroísmo individual. A resistência na Hungria é, em sua maior parte, de natureza passiva, [...] e há poucos líderes clandestinos em potencial." A CIA também observou:

> Muitas atividades clandestinas relatadas parecem ter sido fomentadas pelo próprio regime. Se acreditarmos nas afirmações das organizações de exilados e nas reportagens da imprensa comunista, então há uma resistência ativa e organizada considerável. Porém, uma análise das informações disponíveis nos leva a concluir que não há de fato nenhum movimento clandestino [...] e que o próprio regime comunista patrocinou algumas das organizações relatadas, ou as inventou com o objetivo de estabelecer as bases para um processo contra indivíduos que desejavam afastar de posições de influência pública. Os comunistas promovem "grupos de resistência" com nomes como "Mão Branca", "Águia Negra" e outros, para prender os cidadãos desleais.[5]

Aparentemente, os diplomatas americanos se isolavam quase deliberadamente da vida na Hungria. Em 1956, quando Eric Johnston, presidente da Associação de Cinema dos Estados Unidos, chegou à Hungria para uma visita semi-oficial, os diplomatas quiseram oferecer-lhe um coquetel. Johnston deu à Legação uma lista dos principais artistas, escritores, atores, acadêmicos e políticos que gostaria de convidar. As autoridades diplomáticas ficaram chocadas, e disseram a ele: "Sr. Johnston, nós nunca nos encontramos com estas pessoas socialmente."[6] Nem os espiões nem os diplomatas norte-americanos enviaram a Washington relatos precisos da pressão que se avolumava na Hungria. Quando os jornalistas que estavam no país previram uma mudança iminente, as agências de inteligência os tacharam de sensacionalistas.

Os ingleses não estavam muito mais bem informados. O embaixador inglês na Hungria era Sir Leslie "Bunny" Fry, ex-aluno da Academia Militar de Sandhurst e ex-integrante do exército indiano. Ele fora também secretário-geral em Lisboa e representante do Ministério das Relações Exteriores no Leste Europeu. No início do ano, ele enviou um despacho ao ministro das Relações Exteriores, Selwyn Lloyd, afirmando com confiança: "O caráter nacional [dos húngaros] é o de sobrevivência, e não o de revolta vitoriosa. Mesmo se a coragem fosse uma das qualidades húngaras notáveis, faltam as condições geográficas necessárias para um movimento de resistência, como montanhas, florestas e litoral. [...] Por isso, os húngaros não vão dar murro em ponta de faca. [...] É muito improvável que tentem um golpe arriscado e ousado. O comportamento geral é caracterizado pela resignação apática e pelo comprometimento com a tática de 'ir sem pressa e sem ataques'."[7]

No meio de abril, Fry estava convencido da permanência de Mátyás Rákosi, apesar de seus problemas, e disse: "Ele vai continuar conosco por mais algum tempo."[8] Em 15 de junho, Fry relatou ao Ministério das Relações Exteriores: "Há um sentimento forte de esperança por aqui [...], mas a idéia de que Rákosi deixará de ser a figura individual mais poderosa [...] pode ser seguramente desconsiderada."[9]

DEZESSETE

Budapeste, 13 de julho de 1956

Os magnatas do Kremlin estavam então seriamente preocupados com os incidentes em sua colônia húngara. Eles foram bem informados a respeito dos acontecimentos pelo jovem e inteligente embaixador da União Soviética em Budapeste, Iuri Andropov, que passara os últimos meses enviando relatórios perturbadores sobre os "elementos hostis" que estavam desestabilizando o país. Eles enviaram a Budapeste o seu principal mediador, Anastas Ivanovich Mikoian, com ordens para "cortar o mal pela raiz". O elegante senhor de 61 anos, sempre de terno reto, tinha vasta experiência como estrategista político, era intimamente envolvido com a administração dos Estados satélites e ocupava os altos escalões do Kremlin havia décadas. É errôneo falar em extremistas e moderados na corte de Stalin, porque todos de seu círculo estavam envolvidos em crimes hediondos. Mikoian, um sobrevivente astuto, foi tudo menos um expectador inocente durante os expurgos.* Contudo, em algumas ocasiões ele se opôs a Stalin e, depois da morte deste, tornou-se um dos chefões do Kremlin. Mikoian também tinha senso de humor. Era aliado íntimo de Kruschev, e o encorajou veementemente a atacar a memória de Stalin. Em relação à questão húngara, estava convencido de que o tempo de Rákosi já se esgotara, e aparentemente sentia prazer na perspectiva de ser ele próprio quem daria o golpe de misericórdia.[1]

András Hegedüs, o jovem primeiro-ministro, relata assim o que aconteceu no começo da manhã: "Rákosi e eu fomos para encontrá-lo [Mikoian] no aeroporto e trazê-lo à cidade de carro. Já estávamos

---

* Mikoian conseguiu se manter nos círculos mais altos da política soviética por quase cinco décadas. Ele ocupou lugar de honra no funeral de Lenin em 1924 e representou a URSS no funeral de John F. Kennedy em 1963.

quase chegando à casa de hóspedes do governo quando Mikoian virou-se para Rákosi e disse: 'A liderança soviética decidiu que você está doente.' Rákosi não achava que estivesse enfermo, mas, naqueles dias, uma doença era certamente uma decisão política. Mikoian prosseguiu: 'Você precisará de tratamento em Moscou.'"[2] Rákosi já fora alertado quanto ao seu destino, mas ainda lutava contra ele. Às onze da manhã, Mikoian encontrou-se com os sátrapas húngaros na sede do Partido Comunista, na rua da Academia. O "Sábio Líder" traçou as linhas gerais dos passos que planejava dar, os quais restabeleceriam a sua autoridade e a do Partido, conforme assegurou ao seu mestre russo. Ele elaborou uma lista de quatrocentos nomes, encabeçada por Imre Nagy, de figuras proeminentes da oposição as quais ele prenderia imediatamente. O astuto armênio o interrompeu:

> "Camarada Rákosi, diga-me o que você acha do Círculo Petőfi." Rákosi respondeu: "É um movimento organizado pelos inimigos do Partido." Mikoian prosseguiu: "Que interessante! Em Moscou, ouvimos falar que o Partido é constantemente aclamado nas reuniões do Círculo Petőfi. Parece que há um grupo notável de inimigos do Partido."[3]

Todos os húngaros ficaram em silêncio. Então Gerő, à sua maneira vulpina, agarrou sua oportunidade. Por anos ele se ressentira de ter que viver à sombra de Rákosi, a quem ele, já no final, costumava descrever reservadamente como "senil e desacreditado". Gerő não era o tenente leal, conforme se autodescrevia. Ele disse: "Gostaria de sugerir ao nosso amado e sábio pai do povo que as prisões em massa não são compatíveis com o nosso caráter de legalidade social." Mikoian "sugeriu" que Rákosi renunciasse devido à sua saúde fraca. Rákosi não conseguia acreditar no que estava ouvindo. Ele se retirou da sala e pediu uma ligação para Kruschev, em Moscou, e este confirmou a decisão.[4]

Em um telegrama secreto enviado ao Kremlin no dia seguinte, Mikoian narrou a cena para Kruschev, e alertou que, mesmo com Rákosi fora de cena, a Hungria permanecia em situação crítica.

> Enfatizei que [...] era inadmissível que coisas inesperadas e desagradáveis viessem a acontecer na Hungria. [...] Pode-se perceber agora que,

> dia após dia, os camaradas estão cada vez mais perdendo as rédeas do poder. Nada está sendo feito. Os camaradas preparam relatórios [...] enquanto os elementos inimigos agem entre as massas e no interior, sem receber nenhuma punição. Os elementos inimigos estão formando um centro paralelo e atuando ativa, decisiva e confiantemente. [...] A imprensa e o rádio não estão mais sob o controle [do Partido]. A cada dia que passa, a atmosfera hostil de oposição [...] aumenta.
>
> Tudo estava ligado à questão de Rákosi, mas nenhum deles podia levantá-la. Todos estavam esperando que nós levantássemos o assunto, porque se sentiam amarrados à nossa linha nesta questão. [...] Quando eu levantei a questão sobre se seria melhor se Rákosi tomasse a iniciativa de renunciar, ficou evidente que os camaradas [...] respiraram mais aliviados.
>
> No que se refere a Imre Nagy, [...] acreditávamos anteriormente, assim como acreditamos também agora, que foi um erro expulsá-lo do Partido, apesar de ele o ter merecido por seu comportamento. Se Nagy tivesse permanecido, [...] ele teria que obedecer à disciplina do Partido e executar sua vontade. Ao expulsá-lo [...] o Partido complicou sua própria luta contra ele. É necessário explicar a Nagy, bem diretamente, que ele não pode voltar ao Partido lutando contra ele. O caminho dos que lutam contra o Partido é um só, e o levará inevitavelmente para a prisão.[5]

Naquela tarde, os jornais foram avisados para reservar a primeira página para um pronunciamento importante. Alguns editores acharam que a notícia seria o anúncio da prisão de Nagy e de vários outros líderes da oposição. Alguns estavam parcialmente corretos e previram que a notícia de última hora era a queda de Rákosi. Aparentemente, ninguém conseguia prever o nome do homem colocado para substituí-lo: Ernő Gerő. "Isto chega às raias do incompreensível. É uma escolha totalmente absurda e estúpida substituir Rákosi por um stalinista igualmente inflexível, envolvido em todos os crimes durante o período de terror."[6] Dentro de algumas horas, Budapeste fez uma análise do acontecimento, e o seguinte dito se espalhou: "Trocaram um Rákosi calvo por um Rákosi magro."[7]

Um grupo de militares, com uniformes cobertos de medalhas e galões, viera juntamente com Mikoian de Moscou a Budapeste. A delegação era liderada pelo general Mikhail Malinin, o primeiro suplente do chefe do Estado-maior do exército soviético, que chegara com duas ordens. A primeira era fazer uma análise geral das formações russas baseadas na Hungria. O Tratado de Paz austríaco fora finalmente assinado em 15 de maio de 1955, e a União Soviética concordara em retirar suas tropas do país. Tecnicamente isso significaria que os soldados soviéticos não teriam mais a permissão para permanecer na Hungria. Porém, no dia anterior, a Hungria havia se tornado um país-membro do Pacto de Varsóvia, o que autorizava os soldados soviéticos a ficar. Cerca de 75 mil soldados e aviadores — o Corpo Especial — estavam estacionados na Hungria em três divisões.

A segunda missão de Malinin era aplicar uma dura reprimenda ao comandante do Corpo Especial, o tenente-general Piotr Laschenko. Depois dos distúrbios na Alemanha Oriental em 1953, quando as tropas russas atiraram em grevistas perto de Berlim, todas as forças soviéticas no Leste Europeu receberam ordens de arquitetar operações antitumulto e de contra-insurreição, no caso de distúrbios de grandes proporções nos satélites. Laschenko ainda não havia elaborado nenhuma. Quando, no final de junho, o ministro da Defesa soviético, o marechal Georgi Jukov, foi informado sobre este lapso, ficou lívido e ordenou que o documento fosse elaborado imediatamente.[8] Dentro de duas semanas, a Operação Volna ("Onda") foi preparada, e Malinin recebeu a instrução de executá-la. O plano previa o uso de dezenas de milhares de soldados soviéticos em curto prazo, dentro de três a seis horas, "para restaurar e defender a ordem pública" na Hungria. A concepção da Operação Volna em um passo acelerado como este implicava apenas uma coisa: os russos precisavam de uma opção alternativa caso os esforços políticos de Mikoian falhassem e eles necessitassem de medidas mais vigorosas para colocar a Hungria nos eixos.

O tenente-general Ievgeni Malaschenko, de 32 anos, o segundo no comando do Corpo Especial, trabalhava noite e dia para colocar o plano no papel. Inicialmente, ele tinha dúvidas se seria eficaz. Ele disse a um dos assistentes de Malinin, o general Mikhail Tikhonov, o principal assessor soviético do exército húngaro: "Devido à falta de soldados, nossos homens somente seriam capazes de assumir a defesa dos alvos principais, e não poderiam tomar parte na manutenção da ordem caso houvesse protestos e ajuntamentos." Tikhonov disse a ele para não se preocupar. "Os húngaros têm um exército e um serviço de segurança estatal fortes, por isso eles próprios podem facilmente manter a ordem. Nossa ajuda não será necessária." Malaschenko respondeu: "Pode ser também que o plano permaneça só no papel."[9]

DEZOITO

Budapeste, 6 de outubro de 1956

Num dia melancólico, frio, úmido e com muito vento, mais de 100 mil pessoas se reuniram nas ruas de Budapeste para testemunhar um dos acontecimentos mais estranhos da história moderna da Hungria: o reenterro de László Rajk e de quatro homens que haviam sido enforcados com ele havia quase sete anos. Em vida, Rajk fora uma figura odiada na Hungria, pois fora um dos líderes dentre os fanáticos que instalaram um sistema corrompido e homicida no país, e um dos notórios arquitetos do Estado Policial. Porém, como também fora uma das vítimas mais ilustres do terror, foi transformado em patriota, e merecia um funeral de Estado no cemitério Kerepesi, local de repouso final dos heróis húngaros. "Ele teve um julgamento-espetáculo, e teve então um enterro-espetáculo."[1]

Gerő, desfrutando o poder que achava que deveria ter sido sempre seu, relutou em concordar com o reenterro logo após seus mestres de Moscou o terem empossado como o novo procônsul em Budapeste. Ele só concordou depois de vários apelos diretos de uma exaltada Júlia Rajk pela reabilitação pública de seu marido. Ofereceram a ela 200 mil forintes como "indenização" — uma fortuna que um trabalhador médio húngaro não conseguiria ganhar nem trabalhando a metade de sua vida. Ela recusou, afirmando que não queria dinheiro, e sim justiça. A primeira reação de Gerő foi rejeitar a idéia do reenterro, o que seria arriscado politicamente. Mais tarde, foi persuadido de que este poderia se tornar um acontecimento anti-Rákosi e uma demonstração de que o governo estava começando tudo do zero. A data foi escolhida criteriosamente: 6 de outubro, dia de um aniversário simbólico, em que 13 generais húngaros foram executados pelos austríacos após a fracassada revolução de 1848. Gerő deveria ter se mantido firme na sua primeira opinião, segundo a qual qualquer menção a Rajk golpearia o regime em um ponto fraco. O funeral acabou se tornando o último ensaio geral dos acontecimentos de três semanas depois.[2]

Os dois grupos de acompanhantes do enterro mal percebiam a presença um do outro. Os funcionários oficiais do Partido, que foram obrigados a comparecer, eram na sua maioria sobreviventes da era stalinista e pareciam desconfortáveis e impacientes. Ferenc Münnich, velho moscovita que lutara com Rajk na Guerra Civil Espanhola, recebeu a incumbência de explicar o Caso Rajk e de pedir desculpas em nome do Partido Comunista. Quando ele chegou à passagem que descrevia os "criminosos que saíram do charco" para matar o bravo herói revolucionário Rajk, ele quase foi soterrado por vaias. Alguns dos criminosos a que se referia estavam na tribuna, e ainda representavam o Partido Comunista.[3]

Júlia Rajk, vestida com uma capa de plástico e segurando seu filho Laci, de 7 anos, junto a si, estava rodeada de líderes da oposição, e nenhum deles teve autorização para fazer discursos.* Ela estava junto a Imre Nagy, que parecia melancólico, mas disse a eles: "Dentro em breve será a vez de o stalinismo ser finalmente enterrado."[4] Jenő Széll, que logo depois assumiria um cargo no escritório pessoal de Nagy, descreveu o reenterro como um roteiro cuidadosamente escrito e ensaiado. "O funeral foi terrível. Começou a chover forte. Não foi um aguaceiro, mas foi o suficiente para deixar a todos nós completamente encharcados. E, antes do funeral, que multidão enorme e inquieta, que rostos tristes! Uma coisa como essa era muito rara em Budapeste. As pessoas chegavam, os conhecidos se olhavam e se cumprimentavam, mas não da maneira como estavam acostumados, de formar pequenos grupos para conversar. [...] Todos estavam esperando para ver quem estaria na liderança daquele momento em diante. Ouvia-se a expressão 'Camaradas, nunca mais' a todo instante, mas ela soava como uma piada de mau gosto."

A última cena do espetáculo macabro aconteceu no início da noite: a primeira manifestação política não-oficial em Budapeste desde que os comunistas tomaram o poder. Um grupo de cerca de quinhentos estudantes marchou até o monumento a Batthány em Buda, em

* László Rajk Junior se tornou um dos arquitetos mais famosos da Hungria e foi um dos líderes dos círculos dissidentes de Budapeste no início da década de 1980.

homenagem ao primeiro primeiro chefe de governo constitucional da Hungria, executado pelos austríacos em 1849, e começou a gritar lemas anticomunistas. A polícia dispersou a manifestação rápida e pacificamente, mas foi um sinal de alerta que a elite húngara falhou em compreender.

Em pouco tempo Kruschev se desapontou com Ernő Gerő. Parecia que seu vassalo não entendia a urgência da crise da mesma maneira que o Kremlin. Vladimir Burlatski, que trabalhou por um curto período como redator dos discursos de Kruschev, afirma que mais tarde ele reconheceu que havia cometido um grande erro ao promover em excesso o húngaro vaidoso, inflexível e ao mesmo tempo cheio de si.[5] A nomeação de Gerő, um passo evitável e causa direta da tragédia que viria, foi um exemplo típico do estilo de liderança contraditório de Kruschev. Seus esforços para modernizar a União Soviética e abandonar o stalinismo foram louváveis em sua extensão, mas erráticos e hesitantes. "Sim, Kruschev caminha com as duas pernas", observou seu grande rival do mundo comunista, Mao Tse-tung, "só que uma delas caminha corajosamente a passos largos em direção à nova era, e a outra se encontra irremediavelmente presa no atoleiro do passado".[6]

Entretanto, o Kremlin estava muito mais bem informado sobre a Hungria do que aparentemente o vice-rei da URSS em Budapeste. Iuri Andropov, embaixador russo de grande ambição, inundava os seus superiores de Moscou com relatórios preocupantes sobre a tensão na Hungria, que crescia a níveis alarmantes durante todo o verão, e Gerő parecia incapaz de lidar com ela. Em um telegrama altamente secreto do dia 29 de agosto, ele disse: "A situação política da Hungria [...] exige atenção constante. Uma das nossas maiores preocupações é o fato de que os camaradas húngaros atingiram até o momento resultados insignificantes na luta para fortalecer seu poder no país."[7] Vladimir Kriuchkov, diplomata subalterno da embaixada na época, e que posteriormente ocupou a posição de Andropov como chefe da KGB, disse: "Andropov sentiu o perigo e alertou Moscou. Ele enviou [...] telegramas, fez ligações telefônicas e chegou a ir pessoalmente a Moscou. Ele tentou avisar a todos, mas foi tudo em vão. Kruschev achava que podia lidar com a situação."[8]

Gerő também tinha a mesma impressão. Andropov encontrava-se freqüentemente com o líder húngaro e, a julgar pelos despachos que enviava ao Kremlin, ele se desesperava com a autocomplacência de Gerő. Segundo Andropov, no início de setembro Gerő admitiu em particular que "estava tendo dificuldades enormes para estimular a unidade dentro da liderança do Partido. [...] A desunião estava tornando pior a situação instável e perigosa em todo o país".[9] Se Gerő estava sendo sério, é difícil entender por que ele estava inclinado a se ausentar da Hungria por tanto tempo nas semanas seguintes. Durante a maior parte de setembro e na primeira semana de outubro, ele estava na Criméia e ocasionalmente mantinha contatos com seus mestres russos. Porém, a maior parte do tempo estava em férias. Ele se encontrou com Andropov pouco antes de partir. "Gerő admitiu abertamente, quando saiu de viagem, que não estava nem um pouco seguro se 'as coisas estariam bem' enquanto estivesse ausente", relatou Andropov.[10] Quando ele regressou, disse a Andropov: "Agora que estou de volta à Hungria, posso ver que a situação está pior e mais turbulenta do que eu imaginei quando estava na URSS. Há uma insatisfação profunda espalhada por todo o país."[11]

Ele estava fora na ocasião do reenterro de Rajk, embora tenha admitido a Andropov que não previra o efeito profundo de sua ausência. Logo que retornou, entendeu as repercussões do que havia feito. Em 12 de outubro, confidenciou ao embaixador: "O reenterro de Rajk desferiu um golpe violento na liderança do Partido, cuja autoridade não era tanta, para início de conversa." Apesar destas apreensões, Gerő deixou o país novamente. De 15 a 22 de outubro, ele esteve na Iugoslávia. O objetivo principal era estabelecer diálogos com Tito, mas ele estendeu a sua estadia e tirou férias na costa croata. Gerő insistiu em que sentia o aumento da pressão na Hungria, mas mesmo assim não sentiu nenhum pesar em sair do país. Os russos, e Kruschev em particular, não se esqueceriam de sua irresponsabilidade.

Ao se aproximar o outono, Kruschev lidava simultaneamente com uma outra crise no império soviético. Os poloneses não tinham suportado um regime que lembrasse nem de longe a brutalidade e a impiedade do da Hungria após a Segunda Guerra Mundial. As comparações entre os dois países são ofensivas, e as diferenças entre eles no pós-guerra eram tão grandes quanto as semelhanças. Contudo, a pobreza e a tirania diárias, a submissão imposta e a monotonia insípida do comunismo totalitário eram odiadas igualmente na Polônia, tanto quanto a condição de escravo por ser colônia da União Soviética. O orgulho nacional inflamou fortemente os corações poloneses. Ao final de junho, tumultos irromperam em Poznań, cidade industrial na costa báltica. Foram sufocados com facilidade, ao cabo de um dia, pelas tropas soviéticas. Contudo, os distúrbios incitaram uma demonstração de rara coragem entre os *apparatchiks* comunistas. Assim como na Hungria, os comunistas poloneses se dividiam entre a velha guarda stalinista e o grupo de "reformadores", os quais aumentaram em número desde o "discurso secreto" de Kruschev no começo do ano.

Em 19 de outubro, os principais líderes do Partido Comunista da Polônia se encontraram em Varsóvia, em meio a um drama intenso. Eles escolheram como chefe do Partido Władisław Gomułka, que antes fora difamado e preso, entre 1951 e 1954, durante os expurgos antititoístas de Stalin, mas que fora reabilitado e se apresentava então como um "comunista nacional". A ascensão de Gomułka alarmou os soviéticos.[12] Kruschev ordenou que unidades do Exército Vermelho cercassem Varsóvia e ele próprio voou até lá para um confronto com seus vassalos poloneses. Ele desconfiava profundamente do gentil e afável Gomułka. Depois de um impasse de dois dias, quando Kruschev disse que os soviéticos não reconheceriam a liderança de Gomułka e os poloneses colocaram Moscou contra a parede, eles finalmente chegaram a um acordo pacífico. Os russos retiraram seus soldados, aceitaram Gomułka e reconheceram seu direito a procurar "um caminho polonês para o socialismo". Por sua vez, os poloneses garantiram que as reformas não ameaçariam a autoridade do Partido Comunista local ou a unidade do bloco soviético.[13]

O grupo de Nagy sentiu-se inspirado pela transformação que promovera Gomułka de marginal a salvador da pátria. O "velho", como Nagy era chamado por seus apoiadores, estava cercado por vozes radicais que o aconselhavam a aumentar a pressão sobre Gerő e exigir com veemência um lugar na liderança. Porém, Nagy era cauteloso e um típico homem leal do Partido. Ele passou os últimos meses escrevendo um manifesto secreto, que tempos depois saiu clandestinamente do país. É um ataque eloqüente às ações dos comunistas sob o comando de Rákosi e Gerő, que quase destruíram a Hungria:

> Não é compatível com a moralidade pública continuar a manter em posições de liderança os diretores e contra-regras dos julgamentos em massa forjados, pessoas responsáveis pela tortura e morte de homens inocentes, [...] sabotadores da economia e dissipadores dos recursos nacionais que, por meio do abuso do poder, perpetraram ou promoveram atos graves contra o povo. O público, o Partido e o Estado precisam ser expurgados destes elementos.
>
> O abuso do poder e o uso de dispositivos ilegais atingiram proporções alarmantes [...] e ultrapassaram até mesmo as piores práticas do período entre 1950 e 1952. A maioria dos trabalhadores passou a acreditar que está à mercê de ilegalidades, que não há leis que garantam seus direitos como seres humanos e como cidadãos, que a democracia popular é sinônimo de anarquia, e que tal democracia propicia muito espaço para as violações da lei. Então, neste tipo de democracia, a vida de um indivíduo é obscurecida pelo medo e pela insegurança constantes.[14]

Nagy afirmou que os funcionários do Partido que prestavam lealdade a Gerő eram carreiristas e bajuladores. "Eles não têm nenhum princípio ou opinião próprios. Eles afirmam sem compunção que preto é branco. Em todos os casos, eles adulam os que estão em uma posição que pode lhes garantir um lugar melhor no Partido ou nos negócios do Estado, um prestígio maior, uma renda mais alta, autoridade mais ampla e, acima de tudo, uma limusine."[15]

Nagy conhecia muito bem os pontos fracos do sistema, mas isto nunca abalou a sua fé no Partido. Em vez de liderar uma oposição — e muito menos uma revolução —, ele estava ansioso por aderir novamente ao Partido que o havia expulsado. Finalmente, no dia 13 de outubro, ele foi readmitido às fileiras do Partido. Ele instruiu todos os seus apoiadores para que não fizessem nada que pudesse prejudicar seu status no Partido, pois, segundo ele argumentava sempre, era a única organização na Hungria em posição moral e prática para mudar o país.

"Tudo voltará ao seu devido lugar se esperarmos", alertou a um amigo que queria trabalhar fora do Partido para restituir o poder a ele.[16]

Então, em 21 de outubro, no auge da tensão em Budapeste, Nagy deixou a cidade. Ele foi para Badacsony, às margens do lago Balaton, no coração vinícola da Hungria. Grande amante da comida e do vinho, como testemunhava sua barriga pronunciada, foi convidado de honra de um festival do vinho local. Ele disse que deixaria Budapeste para "relaxar".

Em Székesfehérvár, 40 quilômetros a sudoeste de Budapeste, no quartel-general das forças militares soviéticas na Hungria, os oficiais de alto escalão estavam tensos. O tenente-general Ievgeni Malaschenko percebera nos últimos meses uma grande mudança de atitude da população húngara em relação à sua presença. "Nossos oficiais, nossos soldados e suas famílias na Hungria, assim como no exterior, levavam vidas um tanto isoladas", disse ele. Principalmente seus oficiais e seus homens lidavam "com os líderes do Partido local e das organizações estatais, e com os comandantes das unidades e formações militares húngaras". Ele acrescentou: "Nós freqüentemente recebíamos convites para eventos oficiais. [...] Nossos encontros eram limitados, nós não conhecíamos as vidas e os sentimentos dos cidadãos húngaros."[17]

"Até o verão de 1956, nós mantivemos boas relações com a população húngara. Porém, havia sinais de mudança. Por exemplo, anteriormente [muitas] pessoas não conseguiam assistir aos concertos que nós produzíamos, porque as casas estavam sempre cheias. Agora, porém, quase não víamos ninguém [...], e os que vinham se comportavam de uma maneira como nunca tinham feito antes. Passou a ser comum ouvir a população fazer comentários anti-soviéticos e espalhar histórias falsas [...] e a atmosfera no país se tornou cada vez mais cáustica."[18] Malaschenko disse que eles estavam bem conscientes da situação política. "Preparamos um relatório no começo de outubro para Moscou, alertando sobre a possibilidade de uma ação armada 'isolada' em um futuro próximo. O comandante-em-chefe do Corpo Especial, Piotr Laschenko, riscou a palavra 'isolada', e assim o nosso relatório passou a ser um retrato verdadeiro dos acontecimentos subseqüentes. [...] Nós tínhamos uma boa idéia dos eventos que tomavam corpo, mas o que realmente aconteceu foi muito além do que imaginamos e previmos."

O Estado-maior Geral da União Soviética não queria correr nenhum risco. Em 19 de outubro, Laschenko recebeu ordens para preparar algumas de suas unidades para batalha, caso fosse necessário agir em Budapeste.[19]

Os estudantes formavam um grupo bem tratado na Hungria. Os comunistas têm o crédito de terem feito grandes avanços na educação, elevando os níveis de alfabetismo no interior e aumentando maciçamente o número de vagas nas faculdades e universidades para os filhos de camponeses e trabalhadores. Em 1956, a maioria dos estudantes não sabia nada além da educação e do doutrinamento comunistas. De acordo com a teoria marxista-leninista, eles deveriam se manter fiéis ao Partido e ao sistema que lhes havia concedido tantos benefícios, mas eles sentiam tudo, menos gratidão. Os estudantes acenderam o pavio da revolução. Eles partilhavam da ira de toda a nação, em relação ao domínio soviético, à miséria e à pobreza da Hungria, e à falta de liberdade. Contudo, tinham queixas específicas também, sobre as condições nas faculdades e universidades. A vida no *campus* era dominada pela organização estudantil comunista, a DISZ. No início de outubro, os estudantes das universidades começaram a formar seus próprios grupos independentes em todo o país. Os chefes do Partido ficaram furiosos.

Os estudantes tinham aprendido as suas próprias lições nos dramas de Varsóvia, e estas não incluíam a paciência e a cautela. Às três da tarde de 22 de outubro, uma segunda-feira, mais de cinco mil estudantes se aglomeraram no salão principal de leitura da Universidade Tecnológica de Budapeste, onde a maioria dos grandes cientistas e engenheiros do país havia se formado. Anteriormente, jamais um evento único conseguira reunir metade do corpo discente e docente. Inicialmente, a reunião foi convocada para que os estudantes de Budapeste decidissem se deixariam a DISZ e lançariam sua própria organização, e em poucos minutos esta proposta foi aprovada maciçamente. Quando a reunião acabou, por volta da meia-noite, um dos documentos mais históricos da Hungria, chamado "Os Dezesseis Pontos", havia sido escrito por um comitê de jovens autores de nomes já esquecidos. Ele se tornou o manifesto da revolução.*[20]

A reunião começou em clima de caos total, segundo muitos que estavam presentes.[21] "Porém, nós fomos então estranhamente tomados por uma percepção da gravidade da situação e, sem que houvesse de fato líderes no comando, tudo transcorreu com muita ordem. Parecia que a lista de exigências simplesmente fluía."[22] No meio da reunião, alguém fez uma sugestão. Seu nome nunca foi registrado, embora desde então muitos tenham tentado ganhar o crédito da idéia. Sugeriu-se convocar uma manifestação para o dia seguinte e usar a desculpa de que seria para demonstrar solidariedade para com os poloneses. O plano era marchar até a estátua de Jószef Bem, general polonês que lutara do lado dos húngaros na revolução fracassada de 1848, e que fora executado pelos austríacos. No outro lado do Danúbio, os alunos de Artes e Humanidades da Universidade de Budapeste promoveram espontaneamente sua própria reunião em massa, e também concordaram em fazer uma manifestação. As duas marchas partiriam simultaneamente às três da tarde, uma de Buda e a outra de Peste, e se encontrariam na praça Bem.

Os estudantes queriam que seu manifesto fosse transmitido pelo rádio. Um membro do corpo docente da Universidade Tecnológica, István Pribeky, ofereceu-se para levá-los de carro. Ao examinar o texto, ele duvidou que os comunistas encarregados da estação de rádio permitiriam a transmissão dos Dezesseis Pontos. Ele os levou de volta à escola politécnica, onde alunos, professores e secretários solidários rapidamente datilografaram e fizeram cópias de folhetos contendo as exigências, que eles colaram nos muros e nas árvores em toda a cidade.

Como quase tudo o que aconteceu nos dias seguintes, este movimento inicial da revolução aconteceu de maneira casual, espontânea e sem liderança.

---

* O documento ainda é uma das declarações mais simples e diretas das queixas dos húngaros na ocasião (ver Apêndice, página 376) .

PARTE DOIS

A REVOLUÇÃO

DEZENOVE

Terça, 23 de outubro de 1956

Era um dia de outono magnífico, claro e fresco. O noticiário do rádio das seis da manhã incluiu um informe direto e simples sobre a manifestação planejada para a tarde, mas não forneceu nenhum detalhe. O jornal do Partido Comunista esperava pela marcha com um editorial de primeira página intitulado "A nova parada da primavera". Os leitores bem instruídos provavelmente entenderam a referência a um famoso poema revolucionário de 1911. Contudo, o jornal *Povo Livre* fora contaminado pela febre radical da época e já não era mais um guia confiável para as idéias dos líderes do Partido Comunista Húngaro.[1] Não estava claro como eles reagiriam ao desafio sem precedentes que os aguardava.

Por volta das oito e meia, Gerő e sua comitiva chegaram de trem na Estação Ferroviária Leste de Budapeste, vindo de Belgrado. O chefe do Partido húngaro começou o dia animado. Ele considerou sua visita à Iugoslávia um avanço diplomático dos mais importantes e, na plataforma da estação, disse a um entrevistador que suas reuniões com o presidente Tito ajudariam a restaurar a unidade essencial para o bloco socialista. Ele entrou na limusine Zis e foi levado à sede do Partido Comunista.

Seu ânimo arrefeceu durante o trajeto, quando as autoridades que ele deixara encarregadas lhe contaram sobre a desordem no país. Gerő, sempre inclinado à autocomplacência, em princípio disse a eles que estavam exagerando. Porém, quando chegou ao edifício do Partido, perdeu o controle com Lajos Ács, a maior autoridade na Hungria em sua ausência, que pintara um retrato sombrio dos acontecimentos em Budapeste. Durante a manhã, Gerő se encontrou com uma sucessão de delegações, e todas contaram a mesma história: Budapeste era um barril de pólvora.[2] O secretário do Círculo Petőfi, Balázs Nagy,* estava em

---

* Não confundir com Imre Nagy.

uma destas reuniões. "O caos é total", disse ele. "Quase todos os líderes [do Partido] estão reunidos em um clima de agitação, confusão, medo e incerteza. Em um certo momento, Gerő saiu irritado da reunião, enquanto os outros, pálidos e inquietos, não sabiam o que fazer."

Por volta das onze e meia, Gerő encontrou-se com um grupo do órgão do Partido. Márton Horváth, diretor do comitê editorial, argumentou que ele deveria acolher a marcha e abraçá-la como uma causa comunista. Gerő murmurou: "É um absurdo." Então Horváth disse, de maneira bem franca: "Você terá que dar mais atenção aos Dezesseis Pontos e às exigências dos manifestantes."[3] Gerő, uma pessoa de pavio curto, perdeu a paciência, algo que voltaria a fazer muitas vezes naquele dia. "Vocês todos perderam a cabeça. Nós temos todos os meios necessários para controlar os desordeiros. Podemos simplesmente proibir a manifestação. Sem demonstração, não há problemas."[4] Horváth chamou a atenção para o fato de que, naquele instante, por volta do meio-dia, os estudantes já se reuniam aos milhares pela cidade. "Talvez seja tarde demais para proibir a marcha. E se eles ignorarem a proibição?"

O ex-czar cultural e ideólogo-chefe József Révai ainda exercia sua influência como stalinista incorrigível e apoiador de Gerő. Em um tom estrondoso, quase um grito, ele afirmou: "Nós atiraremos. Abriremos fogo."[5]

A decisão foi tomada. Às 12h53, a música cigana que o rádio tocava foi interrompida por um anúncio de que todas as reuniões públicas em Budapeste estavam proibidas.

A atmosfera na residência de Imre Nagy na rua Orsó era sombria. Desde que voltara para casa do festival de vinho, no começo da manhã, seus apoiadores entravam e saíam sem parar. Um de seus assessores mais imaginativos, talentosos e radicais era Miklós Gimes, jornalista poliglota de 41 anos. Ele era uma das vozes mais inspiradoras da oposição na Hungria e instou com Nagy para que se colocasse como líder da manifestação e "aproveitasse o momento".[6] Por uma questão de princípios, Nagy era contra o protesto estudantil na Hungria, tinha pavor da idéia de tomar parte dela e ainda mais de liderá-la. Ele discordava da maioria dos Dezesseis Pontos — a saída das tropas soviéticas da Hungria, por exemplo — e se opunha à idéia de eleições livres, por ser isso algo típico de uma "democracia burguesa". O Partido era a principal força política do país, e era o Partido que devia tomar as decisões, e não uma turba nas ruas, segundo ele.[7] As exigências dos estudantes iam muito além do que Nagy desejava. Ele ansiava pelo retorno ao poder para implementar o programa de reformas de 1953, o Caminho de Junho, e não queria uma revolução.

Havia um outro motivo para sua hesitação. Um de seus amigos e apoiadores comunistas mais antigos, o veterano da Guerra Civil Espanhola Imre Mező, o alertara em setembro que o perigoso Gerő estava tramando para impor a ele uma derrota definitiva, da qual jamais se recuperaria. Na Espanha, Gerő se especializara em atentados terroristas, "provocações" planejadas para eliminar os opositores. Segundo Mező, naquele momento o plano de Gerő era provocar uma grande manifestação, garantir que se tornasse violenta, e incriminar Nagy em uma suposta tentativa de derrubada do governo com o uso da força. Mező dizia que, se estes métodos haviam funcionado em Barcelona, poderiam também dar certo em Budapeste. Nagy tinha razões para suspeitar que a manifestação era uma armadilha cuidadosamente elaborada.[8]

Por volta da uma e meia da tarde, László Piros, o ministro do Interior de 36 anos de idade e ex-ajudante de açougueiro, chamou Sándor Kopácsi à sua presença. O ministro, seguidor de Gerő e de firmes idéias stalinistas, queria saber como a polícia faria cumprir a proibição das manifestações. Kopácsi comandava uma força de 1.200 soldados comuns, mas não possuía unidades montadas, e seus homens não tinham bons equipamentos antitumulto: eles não possuíam nem mesmo cassetetes. Ele disse que, se os estudantes se dispusessem a marchar, seria muito difícil pará-los. Piros reagiu bruscamente: "Mas os rifles têm alvos, não é mesmo?" Para a indignação de seu chefe imediato, Kopácsi fez a observação de que o erro fundamental da liderança "fora ter transformado um problema político em um problema de polícia."[9]

Kopácsi, um ex-operador de torno de fábrica que se tornou combatente e herói de guerra fora nomeado para seu cargo por Rákosi em 1949, quando tinha apenas 29 anos. Homem de rara coragem, ele ganhara respeito e ampla admiração por causa de um incidente no começo de sua carreira, quando enfrentou sozinho uma multidão de mineiros bêbados e furiosos, determinados a linchar uma autoridade comunista arrogante, salvando a vida do homem. Contudo, Kopácsi jamais apoiara Rákosi, e tivera a sorte de sobreviver ao período de terror. Ele não só sobreviveu aos expurgos, como fez o que pôde para proteger os outros. Em um breve serviço militar prestado no campo de internamento Kistarcsa, na posição de inspetor, ele conseguiu assegurar a libertação de alguns prisioneiros inocentes. Kopácsi era uma das poucas autoridades comunistas populares, além de ser um simpatizante secreto das idéias reformistas de Nagy. Ele odiava Piros e os outros carreiristas à volta do teimoso Gerő, mas estava acostumado a cumprir ordens. Ele decidiu que, naquela ocasião, iria desobedecer se as ordens fossem para usar a força contra manifestantes pacíficos.

O encontro frustrante com Kopácsi fez Piros pensar melhor, apesar de nunca ter sido um homem de idéias originais. Ele sabia que pelo menos 10 mil estudantes já haviam se reunido no pátio da Universidade Tecnológica e se preparavam para desafiar o governo. Ele chamou Gerő para receber instruções adicionais. Se a polícia não fizesse cumprir a proibição, o governo passaria a impressão de fraqueza. Gerő esbravejou, dizendo que "a disciplina do Partido se rompera". Porém, com extrema relutância, mudou de idéia sobre a marcha.[10]

Às 14h23, a música do rádio foi novamente interrompida pelo anúncio de que a manifestação poderia enfim prosseguir.

As manifestações partiram tranqüilamente às três horas, sob o sol da tarde. Na maior delas, a do lado do rio onde fica Peste, havia cerca de 12 mil pessoas junto à estátua de Petőfi quando a marcha teve início. Elas iniciaram o trajeto com um poema. Imre Sinkovits, um dos mais famosos jovens atores húngaros, declamou o hino à nação, de Petőfi, que os comunistas certa vez tentaram proibir:

> Levantem-se, húngaros, vosso país vos chama.
> Enfrentem este momento, venha o que vier.
> Seremos livres ou escravos? É preciso escolher.
> Qual é o destino pelo qual vosso espírito clama?[11]

Os estudantes foram encorajados pela incerteza que Gerő e seus lacaios demonstraram. Eles acabaram passando a impressão de indecisos, e não de diplomáticos, ao proibir a marcha e depois autorizá-la no último minuto. No começo, os lemas e as faixas tinham um teor moderado, como "Amigos da Polônia", "Vida longa à juventude de Varsóvia" e "A Polônia nos mostra o caminho". À medida que os manifestantes ganharam confiança, marchando em fileiras de dez pela Ponte Margaret, os gritos se tornaram mais duros: "Atirem Gerő no Danúbio!"

Por décadas, nada semelhante a isto havia acontecido em Budapeste. Károly Makk, na época aluno da escola de cinema, estava trabalhando com uma equipe de reportagem que manteve as câmeras ligadas pelos dias seguintes. "Os primeiros instantes das marchas foram talvez os mais extraordinários. As emoções contidas, a sensação de que finalmente, após dez anos, as pessoas podiam demonstrar o que elas sentiam, era muito libertadora. Ninguém imaginava que dentro de poucas horas haveria uma revolução, e que aquilo era o começo dela. Assim como eu, as pessoas sentiam um enorme peso sendo tirado de nossos ombros. Todas as pessoas, não apenas os estudantes, uniam-se à marcha o tempo todo. As pessoas velhas que nós víamos estavam chorando lágrimas de alegria por terem finalmente encontrado uma maneira de se expressar."[12] Os manifestantes gastaram uma hora e meia para completar o trajeto de 2 quilômetros até a estátua de Bem.

Na outra marcha, cerca de 8 mil estudantes se reuniram na Universidade Tecnológica. Sua rota era de 3 quilômetros ao longo da margem do lado de Buda, passando por quarteirões de prédios residenciais e comerciais. Eles eram aplaudidos por milhares de pessoas nas janelas, e foi de uma delas que o símbolo mais poderoso da revolução apareceu pela primeira vez. Alguém havia recortado o emblema do martelo e da foice da bandeira tricolor húngara, verde, branca e vermelha. A nova bandeira, com um buraco em seu centro, foi passada para os manifestantes, levantada e carregada à frente da marcha. Os manifestantes, de maneira totalmente pacífica, continuavam a gritar lemas cautelosos sobre a amizade húngara e polonesa. O maior tumulto se ouviu quando, depois de cerca de uma hora, setecentos cadetes da Escola Militar Petőfi de elite se uniram a eles. Supostamente eles eram filhos dos comunistas mais fiéis do país.

Por volta das quatro e meia, 25 mil pessoas já se apinhavam na praça Bem, e milhares se espalhavam pela margem vizinha. O protesto fora convocado às pressas, e era espontâneo. Não se programara nada para quando os manifestantes chegassem ao seu destino, de maneira que ninguém sabia o que aconteceria a seguir. A marcha chegou ao fim, mas as pessoas não queriam ir embora. O líder do Sindicato dos Escritores, Péter Veres, romancista e mercenário do Partido, subiu à plataforma e pediu reformas moderadas que estavam aquém dos Dezesseis Pontos. Quando as vaias ao seu discurso atingiram um crescendo, centenas de vozes gritaram: "Vamos ao Parlamento!"

O caminho de 2 quilômetros da estátua de Bem até a praça do Parlamento, no coração de Peste, atravessa o Danúbio e passa por entre alguns dos distritos comerciais e residenciais mais importantes da cidade. Budapeste inteira ouvira falar da manifestação, mas naquele instante a sua feição mudou completamente. Os trabalhadores que terminaram seu turno da manhã foram ver se tudo o que eles ouviram falar era verdade — se os comunistas estavam mesmo sendo desafiados. Pessoas saíram dos escritórios e o número dos manifestantes aumentou. Quando a multidão chegou ao bulevar São Estêvão, uma das principais artérias da cidade, as pessoas estavam marchando em fileiras de quarenta, e a atmosfera se tornava mais raivosa. O grande grito que ecoava pelo centro de Budapeste era: "Russkik haza" ("Russos, vão para casa"). Nas ruas se formava a união entre trabalhadores e intelectuais, que Lenin estabelecera como essencial para a revolução.[13]

Durante a tarde, Gerő entrou em pânico quando se deu conta do tamanho da manifestação. O velho stalinista não estava acostumado a ver reações não-planejadas e espontâneas por parte de seus súditos. Pouco antes das cinco da tarde (sete da noite em Moscou), Gerő falou por telefone com Andropov, o embaixador soviético, que estava igualmente preocupado. Mais cedo naquele dia, Andropov tinha sido levado de carro pela cidade, em sua limusine preta Zil decorada com bandeirolas soviéticas. Ele foi vaiado e pôde julgar por si mesmo o humor da multidão. Gerő perguntou ao diplomata se os russos enviariam tropas para conter as manifestações. Andropov concordou que elas deveriam ser enviadas imediatamente, e disse que faria tudo que estivesse ao seu alcance para persuadir Moscou. Logo depois, Gerő chamou Mikhail Tikhonov, o adido militar soviético e assessor sênior do exército húngaro. Fez o mesmo pedido a ele e recebeu uma resposta parecida.[14]

Curiosamente, Gerő esperou até que se fizessem estas ligações para só então falar com seus mestres do Kremlin. Kruschev já recebera relatórios freqüentes de Budapeste durante todo o dia, mas até o momento ainda não havia tido contato direto com seus cônsules húngaros. "Você precisa vir a Moscou com urgência para uma conversa", disse ele em tom brusco e sentencial. Gerő implorou para ser dispensado de ir à Rússia. "A situação em Budapeste é séria", disse ele a Kruschev. "Eu preferiria não ir a Moscou agora." Contudo, quando Kruschev perguntou sobre o grau de seriedade, ele deu uma resposta evasiva. Em um ato estranho de omissão, ele também não mencionou que solicitara a Andropov e a Tikhonov o envio de soldados soviéticos a Budapeste.[15]

Kruschev encerrou a conversa depois de apenas três minutos, pois recebera uma mensagem urgente de seu ministro da Defesa, o marechal Jukov, de 62 anos, herói soviético da Segunda Guerra Mundial. Ele estava mantendo contatos com a embaixada russa em Budapeste, e disse a Kruschev que Gerő pedira ao adido militar soviético o envio de tropas para conter a manifestação "que estava tomando dimensões sem precedentes". No mesmo instante, Kruschev recebeu uma ligação de Andropov. O embaixador disse que a situação em Budapeste era "extremamente perigosa, e a intervenção das tropas, necessária".[16] Kruschev não se comprometeu a enviar o exército, mas deu a entender a ambos que provavelmente o faria. A "liderança coletiva" teria que decidir.

Neste meio-tempo, o embaixador já chegara à conclusão de que a intervenção russa era inevitável. Logo depois de falar com Gerő, ele conversou pela linha direta militar com o tenente-general Laschenko, do Corpo Especial Soviético. A conversa foi fria. Laschenko não era a favor da ação militar, pois sabia que os soldados soviéticos estavam despreparados. Andropov falou da gravidade da situação em Budapeste para o soldado alto, de 45 anos de idade, que havia comandado com bravura notável uma divisão de infantaria durante a guerra. Ele pediu a Laschenko para "enviar tropas para ajudar a liquidar a desordem na capital". Laschenko recusou-se a obedecer, respondendo a Andropov com extrema formalidade:

"É uma tarefa para a polícia húngara, a segurança do Estado e soldados húngaros", afirmou. "Primeiramente, a intervenção está além da minha autoridade, e, além do mais, não é desejável envolver as tropas soviéticas em algo como isto. Camarada embaixador, nossas tropas só podem entrar em ação com ordem do ministro da Defesa e do chefe do Estado-maior, e por um decreto do governo soviético."

A relutância de Laschenko não fez nenhuma diferença. Por volta das 19h45, chegou uma ordem do comando soviético na Hungria, emitida pelo marechal Jukov, determinando que o Corpo Especial se preparasse para o combate.[17]

Enquanto o número de pessoas nas ruas aumentava, Imre Nagy permanecia em sua residência, com a firme convicção de que a manifestação era um erro que terminaria em desastre. Contudo, a maioria dos seus amigos e apoiadores uniu-se à marcha, e ouviu os manifestantes gritarem o nome "Nagy" com freqüência, juntamente com a frase repetida à exaustão: "Russkik haza."

Ao anoitecer, os manifestantes chegaram ao Parlamento. Enquanto a praça se enchia de pessoas, subitamente todas as luzes se apagaram, como se todo o evento fosse planejado. Imaginando que assim iriam arrefecer o fervor das multidões, ou fazer com que voltassem às suas casas, dois funcionários comunistas secundários, István Hidas e József Mekits, ordenaram que fosse desligada uma chave de força no edifício do Parlamento, e logo tudo escureceu. Porém, o que fizeram simplesmente tornou o drama mais intenso. Primeiro, uma pessoa fez um rolo com uma cópia do jornal *Povo Livre* e o acendeu com um fósforo. Logo centenas e depois milhares de pessoas estavam portando tochas improvisadas com o jornal do órgão comunista e com cópias do folheto dos Dezesseis Pontos dos estudantes. "Foi uma visão belíssima e comovente, que aumentou a percepção de que algo extraordinário estava acontecendo", recorda-se uma testemunha.[18]

Um grito alto se ouviu pela praça. "As multidões começaram furiosamente a exigir a presença de Nagy, que, de uma maneira incomum para um comunista, se tornara de fato a grande esperança da população", recorda-se o estudante de Direito e ardente anti-socialista George Gábori.[19] Dois dos amigos mais íntimos de Nagy, Losonczy e o jornalista Miklós Vásárhelyi, estavam um ao lado do outro. Um grupo de manifestantes reconheceu Losonczy.

> Perguntaram a ele:
> — Onde está Imre Nagy?
> — Na casa dele.
> — Ele não vem?
> — Não, com certeza não.
> — Mas por que não?
> — Porque, se ele vier, sua presença será usada contra ele.[20]

Nem Losonczy nem Vásárhelyi, que trabalhara como secretário de imprensa de Nagy quando ele foi primeiro-ministro, acreditavam no que estavam dizendo. Eles voltaram apressadamente à rua Orsó para novamente tentar persuadir Nagy a ir ao Parlamento e falar às multidões. Eles não estavam sós. A casa estava cheia de amigos e simpatizantes dizendo a mesma coisa para Nagy. Tamás Aczél, que mais cedo naquele dia fora de carro ao centro de Budapeste, disse a Nagy:

> "Você tem que ir imediatamente. Não há nem um minuto a perder."
>
> Nagy atirou-se em uma poltrona e parecia cansado. Porém, pela primeira vez ele deu a impressão de estar indeciso, de que iria hesitar e talvez mudar de idéia. Ele perguntou a Aczél: "Você veio da praça?"
>
> "Sim", respondeu o escritor, sempre agitado, mas no momento muito tenso por causa dos acontecimentos do dia. "Tio Imre, a multidão te chama. Pelo amor de Deus, o que você está esperando? Se você não for agora, algo horrível irá acontecer."
>
> Vásárhelyi disse que poderia ser tarde demais. Nagy deu uma resposta irritada: "Como é que eu posso estar atrasado? Atrasado para o quê?"
>
> Por volta das sete e meia da noite, ele levantou-se devagar e cuidadosamente. "Muito bem", disse ele. "Eu vou. Mas eu duvido que isso vai dar em algo bom. Aczél, você me leva no seu carro?"[21]

Aczél sentou-se ao volante do Skoda branco que ele comprara com o dinheiro do Prêmio Stalin de Literatura. No começo do trajeto de vinte minutos, enquanto o carro descia as Colinas de Buda em direção ao centro da cidade, Nagy se manteve em silêncio. Finalmente, ele perguntou:

— Qual é o tamanho da multidão?

— Impressionante. Talvez 200 mil pessoas, talvez mais.

Nagy ficou calado de novo. Quando eles atravessaram o Danúbio e começaram a avistar as ruas apinhadas de gente do centro de Peste, Nagy ficou perplexo.

> Olhando para fora do carro, ele de repente exclamou: "Olhe! Olhe para aquela bandeira na janela." Pela primeira vez ele viu a bandeira sem o emblema odiado em seu centro. Ele se virou no banco de trás em outra direção e olhou para outras janelas. "Mas todas as bandeiras são como aquela. O que está acontecendo?" Eles chegaram à praça do Parlamento poucos minutos antes das oito, justamente a tempo de ouvir Gerő fazer um discurso no rádio para a nação.[22]

Durante a tarde, alguns manifestantes deixaram a marcha e se dirigiram à estação de rádio. Os estudantes estavam determinados a fazer com que os Dezesseis Pontos e a notícia do protesto sem precedentes em Budapeste durante o dia fossem transmitidos. A Rádio Budapeste ocupava um amplo complexo em um quarteirão inteiro no centro da cidade. Sua entrada principal ficava na rua Sándor Bródy, uma velha e estreita rua de pedras, na qual um carro mal conseguia ultrapassar outro. O prédio tinha nos fundos uma entrada para a garagem, em uma outra rua pequena, e muros altos, com apenas um portão, que o separava do jardim do Museu Nacional Húngaro. O prédio principal era uma construção de quatro andares, de pedra cinza e em estilo rococó, enfeitada com estátuas de querubins no teto, com um pórtico largo sustentando uma sacada e uma enorme porta frontal de carvalho. Um labirinto de construções provisórias — como estúdios e depósitos de equipamentos — fora construído em volta do complexo do escritório principal.

Os problemas na estação de rádio foram previstos, e as autoridades de segurança se prepararam para a manifestação. Na noite anterior, entre as nove e as dez horas, um grupo de meia dúzia de estudantes ficou na frente do prédio gritando palavras de ordem. O coronel da ÁVO, Miklós Orbán, chefe do departamento de segurança do serviço secreto em Budapeste, pediu um pelotão extra para reforçar a defesa do edifício. O pelotão chegou pouco antes da meia-noite, quando os estudantes partiram. Pela manhã, Orbán levou mais dois pelotões para a estação de rádio, e um deles estava equipado com metralhadoras pesadas, um grande estoque de munição e cinqüenta bombas de gás lacrimogênio. No total, entre 260 e 280 homens vigiavam o prédio, incluindo os soldados e a ÁVO. Eles achavam que o edifício era inexpugnável para os estudantes.[23]

Por volta das seis da tarde, milhares de jovens tinham conseguido se reunir na rua Sándor Bródy, e outros mais chegavam a todo instante. A multidão eufórica era ruidosa, mas pacífica, e continuava a gritar ritmadamente: "Um microfone na rua!" Acima deles, Valéria Benke, diretora da Rádio Budapeste, observava a massa de pessoas pelas cortinas de painel da janela do escritório do primeiro andar. Ela era uma mulher de 43 anos, de cabelos escuros e aparência despojada, que se vestia com praticidade. Era uma autoridade fiel de longa data do Partido, comprometida com seu trabalho, e fora por um breve período ministra da Educação no governo de Rákosi. Embora em seu trabalho vulnerável como uma das principais propagandistas do Partido ela jamais tivesse manifestado suas opiniões em público, era uma simpatizante do programa de reformas de Nagy. "Porém, eu jamais conseguiria tolerar um tumulto", disse ela.[24] Era óbvio para ela que a rádio não podia transmitir as exigências dos estudantes, principalmente as que pediam a saída das tropas soviéticas ou as eleições livres. Entretanto, a multidão que se aglomerava parecia ameaçadora. Nos telefonemas que fez para os chefes do Partido, ela foi instruída a negociar, e seus funcionários deram a ela o mesmo conselho. Ela permitiu que vinte manifestantes entrassem no prédio, mas recusou-se a abrir as portas. Eles tiveram de escalar a sacada.

Em seu escritório, 12 homens armados da ÁVO, comandados pelo major Lajos Fehér, olhavam sinistramente para os manifestantes. Quando todos se assentaram à grande mesa, Benke foi direto ao assunto e perguntou friamente: "Bem, o que vocês querem da rádio?" A delegação havia sido formada às pressas, com pessoas de grupos diferentes que não se conheciam. Eles não deram seus nomes, provavelmente por causa da presença dos agentes da ÁVO. Eles pareciam "uma mistura curiosa de ousadia e apreensão, não muito diferente de colegiais enfrentando o diretor", segundo um dos funcionários da rádio que estava na sala de Benke.[25] Um deles falou de sopetão:

— Queremos que a rádio pertença ao povo [...] e, além disso, não vamos sair daqui até que nossas exigências sejam cumpridas.

Benke zombou deles:

— Mas vocês não são o povo. [...] E, além do mais, o que vocês querem dizer com "a rádio tem que pertencer ao povo"? Como é que "o povo" vai administrá-la? Onde estão os técnicos, os locutores? Não sejam tolos. A rádio é para especialistas, não para colegiais.

— Queremos que vocês coloquem microfones nas ruas para que as pessoas possam expressar suas opiniões — exigiu um outro estudante.

Benke subitamente teve uma idéia que parece idiota para uma mulher inteligente e lógica como ela. Ela interrompeu a reunião por um breve período e, de sua mesa, ligou para o gerente da principal estação de transmissão de rádio de Lakihegy, distante cerca de 15 quilômetros ao norte de Budapeste. Ela ordenou: "Se você ouvir vozes ou programas estranhos, corte todas as transmissões." Os manifestantes do lado de fora do prédio estavam ficando mais frustrados e ruidosos. A conversa já durava quase meia hora, e começou a correr um boato de que a delegação de estudantes estava sendo mantida como refém pela ÁVO.

Então, por volta das sete horas, os manifestantes soltaram gritos de alegria. Poucos deles avistaram um veículo na margem da multidão, na esquina da rua Sándor Bródy com o bulevar do Museu. Era um caminhão que levava vários reforços bem armados da ÁVO, que entraram pelos fundos do prédio. Porém, todos viram um segundo veículo, um furgão com uma estação móvel de rádio, que trazia uma equipe de cinco técnicos vigiados por um policial. Uma locutora loira, com um vestido vermelho-vinho, subiu no veículo e falou em um megafone que Valéria Benke concordara em transmitir as exigências dos estudantes. Se os manifestantes permanecessem em silêncio, ela leria o manifesto ao vivo, naquele instante. Ela começou a fazer a leitura devagar.

Porém, logo a multidão percebeu que algo estava errado. As pessoas nos apartamentos em volta estavam com seus rádios ligados e não estavam ouvindo os Dezesseis Pontos. Elas ouviam música. Toda a operação fora um blefe elaborado por Benke. De todos os lados, da rua e dos apartamentos, irromperam gritos furiosos. Benke elaborara todo o plano sozinha.[26] Ela não discutiu a idéia com nenhum de seus superiores do governo, apenas com uns poucos técnicos de sua equipe e com o coronel Orbán da ÁVO. Em poucos minutos se tornou evidente a insensatez trágica de seu plano. O furgão com a estação móvel de rádio foi abandonado na rua. Os estudantes começaram a usá-lo como aríete para derrubar as portas, enquanto faziam um cerco ao prédio.

Em vez da declaração dos Dezesseis Pontos, a rádio oferecia aos ouvintes uma cruel reprimenda pública do chefe do Partido, Ernő Gerő. Enquanto os manifestantes imaginavam estar fazendo história, o stalinista inflexível estava determinado a voltar atrás no tempo. Ele fez um discurso agressivo e ameaçador, cheio de clichês comunistas e provavelmente elaborado para inflamar os ânimos, e não para acalmá-los. Ele classificou os estudantes como "uma turba com a intenção de criar problemas, fazer 'provocações' e promover a subversão nacional". Ele insistiu em que eles não teriam sucesso, e disse: "Condenamos aqueles que procuram infundir o veneno do chauvinismo em nossa juventude e tirar proveito das liberdades democráticas, que nosso Estado garante aos trabalhadores, de organizar uma manifestação nacional." Ele afirmou que não haveria nenhum tipo de concessão aos "elementos hostis". Foi um típico discurso de Gerő: intransigente, estéril e imprudente. "Logo que ele terminou, a atmosfera mudou. Foi possível perceber imediatamente", se recorda Mátyás Sárközi, jovem repórter que estava na manifestação do prédio da rádio. "O discurso foi [...] o estopim que detonou a explosão."[27]

Assim que a escuridão se instalou, uma outra manifestação espontânea se formou em uma parte ilustre de Budapeste. Como seu próprio nome indica, a praça dos Heróis, em uma das entradas principais do Parque da Cidade, fora construída para ser um memorial aos grandes húngaros. Nos últimos quatro anos, a praça era dominada por uma estátua gigantesca de Stalin, particularmente repulsiva por retratá-lo com a face ostentando um sorriso benevolente. Durante o dia, ocorreram ataques isolados contra alvos soviéticos. A editora e livraria soviética Horizont, no Grande Bulevar, foi depredada. Suas coleções de textos de Marx, Lenin, Stalin e outros foram empilhadas nas ruas e queimadas. O prédio da Sociedade da Amizade Húngaro-soviética foi incendiado, e dezenas de estrelas vermelhas das repartições públicas foram estraçalhadas.

À noite, uma multidão enorme se reuniu para ver se o símbolo máximo da escravidão húngara poderia ser destruído. Derrubar este ícone russo não seria uma tarefa fácil. A estátua de 12 metros de altura, assentada em um pedestal sólido de mármore, fora feita para durar. Os estudantes tentaram balançar o torso da estátua, passando um laço corrediço em volta de seu pescoço e conectando-o a um caminhão. Porém, a corda instantaneamente se partiu com um estalo. Era necessário usar métodos mais elaborados. O tenente comunista Sándor Kopácsi enviou um destacamento de homens liderados pelo jovem e impetuoso tenente comunista Kiss, mas ele e seus soldados não podiam fazer muita coisa. Quando chegou, Kiss ligou para o seu superior e disse:

> — Camarada coronel, as pessoas estão derrubando a estátua. Por favor, nos envie ordens imediatamente.
>
> — Tudo bem, camarada tenente, me fale sobre essa tentativa de derrubar a estátua — disse Kopácsi.
>
> — Há umas 100 mil pessoas em volta da estátua.
>
> — Você tem certeza de que há tanta gente assim?
>
> — Camarada coronel, [...] a praça dos Heróis inteira, toda a margem do bosque, está tudo cheio de gente. O que eu devo fazer?
>
> — Quantos homens você tem?
>
> — Bem, 25, camarada coronel.
>
> Kopácsi disse a ele que era inútil tentar algo e falou para deixar a multidão continuar a fazer o que bem entendesse. "Tudo bem que você esteja disposto a sacrificar sua vida pelo Partido, mas você vai se sacrificar pela estátua de Stalin?"[28]

Depois de várias outras tentativas com cordas, finalmente chegou um grupo de operários equipados com um maquinário mais pesado.

O engenheiro Dániel Szegő começou a usar um equipamento para fundir metais e a estátua foi conectada a três guindastes confiscados da empresa de bondes. Foi um processo trabalhoso, mas depois de uns trinta minutos a grande estátua começou a oscilar, e por fim, exatamente às 21h37, Stalin caiu. Stephen Vizinczey, que na época era estudante, recorda: "Foi um barulho tão surreal ouvir milhares e milhares de pessoas suspirando de alegria. Acho que nós todos tivemos a sensação de estar fazendo história. Achávamos que o mundo inteiro estava olhando para nós, e que todo o mundo estava feliz."[29] O outro som que se ouvia ao redor era o do bronze da estátua sendo continuamente martelado. Todos da multidão queriam pegar um pedaço de Stalin. A cabeça foi arrastada pela agitada avenida Üllői e deixada em frente ao Teatro Nacional.

Tudo o que restou da estátua foram as botas do Grande Ditador, e todos em Budapeste se referiam ao local como a praça das Botas.

Na praça do Parlamento, a resposta que a multidão deu ao discurso de Gerő foram vaias, zombarias e novas exigências para que Nagy falasse. Por volta das 20h45, as luzes das ruas voltaram e Nagy fez uma aparição. Logo que ele apareceu, foi recebido pela multidão com muitos aplausos, mas logo as pessoas ficaram em silêncio. Nagy estava esperando que alguém trouxesse um megafone. Como o governo comunista nunca pensou em se comunicar diretamente com a população, fazia tempos que não havia na sacada um sistema público de alto-falantes. Ele começou: "Camaradas!" A multidão bradou em protesto, e começou a gritar: "Não! Nós não somos camaradas!"[30] Nagy ficou estarrecido e visivelmente abalado pela rejeição de um termo que ele usara invariavelmente por toda a sua vida, e inicialmente não conseguiu entender o que estava acontecendo. Milhares de pessoas começaram a assobiar, a vaiar e a dizer: "Nós não estamos vaiando você, mas a palavra que você usou."

Ele hesitou, pareceu inseguro e tentou novamente. "Cidadãos", começou ele, com uma saudação irônica. Não há nenhum registro oficial deste pequeno discurso e, surpreendentemente, nenhum jornal se deu o trabalho de publicá-lo. Porém, um jornalista tomou notas e as publicou mais tarde. "Eu saúdo afetuosamente os que aqui estão presentes. Toda minha estima vai para vocês, jovens democratas húngaros que, por seu entusiasmo, podem ajudar a remover os obstáculos que atravancam o caminho do socialismo democrático. É por meio de negociações no seio do Partido e pela discussão dos problemas que nós tomaremos a estrada que leva à resolução de nossos conflitos. Queremos salvaguardar a ordem constitucional e a disciplina. O governo não vai demorar a chegar às suas decisões." Quando ele terminou, 200 mil pessoas ficaram em silêncio. Então ele implorou para que eles deixassem a praça e voltassem para as suas casas, mas foi contrariado. "Nós vamos ficar. Vá *você* para casa." Em vez de acalmar a multidão, seu discurso breve, feito em solidariedade para com a situação, induziu murmúrios raivosos pela praça. Desesperado, Nagy começou a cantar o hino nacional.[31]

Mesmo seus maiores apoiadores reconheceram que Nagy interpretou mal e de maneira desastrosa o estado de espírito da multidão, e não se colocou à altura da situação. Ele jamais fora um orador dos mais inspirados, mas lidou com esta oportunidade de maneira especialmente desastrosa. "Neste instante de oportunidade inigualável, com Budapeste esperando por um sinal, Imre Nagy fez o discurso errado", disse mais tarde Aczél. "Ele poderia ter salvado a situação. Tudo que ele tinha que dizer era: 'Húngaros, vão para as suas fábricas e as ocupem. Tomem a liderança em suas mãos, e eu vou ordenar que meu exército forneça armas para vocês.' Foi isso o que fizera Gomułka poucos dias antes, em Varsóvia, embora lá as circunstâncias fossem menos desesperadoras. Em vez disso, ele falou: 'Meus amigos, vão para casa agora e deixem tudo conosco.' Por mais que odiasse o stalinismo, Nagy era um comunista incorrigível. Ele achava que era um comunista falando para outros comunistas, [...] o que foi um erro."[32]

O jovem e impetuoso Péter Kende, que estava totalmente sob o encanto do velho, e que mais tarde se tornaria chefe do Instituto Imre Nagy, descreveu o discurso como "um desempenho infeliz".[33]

Em Moscou, Kruschev convocou uma reunião com os magnatas soviéticos para as nove da noite. Durante o dia, houve muitos momentos em que a revolução sangrenta poderia ter sido evitada. O encontro de meia hora no Kremlin era então um dos principais momentos decisivos. A atmosfera estava sinistra. Jukov começou dizendo que, enquanto eles conversavam, a situação na Hungria se agravava: "A estação de rádio em Budapeste está em chamas. Há uma diferença entre isto e a Polônia. Precisamos enviar tropas. Precisamos declarar a lei marcial no país e introduzir o toque de recolher." Kruschev concordou: "Não há outra alternativa a não ser enviar soldados sem demora." Ele foi apoiado pelos extremistas. Molotov disse: "A Hungria está se desfazendo." Kaganovich alertou: "O nosso governo está sendo deposto." Só se ouviu uma voz dissidente: a de Anastas Mikoian, tido como um dos principais especialistas em Hungria. Ele propôs uma solução política, "como a *solução polonesa*". O astuto armênio fez a seguinte sugestão: "Devemos deixar que Imre Nagy assuma a liderança na Hungria e tente restaurar a ordem. Assim será mais fácil para nós. O que temos a perder? Se nossas tropas entrarem no país, vamos arruinar as coisas para o nosso lado. Os húngaros vão restaurar a ordem por conta própria. Devemos tentar aplicar medidas políticas, e enviar tropas apenas se elas falharem."

Kruschev concordou que deveriam trazer Nagy de volta ao Partido, dar-lhe um alto cargo e instruí-lo a manter a ordem acima de tudo, mas insistiu em que os soldados soviéticos deveriam ajudá-lo. Ao mesmo tempo, enviou Mikoian a Budapeste para observar os acontecimentos no local, juntamente com Mikhail Suslov, o principal ideólogo do Partido, um *apparatchik* ultra-ortodoxo de 54 anos, dono de uma expressão permanente de seriedade. Não havia como o inflexível russo ser mais diferente do armênio tranqüilo, mas este era um método bolchevista clássico: confiar uma tarefa a dois funcionários com visões totalmente opostas para que se vigiassem mutuamente. Kruschev enviou secretamente outras duas figuras do alto escalão. Uma delas era o general Malinin, chefe do Estado-maior do exército, encarregado do comando geral das tropas. A outra foi Ivan Serov, chefe da KGB, em uma rara missão estrangeira para o líder da Inteligência Soviética, o que indicava a seriedade com que os chefes do Kremlin consideravam a crise húngara. Kruschev imediatamente fez uma ligação para Gerő e contou a ele que as tropas estariam a caminho. "Sua solicitação será atendida se o governo húngaro a colocar no papel."[34]

Com a única exceção de Mikoian, os líderes soviéticos consideraram uma medida lógica o envio do Exército Vermelho para as ruas de Budapeste. Contudo, eles poderiam ter esperado. A decisão transformou uma disputa interna, que poderia ter sido resolvida pelos húngaros, em uma batalha pela liberdade nacional contra um opressor estrangeiro.

Na estação de rádio, o clima ficava cada vez mais pesado. Enfurecidos pela tentativa de trapaça de Valéria Benke, os manifestantes ficaram mais agitados por causa dos insultos que ouviram do violento Gerő. As tentativas de derrubar a porta principal do edifício falharam, mas a multidão quebrou metade das janelas atirando tijolos e pedras. Primeiro, os homens da ÁVO lançaram de dentro bombas de gás lacrimogênio na multidão, uma tática arriscada em uma rua tão estreita. Os gases se espalharam e entraram para dentro do prédio pelas janelas quebradas. Dentro e fora, o ar estava cheio de fumaça sufocante. Tentaram usar jatos de mangueiras de água e disparos de alerta para o ar, acima da cabeça dos manifestantes. Por uns poucos minutos as pessoas se dispersaram e a rua ficou quase deserta. Porém, a multidão se reagrupou e afluiu novamente para a frente do edifício.

Por volta das oito e meia, a dissimulada Benke e o agente de alto escalão da ÁVO que se encontrava no prédio, o major Lajos Fehér, ligaram para seus supervisores em estado de pânico. Eles já haviam se dado conta de que a polícia era impotente para agir, mesmo se quisesse. Entretanto, era evidente que a polícia não tinha a intenção de se envolver. O capitão da polícia no comando local, Károly Lassó, disse que tinha apenas poucos homens à disposição, e que as ordens que dera eram para não atirar e nem ser atingido no tumulto. Conforme a prática de rotina, seus homens tentaram "falar com a multidão e pedir para que se dispersasse". Porém, quando ficou claro que as pessoas não iriam embora, "os policiais se retiraram". O ministro da Defesa garantiu a Benke que as tropas estavam a caminho, mas a ÁVO não estava disposta a esperar. Fehér ordenou que seus homens evacuassem a rua Sándor Bródy. Eles montaram baionetas nas armas e forçaram os manifestantes a formar duas filas, a 12 metros da entrada do prédio, onde puseram um cordão de isolamento. Foi neste momento que a morte chegou a Budapeste. Ninguém sabe quem fez os primeiros disparos, mas é quase certo que tenha sido um recruta sanguinário da ÁVO. O certo é que os primeiros manifestantes a cair foram os estudantes Géza Julis e Jenő Borth. Uma outra rajada de tiros foi disparada, acertando uma garota de 18 anos na cabeça e dois jovens na parte de trás da perna, quando tentavam fugir.

Em poucos minutos, na entrada do jardim do Museu Nacional, chegou uma ambulância com o sinal de uma cruz vermelha gigante. Os manifestantes se apressaram para levar os feridos para o veículo, mas uma dúzia de agentes armados da ÁVO saltou de dentro e entrou no prédio. Aproximadamente no mesmo horário começaram a chegar as unidades do exército húngaro. O ministro da Defesa, István Bata, e o impopular vice-chefe do Estado-maior, o major-general László Hegyi — ambos stalinistas radicais e apoiadores de confiança de Gerő —, haviam dado ordens para que os soldados resgatassem a estação de rádio, restaurassem a ordem e sufocassem a manifestação. As tropas fizeram exatamente o contrário.

A primeira tropa a aparecer foi uma companhia de infantaria sob as ordens do coronel László Zólomy, recentemente nomeado para sua primeira alta posição de comando. Ele viu a ÁVO atacando a multidão, percebeu que algumas pessoas haviam sido mortas e ordenou que seus homens não fizessem nada. "Não sofri nenhuma resistência armada por parte dos manifestantes", disse Zólomy, que mais tarde foi preso por sua participação na "Batalha da Rádio Budapeste". "Como não foi dada nenhuma ordem [...] para usar armas contra os manifestantes, eu proibi [que atirassem] contra a multidão. Eu só permitiria [...] que atirassem se os manifestantes entrassem no prédio da rádio."[35]

Novas unidades logo chegaram ao local. Quatorze tanques do Regimento de Tanques Pilicsaba e 17 caminhões da infantaria eram comandados por János Solymosi, um tenente-coronel alto e ruivo de 40 anos de idade. Ele precisou de poucos minutos para entender a situação. Então ele dirigiu seu próprio tanque para a rua Sándor Bródy, parou, subiu à torre de tiro e afirmou que seus homens não atirariam nos manifestantes em nenhuma circunstância. Isto arrancou um aplauso maciço dos manifestantes e dos homens de Solymosi.

Alguns soldados se uniram à multidão e lutaram contra a ÁVO, e pelo menos um oficial de alto escalão foi morto. "Em todos os lugares, os soldados que estão prestando o serviço militar obrigatório são apenas jovens usando uniformes", disse Béla Király, que logo depois assumiria o comando das forças armadas da Hungria. "Os soldados que foram para o prédio da rádio no dia 23 de outubro partilhavam das mesmas opiniões dos outros jovens, em roupas civis, que se agrupavam nas ruas e entoavam lemas revolucionários. E no primeiro confronto [...] os jovens de armas se recusaram a atirar em seus compatriotas. O Exército Popular demonstrou que sua lealdade principal era para com o povo, e não para com o Partido."[36] A maioria dos soldados não lutou em nenhum dos lados e voltou para as casernas. Porém, sua contribuição fez a balança pender para o lado dos rebeldes. Eles entregaram suas armas e munições para os cidadãos: eles davam um rifle a qualquer pessoa que pedisse. As armas começaram a chegar também de outros lados. Depois de lutar com sua consciência a maior parte da noite, Sándor Kopácsi decidiu que não tentaria mais se manter neutro. Ele se dirigiu entusiasmadamente para a revolução e abriu os depósitos de armas da polícia.[37]

A notícia do tiroteio na estação de rádio correu por Budapeste. Um dos principais depósitos de munição da cidade, na rua Soroksári, foi saqueado por volta das dez da noite. As duas academias militares da cidade, a Zrinyi e a Petőfi, enviaram armas, e maioria de seus alunos foi para a manifestação. A fábrica Egyesült Izzo (Lustre Unido), na ilha de Csepel, a maior área industrial de Budapeste, era famosa por ser a fachada de uma fábrica de armamentos. Tarde da noite, os operários retiraram ao menos mil rifles da fábrica e carregaram em caminhões com destino à estação de rádio.

Um protesto se tornou uma insurreição armada. A batalha alastrou-se por metade da noite. Benke e uma dezena de assistentes e técnicos conseguiram escapar por uma saída dos fundos. Fehér e quatro de seus homens da ÁVO foram mortos, vinte foram feridos e sessenta capturados. Dezesseis dos revolucionários foram baleados e sessenta foram feridos, a maioria deles antes de conseguirem armas. Finalmente, logo antes do amanhecer, o prédio da rádio, em chamas e severamente danificado pelo tiroteio, caiu nas mãos dos insurgentes. Entretanto, foi uma vitória obtida a alto preço. Havia um outro trasmissor por perto, no Ministério do Interior, de maneira que os defensores da liberdade não teriam como tomar o controle das ondas de rádio.

*

Nagy não parecia abatido depois de ter demonstrado hesitação em frente às multidões. Quando ele deixou a sacada e foi para dentro do prédio do Parlamento, Aczél lhe contou sobre a violência na estação de rádio, e ele expressou desaprovação. Ele continuou a conversar com alguns dos organizadores da marcha dos estudantes por alguns minutos, e depois disse a todos para voltarem para casa. Poucos minutos depois das dez, ele cruzou a passos largos os 400 metros da rua da Academia e se dirigiu à sede do Partido Comunista, acompanhado de Ferenc Jánosi, seu genro de 42 anos, alto, de aparência séria e atitude militar, o assessor mais próximo do "velho". Quando eles chegaram à escadaria, Jánosi o deixou.[38]

A cena que aguardava Nagy era de confusão e caos. Os procônsules comunistas húngaros estavam acostumados a comandar a população húngara, apesar de eles serem intimidados pelos russos. Naquele momento, eles estavam visivelmente amedrontados e discutiam entre si. Anteriormente, todas as questões do Partido eram decididas por Rákosi e Gerő. Então, como tudo ruía, o Politburo se reuniu e agiu "como se estivesse paralisado por um derrame", segundo András Hegedüs. "Alguém propunha uma medida, e ela era aceita unanimemente. Então, uma hora depois, eles se reuniam outra vez e adotavam uma medida totalmente diferente."[39] Eles ainda mal conseguiam compreender a enormidade de seu fracasso, e como haviam sido esmagados pelo poder do povo. Dentro de poucas horas, a polícia, o exército, e até mesmo alguns dos agentes poderosos da ÁVO os abandonaram. "Nem com dez anos do mais profundo doutrinamento eles conseguiram comprar a lealdade por quatro horas preciosas."[40]

Quando Nagy apareceu, Gerő lançou uma avalanche de palavras contra ele, gritando: "Você instigou os tumultos. [...] Agora você vai poder provar do seu próprio veneno."

Nagy estava igualmente furioso. Durante meses ele tentara alertar sobre a agitação no país, mas nunca foi ouvido. Ele sempre insistira em trabalhar dentro do Partido, não contra ele. "Eu não instiguei nada, e você sabe disso."

Gerő ainda fervia de raiva. "Você não tem nenhum cargo no Partido e nem no governo, não tem nenhuma autoridade. Como é que você teve a coragem de ir ao Parlamento, falar da sacada e incitar a multidão?"

Nagy respondeu de maneira precisa: "Tudo que está acontecendo agora poderia ter sido evitado se você tivesse administrado melhor a situação durante o dia."[41]

Por mais que desprezasse Nagy, Gerő sabia que não podia perder a paciência e provocar uma ruptura irremediável nas relações com ele. Ele precisava de Nagy. Primeiro, Kruschev dissera a ele que tinha de colocá-lo novamente em um cargo elevado, para com isso acalmar o público. O matreiro Gerő entendia o porquê. Ele também esperava poder usar Nagy como cobertura. Ele reconhecia que o poder real estava ainda nas mãos dos extremistas, e que a reputação do ingênuo Nagy poderia ser manchada por sua associação a eles, e sua popularidade desapareceria. A tática quase deu certo.

À meia-noite, Nagy foi informado de que fora novamente nomeado primeiro-ministro. Ele aceitou sem um segundo de hesitação. Disseram também a ele para assinar um pedido oficial, solicitando que o governo soviético enviasse tropas do Exército Vermelho a Budapeste para restaurar a ordem. Nagy podia ser ingênuo, mas não era nenhum idiota. Ele sabia que isto era uma armadilha e se recusou a assinar.[42] Quem de fato pediu o envio de tropas é uma questão controversa de cinqüenta anos. Nos dias seguintes, os inimigos de Nagy e a propaganda dos Estados Unidos espalharam com sucesso a história de que ele havia feito o pedido, e esta afirmação lhe causou um problema enorme. Sabemos hoje que Nagy não solicitou o envio de militares soviéticos a Budapeste. Entretanto, como seu primeiro ato, ele de fato assinou uma declaração de lei marcial que concedia poderes quase ilimitados às tropas húngaras para impor toques de recolher e ordenar execuções sumárias.

Ao tentar dormir um pouco depois da meia-noite, Gerő estava convencido de que, embora estivesse enfrentando vários problemas políticos, os acontecimentos das ruas iriam se resolver por conta própria. Havia agitadores, mas ele achava que "as tropas soviéticas iriam facilmente dar cabo deles em poucas horas".[43]

VINTE

Quarta-feira, 24 de outubro

Os soldados soviéticos entraram em Budapeste entre duas e três da tarde. Eles esperavam encontrar pouca resistência real em uma operação policial para reprimir um tumulto de estudantes. Imediatamente, porém, se viram em meio a uma guerrilha urbana contra um inimigo determinado e engenhoso.

No primeiro dia, os russos enviaram para a cidade 6 mil homens e setecentos tanques de duas Divisões de Infantaria mecanizadas, a 2ª e a 17ª, baseadas no quartel-general militar soviético em Székesfehérvár. Uma força semelhante fora enviada às nove horas da noite anterior para fechar a fronteira com a Áustria. Os soviéticos colocaram mais 20 mil soldados de infantaria, 1.100 tanques e 185 armamentos pesados de reserva, sob alto alerta e já mobilizados dentro da Hungria. Duas divisões soviéticas de combate, com um total de 159 aviões, estavam capacitadas a fornecer o apoio aéreo às tropas do solo, e duas divisões de aviões de bombardeio estavam de prontidão em quatro campos de aviação na Hungria e no Distrito Militar Transcarpatiano ao leste.[1]

Entretanto, para a sua primeira tarefa, todo este poderio de fogo foi em grande parte de pouca serventia. Os generais soviéticos de alto escalão admitiram que os russos não sabiam o que os tinha atacado. Assim que suas tropas foram avistadas em Budapeste, "foram saudadas com uma saraivada de balas e disparos" por um bando mal organizado de rebeldes, muitos deles ainda adolescentes, armados com uns poucos rifles e alguns coquetéis molotov preparados às pressas.[2]

A característica da luta foi definida logo na primeira manhã. Os rebeldes contavam com seu conhecimento local para atormentar os soviéticos com a tática de ataque e fuga onde fosse possível, e os russos tinham dificuldade em revidar. Os vagarosos tanques soviéticos T34 conseguiam ocupar as pontes da cidade ou as grandes interseções do trânsito, mas não conseguiam seguir os defensores da liberdade ao longo das passagens estreitas entre os edifícios nem entrar no pátio central formado pela maioria dos prédios residenciais de Budapeste, que tinham a frente voltada para dentro. Estas passagens eram perfeitas para o tipo de guerra urbana que os rebeldes estavam conduzindo. Os russos não estavam preparados para arriscar grandes baixas com o envio da infantaria para o corpo-a-corpo nas ruas.

Foi a revolução mais mal organizada de toda a história: não contava com líderes ou planos. Grupos de mulheres e homens armados, jovens em sua maioria, reuniam-se espontaneamente em lugares que, por sua localização, ofereciam a eles as condições para desferir um golpe rápido e se esconder em seguida. Às vezes um grupo de mais ou menos umas dez pessoas se unia para atirar e, quando o ataque terminava, eles se separavam e nunca mais se encontravam. As batalhas eram isoladas e em pequena escala. Enquanto tiros eram disparados em um ponto de uma rua, na esquina seguinte uma mercearia estava aberta e as pessoas faziam fila para comprar pão. O objetivo dos defensores da liberdade era a princípio modesto: manter acesa a chama da rebelião. "Nós absorvíamos o entusiasmo e a empolgação uns dos outros, mesmo aqueles de nós que nunca participaram da luta", disse a poeta Ágnes Gergely, estudante de licenciatura em 1956. O sucesso real dos rebeldes não foi tanto a ocupação de um prédio por algumas horas, e sim o fato de terem elevado as esperanças da população por sua resistência, mesmo que temporária, contra uma força tão superior.[3]

Às quatro e meia da manhã, a Rádio Budapeste desejou aos seus ouvintes um bom dia e, em seguida, deu a sua versão dos fatos: "Elementos fascistas e reacionários lançaram um ataque armado contra nossos edifícios públicos e contras as forças da lei e da ordem. Com o objetivo de restabelecer a lei e a ordem, estão proibidas todas as assembléias, reuniões e manifestações. As unidades policiais receberam a instrução de tratar os perturbadores com severidade, e de aplicar a lei em toda a sua força."[4] A mensagem foi repetida a cada intervalo de trinta minutos e, a partir das seis da tarde, era seguida de um outro anúncio feito pelos stalinistas que detinham o controle das ondas de transmissão de rádio: "Os soldados soviéticos estão arriscando as suas vidas para proteger os cidadãos pacíficos de Budapeste e a tranqüilidade da nação. [...] Trabalhadores de Budapeste, recebam nossos amigos e aliados com carinho."[5]

A exortação foi ignorada. Os grupos de rebeldes conseguiram armas dos departamentos de polícia em toda a cidade, saquearam lojas de armamentos pouco protegidas, além de obter clandestinamente armas dos quartéis. Neste ponto, apenas algumas centenas de pessoas haviam decidido entrar na luta contra os russos, mas já tinham em suas mãos milhares de rifles e algumas metralhadoras leves. Da noite para o dia, quando as palavras "revolução" e "defensor da liberdade" começaram a ser usadas pela primeira vez, os insurgentes ocuparam duas centrais telefônicas, o prédio da Rádio Budapeste, os escritórios do jornal *Povo Livre* e a Estação Ferroviária Leste, todos em Peste. Do outro lado do rio Danúbio, um grupo pequeno construiu barricadas para fortificar a praça Széna, um terminal de transporte movimentado. Não houve grandes choques até logo depois de oito e meia da manhã, quando dois tanques soviéticos abriram fogo perto da praça Marx, matando dois pedestres. Próximo à Estação Oeste, no bulevar principal de Budapeste, um tanque matou um soldado desarmado que conversava com um civil e depois atirou em um estudante que correu para socorrer o soldado. Os tanques abriram fogo na praça do Povo, onde uma multidão se formara para ver o que restara da estátua de Stalin.

Em Moscou, Kruschev foi acordado com a notícia alentadora. "As coisas em Budapeste não estão tão calamitosas quanto nós imaginávamos", afirmou. Segundo seu filho Sergei, na noite anterior ele se sentira relativamente otimista e achava que a crise na Hungria seria resolvida rapidamente. Ele disse que confiava em Nagy. "A Hungria precisa de um homem capaz de assumir o controle dos acontecimentos", disse ele. "Nagy é o homem para lidar com a tempestade, ainda mais agora que os manifestantes exigiram a sua nomeação." Kruschev relutara em enviar as tropas soviéticas, mas lhe disseram que, agora que os soldados estavam lá, eles estavam eliminando uns "punhados de bandidos" e que em breve teriam a cidade sob controle.[6]

Se era mal informado acerca da situação militar em Budapeste, o serviço de inteligência de Kruschev era melhor em relação à política. Ele perdera a fé em Gerő e seus companheiros, a quem culpava por ter posto a URSS em um estado de "confusão" por seu desempenho apagado e por sua inatividade. Ele se enfureceu em uma reunião que teve com Molotov, Malenkov e outros magnatas cedo pela manhã. "Não consigo entender o que Gerő, Hegedüs e os outros estão fazendo. Havia sinais de que a situação era extremamente séria na Hungria. [...] Isso não impediu que eles passassem um tempo na praia, na Criméia, em setembro. E logo que voltaram para casa, foram 'viajar' para a Iugoslávia." Contudo, ele decidiu esperar para ver o que aconteceria na Hungria. A equipe que o Kremlin enviara a Budapeste acabara de sair de Moscou, e ele não faria nada até receber notícias deles.[7]

Da noite para o dia, o monolítico partido húngaro ruiu. O governo não conseguia controlar as ruas da capital. O partido governante que decidira tudo no país nos últimos oito anos parou de funcionar completamente. A greve geral convocada pelos insurgentes à meia-noite engrossou as fileiras dos rebeldes. A alta patente do exército ainda se mantinha leal ao velho regime, mas não tinha certeza se seus subalternos obedeceriam às suas ordens. Entretanto, eles não podiam se manter parados contra um levante que pretendia derrubar o sistema ao qual deviam tudo que possuíam.

Durante a manhã, formaram-se grupos armados de defensores da liberdade em quatro fortificações. A primeira foi na praça Széna, em Buda. Na parte central de Peste, o distrito comercial da cidade, eles tomaram pontos-chave na rua Tompa, perto do Teatro Nacional, e na praça Baross, próxima à Estação Ferroviária Leste. Porém, de longe a mais importante e famosa foi o Cine Corvin, que logo se tornou o símbolo principal da resistência civil aos soviéticos. Era uma construção marrom-terra feia, em estilo stalinista bárbaro, e um dos maiores cinemas de Budapeste. O Corvin foi construído bem próximo do Grande Bulevar, que contorna o centro, e da avenida Üllői, uma das vias principais que levam à parte leste. Os russos precisavam passar por este caminho para ter acesso fácil, através de Budapeste, ao edifício do Parlamento, à sede do Partido Comunista, à Embaixada Russa e às pontes sobre o Danúbio.

O Corvin era de igual importância para os defensores da liberdade. Cada hora a mais de ocupação e manutenção da resistência elevava o moral da cidade. Os rebeldes descobriram que o cinema tinha a posição perfeita para um grupo guerrilheiro. Como era localizado no andar térreo de um prédio residencial de quatro andares, sua resistente entrada principal podia ser bloqueada bem facilmente, e os tanques russos não tinham condições de se aproximar dele. Taticamente, a sua maior vantagem era o estreito beco Corvin, ao lado do cinema, ligado a um labirinto de passagens subterrâneas e corredores secretos, por sua vez ligados a dezenas de outras vias e prédios da vizinhança. Os combatentes rebeldes podiam aparecer por uns poucos minutos, como se viessem do nada, fazer um ataque rápido e, assim que eram vistos pelos russos, tinham como se esconder onde não podiam ser encontrados. Eles sempre tinham um elemento de surpresa. O Corvin tinha outras duas grandes vantagens: bem atrás do cinema havia uma bomba de combustível com gasolina suficiente para se fazer milhares de coquetéis molotov. Além disso, do outro lado da rua havia um velho quartel militar de construção sólida, o Quartel Kilián, que podia ser transformado em uma minifortaleza no coração da cidade.

Antes chamado de Quartel Maria Theresa, o Kilián fora construído com muros reforçados na década de 1850, como uma base para o exército austríaco. Porém, tinha então pouca importância militar real, e abrigava apenas cerca de novecentos recrutas alistados para o corpo de engenharia. A notícia de que os defensores da liberdade civis estavam em contato com os recrutas enfureceu as figuras do alto escalão do exército, o ministro da Defesa István Bata e seu chefe do Estado-maior, László Tóth, que temiam um motim. Por volta das onze da manhã, quando ficaram sabendo que os recrutas haviam permitido a entrada de dezenas de revolucionários no quartel, decidiram enviar um alto oficial ao local para garantir que o Kilián não caísse em mãos rebeldes. Tóth chamou o oficial em exercício do dia e ordenou que ele enviasse um destacamento de tanques para reforçar a resistência dos soldados de lá. Tóth tinha a reputação de ser um general pessimamente informado e azarado, e logo iria confirmar o que se dizia dele. Ele achava que estava ajudando a esmagar o levante, mas, na verdade, ele chamou a personalidade mais inspiradora e extravagante da revolução.[8]

O coronel Pál Maléter era um homem imenso, com mais de 2 metros de altura, de cabelos ondulados negros e grossos, olhos azuis-acinzentados, boca larga e um queixo saliente. Aos 39 anos, tinha a aparência de herói. Nascera para o comando, e seus homens se voltavam para ele para orientação imediata. Ele mal dormira durante a noite, pois os tiros zuniam por toda a cidade, e ele se debatia em uma luta interna para decidir como agir na luta de libertação que se aproximava. Aos subordinados que lhe perguntavam o que fazer em relação às deserções do exército que aconteciam à sua volta, ele respondia de maneira simples: "Suas lealdades são para com o exército, o país e o governo legal."[9]

Maléter encontrou alguns tanques. Ele caminhou 400 metros, do Ministério da Defesa até uma unidade do regimento armado Aszód, na praça Mari Jászai, que protegia um edifício da ÁVO, e ordenou ao seu comandante, o major Ferenc Pallós, que lhe desse cinco tanques. Ele entrou em um deles, e os outros o seguiram vagarosamente pela avenida Üllői, em direção ao Quartel Kilián. Neste momento, segundo relatou, ele ainda não tinha certeza do que faria quando chegasse ao local. Quando se aproximava, viu uma luta furiosa entre os insurgentes em volta do Cine Corvin e os tanques soviéticos. Ouviu o barulho das balas dos combatentes da liberdade e os projéteis dos soviéticos. Seu caminho estava bloqueado por dois tanques russos inoperantes. Naquele momento, ele não quis atacar os russos, por isso fez a sua patrulha parar. "Fiquei horrorizado e profundamente abalado com o que vi. [...] Não me pareceu que aquelas pessoas eram fascistas ou contrarrevolucionárias. Tudo o que eu vi foram corpos de garotos caídos na rua, e os tanques sendo atacados com rifles", disse ele mais tarde.[10]

Ele enviou dois de seus homens para fazer o reconhecimento. "Dentro de meia hora eles voltaram, e a primeira coisa que disseram foi que os únicos civis no quartel eram estudantes, muitos deles adolescentes, e alguns policiais. Ele ordenou aos seus homens que o seguissem e colocou seu próprio tanque exatamente em frente às portas principais do quartel, bloqueando a sua entrada. Os tanques russos que restavam se retiraram. Maléter saiu de seu tanque e viu "uma cena que poderia ser a do fim de uma batalha de uma grande guerra". Ele a relatou: "Havia corpos espalhados por todos os lados, os feridos gritavam, e eu ordenei a meus homens que improvisassem macas com as portas de casas e os levassem para dentro." Em seu relato do incidente, feito para seus superiores, ele escreveu simplesmente: "Como conseqüência, informei ao ministro da Defesa que eu ia me unir aos insurgentes."[11]

Muitos criticam Maléter, e alguns crêem que ele foi um oportunista. Porém, sua coragem pessoal nunca foi colocada em dúvida. Ele se tornou um comunista provavelmente por ambição, mas apoiou a revolução por convicção. "Aquele foi o momento em que eu descobri que teria de tomar uma decisão que mudaria minha vida. Quando entrei no quartel, ficou claro para mim que as pessoas que estavam lutando não eram bandidos, mas filhos leais da Hungria." Ele tinha cinco tanques e dois armamentos antitanque, um arsenal modesto. Porém, alcançou uma reputação enorme. Em uma manhã, o socialista que se tornou revolucionário virou um herói nacional.[12]

Maléter nasceu na cidade eslovaca de Eperjes, e sua família era de sólida formação burguesa. Seu pai era professor de Direito e queria que ele se tornasse um profissional liberal. Ele chegou a estudar Medicina por um curto período, mas sempre desejou seguir a carreira militar. Em 1940, se alistou como cadete na Academia Militar Ludovika, na época a mais conceituada da Hungria, e foi aprovado entre os melhores da classe. Foi comissionado como tenente de uma divisão de tanques. Em maio de 1944, com o Segundo Exército Húngaro da Frente Oriental, ele foi um dos poucos sobreviventes quando sua unidade foi derrotada pelos russos. Foi feito prisioneiro, mas de algum modo chamou a atenção de um dos comunistas húngaros principais, o "moscovita" Zoltán Vas, que propôs a ele trocar sua condição de prisioneiro de guerra por uma nova missão, a de combater os nazistas. Ele saltou de pára-quedas sobre a Transilvânia e combateu em uma campanha guerrilheira destacada juntamente com o Exército Vermelho. Recebeu a condecoração de valor pessoalmente do comandante das forças soviéticas na Hungria, o marechal Malinovski. Ele prosperou durante os anos da coalizão e, com o título de major, tornou-se o chefe da Guarda Presidencial.[13]

Maléter aderiu ao Partido Comunista, que era uma exigência para os oficiais de alta patente, mas a sua política verdadeira permaneceu uma fonte de mistério. Ele era um dos poucos soldados a usar sua velha medalha do exército de Horthy juntamente com a sua condecoração soviética — um ato corajoso, mas possivelmente a indicação de sua habilidade para se enfeitar. Muitos de seus homens apreciavam este gesto. Ele inspirava lealdade aos seus subordinados, mas a alta patente do Partido jamais confiou nele inteiramente. Foi testado em várias ocasiões durante os anos do Terror, quando muitos oficiais do exército eram expurgados. Em uma manhã, um contemporâneo de sua época de academia militar bateu à sua porta e, após uma conversa amigável, começou uma discussão política: "Nós conhecemos as suas opiniões. Todos nós queremos viver em um mundo livre. Você tem que nos ajudar a nos livrar dos russos." Maléter sacou seu revólver e levou seu velho amigo para a polícia. O homem retornou logo depois, usando um uniforme da ÁVO, e o parabenizou por ter descoberto uma armadilha.[14]

Entretanto, sua carreira não progrediu como ele queria. Oficiais mais politicamente corretos eram promovidos na sua frente, e ele se amofinava em trabalhos burocráticos tediosos. Seu primeiro casamento com Maria, uma artista, se desfez de maneira rancorosa. Ele casou-se de novo com uma mulher 18 anos mais jovem, chamada Judith Gyenes. Estava insatisfeito com seu próprio destino e, durante os últimos meses, mal se esforçava em esconder seu desespero em relação à situação do país. Ansiava por ação e por mudança e, quando surgiu a oportunidade, ele a aproveitou.

Imre Nagy falou ao vivo na rádio ao meio-dia. Suas palavras foram ignoradas pela maioria das pessoas e desapontaram profundamente alguns de seus amigos e apoiadores. Uma vez mais, ele falhou em se pôr à altura da situação.

> Povo de Budapeste, declaro que todos que cessarem fogo antes das duas da tarde de hoje e depuserem suas armas com o interesse de evitar mais derramamento de sangue estarão livres da lei marcial. [...] Assim que possível e de todas as maneiras à nossa disposição, realizaremos a democratização sistemática de nosso país em todas as esferas da vida econômica, política, do Partido e do Estado. Atendam ao nosso apelo. Cessem fogo e assegurem o restabelecimento da calma e da ordem. Os elementos hostis que se uniram às fileiras de jovens húngaros manifestantes pacíficos desviaram os trabalhadores

> bem-intencionados e os fizeram voltar-se contra a democracia popular. [...] Húngaros, camaradas, meus amigos. Falo a vocês em um momento cheio de responsabilidade. Resistam às provocações, ajudem a restaurar a ordem. Juntos precisamos evitar o derramamento de sangue. [...] Apóiem o Partido, apóiem o governo. Creiam que nós aprendemos com os erros do passado, e que encontraremos o caminho certo para a prosperidade de nosso país.[15]

Nagy não mencionou as tropas russas em Budapeste, as exigências dos estudantes e nem os extremistas stalinistas que ainda estavam no governo. Nagy se encontrava então 24 horas atrasado em relação à revolução, e assim ficaria por mais uns poucos dias. Ele era um homem decente, moderado e bem-intencionado, que esperava poder voltar a junho de 1953 e começar de novo com um programa modesto de reformas. Ele não pensava de maneira alguma em fazer parte de uma revolta contra os russos e o comunismo. Muitos dos seus admiradores argumentaram durante anos que, naquela época, Nagy era um prisioneiro na rua da Academia, vigiado por agentes da ÁVO e mantido como marionete de Gerő. Há relatos fantasiosos segundo os quais ele foi forçado a fazer a referência aos "elementos hostis" em seu discurso com uma arma apontada para ele. Não há nenhuma prova disso. Nagy era um agente livre, no sentido de que podia se locomover para onde quisesse e dizer o que lhe conviesse. Porém, era um prisioneiro de sua própria mente, incapaz de compreender a atmosfera do país e se manter no mesmo ritmo do drama.[16]

Quando Nagy se tornou primeiro-ministro, ofereceu cargos altos no Partido Comunista a seus dois amigos e assessores, Géza Losonczy e Ferenc Donáth. Eles se recusaram e explicaram o porquê para o primeiro-ministro recém-empossado. Eles estavam furiosos com a implementação da lei marcial e aterrorizados com o fato de jovens estarem sendo baleados nas ruas pela ÁVO. Disseram que Nagy deveria insistir em que não aderiria a um governo que tinha Gerő e seu bando de stalinistas. Assim como os defensores da liberdade, eles nutriam a esperança de que os russos deixariam a Hungria. Juntamente com Miklós Gimes e outros, pressionaram Nagy a se aproximar dos revolucionários, ou ao menos a se separar dos stalinistas extremistas, mas o primeiro-ministro não lhes deu atenção. Ele preferiu se isolar na sede do Partido, onde não ouviria a hostilidade crescente do público e nem os conselhos de seus amigos.

Seus apoiadores estavam desnorteados. Péter Kende ficara ao telefone falando com membros do grupo de Nagy durante toda a manhã, e a maioria tinha o mesmo pressentimento. "Eu estava desesperado. Achei terrível o fato de Nagy voltar ao poder daquela forma."[17] Vásárhelyi, analista perspicaz, disse que sabia que, no momento em que Nagy aceitou ser primeiro-ministro, "tudo estava perdido" para os comunistas reformistas como ele. "Com o passar dos anos, nós acumulamos um certo capital moral e político, mas agora Nagy aceitou o papel de primeiro-ministro em um governo que, à exceção dele, era o mesmo de dois dias atrás, o governo que nós combatemos."[18]

Os revolucionários armados sentiam o mesmo, de uma maneira não tão profunda. Eles se mostraram indiferentes a Nagy quando ele se opôs à exigência da saída dos russos e ignoraram o seu pedido de anistia. Os prazos se esgotaram e nenhum dos defensores da liberdade entregou sua arma.

Por volta das duas da tarde, dois carros blindados soviéticos, ladeados por dois tanques, chegaram à frente da sede do Partido Comunista Húngaro. Do primeiro deles, saiu um armênio encorpado, de bigode e um meio-sorriso cínico e permanente no rosto. Era Anastas Mikoian. Do outro surgiu o sério Mikhail Suslov, usando um cachecol e um gorro de lã. O avião em que viajavam foi forçado a aterrissar a 50 quilômetros de Budapeste, por causa de algumas nuvens passageiras de neblina. No trajeto para a cidade, puderam ver a situação com seus próprios olhos. "Em Peste há tiroteios contínuos entre grupos isolados de provocadores e as nossas metralhadoras. [...] Nossos homens eram os que mais atiravam. Respondemos aos disparos isolados com uma saraivada de tiros", disseram eles no primeiro de uma série de telegramas — às vezes dois ao dia — que enviaram ao Kremlin durante o tempo em que permaneceram em Budapeste.[19]

Ainda assim, apesar do que podiam testemunhar com seus olhos e ouvidos, eles pareciam incrivelmente otimistas. Em conversas telefônicas com Kruschev, e em um telegrama posterior, disseram que as coisas não estavam tão ruins quanto pareciam. "Os primeiros relatórios do comando militar soviético e do comando militar húngaro eram muito exagerados e negativos. Tivemos a impressão de que principalmente Gerő, mas também outros camaradas, estão exagerando a força dos opositores e subestimando a nossa."[20] Eles disseram que vieram para tomar o controle, mas pareciam inclinados a deixar os húngaros tomarem as decisões. Nagy disse a eles que seria bem melhor se as unidades húngaras recebessem mais missões "para aliviar o fardo das tropas russas". Mikoian e Suslov concordaram, com a condição de que permanecessem leais e não passassem para o lado dos insurgentes. Às três da tarde, disseram claramente a Kruschev: "Todos os focos de insurgência foram esmagados."[21]

Não era esta a impressão que tinham os outros dois russos do alto escalão, recém-chegados de Moscou. Enquanto Mikoian e Suslov se reuniam com os políticos húngaros, o chefe da Inteligência Soviética, Ivan Serov, de 51 anos, um dos melhores amigos de Kruschev, e o oficial do Estado-maior, o general Malinin, de 57 anos, herói de Stalingrado, foram ao quartel militar russo estabelecido no Ministério da Defesa. Segundo Malaschenko, ambos chegaram de mau humor. Eles também ouviram os tiros quando se encaminhavam para a capital e estavam bem mais preocupados com os barulhos que se ouviam do que os seus mestres políticos. "Sem querer ouvir os nossos relatórios, eles expressaram sua insatisfação com a indecisão das operações soviéticas", afirmou Malaschenko.[22]

Serov era uma figura assustadora quando ficava irado. Ele tinha penetrantes olhos de um azul profundo, fama de impaciente e um hábito de estalar os dedos com força quando ficava irritado. Ele zombou de seus oficiais: "Inúteis! Vocês se mostraram incapazes de lidar com grupos de estudantes." Malaschenko defendeu a si e a seus homens. Ele interveio corajosamente, pois Serov era um dos homens mais poderosos da União Soviética e podia mandar as pessoas para o *gulag* por capricho. "Ivan Aleksandrovitch, você não está familiarizado com a situação. Há combates em toda a cidade, e nós precisamos de mais força para tomar medidas decisivas. Nós temos uma divisão. Vamos agora dar uma volta pela cidade em tanques e veículos blindados." Serov concordou e eles foram. O relato de Malaschenko narra o que ocorreu em uma questão de poucos minutos: "Atiraram em nós duas vezes com metralhadoras e nosso caminho foi bloqueado várias vezes. Depois, nós retornamos ao Ministério da Defesa. Percebemos que, em uma cidade com mais de um milhão e meio de habitantes, nossa força militar não era suficiente nem mesmo para manter a ordem."

Esta foi a última vez em que Serov deixou as áreas protegidas do centro da cidade, e seus relatórios, hoje disponíveis, não fizeram mais nenhuma crítica às tropas russas.[23]

Washington estava totalmente despreparada para uma revolução na Hungria. Os americanos foram pegos de surpresa, e esta foi bem maior do que a da crise polonesa de poucos dias antes. Os Estados Unidos não contavam com um chefe de sua missão diplomática em Budapeste. Esperava-se a chegada, dentro de poucos dias, de um novo líder, Tom Wailes, e enquanto isso a Legação tinha que contar com Spencer Barnes, um encarregado interino experiente, mas de posto baixo para administrar uma crise potencialmente grande da Guerra Fria. O presidente Eisenhower estava chegando ao estágio final e crucial de sua campanha de reeleição. Ele não queria que nada pusesse a perder suas chances de mais uma vitória esmagadora, principalmente nada que envolvesse os Estados Unidos em uma aventura estrangeira. As notícias recentes do Oriente Médio eram perturbadoras. Havia uma ameaça de guerra no Canal de Suez, embora sua agência de inteligência não alertasse sobre a iminência do conflito. A última coisa que ele queria era uma instabilidade violenta na Europa, pois isso exporia a fraqueza de sua política expressa de retrocesso do comunismo.

Às 12h07 em Budapeste, pouco depois das seis da tarde em Washington, John Foster Dulles telefonou do Departamento de Estado para Henry Cabbot Lodge, o embaixador norte-americano para as Nações Unidas em Nova York. Dulles já havia conversado com o presidente duas vezes sobre a Hungria, e eles decidiram não fazer nada e esperar por mais informações antes que a administração desse uma resposta pública. Dulles disse então a Lodge: "Ao que tudo indica, a luta está aumentando bem intensamente, e há evidências claras de considerável atividade militar soviética na região para reprimi-la. Estamos pensando na possibilidade de levar esta questão ao Conselho de Segurança da ONU. Estou preocupado com que digam que este é um dos grandes momentos [da história], que estes companheiros [húngaros] estão prontos para lutar e morrer, e que nós fomos pegos dormindo, sem fazer nada." Lodge sugeriu que os americanos exigissem um cessar-fogo. Dulles lhe disse para pensar sobre o que poderia ser feito na ONU. "Os ingleses e os franceses devem aderir. Pode ser que eles relutem, mas eu acredito que eles votariam a nosso favor." Lodge disse: "Vou trabalhar nisso e esperar por uma palavra sua."[24]

Assim que a noite caiu, Budapeste ficou mais silenciosa. Os tanques russos voltaram às formações protegidas e seguras e pararam de patrulhar as ruas. Houve disparos esporádicos, e o fogo queimou parte da seção de história natural do Museu Nacional. As chamas do prédio da rádio já haviam sido extintas cedo pela manhã. Poucas horas mais tarde, os russos tentaram, sem sucesso, reocupar o prédio, mas ele estava em chamas pela segunda noite seguida. Em Budapeste, um total aproximado de 3 mil defensores da liberdade havia empunhado armas durante o dia, cerca de oitenta havia morrido e 450 foram feridos.[25]

A revolução se espalhava para além da cidade. Os acontecimentos da capital, que abrigava 1/5 da população da Hungria, moldaram o levante. Entretanto, por todo o país, as pessoas foram inspiradas pelo fervor de Budapeste. Em muitas vilas e aldeias, sem o exército soviético para contra-atacá-los, o Partido e o governo entregaram o controle aos insurgentes. Em Debrecen, a segunda maior cidade, com 140 mil habitantes, cerca de 1/3 da população saiu para participar da manifestação. O fato mais preocupante para os comunistas era que, nas cidades industriais, os trabalhadores, supostamente os pilares de sustentação do Partido Comunista, eram os mais determinados a aderir à rebelião. Os serviços de transporte, eletricidade e gás ainda funcionavam, mas a greve geral parou praticamente todos os outros. Na fortaleza socialista de Csepel, a ilha ao sul de Budapeste conhecida como "Csepel Vermelha", os operários assumiram o controle de suas fábricas. Em Miskolc, a grande cidade industrial próxima da fronteira com a Tchecoslováquia, o chefe do Partido Comunista, Rudolf Földvári, passou para o lado dos revolucionários. Em todos os lugares, se dessem a ele a mínima chance, o povo se voltava contra o comunismo.[26]

Em Moscou, Kruschev, que ouvira previsões otimistas durante a maior parte do dia, recebia agora más notícias. Durante o dia, as perdas dos russos foram vinte mortos e quarenta feridos. Quatro tanques e cinco veículos blindados foram destroçados no tiroteio. Não havia nenhum sinal de restauração da "ordem", e Kruschev não estava disposto a negociar. Por volta da meia-noite, ele solicitou a presença do embaixador iugoslavo na União Soviética, Veljko Micunovic, uma figura sofisticada, divertida e erudita. Ele tinha uma mensagem urgente a ser enviada ao marechal Tito. Micunovic era um fofoqueiro inveterado, por isso Kruschev sabia que a mensagem seria enviada a outros lugares também. O líder soviético era um homem preocupado e queria que outros soubessem o que se passava. "O sangue foi derramado em Budapeste", disse ele. "O Ocidente e os elementos anti-soviéticos na Hungria empunharam armas contra o bloco soviético e contra a União Soviética. O Ocidente está buscando uma revisão das conseqüências da Segunda Guerra Mundial. Começou pela Hungria e depois irá esmagar todos os Estados socialistas da Europa, um por um. Porém, o Ocidente calculou mal. A União Soviética está pronta para responder à força com a força. Toda a União Soviética é unânime a este respeito." Ele afirmou que os russos apoiariam uma solução política na Hungria, caso fosse possível. Porém, mais tarde naquela mesma noite, ele começou a perder a fé nas soluções políticas.[27]

VINTE E UM

Terça-feira, 25 de outubro

Às 6h23 da manhã, a Rádio Budapeste começou o dia como fizera na manhã anterior, ou seja, com uma grande mentira: "O exército, as forças de segurança do Estado, os guardas paramilitares armados e as tropas soviéticas liquidaram a tentativa de golpe contra-revolucionário na noite de 24 de outubro. As forças contra-revolucionárias estão totalmente dispersadas."[1]

Logo que o toque de recolher foi suspenso, às sete da manhã, e as pessoas saíram de suas casas, ouviram-se tiroteios pela cidade. Os tanques soviéticos recomeçaram a patrulhar no começo da manhã, e a luta se acendeu novamente, não de maneira tão violenta quanto 24 horas antes, mas de maneira persistente. Os rebeldes não haviam sido "liquidados". Muito pelo contrário, eles estavam estimulados pelo fato de terem sobrevivido à força armada de uma superpotência por um dia e uma noite. Os defensores da liberdade não tinham um comando central ou um plano definido. Tinham apenas um objetivo principal, a respeito do qual todos os grupos separados concordavam: forçar a retirada do exército russo. "Em termos militares, era a luta de uma formiga contra um elefante", disse Gergely Pongrácz, um dos líderes dos combatentes do grupo do Cine Corvin. "A idéia era que, se nós conseguíssemos manter os soviéticos lutando por mais tempo e sem sucesso, isso elevaria o ânimo dos húngaros, e nós conquistaríamos o apoio em todo o mundo, e os russos negociariam ou simplesmente iriam embora. Tudo foi tão espontâneo que nós não elaboramos um plano completo. Nós simplesmente pegamos uma arma e agimos."[2]

As táticas russas eram assustadoras. Durante a noite, foram enviados reforços a Budapeste. Chegaram aproximadamente mais 14 mil soldados e 250 tanques — das unidades da 128ª Divisão de Rifles, parte do exército soviético de apoio na Hungria, e da 33ª Divisão Mecanizada, enviada de bases na Romênia. Os russos ocuparam os escombros da estação de rádio, mas foi uma conquista sem sentido, pois nada estava sendo transmitido de lá. O local, porém, era simbolicamente importante. Parecia que os russos tinham aprendido pouco das ações do dia anterior. As tropas soviéticas haviam sido treinadas para combates urbanos em vilas e cidades, mas contra exércitos inimigos, e não contra bandos de insurgentes. Durante a guerra, seus blindados destruíam totalmente quarteirões inteiros, e depois, entre os destroços, a infantaria terminava o serviço com o corpo-a-corpo. Era uma tática horrível que provocava muitas baixas. Porém, foi eficaz na guerra. Essas opções estavam vedadas aos russos naquele momento. Os militares tinham instruções, naquele ponto, de trazer ordem a Budapeste, e não de destruí-la. "Pode ser que eles tivessem muito mais poder de fogo, mas se não estivessem preparados para usá-lo, seus homens eram alvo fácil", disse Pongrácz.[3]

O presidente Eisenhower decidira quase prontamente não interferir na Hungria. Desde o momento em que ficou sabendo que um levante armado começara no país, a maior preocupação do presidente era assegurar à União Soviética que os Estados Unidos não tinham nenhum interesse nos Estados satélites. Ele tinha certeza de que os norte-americanos não estavam preparados para se aventurar em uma guerra em favor de uns 10 milhões de húngaros. Ike era extremamente cauteloso e não queria dar aos russos nenhum motivo para que o acusassem de se intrometer nos assuntos deles. Além do mais, ele acreditava que logo estaria envolvido em uma crise no Oriente Médio, e não queria se deixar desviar por acontecimentos no Leste Europeu, fora de sua área de influência.

O presidente estava em Nova York se preparando para fazer um discurso de campanha no Madison Square Garden à tarde. Mais cedo ele havia lido um informativo do serviço de inteligência com a notícia de que as forças inglesas e francesas haviam reforçado suas bases aéreas no Mediterrâneo e suas frotas estavam se preparando para entrar no mar.[4] Ike não pretendia agir, mas esperar e ver o que aconteceria em Budapeste. Porém, ele percebeu que tinha de dizer algo. Pouco antes da uma da tarde, ele estava ao telefone com seu secretário de Estado em Washington, John Foster Dulles, arquiguerreiro da Guerra Fria e tão cauteloso quanto seu chefe. Ele disse que não tinha certeza se era uma boa oportunidade para a diplomacia norte-americana e concordou que o melhor a fazer era aguardar.[5]

Eles conversaram sobre dedicar uma passagem do discurso que Eisenhower faria às batalhas em Budapeste. Dulles sugeriu que fosse feita uma comparação entre a luta pela liberdade da Hungria de então com a batalha pela sua independência da Áustria em 1848, quando também fora esmagada pelas tropas russas. No passado, os austríacos convidaram os russos para ir à Hungria, mas em 1956 os russos se convidaram. Eisenhower leu o roteiro que lhe foi fornecido: "O emprego de tropas soviéticas para atirar no povo húngaro fere todas as leis morais e demonstra que a Hungria é meramente uma possessão colonial para a Rússia soviética, e que a exigência de seu povo pela liberdade democrática justifica o uso da força bruta."[6] Esta frase banal, além de afirmar o óbvio, era deselegante para um bom escritor como Dulles. O presidente interrompeu a leitura com uma observação: "Acho que seria bom acrescentar uma sentença final sobre como o povo norte-americano se sente em relação a esta situação." Dulles prontamente elaborou uma frase clara e vaga que não deixaria os russos preocupados. Seria uma boa frase de efeito para o público doméstico, e tinha o toque característico de Eisenhower: "Neste momento, o coração da América se volta para o povo da Hungria."

Por volta da uma e meia da tarde, o presidente chamou Dulles novamente para discutir o que poderia ser feito nas Nações Unidas. Eisenhower disse: "Não creio que devamos entrar sozinhos nessa questão. Daria a impressão de que nós estamos fazendo isto por..." A frase não foi completada, mas ficou claro que ele estava pensando em como suas ações seriam interpretadas. Ike achava que os países da OTAN deveriam tomar parte e que eles deveriam agir em conjunto. Dulles disse que eles "iriam relutar". Ele afirmou: "Eles irão interpretar isto como uma manobra eleitoreira."[7] Contudo, Eisenhower deixou claro que não queria que os Estados Unidos agissem unilateralmente. "Quero ouvir o que os aliados têm a dizer, nem que seja uma aprovação relutante. Vou regressar a Washington e a primeira coisa a fazer amanhã será conversar sobre isso. A pior coisa seria se achassem que somos culpados por ter interesses [espúrios] nesta questão."[8]

*

Os dois mediadores soviéticos, Mikoian e Suslov, ouviram tiros esporádicos durante a noite. Eles ouviam o som dos projéteis explodindo a distância, quando chegaram à sede do Partido Comunista, às nove da manhã. Eles já haviam conversado anteriormente com Kruschev em Moscou e com os oficiais russos no comando da operação militar fracassada em Budapeste. O governo húngaro perdera poder, o Partido Comunista, com quase um milhão de membros, ruíra completamente; e a União Soviética, em uma tentativa de apoiar os comunistas húngaros, mergulhara em uma série de batalhas sangrentas e possivelmente em uma guerra. Os emissários do Kremlin estavam, então, determinados a mostrar aos seus vassalos húngaros quem estava no comando. Mikoian era geralmente um homem de palavras sutis, porém, naquela manhã, ele atacou com violência Ernő Gerő, o mais servil dos fantoches da União Soviética, acusando-o de ser o maior responsável pelos seus problemas. Mikoian afirmou que Gerő, "um pobre político", era culpado de quase tudo. "Você nos fez comprometer as tropas soviéticas de maneira imprudente com a sua descrição exagerada e distorcida da situação."[9] Suslov se intrometeu e "sugeriu" que Gerő, visivelmente abalado, deveria renunciar imediatamente. O húngaro tentou usar qualquer argumento para se salvar. Disse que o próprio Kruschev falara havia poucas semanas que ele era necessário para manter o Partido da Hungria unido. Mikoian respondeu: "O Partido já ruiu graças aos seus erros incríveis."

Gerő foi substituído por János Kádár, um homem de 44 anos de idade, alto, de olhos castanhos e um sorriso reservado. Era um asceta tranqüilo que raramente elevava a voz. Kádár fazia parte do segundo escalão dos comunistas húngaros quando a revolução eclodiu. Os soviéticos o escolheram por não ser um stalinista ao estilo antigo e por não estar associado a Nagy. Kádár odiava Rákosi. Era conhecido como uma figura em ascensão no Partido, mas era cauteloso demais para revelar qualquer dado significativo a respeito de suas opiniões, e era pouco conhecido fora dos círculos comunistas. Tinha um senso de humor seco, mas era circunspecto demais para mostrá-lo em público. Os soviéticos conheciam pouco dele, mas ele sempre fora leal aos interesses russos, e parecia uma pessoa de bom senso que dificilmente se exasperaria. Ele possuía um olhar intenso e uma aparência enganosamente franca e aberta, e era um homem excepcionalmente disciplinado. Raramente bebia, não se interessava por comida, não tinha amantes, e seu único passatempo era o xadrez.

János Czermanik era filho ilegítimo, e nasceu em 25 de maio de 1912 na cidade portuária de Fiume, hoje Rijeka, na Croácia. Sua mãe era uma empregada eslovaca chamada Borbála. Seu pai era um soldado que abandonou a ambos na ocasião de seu nascimento.* Diferentemente da maioria dos principais comunistas húngaros, ele foi criado em meio à pobreza abjeta da classe trabalhadora que todos eles diziam representar. Sua mãe às vezes conseguia trabalho como lavadeira. Kádár abandonou os estudos aos 14 anos e se tornou aprendiz de ferramenteiro. Tornou-se comunista aos 19 anos, na época em que o Partido era ilegal. Em uma operação de curta duração durante o regime de Stalin, Moscou ordenou que os partidos comunistas nacionais se infiltrassem em outras organizações de esquerda. Kádár aderiu aos socialdemocratas e, dentro de pouco tempo, ocupava o comitê da divisão do Partido Socialdemocrata em Budapeste. Entretanto, seu disfarce foi logo descoberto, e ele foi preso pelo regime de Horthy em 1937. Ele passou quase três anos na prisão.[10]

Quando foi libertado, diferentemente de muitos outros comunistas, ele não foi para a Rússia, para voltar mais tarde como um figurão "moscovita" do Partido. Ele permaneceu na Hungria e, juntamente com seu mentor e amigo íntimo László Rajk, administrou o Partido clandestino durante a guerra, sob um novo pseudônimo, János Kádár. Ele escapou da morte por pouco em 1944, depois de ser preso quando tentava cruzar a fronteira da Iugoslávia para estabelecer um contato

* O pai de Kádár era um soldado de nome János Kressinger. Quando Kádár tinha 16 anos, encontrou uma carta que sua mãe escondera sem muito cuidado. A carta dizia: "Querida Boriska, não tenho condições de te enviar mais dinheiro porque tenho de criar meus outros filhos. Por favor, cuide de nosso filho e tente dar educação a ele." Foi esse o momento em que esteve mais próximo de descobrir quem era seu pai, pois sua mãe jamais conversava com ele sobre este assunto. Kádár encontrou-se com seu pai e seus três meios-irmãos pela primeira vez em 1960. Nesta ocasião, descobriu que seu pai era um pequeno proprietário rural que poderia tê-lo sustentado facilmente.

secreto com os guerrilheiros de Tito. Foi enviado em um trem repleto de judeus para o campo de concentração de Mauthausen, na Áustria. Eles foram retirados do trem em Komarno, no noroeste da Hungria, e transferidos para a prisão local. Porém, ele conseguiu escapar e retornar a Budapeste.[11]

Após a "libertação", tornou-se o vice-chefe da polícia de Budapeste, e sucedeu a Rajk como ministro do Interior em 1948. Sua reputação como enganador e indigno de confiança vinha desde a época em que participou do julgamento de Rajk. Muitas pessoas denunciavam e traíam seus amigos nos anos do Terror, mas houve algo de macabro na traição de Kádár que é de congelar o sangue. Em 1949, Kádár foi padrinho do filho de Rajk, László. As duas famílias eram muito próximas. Kádár era íntimo de Júlia Rajk, assim como a sua esposa, Mária, uma morena elegante e astuta, dois anos mais jovem que o marido e cujo compromisso com o comunismo igualava o dele. Poucas semanas depois da cerimônia, no dia em que os dois homens jogavam uma longa partida de xadrez, Rajk foi preso.[12] Kádár, temendo pela própria vida, recebeu ordens do sádico Rákosi para ir até o prisioneiro e intimidar Rajk a fazer uma confissão em um julgamento-espetáculo. A entrevista foi gravada secretamente, e sua transcrição, divulgada recentemente, revela-se uma leitura repugnante. Kádár sabia que Rajk era inocente; porém, como primeiro-ministro, fez vários discursos acusando-o de toda sorte de crimes. Ele foi forçado a comparecer à execução de Rajk, o que o deixou marcado para sempre. Kádár se lembraria mais tarde que seu amigo "morrera elogiando o nome de Stalin".[13]

Ele se tornou, inevitavelmente, uma vítima dos expurgos. Ele conseguia ver a aproximação de sua própria queda. Pouco antes das celebrações do Dia do Trabalho em 1951, foi divulgada uma ordem para que todas as 13.750 organizações do Partido não levassem fotografias de Kádár em suas marchas. Logo depois, ele foi preso. No total, ele passou sete anos de sua vida na prisão, e os piores foram os três no confinamento solitário, sob a ditadura de Rákosi. Em um julgamento secreto, em 1951, ele foi condenado à prisão perpétua, acusado de ter sido um espião da polícia de Horthy em 1943. Seu calvário teve início poucos dias após sua prisão. Foi o infame torturador Vladimir Farkas, coronel da ÁVO, que o interrogou. Ele e um outro carrasco da ÁVO começaram a bater em Kádár. Ele se contorcia no chão quando uma outra pessoa chegou. Era o pai de Vladimir, o maligno ministro da Defesa Mihály Farkas. Levantaram Kádár do chão, e Vladimir Farkas se aproximou. Dois capangas abriram a boca de Kádár à força e o coronel urinou dentro dela. Todos riram. Pouco depois, o telefone da mesa tocou e Mihály Farkas atendeu. Era Rákosi. O "Sábio Pai" e "Grande Líder" do povo perguntava nervosamente se Kádár já tinha confessado. "Não", disse Farkas. "Ele ainda não confessou." Kádár ouviu um resmungo irritado do outro lado da linha. Rákosi estava dando suas instruções. "Espanquem. Espanquem até ele confessar. São estas as minhas ordens." Eles as cumpriram e, posteriormente, Kádár confessou.[14]

Ele foi libertado em 1954, durante o primeiro mandato de Nagy como primeiro-ministro. Foi se encontrar com Rákosi, que o recebeu amigavelmente, perguntou sobre sua vida, disse que estava feliz em revê-lo e o nomeou chefe da maior divisão do Partido de Budapeste, o distrito operário de Angyalföld.[15]

Kádár teve outros dois encontros potencialmente desastrosos logo após sair da prisão. Ele foi ver Nagy, que tentou conquistá-lo e ganhar seu apoio na luta contra Rákosi. Kádár foi cauteloso e repetiu a ladainha tediosa: "Rákosi é o líder de nosso Partido, e os trabalhadores húngaros não conseguem imaginar a vida ou a história da Hungria sem ele." Porém, ao se despedirem, Kádár estendeu sua mão a Nagy. "Gostaria de lhe agradecer por ter segurado o meu lugar." Nagy respondeu: "Espero que, quando chegar a minha vez, você faça o mesmo por mim."[16] Ele visitou Júlia Rajk, que também acabara de ser libertada da prisão. Ele lhe contou o que ela já sabia — que vira seu marido na prisão, que tentara forçá-lo a confessar, e que testemunhara o seu enforcamento. Ele perguntou: "Você me perdoa?" "Eu te perdôo. Meu marido teria sido assassinado de qualquer maneira. Mas você consegue se perdoar? Se você quer levar a vida como uma pessoa decente, você deve informar à Hungria sobre os segredos do julgamento de Rajk." Ele partiu e não fez nada.[17]

Se a boa-nova sobre Gerő tivesse sido divulgada imediatamente, a atrocidade mais sangrenta da revolução talvez nunca tivesse acontecido, e talvez tivessem encontrado um fim rápido e pacífico para o levante.

Por volta da mesma hora em que Gerő foi demitido, cerca de 3 mil manifestantes marchavam pelo Grande Bulevar, carregando faixas com os dizeres: "Dê o fora, Gerő." Eles planejavam se unir a um outro grupo, que protestava em frente ao Parlamento. Assim que se aproximavam do Hotel Astoria, a base da unidade dos soldados russos, três tanques soviéticos bloquearam a sua passagem. Houve um impasse tenso por uns poucos minutos. Os tanques não atiraram, e os estudantes, apreensivos, mantiveram-se firmes. Então algo estranho aconteceu no meio do campo de batalha revolucionário, segundo narrou uma testemunha ocular, József Kővágó, ex-prefeito de Budapeste pelo Partido dos Pequenos Proprietários Rurais.

Alguns estudantes que falavam russo subiram em um dos tanques e começaram a falar com os soldados soviéticos. Eles começaram a distribuir folhetos em russo que tinham feito durante a noite. "Amigos russos, não atirem! Vocês foram enganados. Vocês não estão lutando contra os contra-revolucionários. Nós, os húngaros, queremos uma Hungria independente e democrática. Vocês não estão atirando em fascistas, mas em operários, camponeses e estudantes universitários."[18] Os soldados saíram de seus tanques e começaram a ler os folhetos e a conversar com os manifestantes. Os russos foram persuadidos. O oficial no comando concordou em não atirar, e nos minutos seguintes houve uma conversa amigável. Surpreendentemente, "os membros da tripulação de um dos tanques disseram que as exigências dos manifestantes eram justas, e que eles deviam ir juntos ao Parlamento".[19]

Alguns poucos estudantes subiram a bordo dos tanques e foram todos alinhados pela longa avenida Bajcsy-Zsilinsky, passando pelo departamento central de polícia de Budapeste na praça Deák, observados por espectadores perplexos. Os soldados tinham colocado bandeiras húngaras nas torres de tiro dos tanques, e esta foi uma das cenas mais curiosas da revolução. Quando a marcha chegou à praça, já havia cerca de 5 mil outros manifestantes no local pedindo a demissão de Gerő, o afastamento de outros stalinistas do governo e a presença de Nagy mais uma vez.

Embora as manifestações ainda fossem proibidas e a lei marcial ainda estivesse em vigor, nenhum dos manifestantes parecia preocupado — nem com um coronel da ÁVO que ordenava com um megafone que a multidão se dispersasse, nem com a presença de atiradores de elite no teto do edifício do Ministério da Agricultura, localizado em um dos lados da praça. Do outro lado, seis tanques soviéticos defendiam o Parlamento. Por meia hora, permitiram que a manifestação continuasse. "A atmosfera era leve, de celebração, era quase como um parque de diversões." Então, sem qualquer aviso, os disparos começaram em meio a cenas de confusão total.[20]

Os sobreviventes contam versões diferentes do massacre. Alguns afirmam categoricamente que os tiros começaram do alto. Os agentes da ÁVO no teto do edifício neoclássico do Ministério da Agricultura abriram fogo nos manifestantes sem serem provocados, ou porque temiam que o prédio que eles ocupavam pudesse ser atacado. Houve uma saraivada de tiros de metralhadoras nos manifestantes que estavam abaixo — entre eles muitas crianças, segundo algumas testemunhas oculares. Então, enquanto as pessoas tentavam em vão achar um abrigo no espaço aberto ou fugir para as ruas laterais, o tiroteio recomeçou.[21]

Outras testemunhas afirmam que os tanques russos em frente ao Parlamento foram os primeiros a atirar, e que muitos mortos foram vítimas de munição e de armamentos que a ÁVO não possuía. Há provas documentais que sustentam esta versão. Um relato coloca a culpa diretamente no chefe maligno da KGB, Ivan Serov. O chefe da Inteligência estava a umas poucas centenas de metros de distância, na sede do Partido Comunista na rua da Academia, quando a manifestação atingiu seu ponto mais ruidoso. Ele estava conversando com Mikoian, Suslov e as autoridades húngaras. Um relato russo confiável de agentes de segurança soviéticos que estavam em Budapeste na ocasião narra que, no meio da reunião, chegou um mensageiro e contou a Serov sobre a cena na praça do Parlamento. Ele saiu para ver com seus próprios olhos. "Serov ficou extremamente irritado com os relatos sobre a confraternização entre os estudantes húngaros e os soldados russos", de acordo com estes relatórios. Ele afirmou que aquilo não era o tipo de coisa que deveria acontecer em uma contra-revolução. "Ele deu ordens para que o comandante da companhia de tanques em guarda no Parlamento 'desobstruísse a praça', o que significava atirar nos manifestantes."[22] Eles começaram com tiros de alerta, e os manifestantes entraram em pânico. Provavelmente as duas versões têm seu fundo de verdade.

Na Revolução, os russos e a ÁVO estavam do mesmo lado, por isso eles também atiraram nos manifestantes. Em meio à confusão, o caos se tornou pior quando uma unidade do exército húngaro, enviada para investigar, começou a atirar nos soviéticos. Porém, foram os russos que atiraram primeiro.

Por mais de trinta anos, o governo húngaro jamais mencionou a atrocidade. Oficialmente, ela jamais aconteceu. Contudo, um relatório preparado na época pelo chefe do Estado-maior do exército húngaro, László Tóth, divulgado recentemente, afirma: "As tropas soviéticas receberam a ordem para acabar com o protesto em frente ao Parlamento. E eles cumpriram a ordem. [...] Os soldados soviéticos abriram fogo contra os rebeldes." A maioria dos relatórios que Serov enviou ao Kremlin durante o período em que esteve em Budapeste está disponível hoje, mas não o que trata do massacre da praça do Parlamento que deixou 75 mortos e 282 feridos. Meia hora depois da chacina, finalmente foi dada a notícia, pelo rádio, de que Gerő fora afastado.[23]

A notícia sobre o massacre se espalhou por toda Budapeste e mudou o caráter do levante e o ânimo das pessoas, "de alegria e entusiasmo para amargura e desespero".[24] Segundo os rumores que circulavam, centenas de pessoas, incluindo crianças, haviam sido capturadas premeditadamente, levadas até a praça do Parlamento e assassinadas a sangue-frio. Muitos sobreviventes foram direto para o grupo rebelde armado mais próximo, pegaram uma arma e começaram a lutar contra os russos e a ÁVO o mais rápido que puderam. Outros marcharam para protestar em outros locais. Umas poucas centenas de pessoas rapidamente se reuniram em frente à Legação Americana, situada a dois quarteirões da praça do Parlamento, e imploraram por ajuda dos Estados Unidos, algumas armas, munições e apoio.

Spencer Barnes, encarregado da Legação, era um homem grisalho e de olhar nervoso. Tinha 50 anos de idade, mas aparentava ter dez anos a mais. Durante a matança ele ficou prostrado no chão, enviando por telex a Washington um relato dramático da violência. "Ao meio-dia, mulheres e homens mortos e moribundos jaziam em todos os cantos da praça em frente ao Parlamento [...] e então o massacre aconteceu após a chegada de umas centenas de manifestantes em cima de furgões, de veículos blindados e até mesmo de tanques soviéticos. [...]

Os russos dizem que não querem atirar nos trabalhadores húngaros. [...] As pessoas em cima dos tanques russos sorriam e acenavam. [...] Mas esta manifestação de amizade durou pouco e teve conseqüências trágicas."[25]

Depois, Barnes relatou ao Departamento de Estado que havia uma "grande multidão em frente à Legação gritando e pedindo ajuda". As autoridades norte-americanas, por detrás de portões firmemente trancados e cercas sólidas de ferro, garantiram à multidão que eles haviam testemunhado o massacre, que sabiam de tudo o que acontecera e que tinham enviado relatórios completos para Washington. Porém, a multidão não se acalmou. Por meio de um intérprete, Barnes lhes disse: "Nós compreendemos a situação. Já notificamos o nosso governo da maneira mais completa possível. Vocês precisam entender que nós sozinhos não podemos tomar nenhuma decisão. Este é um assunto a ser decidido entre nós e as Nações Unidas." Enquanto se retiravam, alguns manifestantes gritaram: "Nos dêem armas, e nós lutaremos." Outros disseram: "Por que a ONU não está fazendo nada? Forcem eles a enviar tropas para cá."[26]

A umas poucas centenas de metros da Legação Americana, próximo da sofisticada praça Vörösmarty e dentro do campo de visão do principal departamento de polícia da cidade, uma outra multidão se formou em frente à Embaixada Britânica. Leslie "Bunny" Fry permitiu a entrada de uma pequena delegação. Eles exigiam que os ingleses pusessem em discussão na ONU a presença das tropas soviéticas em Budapeste.[27]

As multidões teriam deixado as embaixadas ainda mais furiosas e desalentadas se soubessem o conteúdo das conversas entre o Departamento de Estado e Henry Cabot Lodge à uma da tarde do horário de Washington. Os assistentes de Dulles prepararam um documento que recomendava à ONU uma abordagem conjunta, e não unilateral, o que tomaria mais tempo. Lodge concordou com a estratégia e explicou a sua fundamentação lógica: "Mesmo que a ação final seja bloqueada por um veto soviético, a iniciativa iria, além de aumentar o prestígio norte-americano, elevar o prestígio da ONU aos olhos dos povos dos satélites, que no momento têm a organização em baixa conta por causa de sua falha passada em perceber seus apuros." Os russos iriam certamente vetar qualquer resolução da ONU que exigisse a retirada das tropas soviéticas.

Por isso, na prática não havia nada que os norte-americanos pudessem fazer. Porém, os Estados Unidos ainda tinham uma oportunidade: a América podia sugerir o envio de observadores da ONU à Hungria. Os russos também rejeitariam esta proposta de imediato. Porém, segundo Lodge, "isto poderia ser feito como uma grande demonstração de racionalidade e sinceridade". Ele afirmou: "Nós conseguiremos apoio máximo se malharmos o ferro enquanto está quente."[28]

Os grupos rebeldes partiram para a ofensiva e cresceram, depois do massacre na praça do Parlamento, com a adesão de muitos recrutas novos. A tática dos defensores da liberdade não mudou: era atacar, fugir e se esconder. Porém, eles intensificaram seus ataques contra os russos e elaboraram novos métodos de combater os tanques com coquetéis molotov. Os revolucionários ocuparam novas fortalezas, que em geral eram uma pequena praça ou um terminal de transporte que pudessem defender, como a praça Zsigmond Móricz em Buda, ou uma concentração densa de ruas estreitas e difíceis de serem invadidas por tanques, como a rua Tűzoltó. Os focos de resistência mais fortes continuavam a ser o beco Corvin e o Quartel Kilián. Os rebeldes defensores da liberdade agora estavam em um número um pouco superior a 1.500, e Maléter comandava seiscentos no Quartel Kilián. Em frente à entrada do cinema, colocaram uma grande faixa que dizia: "Há três Grandes Potências: os Estados Unidos, a URSS e o grupo do Corvin." Juntos, os dois grupos representavam o braço armado da revolução, mas formavam uma aliança instável. Maléter sempre afirmava ser um socialista, e estava acostumado a dar ordens e a ser obedecido. Em sua maioria, os defensores da liberdade eram muito jovens e não estavam habituados à disciplina militar. Os líderes eram, em sua totalidade, visceralmente anticomunistas. Durante a noite anterior e no começo da manhã, os homens de Maléter e os do grupo do Corvin trocaram farpas por um curto período em uma batalha mutuamente destrutiva sobre quem tomaria as decisões a respeito das operações conjuntas. Porém, todas as divergências foram deixadas de lado quando chegou a notícia da chacina da manhã.

Gergely Pongrácz, que se tornaria o líder do grupo do Corvin, se uniu aos combatentes com seus quatro irmãos na noite anterior. Ele era um engenheiro agrônomo de 23 anos que deixou sua fazenda a 80 quilômetros de Budapeste quando soube que explodira a luta contra os russos e o comunismo. Para chegar à capital, ele levou o dia anterior inteiro ao volante de um trator, em um estado de espírito que variava entre a empolgação e a seriedade profunda. Segundo ele, o massacre da praça do Parlamento mudou tudo. Os soviéticos e a ÁVO não demonstraram nenhuma piedade, e os rebeldes tiveram que provar imediatamente que não se intimidariam e não abandonariam a luta. O moral da cidade dependia disso. Os tanques de Maléter defendiam sua própria fortaleza e sentiam-se seguros. A partir das duas da tarde, os defensores da liberdade passaram a atacar os tanques soviéticos, em um raio de um quilômetro do complexo do Cine Corvin, usando as passagens subterrâneas para executar manobras rápidas. Eles abateram três tanques em duas horas e capturaram outros dois, juntamente com um veículo blindado.

Os soviéticos dirigiram seus tanques pelo bulevar em direção ao Corvin para a maior batalha do levante até então. Quase nenhum dos defensores da liberdade já havia usado uma arma movido pela raiva. "Nós resistimos a eles, mantivemos a posição e lutamos até o fim", disse Pongrácz, apelidado de *Bajusz* ("Espanador"), por causa de seu elaborado bigode longo, ao estilo eduardiano. "Foi a primeira ação que eu vi. Eu passei dois anos em treinamento militar, e a maioria dos homens da minha idade também tinha alguma experiência militar, mas eu nunca tinha visto uma luta. Quando os soviéticos vieram em nossa direção, eu vi quando um russo apareceu por detrás do tanque. Eu estava com um rifle Mauser e vi o russo olhando. [...] Mirei, puxei o gatilho e vi o soldado russo cair na calçada. Comecei a chorar."[29] Quando os soviéticos bateram em retirada, em sinal de "derrota", o grupo do Corvin se viu com armamentos pesados e equipamentos que haviam apreendido, além de um suprimento permanente de combustível e uma posição comprovadamente defensável. O mais importante de tudo era que eles elevaram as esperanças da cidade, e as pessoas começaram a acreditar em si mesmas e na possibilidade de uma vitória, por mais remota que fosse.

VINTE E DOIS

Sexta-feira, 26 de outubro

Logo após o amanhecer, um homem de 59 anos, de costeletas enormes, usando um chapéu de aba larga e um cinturão de munição, apresentou-se diante das barricadas da praça Széna. Era János Szabó, que rapidamente se tornou conhecido em Budapeste como o "Tio Szabó", o mais popular dos líderes dos insurgentes. Entre os defensores da liberdade, os líderes simplesmente surgiam, seja pelo exemplo, por terem tido um desempenho impressionante em uma determinada escaramuça, ou porque falavam bem. Szabó deve ter passado uma impressão de estranheza por causa de seu nariz adunco e suas feições descuidadas, mas ele tinha um talento sobrenatural para a guerrilha, uma atitude despretensiosa e um ar natural de autoridade. Não houve desafio pela liderança do grupo, segundo um dos combatentes. "Entre todos nós, ficou claro que o 'Tio Szabó' era a escolha lógica. Ele era totalmente inculto, não era muito articulado, mas possuía uma visão muito clara das coisas, e entendia mais completamente o que estava acontecendo. Ele possuía qualidades de liderança fantásticas."[1]

János Szabó nasceu em uma família pobre de camponeses em Zaruzseny, hoje pertencente à Romênia. Ele abandonou os estudos aos 12 anos e depois se tornou montador de máquinas. Foi alistado compulsoriamente no exército em 1914 e serviu durante toda a Primeira Guerra Mundial. Durante a brevíssima República Soviética de Béla Kun, foi comandante de uma companhia do Exército Vermelho. Permaneceu na Romênia, entre a minoria húngara na Transilvânia, e trabalhou na manutenção de ferrovias. Mudou-se para a Hungria em 1944 e passou a trabalhar como motorista no Ministério da Agricultura. Por um período curto, foi o motorista pessoal de Imre Nagy, quando o "Divisor de Terras" estava no governo de coalizão. Ele jamais tivera muita fé no comunismo, mas mesmo assim se filiou ao Partido em 1945, o que era algo sensato a se fazer. Contudo, ele saiu no ano em que Rákosi assumiu o poder ditatorial. Em 1949, foi preso por três meses, após tentar sair do país ilegalmente. Depois de ser libertado, encontrou outro emprego como motorista na empresa estatal de distribuição alimentícia, mas foi preso em 1953 sob a acusação fraudulenta de espionagem. Teve sorte de se livrar da tortura e sair da prisão após nove meses, sem ser processado.[2]

Em 1956, a praça Széna era um movimentado centro de transporte no coração de Buda e ligava as pontes do rio Danúbio às rotas em direção ao norte da cidade. Um grupo de insurgentes lutava lá desde a primeira manhã da revolução. Eles ocuparam a praça por breves períodos, usando bondes virados como barricadas. Eram continuamente dispersados, mas conseguiam se reagrupar, embora ficassem sempre apreensivos. Depois que Szabó tornou-se o líder dos combatentes, cujo número nunca ultrapassou os quinhentos, ele construiu uma forte posição defensiva ao redor de uma torre de guindaste que estava sendo usada para a construção do sistema de trens metropolitanos. "No começo, lutamos com poucas armas, rifles de infantaria e umas pistolas-metralhadoras que conseguimos do exército húngaro. Depois nós apreendemos uns fuzis-metralhadoras dos soviéticos. Então capturamos um carro blindado russo com uma metralhadora pesada. Na primeira fase da luta, esta foi a arma mais importante que tivemos. Éramos organizados, mas democráticos e caóticos em certos aspectos. Se um homem quisesse lutar, ele simplesmente pegava uma arma, ia para a praça Széna, parava em uma das esquinas e lutava. Ninguém o questionava ou tentava impedi-lo de forma alguma."[3]

Depois que a base foi assegurada, Szabó enviou seus combatentes em missões para hostilizar os russos. Ele improvisou métodos não-convencionais que deixaram os soviéticos atônitos. Por vários dias, eles não conseguiram encontrar nenhuma resposta para a tática original e criativa que ele elaborou contra os antigos e vagarosos tanques T34, da Segunda Guerra Mundial, com lagartas de borracha. Um revolucionário do grupo de Szabó explicou um truque que eles usavam com freqüência: "Nós enchíamos panelas e frigideiras comuns com água, equilibrávamos em cabos e esticávamos de um lado a outro da via. Quando ouvíamos a aproximação dos soviéticos, abaixávamos as panelas lentamente, até elas ficarem um metro acima do chão. Primeiro, os tanques soviéticos hesitavam. Essa hesitação dava tempo aos combatentes nos apartamentos ou escritórios para atirar coquetéis molotov e granadas pelas janelas."[4]

Um outro método igualmente eficiente era o de colocar tijolos na rua com calçamento de madeira. De uma certa distância, pareciam ser minas terrestres. Quando os tanques paravam, ficavam à mercê dos ataques do alto. Szabó lembrava a todos os seus rebeldes que, depois de inutilizados, os tanques serviam como boas barricadas para a batalha seguinte, de maneira que uma perda soviética beneficiava os rebeldes duplamente. Buda era construída sobre uma sucessão de colinas, e Szabó teve a idéia de cobrir algumas ruas com seda e espalhar água com sabão sobre o material. Os tanques T34 patinavam desajeitados e derrapavam, e, como isso tornava impossível manobrá-los, eles colidiam entre si.[5]

Muitas vezes eram as crianças que erigiam os bloqueios de estradas e atiravam os coquetéis molotov. Em muitas partes de Budapeste, a revolução era uma guerra de colegiais. Na praça Széna, a maioria dos combatentes era adolescente.[6] Szabó é um herói húngaro, largamente reverenciado. Tal como alguns outros líderes da resistência, ele não tinha escrúpulos quanto a enviar adolescentes de 12 ou 13 anos para batalhar contras os tanques russos. Conta-se que ele falava assim aos familiares dos combatentes: "Se eles querem lutar, é porque já têm idade suficiente."[7] As pessoas o respeitavam. "Ele cuidava de seus homens e era o pai dos garotos que lutavam com ele, e às vezes eles os repreendia e às vezes os elogiava."[8]

Gergely Pongrácz, um dos líderes dos combatentes do beco Corvin, do outro lado da cidade, contou que se angustiava pelas crianças combatentes:

> A média de idade não chegava aos 18. No Corvin, nós tínhamos garotos de 12 anos, e eles não queriam ir embora. A princípio achei que era entusiasmo, que eles estavam lá porque tinham uma arma, e isto era emocionante para eles. Isto eu consigo entender. Mas as coisas mudaram quando algumas pessoas caíram mortas e outras feridas à volta deles. Quem ficou foi por patriotismo e pelos ideais. Foi por isso que

> eles permaneceram conosco, e era impossível mandá-los de volta para casa. Nós tínhamos poucos combatentes mais velhos, mas acho que havia só umas dez pessoas mais velhas que eu. Eu tinha 24 anos, e o resto era mais jovem.
>
> Eu quis ir para casa algumas vezes. Achava que a próxima bala seria a minha. E eu cheguei mesmo a tentar sair, mas, quando vi crianças mortas, não consegui. Eu passei dois anos no serviço militar e sabia usar uma arma. Pensei: "Vou deixar estas crianças morrerem?" Foi a vergonha que me manteve lá.[9]

Nas escolas, as crianças tinham de ler um livro soviético famoso sobre lutas guerrilheiras, *A Jovem Guarda,* escrito por Aleksandr Fadeiev. Alguns dos defensores da liberdade de 1956 o consideravam muito útil para as batalhas de guerrilha em Budapeste, mas nem todos concordavam. Anikó Vajda, com 14 anos na época, disse: "É claro que eu não tinha nenhuma idéia de como uma arma funcionava. Mas um homem mais velho, Pista Baczi, me disse: 'Não se preocupe com isso. Vou te ensinar.' Então eu olhei de novo para a arma, e ela era maior que eu. Eles me explicaram como usá-la e me mostraram algumas vezes. Na primeira vez que eu atirei, simplesmente fechei os olhos, porque estava com muito medo. Havia alguns soldados [húngaros] onde nós estávamos lutando, perto do Corvin. Eles tinham arrancado a estrela vermelha de seus uniformes. Um deles disse: 'Não se preocupe com isso, garotinha, nós vamos te mostrar.' E eles mostraram mesmo."[10]

Algumas pessoas ficaram horrorizadas com a carnificina de crianças em nome do fervor revolucionário. Um outro Szabó, György, um dos líderes da revolução em Győr, disse: "Uma vez eu não permiti que cinco caminhões carregados de garotos fossem a Budapeste, porque eles iam ser mortos. Já tinha morrido gente demais. Ficaram com muita raiva de mim em Győr, mas eu mantive a minha opinião. Eu não queria carregar na consciência o peso de ter deixado os jovens morrerem. Mas um caminhão acabou indo, e voltou vazio com uma bandeira preta dentro."[11]

A história de Péter Mansfeld, jovem rebelde da praça Széna, é uma das mais tristes. Ele tinha 15 anos e uma aparência extremamente imatura, com seu cabelo loiro ondulado e olhos azuis. Ele participou em algumas das lutas mais ferrenhas, mas o seu papel principal era transportar armas para outros grupos de guerrilheiros. Ele atuou com os insurgentes por uns poucos dias, mas depois deixou o grupo. Depois da revolução, teve problemas com a polícia por envolvimento em uma série de crimes pequenos. Ele foi então reconhecido como um dos defensores da liberdade e preso por seu papel relativamente pequeno no levante. A princípio, ele receberia uma pena de prisão longa. Porém, em 21 de março de 1959, 11 dias após completar 18 anos, ele foi enforcado.[12]

Nas últimas três noites, em um escritório na sede do Partido Comunista, Nagy conseguira ter algumas horas interrompidas de sono em uma cama de campanha. A cada hora que passava ele via ruir seu sonho de testemunhar a Hungria adentrar um curso pacífico e moderado de comunismo de reformas, com ele como líder legítimo. Ele se encontrava rodeado por inimigos *apparatchiks* da velha guarda do Partido, que pressionavam os russos para um confronto final com os defensores da liberdade, sem se preocupar com o custo em vidas. Gerő fora afastado de todos os cargos oficiais, mas ainda tinha uma sala no edifício e espalhava comentários venenosos contra Nagy. O indicado de Gerő, Hegedüs, continuava como suplente de primeiro-ministro, e extremistas como István Bata e o desacreditado Ministro do Interior László Piros, que lidara com as manifestações da terça-feira de maneira tão desastrosa, ainda estavam no governo. Nagy estava então determinado a fazer com que os stalinistas fossem afastados, para que ele trouxesse para o governo comunistas "liberais" como ele, e também uns poucos não-comunistas.[13]

Primeiro ele tinha de discutir esta idéia com os emissários soviéticos. O inflexível Suslov e o astuto Mikoian haviam recebido poderes plenipotenciários do Kremlin. Eles estavam rapidamente perdendo a paciência com as intrigas entre os camaradas húngaros, enquanto Budapeste ardia. Por outro lado, eram cautelosos demais com o *kulák* Nagy para dar carta branca a ele. Quando os dois russos o viram, por volta das nove e meia da manhã, Mikoian questionou Nagy sobre sua referência no rádio, na noite anterior, a respeito da retirada das forças soviéticas. "Você não deveria ter dito nada daquilo", disse a ele Mikoian. "Especialmente sem nos consultar antes. Quem lhe deu autorização para dizer aquilo?"[14] Nagy argumentou que, depois do massacre da praça do Parlamento, o governo tinha de "tomar uma iniciativa ou ser atacado". Os magnatas soviéticos acabaram sendo persuadidos, e até mesmo Suslov admitiu que a matança tornara "a posição das tropas muito ruim". Eles relutaram, mas acabaram deixando Nagy escolher o governo que queria, porém lhe disseram para "não ir muito longe".

Mikoian escreveu um bilhete pessoal a Kruschev, durante a manhã, explicando o acordo: "Há dois caminhos possíveis para nós: o primeiro é rejeitar todas as exigências [...] de mudança e contar com o exército soviético para continuar a luta. Mas neste caso eles perderão todo o contato com a população pacífica, e haverá mais mortes, e isso aumentará o fosso entre o governo e a população. Se nós seguirmos este caminho, nós perderemos."[15] Mikoian detestava a idéia de trazer não-comunistas para o governo, mas justificava isto com as circunstâncias da Hungria. "Em resposta ao nosso alerta de que a opção por apelar para os democratas burgueses é uma trilha escorregadia, onde se deve andar com cuidado para não cair, [...] Nagy respondeu que eles estão fazendo isto devido a uma necessidade extrema, para não perder o leme do governo, e como medida mínima necessária."

Nagy foi alertado por amigos e apoiadores de que as propostas modestas que fizera aos russos não satisfariam os revolucionários das ruas ou as intermináveis delegações das fábricas e das cidades que vinham visitá-lo, fazendo novas exigências. O colérico Losonczy, totalmente leal ao "Tio Imre", disse a Nagy na reunião do meio da manhã que revoluções acontecem em alta velocidade, e que os que não conseguem acompanhá-las ficam para trás. Nagy invariavelmente demonstrava "impaciência e insatisfação" quando criticado, segundo Miklós Vásárhelyi, que o admirava grandemente, mas não era cego.[16] Naquela ocasião, pela primeira vez ele começou a ouvir com mais atenção as vozes dos que o apoiaram por muitos anos, mesmo quando não gostava do que ouvia. Ele parou de chamar os combatentes rebeldes de "contra-revolucionários", o que foi um grande passo para ele. Quando o astuto estrategista Ferenc Donáth sugeriu que o governo deveria negociar diretamente com os grupos que lutavam pela liberdade, esperava que Nagy rejeitasse a idéia prontamente e desse uma resposta brusca.

O primeiro-ministro respondeu com um de seus típicos sorrisos benevolentes e disse que pensaria seriamente no assunto.[17]

Inspirada por Budapeste, a revolução espalhou-se. Por toda a Hungria, os rebeldes assumiam o comando de cidades provinciais praticamente sem luta. A maioria das tropas russas estava em Budapeste, sem poder sair de lá, ou vigiando as fronteiras. Nos demais lugares, mal se via o exército soviético, que ficava em guarnições isoladas ou em quartéis de treinamento, onde os comandantes locais sabiamente procuram chegar a acordos de paz, e não arriscar a possibilidade de derrota. O outro inimigo, a ÁVO, com freqüência simplesmente desaparecia depois de uma demonstração de resistência.[18] No meio da manhã, a cidade de Pécs, a maior do sul da Hungria e centro de uma área de mineração próxima da fronteira iugoslava, caiu nas mãos de um "Comitê Nacional" encabeçado por um professor de ciência militar da universidade local. Ao amanhecer, o chefe da ÁVO de Pécs, o coronel Bradács, tentou impor um toque de recolher, que foi ignorado. Ele então passou o comando do quartel para uma brigada jovem e saiu secretamente do país. Em Debrecen, na fronteira leste com a Romênia, houve manifestações, por volta do mesmo horário da grande marcha em Budapeste, na terça-feira. Os protestos continuaram desde então. Por volta do meio-dia da sexta-feira, quase não se viam estrelas vermelhas nos edifícios públicos, e um "Comitê Socialista Revolucionário" declarou que tinha assumido a administração local.[19]

Uma grande figura da revolução surgiu em Győr, uma cidade elegante de 60 mil pessoas, a duas horas de viagem, a oeste de Budapeste, pela estrada principal que leva a Viena. Era Attila Szigetthy, um homem de 38 anos, enorme, pesado e forte, que tinha um bigode de cor ruiva intensa e uma energia inesgotável. Tinha também uma ascendência aristocrata, que não fazia o menor esforço para esconder. Ele se empossou como o chefe principal dos insurgentes da região transdanubiana, que compreendia toda a área entre Budapeste e a fronteira com a Áustria. Szigetthy administrava uma fazenda estatal, mas estava acostumado a atuar em um palco maior. A revolução deu a ele um grande palco. Era um grande amigo pessoal de Imre Nagy, e tinha sido deputado do Partido Nacional Camponês nos anos da coalizão. Todos sabiam que ele era um simpatizante comunista, mas apesar disso ele sempre impunha respeito por sua espirituosidade e por demonstrar que tinha uma mente independente, até onde era possível. Ele era antiortodoxo demais para durar muito tempo na política nacional. Foi exilado de Budapeste e enviado para Győr. Szigetthy tinha uma inclinação para o drama, e compreendia a agitação e o tumulto da revolução. As reuniões do seu Comitê Revolucionário Nacional duravam dias, em meio a uma atmosfera de entusiasmo intenso. Ele instalou um sistema de alto-falantes na prefeitura de Győr que tocava a sinfonia *Heróica*, de Beethoven, por várias horas todos os dias.[20]

Em algumas áreas fora da capital, a velha guarda lutou e perdeu. Em Miskolc, a principal cidade industrial do nordeste da Hungria, uma multidão de algumas centenas de manifestantes apareceu, às dez da manhã, em frente ao principal quartel da polícia. Eles protestaram contra a prisão, no dia anterior, de cerca de uma dezena de jovens, quando eles partiam em caminhões para se unir aos defensores da liberdade em Budapeste. Os jovens foram trazidos de volta a Miskolc e trancados em celas durante a noite. A polícia local estava pronta para soltá-los, mas o prédio era protegido pela ÁVO, cujo capitão, László Csürke, insistia em manter os jovens presos. Os manifestantes sitiaram o prédio, e Csürke ordenou a seus homens que atirassem na multidão. Eles se dispersaram, mas voltaram alguns minutos depois, em um número duas vezes maior, com um contigente de mineiros armados da cidade vizinha de Szuhakálló. Não havia nenhuma unidade soviética por perto, por isso Csürke telefonou para a guarnição húngara e implorou que eles interviessem. Os soldados chegaram e imediatamente se uniram aos rebeldes. Eles enviaram um ultimato à ÁVO: "Rendam-se ou o exército atacará." Csürke hasteou uma bandeira branca. Os insurgentes pilharam o prédio e massacraram os dois agentes da ÁVO, incluindo Csürke.

A partir daí, Miskolc se tornou um dos principais centros provinciais da revolução sob o Comitê Nacional do Condado de Borsod. Um de seus primeiros atos foi emitir uma declaração sobre o tumulto no quartel de polícia: "Os provocadores stalinistas sofreram a justa punição por parte do povo."[21] Um outro ato foi confirmar, por meio de eleições diretas, Rudolf Földvári como o líder da revolução em

Miskolc. Assim como muitos outros chefes que surgiram durante a revolução, Földvári, de 45 anos, era um comunista que desempenhara um papel importante na política nacional, até ter problemas com Rákosi e Gerő. Ele fora uma figura importante no departamento de propaganda política. Representou os comunistas húngaros no funeral de Stalin e estava destinado ao estrelato político. Contudo, ele apoiou Nagy publicamente contra Rákosi e Gerő depois de 1956, e por isso foi enviado ao exílio interno do Partido em Miskolc.

Por uns poucos dias, estes "conselhos" tiveram poder e influência reais. Os Conselhos de Trabalhadores e os Conselhos Revolucionários eram uma forma direta e muito imediata de democracia, e tipificaram a revolução. Figuras respeitadas eram eleitas, e nem sempre importava se eram comunistas ou não. Podia-se dizer que os "bons" comunistas foram eleitos e os "maus" não, mas nem sempre era simples assim. Às vezes, pessoas que jamais haviam demonstrado aversão evidente ao stalinismo ou a qualquer tipo de comunismo eram eleitas por suas qualidades pessoais.[22]

Földvári era um homem de costas encurvadas e ar de professor, embora tivesse concluído apenas o ensino primário, antes de se tornar montador de ferramentas em uma fábrica. Ele apoiou a revolução desde o começo e ajudou a moldá-la. Tinha contato freqüente com Nagy, e eles tiveram uma conversa longa na noite anterior. Tal qual os intelectuais à volta do primeiro-ministro, Földvári implorou ao cauteloso Nagy que endurecesse a sua postura de negociação com os soviéticos, e afirmou que era preciso dizer a eles que saíssem da Hungria, no mais tardar até 1º de janeiro. Ele sustentava a exigência com uma ameaça: a greve em Miskolc continuaria até que os russos concordassem em retirar suas tropas.[23]

Por volta do meio-dia em Mosonmagyaróvár, uma pequena cidade de cerca de 5 mil habitantes 12 quilômetros a leste da fronteira austríaca, teve início uma manifestação semelhante a dezenas de outras que aconteceram nos dias precendentes na Hungria. Metade da cidade compareceu, incluindo idosos, mulheres, garotas operárias de uma indústria de bauxita local, mães jovens com seus bebês nos braços e crianças em idade escolar. A manifestação transcorreu com relativa animação. Eles marcharam, gritaram o lema onipresente "Russkik haza", cantaram o hino nacional e fizeram a cerimônia de cortar o emblema comunista de sua bandeira tricolor. Eles pararam ao chegar ao quartel da ÁVO, próximo da praça central da cidade, onde uma enorme estrela vermelha se projetava com o céu ao fundo. O comandante da ÁVO, o tenente József Stefkó, gritou: "Alto! O que vocês querem?" As pessoas que estavam à frente da multidão gritaram: "Queremos que retire a estrela vermelha." Uma testemunha ocular narra o que aconteceu na seqüência:

> A resposta foi uma palavra áspera de comando, o disparo das metralhadoras, a matança dos que se encontravam à frente e os gritos dos feridos. Não foi dado nenhum tipo de alerta. [...] Não houve nem ao menos uma salva de tiros para o ar, por sobre as cabeças das pessoas. Ao comando do tenente Stefkó, duas metralhadoras escondidas por trás das janelas do quartel descarregaram as balas na parte mais densa da multidão. Os homens da ÁVO também atiraram granadas. O tiroteio durou quatro minutos, e alguns dos feridos foram novamente baleados quando tentavam fugir se arrastando. Entre as vítimas, havia homens e mulheres, estudantes e trabalhadores, crianças e até mesmo um bebê de 18 meses.

Cinqüenta e duas pessoas morreram e 85 ficaram feridas.[24]

A multidão fugiu em debandada, assim como quase todos os 24 policiais secretos responsáveis pela chacina. Quando os manifestantes voltaram, poucos minutos depois, trouxeram com eles algumas armas e montaram cerco ao prédio da ÁVO. Os soldados locais lhes deram armas, mas não ajuda, e por isso os manifestantes foram de carro até Győr, a 15 quilômetros de distância. Chegou uma companhia de homens para tentar evitar mais derramamento de sangue. Um jovem heróico e estranho foi enviado com eles como representante do Comitê Revolucionário de Győr. Era Gábor Földes, ator bonito de 33 anos e diretor do Teatro Kisfaludy em Budapeste. Ele era um idealista que de imediato compreendeu totalmente a situação. A multidão havia formado um grupo de linchamento para capturar os quatro agentes da ÁVO que ainda permaneciam dentro do prédio. Földes era um revolucionário fervoroso, mas também sensato, e sabia que Mosonmagyaróvár era uma das primeiras cidades da Hungria por onde passavam os jornalistas ocidentais a caminho de Viena. Se a justiça instantânea fosse testemunhada por repórteres, não faria nada bem à imagem do levante. Ele e a companhia de soldados de Győr fizeram o que puderam para salvar os agentes da ÁVO, mas conseguiram pegar apenas dois, sendo um deles Stefkó. Ambos estavam muito feridos e foram levados ao hospital. Os outros dois foram capturados pela multidão em fúria. "A multidão se atirou sobre eles. Eles foram espancados até que seus corpos se tornaram uma massa ensangüentada. Depois eles foram despedaçados, como se tivessem sido atacados por animais selvagens."[25]

Em Washington, eram nove da manhã, e os assessores mais altos de política externa e do serviço de inteligência do presidente Eisenhower estavam na Casa Branca em uma reunião informativa do Conselho de Segurança Nacional. Em relação à crise húngara, da noite para o dia Ike mudara sua posição — de uma resposta simples e cautelosa de "esperar para ver" para "não-envolvimento ativo". Ele deixou absolutamente claro a todos os seus assessores que estava determinado a não fazer nada que pudesse ser mal interpretado por Moscou como uma intenção de interferir na esfera de influência soviética. "Eu duvido que os líderes russos estejam realmente com medo de uma invasão do Ocidente", disse ele. "Mas, se a influência da URSS sobre seus satélites diminuir, vocês não acham possível que a União Soviética se sinta tentada a apelar para medidas muito extremas, chegando até mesmo a precipitar uma guerra mundial? Precisamos atentar para esta possibilidade com o maior cuidado. Afinal de contas, Hitler sabia muito bem, desde 1º de fevereiro de 1945, que ele estava derrotado. Mesmo assim, ele prosseguiu até o final e arrastou a Europa com ele em sua derrota. Os soviéticos talvez cheguem a ficar desesperados como ele."[26]

O diretor da CIA, Allen Dulles, não previu a revolução nem que os russos usariam tanques nas batalhas das ruas contra crianças húngaras, mas estava aprendendo algumas lições com o levante:

> A revolta húngara talvez prove que é impossível a sobrevivência de um regime comunista nacional moderado em qualquer um dos satélites.

> [...] Constitui a ameaça mais séria imposta até o momento ao controle soviético continuado nos satélites. A revolta confronta Moscou com um dilema bem difícil: ou retroceder para uma política stalinista dura ou permitir o desenvolvimento da democratização [...] até um ponto que pode levar à perda completa do controle soviético sobre os satélites.
>
> A liderança soviética atual está, com certeza, na defensiva, e Kruschev provavelmente está sendo responsabilizado pelo que ocorreu. Seus dias podem estar contados. É bem possível que o marechal Jukov decida quem será o sucessor de Kruschev. Na verdade, é até mesmo possível que o próprio Jukov seja o sucessor.*[27]

Eisenhower estava intrigado com a sugestão de desarmamento de seu principal assessor, o ex-governador de Minnesota, Harold Stassen, que apoiava totalmente a estratégia de pressão do presidente. Ele queria enviar uma mensagem clara a Jukov e aos outros do Kremlin dizendo inequivocamente que a conquista da liberdade nos países satélites não deveria ser considerada pela União Soviética como um sinal de ameaça à sua segurança nacional. Quando a reunião do Comitê de Segurança acabou às 10h40, Stassen foi direto ao seu escritório na Casa Branca e escreveu uma carta para Ike, dando corpo à idéia. Ele disse: "A União Soviética pode achar que, se perder o controle da Hungria, os Estados Unidos irão trazer o país para a OTAN, e isso, aos olhos dos soviéticos, seria uma grande ameaça à sua segurança. Não seria prudente se, de algum modo, os Estados Unidos deixassem claro que nós estamos dispostos a permitir que a Hungria seja estabelecida de acordo com o modelo austríaco, e não como afiliada à OTAN?"[28] Ike tinha dúvidas quanto à existência de Estados neutros na Europa, mas se entusiasmou a respeito de enviar aos russos palavras de segurança que não fossem mal interpretadas.

Eisenhower rejeitou os pedidos desesperados dos Warriors da Guerra Fria na CIA, solicitando autorização para sobrevoar a Hungria e lançar suprimentos aos combatentes da liberdade, incluindo armas.

---

* Os dias de Kruschev não estavam tão contados quanto os de Dulles. Kruschev continuou como líder da União Soviética até 1964, quando foi finalmente afastado por seus inimigos no Kremlin. Allen Dulles foi demitido pelo presidente John F. Kennedy depois do fiasco da Baía dos Porcos, em 1961.

William Colby, na época um oficial subalterno do serviço de inteligência e mais tarde diretor da agência, disse: "Este é exatamente o fim pelo qual os recursos paramilitares da agência foram estabelecidos. Porém, Eisenhower respondeu com um 'não' alto e claro. Desfizeram-se todas as dúvidas da CIA sobre a política de Washington para questões como esta. [...] Ficou definido de uma vez por todas que os Estados Unidos, embora comprometidos com convicção com a contenção dos soviéticos [...] não tentariam libertar nenhum dos Estados dentro da esfera."[29]

Às quatro da tarde, os insurgentes declararam uma vitória simbólica quando, sem uma luta sequer, ocuparam o quartel da polícia no coração industrial da Hungria, a "Csepel Vermelha". À mesma hora, Mikoian e Suslov se reuniam com os remanescentes do Partido Comunista Húngaro. Os dois soviéticos notaram uma mudança de comportamento do primeiro-ministro. Eles ainda estavam dispostos a aprovar a lista dos novos ministros de Nagy. Aprovaram as propostas feitas a eles, como as medidas de aumento do salário dos trabalhadores e outras concessões econômicas, mas pela primeira vez expressaram dúvidas sérias sobre Nagy em seus relatórios para o Kremlin. À tarde, em um telegrama assinado em conjunto, disseram que alertaram Nagy novamente a não dizer em público que as tropas soviéticas seriam retiradas: "Dissemos que consideramos isso um erro grave, uma vez que a saída das tropas soviéticas provocaria inevitavelmente a entrada das tropas americanas. [...] Temos que ficar de olho nas mudanças de humor de Nagy. Por causa de seu comportamento oportunista, ele não sabe onde estabelecer o limite. [...] De nossa parte, alertamos os líderes húngaros para não fazer nenhuma outra concessão, senão isto acarretará a queda das autoridades."[30]

Em Washington, o presidente Eisenhower estava pensando novamente em maneiras de diminuir os possíveis medos soviéticos de que os Estados Unidos interferissem na Hungria. Às 17h50, quase meia-noite em Budapeste, ele telefonou para seu secretário de Estado. Ele estava refletindo sobre a sugestão de Harold Stassen, de poucas horas antes, sobre os "Estados de fronteira" do bloco soviético, como a Hungria. "Eles não precisam ter medo da possibilidade de nós tentarmos incorporá-los à

OTAN ou forçá-los a fazer parte de nossas alianças. Queremos que eles tenham livre escolha. Tudo o que nós desejamos é que eles sejam estabelecidos nos mesmos moldes da Áustria." Na noite seguinte, Dulles faria um discurso de campanha em Dallas, no Texas. Ike lhe disse: "Eu acho que você deveria colocar algo sobre esta questão em seu discurso."

Dulles não gostava da idéia de uma Hungria neutra, por acreditar que isto não maximizaria os possíveis ganhos dos Estados Unidos. Ele também não estava disposto a negociar diretamente com os russos a respeito da Hungria "sem passar pelo Conselho de Segurança da ONU". Ele afirmou: "Nós podíamos promover uns diálogos de bastidores, durante a sessão do Conselho, que seriam mais ou menos legítimos." Ele disse que os ingleses queriam adiar todas as discussões sobre a Hungria até a Assembléia Geral do meio de novembro. Meia hora mais tarde, Dulles ligou para Lodge em Nova York sugerindo diálogos informais com os russos na ONU. "De qualquer ângulo, parece ruim", disse ele, referindo-se à crise que se anunciava no Oriente Médio. "Não sabemos o que os ingleses e os franceses concordaram em fazer, e eu acho que eles vão se unir para lutar." A respeito da Hungria, Lodge disse a Dulles: "Vamos perder muito se não fizermos nada."

Logo após as sete da noite, Ike e o secretário de Estado conversaram novamente. Dulles disse: "Estive pensando na sua idéia e fiquei imaginando se você aprovaria se eu dissesse algo no sentido de que tudo o que queremos é a independência legítima [dos Estados satélites] e que, no momento em que a conquistarem, toda a cena européia se transformaria e todo o problema da segurança européia seria ajustado." "Sim", disse Eisenhower. "A segurança total do mundo e da Europa pareceria estar a caminho. [...] Segundo o jornal da noite, parece que está se espalhando na Hungria." Dulles disse que iria enviar um telegrama a Selwyn Lloyd, ministro inglês das Relações Exteriores, sugerindo a Hungria como palco do próximo encontro do Conselho de Segurança, e justificou: "Para que os russos não façam grandes reprises e nos dêem a oportunidade de conversar com eles em particular." Eisenhower disse: "Diga a Lloyd que será terrível se formos omissos e não fizermos nada."[31]

VINTE E TRÊS

Sábado, 27 de outubro

A Rádio Budapeste ainda transmitia a sua versão incrível das notícias: os soviéticos continuavam a "liquidar a contra-revolução". Porém, iniciou as transmissões ao amanhecer em um estilo atipicamente poético: "Já basta de derramamento de sangue. Chega de ruas devastadas. Adoraríamos saber se nossos filhos e nossos familiares continuam vivos. Adoraríamos nos reunir novamente. [...] Adoraríamos desfrutar novamente da vida. Gostaríamos de não mais temer a morte. [...] Na Hungria, depois que a ordem for restaurada, a vida será mais bela, mais humana e mais húngara do que era antes."[1]

Embora fosse mais uma manhã de sol, todas estas esperanças pareciam infundadas no quarto dia da revolução. A luta sangrenta tinha deixado partes de Budapeste em ruínas. Károly Makk, estudante de cinema que registrou o levante para uma equipe de filmagem desde a manifestação de terça-feira, viu parte da devastação do alto de um balão:

> A cidade estava terrivelmente desfigurada. Em algumas áreas ao longo do Grande Bulevar, quase não se via um único prédio que não estivesse danificado ou totalmente destruído. As vias principais estavam cheias de buracos enormes feitos pelo bombardeio, e mal se podia passar por elas. As pessoas tinham arrancado tantos paralelepípedos de algumas outras ruas menores que era difícil passar por elas também. De uma manifestação, passamos quase instantaneamente para um tumulto e depois para uma guerra. O estado de espírito das pessoas mudou no sábado. Com certeza não havia muitos motivos para se sentir confiante, mas as pessoas se sentiam orgulhosas, mesmo as que apenas observavam o que estava acontecendo e não participavam diretamente. Tínhamos orgulho de termos resistido e não termos sido derrotados.[2]

Durante a noite, Budapeste permanecera tranqüila, enquanto os tanques russos se dirigiam para suas posições protegidas. Nas últimas três manhãs, a luta começava logo que os tanques começavam a patrulhar as ruas ao amanhecer. Neste dia, ouviram-se apenas uns poucos tiros isolados na periferia da cidade. O toque de recolher foi suspenso para que as pessoas pudessem comprar comida. A revolução mal tinha chegado à Hungria rural. Em alguns lugares, autoridades impopulares das fazendas coletivas foram afastadas ou decidiram partir por medo. Praticamente não houve luta. Entretanto, os produtos agrícolas não estavam sendo colhidos e entregues, como era feito normalmente pelo sistema de distribuição estatal central. Os camponeses traziam a comida diretamente a Budapeste e muitos deles demonstraram apoio ao levante simplesmente distribuindo a comida de graça. "Eles diziam que era a sua contribuição para a revolução. E esta era uma outra coisa espontânea a respeito do levante da qual nunca se ouviu falar. Os camponeses vinham em caminhões carregados de comida fresca e a distribuíam para os habitantes da cidade, e isto para eles era como um sonho se tornando realidade. Muitos em Budapeste nunca comeram tão bem quanto nos dias da revolução. É estranho se lembrar disto acontecendo no meio da luta, mas foi assim mesmo."[3]

Havia também fome por notícias. Os velhos jornais começaram a ser publicados novamente e foram revolucionados. O órgão comunista *Povo Livre* estava repleto de editoriais e colunas dos membros do Partido apoiando o levante. O jornal do sindicato, *Népszava* (A voz do povo), revelou detalhes sobre os privilégios concedidos aos líderes do Partido: residências gratuitas nas melhores partes da cidade, pagamento de serviço de babá para seus filhos e depósitos cheios das comidas mais refinadas, reservadas apenas para eles. O primeiro jornal independente, o *Igazsag* (Verdade), foi lançado no dia anterior e, depois dele, a cada dia surgiam outros. O jornal policial *Magyar Randor*, em sua primeira edição revolucionária, na manhã desse dia, estampou na primeira página a seguinte manchete: "Com o povo pela água e pelo fogo." Foram lançados também um jornal do exército, duas publicações estudantis de produção profissional e um jornal dos operários da "Csepel Vermelha".[4]

"As pessoas tinham sede da palavra impressa, como se tivessem acabado de atravessar um deserto", disse Dora Scarlett, funcionária da Rádio Húngara durante a Revolução. Ela era uma comunista fervorosa cujo compromisso com a causa fora abalado nos anos sob o governo de Rákosi. Os jornais novos geralmente eram compostos apenas de duas folhas impressas de um lado só. A distribuição era um problema, por isso eles eram afixados nos muros no centro da cidade. O principal centro comercial do Grande Bulevar "parecia uma sala de leitura pública". Cada cópia era compartilhada por dezenas de leitores. "Os muros e as vitrines das lojas estavam cheios de avisos, poemas, caricaturas e piadas."[5]

Em Mosonmagyaróvár, palco das terríveis atrocidades do dia anterior, um serviço precisava ser concluído. Por volta das dez da manhã, teve início uma outra manifestação. Uma multidão imensa se reuniu na frente do único hospital da cidade, e os manifestantes exigiram que os agentes da ÁVO, levados para lá sob a guarda do exército após o massacre, fossem entregues a eles. Eles queriam fazer justiça sumária. Um dos agentes morrera em decorrência dos ferimentos durante a noite, mas o tenente no comando do destacamento da ÁVO, József Stefkó, ainda estava vivo. Os manifestantes clamavam insistentemente para que ele fosse trazido até eles. Stefkó estava gravemente ferido e fora operado na noite anterior. Durante algum tempo, o cirurgião, sua esposa e Flora Polz, jovem operária e enfermeira voluntária no pequeno hospital, tentaram negociar com a multidão. Eles não deram ouvidos e finalmente o médico desistiu, encolheu os ombros e, apesar dos apelos de Flora Polz, entregou seu paciente para a multidão.

> Poucos minutos depois [...] saíram quatro homens carregando uma maca de um alojamento do hospital. Stefkó estava na maca, usando uma camisa azul. Suas pernas estavam cobertas por uma manta, e sua cabeça estava enfaixada. Eles passaram tão perto de mim que eu poderia tê-lo tocado. Ele estava totalmente consciente e sabia muito bem o que aconteceria com ele. Estava agitado e virava a cabeça de um lado para o outro, e tinha saliva nos cantos da boca. Quando a multidão viu a maca se aproximando, todos soltaram um grito de escárnio, de ódio e de raiva. Eles subiram na cerca de arame e cuspiram nele, gritaram e o

> chamaram de "assassino". Arrombaram o portão duplo, empurrando com toda a força, e se atiraram para dentro. Jogaram a maca no chão com violência, e atacaram Stefkó, chutando e pisoteando. A maioria das pessoas que participou do linchamento [...] era parente dos que ele tinha matado. Logo tudo acabou. Eles pegaram o corpo e o deixaram pendurado pelos tornozelos por um tempo em uma das árvores da rua Lenin. Depois de dez minutos, apenas umas poucas pessoas ainda estavam na frente do hospital.[6]

Imre Nagy ainda se encontrava ao menos 24 horas atrasado em relação à revolução, e seus esforços para alcançá-la estavam falhando. Às 11h18 da manhã ele anunciou o seu novo ministério. Saíram alguns da velha guarda — o jovem Hegedüs, o incompetente Piros e o cruel Bata, desejoso de que as tropas húngaras atirassem nos manifestantes. Foram substituídos por mercenários do Partido de rostos menos conhecidos, mas cuja lealdade sempre os levaria a seguir os passos de Moscou. Entraram alguns comunistas reformistas, como o novo ministro da Cultura, o respeitado filósofo Georg Lukács. A notícia com que Nagy, um tanto ingenuamente, esperava impressionar a nação era a nomeação de quatro não-comunistas, dois deles figuras bem conhecidas do passado. Se alguns destes nomes tivessem sido anunciados no primeiro dia da revolução, o público talvez tivesse demonstrado certo interesse, mas era, então, um pouco tarde demais.[7]

Com 350 tanques soviéticos nas ruas de Budapeste, mais de 325 civis húngaros mortos e 2.200 feridos na luta contra os soviéticos, o público não se importava muito com uma nova mudança no ministério ou com o fato de que um ex-socialdemocrata, József Bognár, fora empossado como ministro do Comércio Exterior.[8] O novo governo era natimorto. A lista era cautelosa demais, ainda contava com comunistas do antigo regime, e sua aparência de governo de coalizão não era muito convincente. Zoltán Tildy, o novo ministro de Estado apresentado como o suplente efetivo de Nagy, era a figura mais conhecida, mas não necessariamente pelo motivo certo. Ele não possuía o prestígio e o peso político que os comunistas supunham.

Ex-pastor calvinista, Tildy, de 67 anos, era grisalho, elegante, magro e astuto, e fora um dos líderes do Partido dos Pequenos Proprietários Rurais após a guerra. Ele foi presidente da Hungria entre 1946 e 1948, enquanto Rákosi implementava as "táticas de salame" que trouxeram os comunistas ao poder. Tildy era visto como um homem indeciso e fraco, que pouco fez para confrontar os comunistas. No período em que era presidente, seu filho Endre, diplomata em início de carreira no Egito, foi chamado de volta ao Ministério das Relações Exteriores, preso sob a acusação fraudulenta de espionagem e executado. Até onde se pode provar, Tildy jamais protestou contra um assassinato em sua própria família. Ele foi colocado em prisão domiciliar em 1948, numa demonstração de gentileza de Rákosi, que comentou que ele havia sido tão útil aos comunistas que seria uma lástima pô-lo na prisão. Tildy se vestia impecavelmente e cuidava com capricho de sua aparência elegante. Ele fora libertado havia apenas algumas semanas. A confiança que Nagy tinha nele, que se revelaria nos dias seguintes, era curiosa. József Kővagó, o ex-prefeito de Budapeste que conhecia bem a Tildy e sua esposa Maria, encontrou-se com eles no Parlamento logo após sua nomeação como membro do novo governo. "Enquanto nós conversávamos, eu fiquei pensando se os dois tinham idéia de quanto eram impopulares entre a população. Será que eles sabiam que as pessoas eram quase unânimes em não gostar deles, e que consideravam Tildy um dos traidores da nação? Fiquei imaginando se haveria uma maneira de contar isso a eles, e avisá-lo que ele deveria naquele momento segurar com mãos firmes o leme da vitória, senão o país nunca mais o perdoaria."[9]

O outro nome conhecido da lista era a única figura respeitada, e o público podia ter a certeza de que ele não faria concessões. O novo ministro da Agricultura era Béla Kovács, o corajoso e refinado secretário-geral dos Pequenos Proprietários Rurais, que nove anos antes havia sido capturado pelos soldados soviéticos, seqüestrado e deportado para um campo de trabalho na Sibéria. Ele retornou à Hungria e foi libertado da prisão da ÁVO em abril último. Seriamente doente, com problemas cardíacos, ele manteve uma postura reservada em Pécs, e dizia que lá o ar era mais puro. Sua nomeação não foi o que pareceu. Quando István Dobi, o presidente beberrão e traiçoeiro, lhe telefonou para oferecer o cargo, Kovács inicialmente aceitou. Depois, quando soube dos mercenários do Partido Comunista e dos ex-integrantes do governo que comporiam o Ministério com ele, telefonou para Nagy e renunciou, dizendo que não queria ter nada a ver com o novo governo.[10]

O ministro do Interior, Ferenc Münnich, era o mais intrigante dos velhos comunistas que Nagy trouxera de volta. Münnich era um homem de 69 anos de idade, acima do peso, que aparentava ser um marxista sombrio e ortodoxo da linha antiga. Na realidade, porém, era uma pessoa alegre, espirituosa e de personalidade encantadora. Contava histórias em várias línguas, bebia muito e era mulherengo. Era um grande sobrevivente, e a sua história se compara à causa do comunismo na Europa do século XX. "Só tenho de ter sorte de estar no pedaço de chão onde as balas não estão caindo", costumava dizer.[11] Aos vinte e poucos anos, trabalhou como secretário pessoal de Béla Kun. Conseguiu escapar junto com seu chefe para a Rússia quando Horthy tomou o poder em 1919. Lutou na Espanha e, com muita bravura, na Frente de Stalingrado. Ele esteve na unidade de batalha com Kruschev e sobreviveu ileso aos expurgos. Sem sombra de dúvida, era um agente da KGB. Após a guerra, Münnich retornou à Hungria com os outros "moscovitas" e foi chefe da polícia de Budapeste. Diferentemente de outros líderes comunistas pudicos do país, ele provocou um escândalo ao deixar sua esposa russa para ficar com sua secretária, trinta anos mais jovem que ele. Münnich foi um grande amigo de Nagy, quando estavam no exílio em Moscou. Até dois meses antes, o astuto Münnich, grande devorador de charutos, era embaixador da Hungria em Moscou e, até dez dias antes, era agente diplomático na Iugoslávia. Nagy o queria a seu lado para ajudar a negociar com os russos, e em particular com o agente local da KGB, o general Ivan Serov.[12]

Longe de reconquistar a confiança do público, e mais ainda dos grupos de defensores da liberdade que acreditavam então ser os detentores do poder em Budapeste, o novo governo foi recebido com vaias, uma nova onda de desobediência civil, um chamado de greve mais forte e centenas de telegramas de protesto. As rádios dos rebeldes das províncias rejeitaram os acordos oferecidos por Nagy. Em Miskolc, Földvári apoiou uma declaração que rejeitava o novo governo: "Nós, trabalhadores do Condado de Borsod, continuaremos com a nossa greve até que nossas exigências sejam atendidas." Em Pécs, em Győr e novamente em Miskolc, durante a tarde, os rebeldes falavam a mesma coisa: "Não, não, mil vezes não. [...] Imre Nagy deveria ter a coragem para se livrar dos políticos que só sabem governar com armas, usadas para reprimir o povo."[13]

A calma da manhã foi abalada ao meio-dia quando uma coluna de artilharia e tanques soviéticos se encaminhou para o Quartel Kilián e o beco Corvin. Os russos podiam ter feito algumas concessões políticas, mas então demonstraram que seus militares não fariam nenhuma. Maléter organizara uma defesa sólida do quartel. Ele enviara quase todos os novecentos engenheiros alistados que estavam no Kilián, quando ele chegou na quarta-feira, para outras missões em outros locais de Budapeste, e contava então com menos de 150 homens, mas todos eles eram soldados regulares. Ele tinha reforços entre os insurgentes do beco Corvin, espalhados pelo bairro e prontos para agir como atiradores de emboscada ou para lançar coquetéis molotov. Ele comandava poucos tanques, incluindo o que foi colocado no grande portão principal do edifício. A princípio, Maléter não acreditou na iminência de um ataque à sua fortificação. Ele telefonou para o novo ministro da Defesa, Károly Janza, um stalinista como o seu predecessor, e disse: "É assim que o governo tenta fazer concessões políticas? Se for assim, serei forçado a atirar nos russos."[14]

A batalha foi a mais furiosa da revolução e causou danos aos dois lados. Os tiros russos destruíram quase todas as janelas do quartel, mataram alguns homens de Maléter e dos rebeldes do Corvin e destruíram pelo menos seis prédios do Grande Bulevar e da avenida Üllői. Os atiradores de Maléter destruíram quatro tanques, e os defensores da liberdade do Corvin puseram fogo em um caminhão com suprimentos e inutilizaram um veículo blindado. Seis russos foram mortos, e os soviéticos se retiraram. Nenhum dos lados saiu vencedor — entretanto, como sempre aconteceu nos primeiros dias da revolução, cada batalha a que os rebeldes sobreviviam era de alguma maneira uma vitória que mantinha vivo o moral dos húngaros. A batalha fez Maléter se comprometer ainda mais com a revolução. Depois da batalha, ele disse: "Para nós não há escolha. Ou vencemos ou caímos. Não há uma terceira possibilidade. Confiamos em Nagy, mas não entregaremos as nossas armas a não ser para as tropas húngaras, e nos colocaremos imediatamente à disposição do novo governo se houver um que seja realmente digno do nome."[15]

Os russos tiveram que bater em retirada para se recuperar. Eles enfrentavam grandes dificuldades para derrotar os rebeldes em Budapeste. O segundo no comando das forças soviéticas, Malaschenko, reconheceu mais tarde as dificuldades daquele momento: "Cumprir a nossa missão e manter a ordem em Budapeste estava além de nosso poder." Assim como muitos militares ao explicar o fracasso, ele culpou os políticos e insinuou que eles tentavam fazer seus homens lutar com uma mão atrás das costas. Contudo, ele reconheceu que nem todos os seus soldados tinham estômago para uma luta na Hungria.[16]

Os jornalistas ocidentais que cobriam a revolução informavam a todo instante que aconteciam deserções soviéticas em massa, e a Radio Free Europe afirmava repetidamente que os soldados soviéticos estavam "mostrando o que pensavam do comunismo e dos seus mestres do Kremlin ao desertarem para o lado dos defensores da liberdade". O embaixador italiano na Hungria, Fabrizio Franco, escreveu em seu diário: "O bombardeio e os tiros de rifle nas ruas chegaram a um clímax às dez e meia da manhã, quando o levante se tornou uma batalha de grande escala. Ficamos sabendo [...] que os tanques soviéticos começaram a se confraternizar com os rebeldes e que uma batalha eclodiu entre os russos na Ponte da Corrente."[17]

Recentemente de volta a Budapeste, após anos de detenção em um campo de trabalho na Sibéria, o bispo Péterfalvy, prelado grego ortodoxo, disse: "Conversei com um soldado soviético que passou para o lado dos húngaros. Ele vendeu seu caminhão por três garrafas de rum. Muitos russos ficariam felizes se pudessem ficar na Hungria, porque muitos passaram a gostar daqui."[18] O bispo sem dúvida entendeu o que viu, mas houve pouquíssimas deserções. O general Sharatin, da cidade central húngara de Kecskemét, declarou a neutralidade de seus homens, com a condição de não serem atacados. Ele foi um dos poucos oficiais a serem disciplinados no lado soviético.[19] Um recruta russo de origem húngara, Matvey Janovich Lukacs, da 32ª Divisão de Guarda Mecanizada, com base em Békéscsaba, ausentou-se sem licença. Entretanto, retornou três dias mais tarde, sem suas botas e sem seu casaco, usando calças do exército húngaro, e foi condenado à prisão por uma corte marcial.[20] Após a revolução, apenas 59 russos foram dados como desaparecidos, um número pequeno para uma operação militar de tamanha dimensão. Mais tarde descobriu-se que quase todos eles haviam sido mortos.[21]

Peer de Silva, da agência da CIA em Viena, informou aos Estados Unidos suas dúvidas quanto às deserções soviéticas em grande escala, mas seus chefes não gostaram de ouvir. "As pessoas da sede pegaram a febre da época e se tornaram fãs ardorosos desta escola de jornalismo criativo. Eles me atormentavam para obter informações. Quando eu expliquei [...] detalhadamente por que não havia desertores soviéticos, recebi respostas irritadas dizendo que eu não estava sendo agressivo o suficiente."[22]

Mikoian e Suslov usavam sempre as mesmas expressões em seus telegramas para o Kremlin. "O comportamento dos soldados é impecável e a atmosfera é boa." Porém, os oficiais soviéticos estavam cientes de que seus homens estavam exaustos, desmoralizados e famintos. As tripulações dos tanques tinham a instrução para "viver da terra", um grande problema em uma cidade onde isto significava comprar comida nos armazéns e se tornar assim um alvo das guerrilhas urbanas. Os suprimentos das tropas russas eram extremamente escassos, o que explica parcialmente o seu desempenho fraco nas ruas de Budapeste. "Não há como superestimar o papel que a escassez de comida dos russos desempenhou em minar o seu próprio moral e em elevar as esperanças dos húngaros", disse um especialista militar.[23]

O exército húngaro desempenhou um papel confuso nos primeiros dias da revolução. Ainda havia um ultraconservador no comando, desejoso de se unir aos russos para esmagar a revolução. Mikoian e Suslov insistiam em que tinha de haver alguém "confiável" no comando, na opinião deles.[24] O novo ministro, o corpulento tenente-general Károly Janza, continuava a expedir ordens a seus oficiais para "liquidar os perturbadores" e a ameaçar com a corte marcial qualquer um que não as cumprisse. Mas ele não podia contar com suas tropas. Assim como Maléter, muitos se uniram aos insurgentes, lutaram bravamente e construíram reputações de heróis. "A maior parte do exército permanecia nos quartéis", disse Béla Király, que mais tarde se tornou comandante-em-chefe. "No geral, ficava a cargo de cada oficial tomar a sua própria decisão quanto ao que fazer, e geralmente eles levavam seus homens consigo. A atitude do exército em relação à revolução era um reflexo do sentimento popular generalizado na Hungria. [...] O exército partilhava do sentimento anticomunista e anti-soviético que dominava o país."[25]

Entretanto, isso não se passava com todos os soldados. O oficial húngaro mais graduado a lutar contra os rebeldes foi um comunista singular e fanático de 44 anos, formado em Moscou, e que durante a revolução matou dezenas de seus conterrâneos em uma batalha firme para restaurar a velha ordem. O coronel-general Lajos Gyurkó comandou o 3º batalhão do Corpo do Exército, com base em Kecskemét. No primeiro dia do levante, ele prometeu à liderança do Partido Comunista lutar com toda a força "para garantir que o Terror Branco que se seguiu à república soviética de 1919 não se repita". Ele ameaçou executar qualquer dos homens sob seu comando que se recusasse a obedecer às suas ordens. Ele foi cruel ao tentar suprimir a revolta. Dois dias antes, ele enviara 150 soldados para as ruas com ordens para atirar nos manifestantes que planejavam a marcha. O protesto foi cancelado. Ele era uma figura extremente alta e de boa aparência. Era um líder popular, inspirador à sua maneira, que impunha lealdade entre seus homens, apesar de sua política. Seus homens respeitavam o seu caráter decidido e franco. Naquela tarde, por volta das quatro horas, uma multidão de cerca de quinhentos jovens marchou ao centro de uma pequena cidade da Hungria central, Tiszakécske. Eles desfraldaram a nova bandeira revolucionária, cantaram o hino nacional e derrubaram todas as estrelas vermelhas que encontraram. Assim que chegaram ao espaço aberto da praça principal, um avião de caça MIG do exército húngaro, sob as ordens do coronel-general Gyurkó, voou e atirou nos manifestantes, matando 17 e ferindo 110. Depois, naquela mesma tarde, ele ordenou outros ataques em duas cidades onde estavam acontecendo alguns problemas, segundo fora informado.*[26]

* Ele talvez tenha sonhado com uma carreira melhor após 1956, a julgar por sua lealdade. No começo de 1957, foi nomeado chefe da divisão de treinamento do Ministério da Defesa e, do final de 1957 até sua demissão em 1960, comandante dos guardas da fronteira. Depois disso, foi nomeado gerente do Centro de Engorda de Porcos de Nagytétény, e mais tarde trabalhou em um posto de gasolina. Morreu em 1979.

O primeiro-secretário da embaixada norte-americana, Spencer Barnes, testemunhou grande parte da luta. Ele teve de enfrentar manifestantes furiosos em frente à Legação Americana exigindo ações da parte de Washington. Sua solidariedade mais profunda era para com os revolucionários, e a sua opinião era a de que, do ponto de vista dos interesses norte-americanos, os Estados Unidos deveriam apoiar os insurgentes com mais firmeza. Ele escreveu a seus superiores em Washington pressionando por uma política mais visível. "A Legação crê fortemente [...] que o governo dos Estados Unidos deve levar este caso à ONU e usar toda a sua influência para mobilizar a opinião mundial." Ele recomendou que o governo refletisse sobre o envio de ajuda material aos rebeldes. "A emergência desta tremenda revolta contra o domínio soviético justifica correr algum risco."[27]

Eisenhower tinha aversão ao risco. À uma da tarde em Nova York, os Estados Unidos, a Inglaterra e a França pediram oficialmente ao Conselho de Segurança da ONU para discutir a questão da Hungria, onde as forças soviéticas "estavam reprimindo violentamente os direitos do povo". Entretanto, Eisenhower não pretendia fazer nada além disso. Ele e Dulles conversaram por telefone durante a manhã e concordaram que ainda sabiam muito pouco sobre o que realmente estava acontecendo na Hungria, e que só tinham condições de levantar hipóteses sobre o possível desfecho do levante. Dulles alertou o presidente para não demonstrar nenhum apoio entusiasmado a Nagy. "O governo de Nagy [...] é composto de algumas pessoas más, ligadas à escola de Molotov", disse ele. Este era um ponto importante. Nagy tinha uma reputação fraca nos Estados Unidos, e os norte-americanos jamais o apoiaram. Eles o viam como um comunista formado por Moscou, o que era verdade. Porém, eles não conseguiram enxergar além de seu rotundo aspecto exterior e sua aparente ortodoxia partidária.[28]

O secretário de Estado estava prestes a voar para Dallas para fazer o seu maior discurso de campanha da eleição, e o presidente e Dulles revisaram o texto. Eisenhower aprovou particularmente o ponto crucial do discurso sobre as relações com a União Soviética. "Gostaria de deixar isto claro, acima de qualquer possibilidade de dúvida", Dulles diria mais tarde aos fiéis republicanos do Texas, em uma passagem claramente direcionada aos líderes soviéticos do Kremlin. "Os Estados Unidos não têm nenhuma intenção oculta ao desejar a independência dos países satélites. Nosso desejo mais puro é que estas pessoas, de quem tanto procede o modo de viver do nosso país, tenham sua soberania restaurada e governos de sua própria escolha. Não vemos estes países como aliados militares em potencial. Nós os vemos como amigos e como parte de uma Europa novamente amiga e não mais dividida. Acreditamos que sua independência [...] contribuirá imensamente para o estabelecimento da paz em toda a Europa, no Ocidente e no Oriente." Esta era a mensagem mais importante que Eisenhower queria enviar a Moscou. Nos dias seguintes, exatamente as mesmas palavras seriam usadas por outros na administração para que os chefes do Kremlin não as interpretassem erroneamente.[29]

Tarde da noite, Nagy estava reunido em seu escritório da rua da Academia com seus assessores mais íntimos, Losonczy, Donáth, seu secretário József Szilágyi e alguns dos jornalistas do seu grupo de oposição durante o tempo em que esteve afastado da política. Tildy se encontrava lá também. Apesar de ser novo no grupo, era uma figura a quem Nagy parecia confiar instintivamente. Nagy finalmente chegara à conclusão de que a tentativa de seguir um caminho moderado — sua estratégia dos últimos cinco dias — não estava funcionando. Ele continuava a afirmar que tentara ser a "ponte" entre os grupos revolucionários e as várias facções do Partido. Eles caminhavam em direção a ele, mas nunca ficaram do mesmo lado.

Ele persuadira alguns de seus apoiadores a tentar fazer campanha para o novo governo. Eles eram incentivados a adotar a seguinte posição: como o ministério de Nagy já fora empossado, não havia razão para continuar a luta. Gyula Háy, uma figura popular entre os jovens e uma das inspirações intelectuais da revolução, disse no rádio à noite: "Precisamos começar a usar métodos pacíficos sem mais demora. A luta armada deve parar imediatamente. Nem mesmo as manifestações pacíficas são apropriadas neste momento, porque elas podem ser mal interpretadas."[30] Dentro de poucas horas ficou evidente que a hora para apelos à moderação já havia passado. Háy foi ignorado, assim como outros. "Os escritores e os intelectuais perderam a importância durante a revolução no momento em que foram disparados os primeiros tiros."[31]

Em Győr, Szigetthy, cada vez mais influente, estava conseguindo mais apoio radical. Naquela noite, ele disse: "Embora Nagy tenha o apoio da nação, isto não é o suficiente. As armas soviéticas continuam em atividade em Budapeste. Com armas nas mãos, o povo já pronunciou seu julgamento e as tropas soviéticas devem ser retiradas."[32]Outros rebeldes tinham exigências ainda maiores. Alguns já pediam a saída da Hungria do Pacto de Varsóvia e uma declaração imediata de neutralidade. A esperança de Nagy era persuadir Mikoian e Suslov a concordar com um cessar-fogo. Sem isso, ele não conseguiria convencer os defensores da liberdade de que os soviéticos iriam ao menos retirar suas tropas da linha de frente, como um primeiro passo. Ele achava que ao menos tinha uma boa chance de conseguir isso. Porém, seria bem mais difícil explicar a sua decisão mais importante. Nagy, o comunista leal, decidira aceitar quase todas as exigências dos insurgentes. Ele não iria mais seguir a revolução. Ele tentaria liderá-la.[32]

Quase à meia-noite, Nagy reuniu-se com os dois emissários soviéticos, que estavam em Budapeste por quatro dias com pouco a mostrar do que tinham feito. Eles haviam chegado a um impasse nas operações militares e políticas. Nagy, entretanto, havia conseguido um aliado, ou pelo menos alguém que o aparentava ser. Pela primeira vez, o outrora despretensioso chefe do Partido, János Kádár, surgiu como um ator importante nos acontecimentos. Tendo passado por vários governos e desempenhado diversos papéis no Partido, Kádár era mais conhecido como um *apparatchik* organizado e eficiente, que sobrevivera usando a estratégia diplomática de manter silêncio o máximo possível. Nagy costumava dizer que "Kádár nasceu em cima do muro".[33] Porém, Kádár começou então a impressionar os dois soviéticos, particularmente a Mikoian. Tal como Nagy, Kádár fez um apelo contundente por um cessar-fogo, mas argumentou com vigor a favor de um acordo político que considerava possível se os extremistas de ambos os lados fossem efetivamente removidos. Uma vez que a luta terminasse, ele pretendia dissolver a odiada ÁVO. Ele queria discutir o futuro a longo prazo das tropas soviéticas na Hungria. Propôs uma anistia para todos os revolucionários que lutaram nos últimos quatro dias. Isto pareceu a Nagy um apoio vital em um momento vital. Eles não eram amigos, mas, do ponto de vista de Nagy, o mais importante era que uma voz sensata e confiável, de um cargo elevado do Partido húngaro, propusesse um acordo moderado, que não humilharia nenhum dos lados ao aceitá-lo.

A reunião durou poucos minutos, e Kádár falou a maior parte do tempo, mas a essência do acordo foi acertada pouco antes da meia-noite. Havia dois obstáculos. O primeiro, revelado a Kádár e Nagy, era de que Kruschev teria de concordar. Eles receberiam uma resposta do Kremlin no meio da manhã seguinte. O segundo não foi contado aos dois húngaros. Os soviéticos planejavam tentar primeiro um grande ataque contra os rebeldes armados, em uma tentativa de conquistar uma vitória militar.

VINTE E QUATRO
Domingo, 28 de outubro

Imre Nagy foi acordado antes das seis da manhã por um telefonema desesperado de Géza Losonczy. Ele fora informado de que os soviéticos, juntamente com uns poucos elementos do exército húngaro ainda leais à velha ordem, planejavam um ataque maciço às principais fortificações rebeldes para esmagar a revolução de uma vez por todas. "Seria um desastre, uma ruína, se isto acontecesse", disse o emocionado Losonczy. Significaria o fim de tudo pelo qual tinham trabalhado nos últimos anos, não apenas nos últimos dias. "'Tio Imre', você precisa dar um fim nisso."[1] Para um homem que sobreviveu tanto tempo no ninho de cobras stalinistas, Imre Nagy conseguia às vezes ser extraordinariamente crédulo. Ele sabia que altos oficiais do Exército Vermelho e o "comitê militar" húngaro de generais desprestigiados e leais a Moscou haviam discutido sobre um possível ataque aos insurgentes. Porém, assim como Kádár, Nagy acreditava que, em sua conferência de poucas horas antes, tarde da noite, ele havia chegado a um acordo político com os representantes do Kremlin, e que o ataque planejado fora cancelado.

Mais tarde, ele recebeu a confirmação da notícia. Uma coluna de mais de cinqüenta tanques russos tomava posição ao longo do Grande Bulevar, com mais grupos de artilharia e munições extras, em uma demonstração de força pelo centro de Budapeste. A idéia era varrer a resistência nas duas fortalezas da independência nacional, no Quartel Kilián e no beco Corvin. Havia também ataques secundários planejados para outros pequenos grupos de combatentes rebeldes na praça Boráros, próxima da Estação Ferroviária Oeste, e na rua Tűzoltó, perto do Museu Nacional. Os russos estavam convencidos de que, se uma destas duas fortificações caísse, o ânimo dos húngaros desfaleceria, eles abandonariam as esperanças, e a rebelião simplesmente se desfaria.[2]

Momentos depois de falar com Losonczy, o ministro da Defesa Janza pediu a aprovação de Nagy para o ataque. Janza, que passara longos anos em escolas de treinamento militar na União Soviética, disse que era importante que os soldados húngaros tivessem uma participação ativa na "restauração da ordem" em Budapeste.[3] Nagy ficou estarrecido. "Eu proíbo isto absolutamente", afirmou. "Não atirem nos prédios residenciais, pois isso criaria uma situação muito difícil. Não prossigam com o plano desta maneira. Evitem derramamento de sangue em massa. Tenho medo das conseqüências. Renunciarei como primeiro-ministro se esta idéia for levada adiante. Não darei cobertura política a um massacre. Números incontáveis de civis podem morrer. É preciso usar outros métodos."[4]

Os soldados húngaros não estavam dispostos a participar da operação, mas pela manhã, sob extrema pressão de seus oficiais superiores, tiveram pela primeira vez a impressão de que seriam forçados a obedecer. Janza disse a seu chefe do Estado-maior, László Tóth, para ao menos tentar reunir o maior número possível de seus homens para o ataque. Tóth sempre fora leal ao antigo regime e estava convencido de que no final os russos iriam prevalecer contra qualquer desafio real imposto pelos rebeldes. Apesar disso, nesta ocasião ele levantou sérias dúvidas, dizendo ao ministro: "Esta é uma operação totalmente despreparada, que arrisca as vidas dos homens e não tem nenhuma chance de sucesso."[5] Porém, o coronel András Márton, chefe da academia militar de elite Zrinyi e um dos oficiais mais competentes do exército húngaro, recebeu ordens para obedecer. Ele também se recusou: "Nem atado vou levar as unidades para o matadouro", afirmou. "Este tipo de operação, que envolve a matança de soldados e civis, significaria um massacre, e tem de ser evitado a qualquer custo." Nenhuma tropa húngara participou.[6]

Os russos se viram em um dilema, que eles próprios tornaram pior ao hesitar. Seus tanques estavam quase à distância de tiro de seus alvos principais, mas as armas permaneceram silenciosas quando começaram as negociações críticas. Por volta das seis e meia da manhã, Nagy conversou com o embaixador russo, Andropov, e logo depois com Mikoian. Poucos minutos depois, falou com Kruschev. Nagy repetiu suas ameaças de renunciar se fosse lançado um grande ataque contra os insurgentes.[7] Ele disse que não seria responsável pela matança que poderia resultar do ataque.[8] Kruschev suavizou o tom e garantiu ao húngaro que não havia necessidade de um gesto dramático como a renúncia, "que só tornaria as coisas piores".[9] Os soviéticos não podiam perder Nagy. Ele era a sua única esperança de um acordo pacífico, e eles tinham consciência disso. Entretanto, os russos não tinham uma estratégia clara e enviavam continuamente sinais contraditórios e confusos. Eles sabiam que não estavam preparados para deixar a Hungria sair do campo soviético, mas não tinham nenhuma idéia do quanto estavam dispostos a abrir mão para chegar a um acordo.

Mikoian e Kruschev queriam elaborar um acordo como a *solução polonesa,* que conservasse a essência do domínio soviético, permitisse um pouco de mais autonomia à Hungria e mantivesse afastada até certo ponto a possibilidade de retirada das tropas russas. Suslov recebeu ordens para regressar imediatamente a Moscou, pela manhã, para fornecer um relatório em primeira mão da linha de frente em Budapeste.[10]

Simultaneamente aos diálogos de acordo político, os soldados estavam fazendo estranhas movimentações, difíceis de explicar em termos militares. Contrariamente ao esperado, eles não cessaram por completo o ataque pesado que planejaram. Em vez disso, eles retiraram mais de um terço de sua força e lançaram um ataque sem convicção. Em uma batalha de duas horas contra os homens de Maléter, perderam três tanques e grande parte de seu prestígio. Derrotados, se retiraram e concordaram com um cessar-fogo. Os russos sentiram muito o pedido de paz. Laschenko, o comandante do Corpo Especial soviético na Hungria, e o seu braço direito, o tenente-general Malaschenko, culparam o exército húngaro, por ter se recusado a lutar, e os comunistas húngaros, por falta de determinação para ficar no controle. Malaschenko disse que eles não tinham força suficiente no solo. "O governo húngaro nos fez pedidos contraditórios. Basicamente, pediram que nossas tropas não atirassem, não se envolvessem ativamente nas operações, mas que cumprissem a missão iminente", afirmou ele.[11]

Havia boas razões para o fracasso russo em esmagar a revolução. A principal delas era que eles não tinham um objetivo claro, além de policiar uma cidade de um milhão e meio de habitantes, sendo que quase todos eles desejavam a saída dos soviéticos.[12] Nenhuma desculpa conseguia esconder o constrangimento dos comandantes militares russos, embora os soldados se sentissem aliviados com o cessar-fogo. Os soldados tinham passado por uma provação e, até então, cerca de quinhentos já haviam sido mortos.[13] Eles estavam exaustos, famintos, e precisavam de um descanso. A primeira queda de temperatura do inverno chegara, e eles sentiam frio. Quando os soviéticos retrocediam, eles não podiam nem mesmo se arriscar a enterrar seus mortos, porque os atiradores de emboscada disparavam contra qualquer soldado russo que ousasse pôr a cabeça para fora da torre de tiro do tanque. Os corpos dos soldados soviéticos simplesmente ficavam onde caíam e eram depois cobertos com cal.

Neste domingo, os húngaros participaram de funerais comoventes durante o dia, o que aumentou a emoção do levante e renovou o ânimo dos rebeldes. Poucos dias antes, era inconcebível que a segunda superpotência mundial pudesse ser completamente subjugada por grupos de combatentes amadores sem treinamento, mal armados, muitos dos quais ainda adolescentes. A revolução inflamou a imaginação do mundo. Nas capitais do Ocidente, houve manifestações de apoio aos valentes húngaros que tiveram a coragem de desafiar a União Soviética.

Os magnatas soviéticos precisavam pôr um fim ao impasse húngaro. O levante foi a maior ameaça que eles haviam até então enfrentado do império que eles haviam conquistado havia pouco mais de uma década. O ar de crise no Kremlin era palpável. Como era de se esperar, a primeira reação que tiveram foi brigar entre si e culpar uns aos outros pela "capitulação" em Budapeste.

Kruschev dissera a Nagy cedo de manhã, em seu estilo expansivo, alegre e cheio de afabilidade, para não se preocupar. Ele insistiu que o cessar-fogo iria continuar por parte dos russos, e expediu uma ordem aos comandantes militares para assegurar que isto acontecesse. Contudo, apesar de ter firmado este compromisso, ele necessitava da aprovação dos outros líderes soviéticos, o que era algo imprevisível. As sérias divisões e as rivalidades pessoais em Moscou tornavam a tomada de decisões um processo demorado de uma intrincada troca de favores. Os potentados soviéticos finalmente concordaram com o cessar-fogo em Budapeste, depois de um encontro doloroso de muitas horas, que teve início ao meio-dia e foi interrompido por ligações feitas a Mikoian na capital húngara.

As divisões que surgiram inicialmente no dia em que Stalin morreu tinham se aprofundado, e, como os interesses eram muito altos, as discussões se tornaram mais ácidas. Os extremistas começaram o ataque. Voroshilov, ainda invariavelmente vestido com seu uniforme coberto de medalhas, culpou os dois emissários enviados a Budapeste cinco dias antes, mas particularmente o seu inimigo jurado, Mikoian, pela "situação ruim" na Hungria. "Eles são mal informados. Mikoian não consegue cumprir sua missão. [...] Agimos corretamente ao enviar as tropas. Não devemos ter pressa em retirá-las. Não devemos retirálas, mas agir de maneira decisiva."[14] Molotov refletia e ansiava por um movimento capaz de desestabilizar Kruschev na primeira oportunidade que aparecesse. "As coisas estão ficando fora de controle na Hungria", disse ele. "Mikoian e Suslov estão oferecendo calma e tranqüilidade enquanto as coisas pioram terrivelmente. Nagy na verdade está falando contra nós." Kaganovich foi simples, direto e previsivelmente sem imaginação: "É preciso agir com firmeza contra os focos de resistência. Não podemos recuar."

Depois os moderados intervieram. O marechal Jukov, que poucos dias antes era totalmente favorável ao envio de tropas, se mostrou então bem mais conciliatório. "Não é justo criticar Mikoian agora. A situação se tornou bem diferente do que nós imaginamos quando decidimos enviar as tropas. Precisamos demonstrar flexibilidade política. Devemos manter as tropas em prontidão total [...], mas a questão da retirada das tropas da Hungria [também] precisa ser considerada. Nós devemos retirar as tropas das ruas de algumas áreas de Budapeste." Ao ouvir isto, Voroshilov se inflamou e sua crítica se tornou mais áspera: "Os serviços secretos norte-americanos estão mais atuantes na Hungria do que os camaradas Suslov e Mikoian. Nós enviamos os dois para lá para não fazer nada."

Kruschev o acalmou e o fez lembrar que eles deveriam se concentrar no que fariam a seguir e não em fazer recriminações sobre o passado. Porém, Voroshilov continuou a demonstrar sua indignação. Nikolai Bulganin, elegante e de cavanhaque, se via como o candidato "moderado" a assumir o poder se Kruschev caísse. Ele imaginava o que poderia acontecer se eles permitissem que o novo governo da Hungria se desintegrasse. Segundo ele, no momento eles deveriam apoiar Nagy e Kádár: "Caso contrário, teremos que realizar uma ocupação, e isto nos colocará em uma empreitada duvidosa."

Suslov, convocado a voltar de Budapeste em caráter de urgência, veio diretamente do aeroporto e chegou no meio da discussão agonian-te. Por causa de sua posição de stalinista inflexível e bom conhecedor da Hungria e dos outros Estados satélites, sua voz era muito influente. Ele surpreendeu a todos ao pedir com firmeza que dessem mais tempo a Nagy para formar um governo estável, contanto que continuasse sendo um governo essencialmente comunista. "No momento, a opinião popular a respeito das nossas tropas é ruim, e está piorando" por causa do massacre da praça do Parlamento, disse ele. "Não há outra alternativa, a não ser apoiar Nagy. É uma necessidade."

Kruschev fizera reconsiderações sobre a intervenção com tropas logo no começo do levante, e queria evitar fazê-lo novamente. "Nós teremos que prestar contas de muitas coisas se não enfrentarmos os fatos. Teremos um governo na Hungria que estará do nosso lado, ou um que [...] estará contra nós, e que pedirá que retiremos todas as tropas do país. O que faremos então? [...] Capitular? Não há uma liderança firme em Budapeste. O levante já se espalhou pelas províncias. As tropas deles podem passar para o lado dos rebeldes." Ele disse que enfrentavam uma série de escolhas duras, mas que, enquanto não fizessem muitas concessões, havia a chance de "manter o controle". "Eles não podem ir longe demais. Vamos continuar com o cessar-fogo, mas não vamos alimentar ilusões. Nós estamos salvando as aparências."

Ele encerrou sua fala com um comentário intrigante. Aparentemente ele sabia de um ataque iminente ao Egito e via nisto uma oportunidade. "Politicamente isto é benéfico para nós. Os ingleses e os franceses estão em meio a uma verdadeira confusão no Egito. Não devemos ser associados a este mesmo grupo."[15]

O cessar-fogo foi anunciado no rádio às 13h20, e teve celebrações contidas a princípio. As pessoas não tinham certeza se a trégua duraria. Ainda assim, este foi o dia em que a revolução se tornou bem mais direta — e o papel de Nagy, confuso e indistinto nos últimos cinco dias, bem mais claro. Mais uma vez ele agiu pelo menos com um dia de atraso, mas nesta ocasião Nagy abraçou a revolução. Ele era um herói relutante, mas sua reputação como líder inspirador que sacrificaria tudo pela causa da liberdade se firmou a partir de suas ações deste ponto em diante.

Nagy encontrou-se com Mikoian aproximadamente na hora em que a trégua foi declarada. Ele exigiu do armênio muito mais liberdade para lidar com os stalinistas remanescentes na sede do Partido Comunista da rua da Academia. Mikoian concordou, e dentro de poucas horas os membros odiados e mais comprometidos com o antigo regime — incluindo Ernő Gerő, o ex-ministro do Interior László Piros e o ex-ministro da Defesa István Bata — foram embarcados em um avião para Moscou, sem mal ter tempo de arrumar as malas. Esta foi uma doce vitória para Nagy.[16] Depois disso, os dois entraram em detalhes sobre o discurso que Nagy planejava fazer mais tarde à noite, o qual ele descreveu como o pronunciamento mais importante de sua vida. Uma vez mais Mikoian parecia satisfeito, e assegurou ao líder húngaro que Moscou confiava nele e que os líderes do Kremlin o apoiariam.

Os soviéticos tiveram o cuidado de aparar uma outra aresta importante. Em 23 de outubro, quando Gerő solicitou o envio das tropas russas a Budapeste, Kruschev concordou, sob a condição de que os húngaros fizessem um pedido oficial por escrito. O governo soviético ainda não recebera nada e queria então acertar este assunto. Os detalhes completos sobre quem assinou a carta foram esclarecidos apenas recentemente, quando os arquivos soviéticos foram abertos.[17] Os russos foram cuidadosos a respeito da questão sobre quem pediu o envio das tropas e quando foi feita a solicitação, porque o Conselho de Segurança da ONU iria discutir em breve a situação na Hungria. Se não houvesse nenhum pedido oficial, os soviéticos estariam agindo ilegalmente na condição de agressores. Isto era mais do que um mero pormenor legal. Em termos de relações públicas, poderia ser muito constrangedor para os soviéticos. Andropov, o inflexível embaixador soviético, estava começando a desempenhar um papel vital na supressão da revolução. Ele recebeu a ordem de cuidar da questão menor, mas potencialmente problemática, da carta que faltava.

Andropov era um homem alto, grisalho e de olhos azuis intensos, uma figura enigmática que, ao andar, parecia deslizar. Ele provocava as mais variadas reações. Foi escolhido no começo de sua adolescência, quando era um funcionário ambicioso, e foi educado nas escolas e faculdades mais prestigiadas do Partido Comunista. Primeiramente, os trabalhos diplomáticos, especialmente em um país satélite como a Hungria, pareciam o fim da linha para um *apparatchik* ambicioso e decidido. Entretanto, ele estava tentando se reerguer após um obstáculo incômodo que bloqueara o seu caminho. Ele era o segundo secretário da República da Carélia Finlandesa em Petrozavodsk, e tudo parecia correr bem em sua trajetória. Então, em 1950, seu mentor e chefe imediato Gennady Krupnarev foi preso sob acusações de má administração financeira e incompetência. A reputação de Andropov ficou manchada por sua ligação a Krupnarev. Ele foi rebaixado a um cargo subalterno no secretariado do Comitê Central em Moscou, e aos poucos conseguiu se reabilitar. Enviado a Budapeste em 1954, inicialmente como primeiro-secretário, em poucos meses ele assumiu o cargo de embaixador.[18]

Ele e sua esposa Tatiana eram muito populares em Budapeste. Andropov aprendeu o húngaro, e seu filho Igor e sua filha Irma freqüentavam escolas locais e fizeram amizade com crianças húngaras. Ele viajava com freqüência pelo interior do país. A família passava as férias na “Riviera” húngara no lago Balaton. Ele causava grande sensação como embaixador. O chefe da força policial de Budapeste, Sándor Kopácsi, recordou que em recepções formais Andropov costumava chamar a orquestra cigana da banda da polícia e cantar com sua boa voz de tenor. Ele gostava de canções nostálgicas, e a sua música húngara favorita era uma balada sobre uma garça que perdeu seu companheiro de toda a vida e voou para longe, sobrevoando sem rumo terras distantes. Ele gostava de flertar com as mulheres, incluindo Ibolya, a bela esposa de cabelos negros de Kopácsi.[19]

Andropov aparentemente se apresentava como um reformador, mas era difícil saber sobre quais bases se assentavam suas reformas. Diferentemente de seu predecessor, Kisilev, e ao que parece contrariamente às instruções de Moscou, ele apoiava Rákosi contra Nagy; não respeitava Nagy nem política nem pessoalmente.

A primeira coisa que as pessoas notavam em relação a ele é que ostentava um sorriso permanente que o tornava ainda mais inescrutável. Ele se vestia bem, era um anfitrião atencioso e tinha maneiras impecáveis. "Ele não era um caipira russo, e sim um dândi soviético."[20] Ele dava a impressão de nunca levantar a voz. Aparentava ser tolerante e liberal, de uma nova linhagem de oficiais soviéticos, nem um extremista nem um colonialista severo, totalmente diferente dos que os húngaros estavam acostumados a ver. Até mesmo alguns húngaros radicais chegaram a acreditar que Andropov estava do lado deles.[21] Entretanto, Miklós Vásárhelyi, que em breve reaveria seu antigo cargo de assessor de imprensa de Imre Nagy, não se deixou enganar. Para ele, Andropov parecia ser uma presença ameaçadora. "Andropov era taciturno e reservado. Era muito disciplinado, falava muito pouco, e não era como o seu predecessor Kisilev, um homem que falava sobre tudo. Andropov não fazia intrigas em uma cidade onde havia muita."[22]

Nos últimos dias do levante, ele desempenhou o papel de olhos e ouvidos do Kremlin. Como disse Kruschev tempos depois, por um breve período depois do cessar-fogo Andropov foi o homem que sozinho substituiu o exército soviético na tarefa de obter informações sobre Budapeste.[23] Andropov iniciou sua missão delicada de conseguir um pedido de ajuda militar soviética, tentando persuadir Nagy a assinar uma carta com data anterior pedindo à URSS "o envio de tropas para pôr um fim nos tumultos [...] em Budapeste [...] e restaurar a ordem o mais rápido possível". Nagy recusou com firmeza e disse que não era primeiro-ministro quando o pedido foi feito. Entretanto, Andropov encontrou um cúmplice disposto a cooperar. Ele convenceu o odiado Hegedüs, o adulador de Gerő e Rákosi, a assinar a carta, cinco dias após a chegada das primeiras tropas a Budapeste, mas com data do dia 24 de outubro.*[24]

* Depois de 15 anos como chefe da KGB, Andropov finalmente chegou ao topo em novembro de 1982, quando sucedeu Brejnev como secretário-geral do Partido Comunista Soviético. Ele era então um homem enfermo, com uma doença séria nos rins, e sobreviveu apenas 15 meses no poder absoluto.

O presidente Eisenhower não poupou sacrifícios para evitar um confronto com os soviéticos em relação à Hungria. Se por acaso Ike chegou alguma vez a acreditar no "retrocesso do comunismo" ou na "libertação dos povos cativos", o que é de se duvidar, ele já perdera a fé tempos atrás. John Foster Dulles acreditava, mas era absolutamente leal ao presidente e jamais teria conspirado a favor de uma abordagem mais enérgica que fosse contra a vontade de Ike.

Não havia nada de desonroso na política de Eisenhower. Muito pelo contrário, ela era extremamente sensata, e o presidente teria seguido o mesmo caminho se a crise húngara tivesse começado poucos dias após a eleição, e não poucos dias antes. Contudo, a administração foi acusada de cinismo. Um dos grandes admiradores de Ike considerou isto uma mancha em sua ótima reputação:

> Os acontecimentos espontâneos na Hungria eram imprevisíveis, mas eram esperados há muito tempo, ao menos do ponto de vista retórico. Na administração, era um artigo de fé que mais cedo ou mais tarde o povo cativo se levantaria contra seus senhores. Os Estados Unidos previram uma revolta e a encorajaram, mas, quando a revolta chegou, eles não tinham planos preparados. Não havia nada que pudessem fazer. Não havia comércio entre a Rússia e os Estados Unidos, de maneira que eles não podiam usar nada para negociar. Não havia nada, a não ser apelar para o tribunal da opinião mundial, que Eisenhower poderia convocar sobre a questão da URSS na Hungria. O presidente sabia disso e estava ciente há muito tempo, e isto fez com que toda a conversa republicana dos últimos quatro anos sobre "libertação" parecesse tão hipócrita.[25]

O presidente e seus homens sempre negaram seu papel na Revolução Húngara. Não há dúvida, porém, de que as autoridades da América oficial encorajaram os revolucionários a continuar lutando e a acreditar no apoio dos Estados Unidos, quando em Washington se sabia bem que os húngaros não receberiam nenhuma ajuda material.

Muito do encorajamento veio da Rádio Europa Livre, ouvida regularmente durante o levante por mais de 80% da população húngara. Todos os dias, os controladores da CIA da estação na Park Avenue, em Nova York, enviavam uma série de instruções de "linhas políticas a serem seguidas" à redação em Munique. Nos primeiros dias da revolução, Washington tentou descobrir o que estava de fato acontecendo em Budapeste. As transmissões da REL no geral se prendiam às reportagens factuais e comentários moderados, com palavras cuidadosamente selecionadas. Isto mudou a partir do dia do cessar-fogo, quase como se os locutores não quisessem que a trégua durasse. Hoje existem poucas gravações das transmissões da REL durante a revolução, e as transcrições são em número ainda menor. Porém, as que sobreviveram mostram um tom belicoso que insta os defensores da liberdade a prosseguir.[26]

As mais incendiárias eram as conversas de dois exilados húngaros que se chamavam de "assessores militares", as quais fornecem indicações detalhadas sobre a luta dos guerrilheiros. Uma delas, de um ex-soldado húngaro, Gyula Litterati-Lootz, explicava com precisão como fazer um coquetel molotov, recomendava atirar granadas dentro das torres de tiro dos tanques soviéticos T34 para deixá-los inoperantes e fornecia um guia para a confecção de minas terrestres caseiras com pouco material explosivo.[27] A outra, de Julian Borsanyi, não tinha como ser um chamado às armas mais claro para os defensores da liberdade ignorarem o cessar-fogo. Ele disse que havia menos tropas soviéticas na Hungria do que a maioria das pessoas imaginava, e que os rebeldes tinham uma chance de "vitória" bem maior do que supunham. "Na Hungria, estão estacionadas duas divisões soviéticas e parte de uma terceira, com o total aproximado de 25 mil homens. É verdade que estas divisões estão armadas, mas não se pode falar de uma força esmagadora. O Exército Popular da Hungria tinha cerca de 100 mil homens na ativa duas semanas atrás. Se apenas 1/3 deles participar ativamente na luta, teríamos de novo a igualdade numérica." Ele prosseguiu descrevendo a luta contra os guerrilheiros como um oficial regular do exército durante a guerra. "Eles [os guerrilheiros] nos fizeram acreditar que estavam em lugares onde não estavam, que eram fortes onde não tinham na verdade nenhuma força, e atacavam [...] onde não eram esperados. Este foi o segredo de seu sucesso. Não foi pela superioridade numérica ou armamentista."[28]

Todas essas conversas receberam a aprovação das autoridades superiores da CIA, que monitoravam a Rádio Europa Livre. A estação fez tudo o que pôde para desestabilizar Nagy. Eles recordavam seus ouvintes de seu passado de camarada leal, que havia feito o elogio fúnebre no Parlamento húngaro por ocasião da morte de Stalin. Para a CIA, ele não parecia ser um comunista "nacional" como Tito, que conseguira seguir sua própria linha por vários anos, ou mesmo como Gomułka na Polônia, que mantinha o máximo de autonomia possível, mesmo estando firmemente ligado ao bloco comunista. Washington lembrava que Nagy falava e escrevia com freqüência como um marxista ortodoxo contra o "imperialismo americano". Em 14 de novembro de 1954, durante seu primeiro mandato como primeiro-ministro, ele criticou a campanha de propaganda da CIA de lançar balões em território húngaro contendo mensagens inspiradoras: "Nem notícias sem fundamento e nem os balões que são objeto de piadas conseguiram desviar o nosso povo. É evidente que os nossos inimigos ainda não penduraram as armas da guerra, e nós precisamos ficar alertas, pois, como diz o ditado, o diabo nunca dorme."

Washington não via motivo algum para prestar socorro e auxílio político a Imre Nagy, e isto foi uma decisão política com grandes conseqüências para a Hungria. Se o destino político de Nagy contasse com uns poucos sinais de apoio da administração de Eisenhower, ainda que vagos, a revolução poderia ter tomado um rumo diferente.

Durante a noite, um comentário da REL criticou especificamente a trégua: "Imre Nagy e seus apoiadores querem reviver o episódio do cavalo de Tróia. Eles precisam de um cessar-fogo para o governo atual no poder em Budapeste manter sua posição o máximo de tempo possível. Os que estão lutando pela liberdade não podem perder de vista, nem por um minuto, os planos do governo que se opõe a eles. Caso contrário, haverá uma repetição da tragédia do cavalo de Tróia."[29] Um outro comentário alavancou a tensão: "Agora é hora de concentrar todos os esforços para assegurar que a vitória na guerra continue sendo também uma vitória na paz. Não podemos deixar que o sacrifício de tantos dos nossos bravos jovens, que se levantaram contra a tirania soviética, seja em vão. Uma vitória armada deve ser seguida de uma vitória política."[30]

Se os insurgentes acreditaram que os Estados Unidos estavam do seu lado, talvez tivessem agido de maneira diferente se tivessem ouvido a conversa telefônica entre Ike e seu secretário de Estado às oito da manhã do horário de Washington. Dulles estava otimista e ligou para o presidente. Ele estava satisfeito com o efeito de seu discurso no Texas, na noite anterior, e durante a noite as notícias que vieram de Budapeste e do Oriente Médio foram melhores do que ele esperava. "Na Hungria e em Suez, nós ganhamos pelo menos 24 horas", afirmou. Eisenhower estava muito menos confiante. Ele tinha certeza então de que um ataque a Suez era iminente, embora não soubesse quando, e desejava progressos mais sólidos na Hungria.

"Os russos podem estar dispostos a conversar racionalmente agora, mais do que nunca desde que esta administração assumiu o poder", disse o presidente. "Podemos dizer que as coisas não estão indo do jeito que nenhum de nós gostaria, então é melhor ter uma reunião que examine estas questões."

Dulles insinuou que havia confusão no Kremlin: "Sem dúvida, está acontecendo uma batalha no Kremlin. [...] Algumas das pessoas provavelmente querem voltar às velhas políticas stalinistas, [...] mas agora é tarde demais. Eles estão com um problema sério."

Eisenhower disse: "Eu concordo. Nós precisamos tirar proveito desta situação. Agora é hora de conversar mais [com eles] sobre reduzir as tensões no mundo."

Dulles encerrou com uma observação profética sobre conversar com os russos naquele momento: "Nós teríamos que ter muito cuidado para não fazer nada que dê a impressão aos países satélites de que nós os estamos traindo."[31]

VINTE E CINCO
Domingo, 29 de outubro

O cessar-fogo prosseguiu, mas não por completo. Houve algumas pequenas escaramuças na cidade, mas nada que lembrasse a intensidade dos cinco dias anteriores. Ao amanhecer, os russos anunciaram que retirariam suas tropas de Budapeste. Espalhou-se pela cidade a crença de que os húngaros haviam conquistado a vitória. Fora uma vitória cara. Quando o cessar-fogo foi declarado, cerca de mil húngaros e mais de quinhentos soldados soviéticos haviam morrido. A devastação foi avassaladora em algumas partes pequenas e restritas do centro de Budapeste, mas nos outros locais a capital parecia inalterada, como se uma revolução violenta nunca tivesse acontecido. As pessoas podiam andar pelas ruas e os mercados estavam abertos. Uma das primeiras coisas que o novo governo fez, sob a direção do bigodudo economista marxista Zoltán Vas, foi parar as exportações de comida. As mercearias de Budapeste estavam abarrotadas de carne e verduras frescas, algo que há tempos a maioria das pessoas da cidade não via. A ajuda aérea com suprimentos médicos vinha regularmente, trazendo especialmente plasma sangüíneo. A princípio, esta ajuda vinha dos países do bloco oriental, mas os soviéticos permitiram então o auxílio do Ocidente.[1]

Um dos milagres da cidade na última semana foi a eficiência e a capacidade das centrais telefônicas. A maioria das pessoas estava confinada em suas casas e, encorajada pela crença de que a polícia secreta tinha outras coisas em mente e estava ocupada demais para monitorar o tráfego telefônico, passava o tempo conversando ao telefone. As linhas nunca ficavam paradas. Um estudo feito posteriormente entre os refugiados indicou que em média as pessoas fizeram entre trezentas e quatrocentas chamadas nos 13 dias. "Você ouviu falar da explosão no Parque da Cidade?" "Será que é verdade mesmo que os russos vão sair?" "Eles têm fígado de ganso no *közert* (mercearia)." "Você ainda me ama?" A vida era vivida ao telefone. Neste dia, em uma manhã fria e clara, amigos e conhecidos encontravam-se nos cafés para discutir as notícias.[2] "Esta época foi completamente irreal", recorda-se Ágnes Gergely, na época uma estudante de licenciatura de 22 anos, que se tornou uma das poetas mais célebres da Hungria. "Eu era jovem e ingênua politicamente, sei disso. Mas as pessoas mais experientes, mesmo as que achavam que entendiam de fato o que estava acontecendo, tinham o mesmo sentimento. Nós achávamos que estávamos livres, ao menos por um momento."[3]

Às nove da manhã, Imre Nagy deixou a sede do Partido Comunista pela primeira vez em seis dias. Em um gesto simbólico, ele transferiu seu escritório para o edifício do Parlamento. Nagy não abandonara o comunismo, mas, como explica o seu grande apoiador, Tibor Meray, ele estava tentando mostrar aos húngaros que estava começando do zero. Ele disse ao seu motorista para ir na frente e começou a caminhar os cerca de 400 metros pelas ruas de Budapeste. Ele fechou o rosto assim que abriu caminho com cuidado por entre os destroços e os estilhaços de vidro, mas ostentava seu sorriso habitual e demonstrava a sua atitude calma e benevolente quando era reconhecido pelos transeuntes perto da Ponte Kossuth. Ele sorria o tempo todo frente à saraivada de perguntas sobre o futuro e sobre quando os russos partiriam. Então uma mulher se dirigiu a ele: "É bom ver você, camarada Nagy. Estavam todos falando que você estava preso." Ele deu um sorriso ainda mais largo e abriu seus braços. "Veja o quanto eu estou preso." Um homem de uniforme perguntou o que iria acontecer. "Volte para o seu trabalho, camarada, e não tenha medo", disse ele. "Volte para o seu trabalho. [...] No final tudo será acertado."[4]

A tarefa mais urgente aos olhos de Nagy era restaurar a ordem o mais rápido possível. Havia milhares de armas nas mãos dos revolucionários. Enquanto a manhã transcorria, ouviram-se alguns tiros isolados pela cidade. Não foi nada comparado à ferocidade da luta dos dias anteriores, mas havia o perigo de as tropas soviéticas voltarem novamente a agir, e Budapeste entraria outra vez em erupção. Mikoian, ainda em Budapeste, recordava constantemente a Nagy que os soviéticos não iriam tolerar a luta persistente dos rebeldes ou do exército húngaro. A única maneira com que Nagy poderia manter o apoio do

Kremlin era pelo estrito cumprimento do cessar-fogo. Os revolucionários tinham de ser persuadidos a depor suas armas e os trabalhadores a voltar a trabalhar. Caso contrário, os soviéticos acreditariam que as concessões que fizeram não eram vantajosas, e o Exército Vermelho voltaria com força total.[5]

A sua estratégia era induzir os próprios rebeldes à manutenção da paz. Sándor Kopácsi, que se aliou aos revolucionários no primeiro dia, foi encarregado de estabelecer uma nova "Guarda Nacional" unificada com polícia, insurgentes e exército, todos teoricamente com interesse em garantir que a luta não recomeçasse. Ele escolheu como comandante um soldado dinâmico, o major-general Béla Király.

Alto, de cabelos claros e lábios grossos e proeminentes, Király, de 43 anos, tinha a aparência introspectiva de um herói de guerra. Ele foi um dos oficiais mais famosos da Hungria após a guerra, mas desaparecera no *gulag* de Rákosi, e a maioria das pessoas acreditava que estava morto.[6] Ele teve uma carreira meteórica. Coronel com apenas 32 anos de idade, foi ajudante de campo de um dos últimos ministros fascistas da Defesa. Casou-se com a filha de criação de Gyula Gömbös, um dos primeiros-ministros do almirante Horthy, mas o casamento não durou muito. No final da guerra, desertou para o lado dos russos com 8 mil soldados totalmente leais a ele, e ofereceu-se para combater os alemães. Ele e seus homens lutaram com valentia notável. A promoção veio rapidamente, logo após o fim da guerra. Ele era comandante-em-chefe das forças terrestres da Hungria antes de 1946. Embora tenha se tornado membro do Partido Comunista, ele aderiu simplesmente por conveniência. Entretanto, Király nunca foi convincente como membro. No final de 1958, ele recebeu um cargo menos visível, o de comandante da Academia do Exército.

Sua prisão em agosto de 1951, no auge dos expurgos do exército, não foi nenhuma surpresa. Foi condenado à morte sob as habituais acusações fraudulentas de traição, mas a sentença foi comutada para prisão perpétua. Ele não foi libertado quando Nagy tornou-se primeiro-ministro pela primeira vez. Se isso era para ele motivo de ressentimento, ele não demonstrava. Quando foi finalmente libertado, nos meados de agosto de 1956, depois de um período de sofrimento duro na prisão, ele sofria com uma ferida séria na perna e necessitava de tratamento médico urgente.[7] Király se encontrara com Nagy poucas vezes antes de ser preso, mas eles não se conheciam muito bem. Porém, ele era amigo do genro e confidente mais íntimo de Nagy, o ex-oficial do exército Ferenc Jánosi, e conhecia algumas outras figuras do círculo de Nagy. No funeral de Rajk, no início de outubro, Király conversou rapidamente com Nagy, e ao se despedirem Nagy lhe falou assim: "Eu sei que você está passando por um tratamento no hospital agora. Depois que você se recuperar, entre em contato comigo. Precisamos de você."[8]

Do seu leito de hospital, na manhã de 29 de outubro, ainda com dores, ele escreveu para Jánosi: "Me sinto atormentado pela amargura quando lembro que preciso ficar fora de um trabalho como este, que é tão importante para mim. Por seu intermédio, eu ofereço a minha força, meu entusiasmo e minha solidariedade para com Imre Nagy e seu governo. Creio que você sabe que não é o cargo ou a glória que eu almejo, mas a missão. [...] Creio que o meu lugar é no Estado-maior Geral do Ministério da Defesa."[9] Antes que a carta chegasse a Jánosi, Kopácsi já havia pedido a Király para se encarregar da Guarda Nacional. Uma escolta de três revolucionários armados foi até ele no hospital. Ele vestiu um de seus velhos uniformes e foi levado para o quartel da polícia de Budapeste.

Entre eles, o policial robusto e o soldado esguio tinham de encontrar uma maneira de persuadir os defensores da liberdade a se unir incondicionalmente a Nagy e seu governo, o que não seria uma tarefa nada fácil. Kopácsi já se encontrara com alguns líderes dos grupos rebeldes e estava preocupado. Longe de falar de paz, eles estão aumentando suas exigências. E, para complicar ainda mais as coisas, exatamente quando os russos prometiam partir, os revolucionários se dividiram em grupos rivais. Eles discutiam e, em casos extremos, lutavam entre si.[10]

Contudo, havia também uma boa notícia. Maléter colocou sua imensa reputação inegavelmente a favor do governo. "Confiamos no governo provisório", declarou ele para o alívio do combatido e magoado primeiro-ministro. "E apoiaremos o governo até as últimas conseqüências, porque ele está tentando restaurar a paz e a ordem no país. Sabemos que Imre Nagy e Zoltán Tildy [...] representam o país. Os defensores da liberdade, os heróis da luta armada, se manterão calmos. Apelo ao povo de Budapeste para que mantenham a calma e não permitam que ninguém crie problemas. Não pensem que nós não somos socialistas, porque somos de fato. Este não é um levante de capitalistas resolvidos a restaurar a velha ordem das coisas. O propósito do levante é libertar a Hungria, e restaurar a liberdade para o povo húngaro."[11]

Alguns personagens excêntricos desempenharam papéis importantes no levante por um curto período. O mais curioso foi sem dúvida József Dudás, que no começo da tarde de segunda-feira liderou um grupo de 150 insurgentes na invasão dos escritórios do jornal *Povo Livre.* A ocupação durou até o fim da revolução. Sua chama tremulou brilhante até se apagar dramaticamente. Baixo, gorducho e com o queixo saliente, ele não era uma figura atraente, mas era um homem de uma bravura extraordinária.[12]

Diferentemente de seu companheiro "Tio Szabó", Dudás, de 43 anos, não participou em muitas lutas, mas mesmo assim tinha uma reputação de guerreiro. Ele se autonomeou chefe de um corpo que chamou de Comitê Revolucionário Nacional, embora não representasse ninguém exceto seu próprio grupo de seguidores. A sua grande habilidade era seu enorme talento para atrair a atenção pública e para fazer grandes gestos teatrais. Ele era excêntrico. Usava um chapéu tirolês antiquado com uma pena, e um casaco que vestia como se fosse um manto. Sempre carregava uma arma no cinto, mas não há nenhuma evidência de que a tenha usado na revolução.

Os jornalistas ocidentais que entrevistaram Dudás o apresentaram como um dos líderes rebeldes mais inspiradores e de mais influência do levante. Ele era muito presunçoso, mas sua influência real é discutível. Publicou um jornal de quatro páginas, o *Magyar Függetlenség* (Independência Húngara), com fragmentos de notícias, mas que continha principalmente as suas próprias idéias, geralmente contraditórias. Era uma pessoa articulada de uma maneira simples e direta, e as pessoas acreditavam na imagem que ele fazia de si. Ele foi feito para provocar agitações e causou enormes problemas para Nagy, e foi seu opositor revolucionário mais ruidoso. Os russos acreditaram nas lendas em torno de sua pessoa, segundo as quais ele era um dos "principais vilões fascistas contra-revolucionários". Foi a inabilidade do governo para silenciar Dudás e outros líderes rebeldes e tomar suas armas que fez os russos perderam a fé em qualquer tipo de *solução polonesa* para a Hungria.[13]

Dudás, nascido na Transilvânia, passou quase um quarto de sua vida em várias prisões. Ele formou-se como montador de ferramentas, e ficou preso na Romênia por sete anos, por adesão ilegal ao Partido Comunista, nos anos 1930. Passou dois anos algemado e acorrentado após uma tentativa de fuga. Chegou à Hungria em 1941 e se aliou ao movimento antifascista clandestino. Na posição de membro da resistência, tomou parte, em 1944, das tentativas malogradas de diálogo entre os soviéticos e a administração de Horthy, com o objetivo de antecipar um armistício.[14]

Depois de 1945, ele se opôs veementemente ao domínio de Moscou no Partido Comunista Húngaro. Como sempre, esta foi uma causa sem esperanças. Só um resultado era possível em um conflito com os "moscovitas". Dudás saiu do Partido Comunista e, no ano seguinte, 1949, foi preso por ter organizado "um complô contra-revolucionário para derrubar o regime". Foi enviado para a colônia penal Recsk, onde a sobrevivência era difícil. Ele gozava de tremenda popularidade entre os internos, por causa de sua coragem e seu entusiasmo. Solto em 1954, voltou a trabalhar como montador em uma fábrica. Quando a revolução começou, ele levou um grupo pequeno de rebeldes — a maioria dos quais trabalhava com ele — às barricadas da praça Széna, juntamente com "Tio Szabó", e depois à vizinha praça Zsigmond Móricz.[15] Entretanto, se tornou conhecido pelas suas façanhas revolucionárias apenas depois de tomar o controle dos escritórios do jornal *Povo Livre.*

Tamás Aczél, que o conheceu, o descreveu como sendo "apenas um líder de mercenários de pouca importância". Uma outra testemunha alega que Dudás, "um aventureiro", tinha em seu quartel uma sala especial para torturar os agentes da ÁVO, e uma onde tinha uma mesa de trabalho cheia de pilhas de dinheiro que seus seguidores roubaram de um banco. Porém, os membros de seu grupo de rebeldes não acreditavam em nenhuma dessas histórias. Ele fazia muito estardalhaço, mas era moderado em suas ações, e entregava todos os prisioneiros que capturava para a polícia, sob o comando de Sándor Kopácsi.[16]

O jovem advogado George Gábori, seu amigo, ex-companheiro de cela e "assessor político" por uns dias, disse que havia muita discussão a respeito das idéias de Dudás. Ele se lembra de Dudás ter dito: "Politicamente já fui de tudo, comunista, do Partido dos Pequenos

Proprietários Rurais, tudo o que se pode imaginar. Não penso mais nestes termos. Por isso, estou atirando nos canalhas e tentando defender as pessoas honestas. Temos mais chances de conseguir algo desta maneira."[17] Dudás tinha consciência de que havia algumas acusações de anti-semitismo entre os insurgentes, e queria pôr um fim nisto quando surgisse entre seus homens. "Em uma situação como esta, não há tempo para se fazer a triagem dos recrutas", disse ele. "Pode ser que alguns destes bandidos sejam anti-semitas fanáticos. [...] No primeiro caso que aparecer eu vou estourar os miolos do canalha."[18]

Dudás era de muitas formas extravagante, mas não era totalmente insensato. Falava-se que ele via na revolução uma oportunidade para obter poder pessoal, mas ele manteve suas ilusões de grandeza sob controle. "É preciso que haja eleições, e os comunistas têm de fazer parte", disse ele. "Somos pessoas com o pé no chão. Sabemos que a Rússia é a segunda maior potência mundial e é um país de 200 milhões de pessoas que faz fronteira com o nosso, com cerca de 9 milhões. Não queremos uma Coréia do Danúbio. Os líderes das forças revolucionárias precisam ter fé em Nagy, mesmo que o povo a tenha perdido. Isto é para o bem do país."[19]

Jenő Széll, que administrou o secretariado de Nagy por quatro dias durante a revolução, teve um encontro perturbador com ele. No dia em que Dudás ocupou o prédio do jornal, ele foi até o escritório de Nagy e exigiu ter uma audiência com o primeiro-ministro. "Havia alguns garotos cheios de entusiasmo que apareciam, todos trazendo a tiracolo uma 'guitarra de atirar' [uma gíria sugestiva para metralhadora]. Quando alguém fazia um pedido destes, geralmente eu dizia: 'Vou encaminhar a sua solicitação. Mas você pode ver como as coisas estão aqui...' Então as pessoas iam embora. Foi totalmente diferente com Dudás e seus seguidores. Seus homens simplesmente apareceram e se colocaram de pé em volta da mesa. Então Dudás entrou, segurou sua 'guitarra de atirar', beijou-a e a colocou na mesa. Dudás fez minha pele arrepiar. Ele passou a impressão de estar pescando em águas turvas."[20]

As pessoas celebraram suas primeiras horas de liberdade de maneiras variadas e incomuns. Durante a tarde, um grupo de jovens do "Tio Szabó" da praça Széna conseguiu entrar no complexo de residências luxuosas da colina das Rosas, onde os governantes comunistas moravam. Os seguranças simplesmente abriram os portões, os deixaram entrar e partiram. Eles não conseguiam acreditar no espetáculo de ostentação de privilégios que estavam vendo. A casa suntuosa de Rákosi, com um belo jardim, estava vazia desde sua partida em julho, evidentemente apressada. A casa mal havia sido tocada desde então, e havia uma camada de poeira na maioria dos 12 cômodos. O seu cartão de sócio do Partido Comunista estava em sua escrivaninha, e foi algo que atraiu os rebeldes que entraram primeiro na sala. A sua assinatura era de apenas 160 forintes ao mês — aproximadamente o mesmo que um trabalhador comum teria pago —, de um salário mensal altíssimo para os padrões da época, de 40 mil forintes. Ele tinha uma piscina e três banheiros luxuosos equipados com aparelhos de ginástica. Havia gavetas cheias de vitaminas importadas. Ele tinha uma cozinha ao estilo americano nova em folha, com os eletrodomésticos mais modernos, e também um rádio-fonógrafo novo, dois pianos e dois telefones brancos brilhantes em todos os cômodos. Com um botão na sala de estar ele podia chamar a guarda da ÁVO imediatamente. E com um outro botão ele chamava os empregados. Havia carpetes de pêlo alto e caixas cheias de charutos holandeses. A residência tinha um bar repleto de bons vinhos franceses, champanhe e licores. Um imenso retrato de Stalin ocupava o alto da sala principal, e, como o próprio Grande Mestre, uma porta espessa e estofada separava seu escritório de sua residência.

Um outro alívio importante foi a descoberta de milhares de documentos secretos da polícia. A ÁVO destruíra enormes quantidades de papéis incriminatórios nos anos mais recentes, mas apenas uma fração de seu total. Seus arquivos foram então abertos. Formaram-se longas filas de pessoas desesperadas para saber o que estava escrito a respeito delas e quem haviam sido os informantes. Muitas das coisas que os húngaros descobriram sobre seus compatriotas foram profundamente perturbadoras. No começo do levante, György Szabó se tornou presidente do Conselho Revolucionário de Győr, e era efetivamente o segundo no comando, abaixo apenas do bravateador líder rebelde do oeste da Hungria, Attila Szigetthy. Szabó foi encarregado de divulgar os documentos da polícia secreta e do Partido Comunista. Ao examiná-los, descobriu de uma maneira dolorosa um que se referia a ele. Ele descobriu que um velho amigo seu era um espião da polícia. O informante era János Gyimesi, um professor muito respeitado de um liceu, líder socialdemocrata de longa data. "Sob o pseudônimo de Gyarmati, ele também havia sido um agente da ÁVO durante a década anterior", disse Szabó. "Ele recebia 1.500 forintes por mês, um pouco mais que seu salário de professor. Infelizmente, Gyimesi era meu melhor amigo nos anos 1950."

Szabó descobriu a verdade de uma maneira chocante e ficou sabendo que, por um breve período, se julgou que ele fosse um informante. Um outro amigo dele, Udvaros, fora preso. "Udvaros era um homem velho, que fora prefeito de Győr nos anos 1940. Ele me passou muitas informações e revelou segredos do Partido Comunista e dados do Partido Socialdemocrata. Como eu era bem mais jovem, ele achou que eu deveria saber. Eu guardei tudo comigo até que, em 1952, contei a Gyimesi. Eu achava que ele, [...] como um dos membros principais do Partido Socialdemocrata, deveria ter estas informações também." Udvaros foi capturado, preso e libertado apenas durante a revolução. Szabó não vira Udvaros desde sua prisão. Foi somente quando leu os documentos que soube da verdade. "Ele achava que eu era informante porque os detalhes que ele me passara foram expostos quando a ÁVO o interrogou. Não havia dúvida de que ele estava convencido de que eu o havia traído." Na verdade, o traidor fora seu próprio melhor amigo. "Naquela época, a Hungria era assim."[21]

Em Moscou, os líderes soviéticos procuraram aparentar naturalidade, como de costume. No começo da noite, Kruschev, Molotov, Bulganin e o inexpressivo ministro das Relações Exteriores Shepilov fizeram rápidas aparições no circuito diplomático, nas embaixadas turca e afegã. Kruschev parecia mais animado que nos dias anteriores, e conversou cordialmente com o experiente e gentil embaixador britânico, Sir William Hayter, e o seu par norte-americano, Charles "Chip" Bohlen, que tinha a aparência de um professor de elite.[22]

Na segunda recepção, Bohlen teve uma longa conversa sobre a Hungria com o marechal Jukov, que estava, como sempre, carregado de medalhas em seu uniforme. Algo incomum para um soldado soviético de alta patente, ele era um homem de um senso de humor bastante aguçado, mas sua fisionomia estava carregada enquanto Bohlen, sob as ordens de Foster Dulles, repetia palavra por palavra a resposta cuidadosamente elaborada à crise húngara: "Nós não vemos estes Estados como aliados militares em potencial." Jukov entendeu o argumento e disse que estava otimista em relação a um acordo pacífico na Hungria. "Foi formado um governo que desfruta de nosso apoio e do apoio do povo húngaro", disse o marechal. Entretanto, Bohlen, diferentemente de muitos outros diplomatas ocidentais em Moscou na ocasião, e diferentemente dos políticos do Departamento de Estado, sentia-se desconfortável em relação às intenções soviéticas. Ele percebeu que Jukov, embora parecesse agradável, tivera o cuidado de dizer que, na transmissão de Nagy do dia anterior, ele não anunciara uma saída "imediata" de Budapeste. Os soldados russos podiam permanecer até Nagy pedir que saíssem ou "até que eles restaurassem a ordem".[23] Bohlen emitiu um alerta de que os russos talvez não tivessem a intenção real de se retirar, e que o anúncio poderia ter sido um "truque [...] para fazer os insurgentes cessarem fogo".[24]

Aproximadamente no mesmo horário, Spencer Barnes enviou um telegrama urgente e desesperado da Legação Americana em Budapeste, pedindo a Washington o envio de ajuda prática e substancial aos insurgentes. Eles necessitavam de auxílio militar ocidental e apoio moral elevado "para lhes dar força de negociação e potencial para lutar em caso de o conflito ser mantido".[25] Seus apelos foram em vão. A administração de Eisenhower não iria fornecer tal apoio. Em Washington, o secretário de Estado na verdade adiou a questão da Hungria. Dulles disse a Lodges que faria um esboço de uma resolução do Conselho de Segurança da ONU, pedindo às forças armadas soviéticas, à polícia secreta e aos assessores militares que deixassem o país. Contudo, não haveria votação da resolução quando esta fosse discutida em quatro dias. Dulles afirmou claramente que o objetivo era adiar a reunião. Ele achava que era uma perda de tempo abrir uma cerimônia de votação quando todos na sala sabiam que os soviéticos usariam seu poder de veto.[26] O objetivo político do Departamento de Estado era simplesmente fazer com que se achasse que a América estava levantando a questão. Quando a discussão começou em Nova York, os Estados Unidos, a Inglaterra e a França tinham outros assuntos no Egito que consideravam mais urgentes.

*

Para Nagy, fora mais um dia de correr atrás dos acontecimentos. Ele conseguiu algumas pequenas vitórias. Foi instalado um transmissor de rádio no edifício do Parlamento, exatamente abaixo de seu próprio escritório, de maneira que ele tinha uma ferramenta de propaganda. É verdade que ele o adquiriu tarde demais para que fizesse uma diferença significativa, mas finalmente possuía uma arma. Com a saída dos stalinistas, mais amigos e aliados do "velho" passaram a trabalhar para ele. Seu secretário fiel, o ardoroso József Szilágyi, fazia o melhor para ser um eficiente porteiro; seus estrategistas políticos principais, Géza Losonczy e Ferenc Donáth, estavam com ele constantemente, e Miklós Vásárhelyi se tornaria, dentro em breve, seu principal assessor de imprensa. Porém, Nagy estava profundamente frustrado.

Seu grande fracasso era o fato de não conseguir fazer os revolucionários entenderem que jamais conquistariam uma vitória absoluta contra a URSS, ou de persuadi-los de que pouco seria melhor do que nada.[27] Nagy achava que o acordo que fizera com os russos era o melhor que a Hungria poderia conseguir, mas a maioria dos rebeldes via os compromissos que ele já firmara apenas como o início de negociações futuras. Por que eles deveriam retroceder em um momento de vitória? As armas e a greve lhes trouxeram algumas conquistas, e eram a maior esperança para conquistas maiores.

A imagem central da Revolução Húngara era a da luta nas ruas de Budapeste, e as fotografias granuladas de crianças parando tanques russos com pistolas e coquetéis molotov são inesquecíveis. Porém, a revolução foi caracterizada igualmente pelas conversas incessantes entre as pessoas que não tiveram a permissão para dizer o que pensavam por décadas. Quando finalmente se viram livres para falar, não conseguiam parar. Depois que a luta em Budapeste cessou, começaram os longos encontros revolucionários, nos quais as palavras eram cheias de idealismo, liberdade e esperança, mas as resoluções discutidas ao infinito se tornaram cada vez mais irreais. "Nós achávamos por um momento que tudo era possível", disse Ágnes Gergely. "A atmosfera era inebriante, e foi este o problema. Muitas pessoas estavam tão embriagadas com a alegria do presente, tão cheias de euforia que não conseguiam ver o que estava acontecendo ou o que estava para acontecer. Umas poucas pessoas céticas tinham dúvidas e achavam que era tudo bom demais para ser verdade, mas suas vozes foram abafadas pelo otimismo exacerbado."[28]

A porta de Nagy parecia estar aberta a todos. Todos os dias, por horas e horas ele se encontrava com representantes dos Conselhos Revolucionários recém-criados, ou dos Conselhos de Trabalhadores, que o pressionavam para que fizesse exigências cada vez mais impossíveis que ele sabia que os soviéticos não aceitariam. Neste dia, finalmente, ele deu uma resposta áspera, perante o Comitê Revolucionário dos Intelectuais Húngaros, formado havia três dias. Era um grupo formado por muitos de seus amigos escritores, líderes do Círculo Petőfi e outros que haviam inspirado a revolução e o apoiado em suas batalhas ideológicas e pessoais com os stalinistas. Uma pequena delegação apresentou a ele uma lista de novas concessões que ele teria de fazer, a qual incluía as eleições livres. Eles insistiam em que as tropas soviéticas tinham de deixar a Hungria. Nagy era um homem educado e comedido, que raramente perdia o controle, mas a frustração tomou conta dele. Ele olhou para seus visitantes e deu uma resposta de desprezo. Ele não aceitaria as exigências deles:

> Seja como for, é preciso que haja um fim. Nem vocês [...] nem qualquer outra pessoa pode continuar a vir ao governo com exigências que mudam o tempo todo. Trégua para as exigências! Elas são típicas apenas de pessoas afobadas. [...] O governo tem o seu próprio programa, e é o que eu anunciei no rádio na noite passada. Vamos até aquele ponto, e nada além dele. Vocês são escritores, jornalistas e homens do Partido. A sua tarefa é aplicar e popularizar o programa. É isto o que eu exijo de vocês. Repito, o tempo dos exaltados já passou. Se vocês não concordarem comigo, não são mais meus amigos. [...] É intolerável que a autoridade do governo seja arruinada por exigências que mudam a todo instante.[29]

Em uma reunião à meia-noite, o general Király e o chefe de polícia Kopácsi elaboraram planos detalhados para implementar a Guarda Nacional. Ela supervisionaria o Ministério da Defesa e a Polícia, substituiria a ÁVO, uniria os vários grupos de milícia estudantil e dos rebeldes que lutavam pela liberdade em um único exército revolucionário, e seria na prática o exército dos combatentes da liberdade. "Acreditávamos que o sucesso ou o fracasso da revolução dependia disso", disse Kopácsi. "Tínhamos de encontrar uma maneira de fazer com que os perturbadores não pusessem tudo a perder. Isto era essencial. Se não conseguíssemos mantê-los sob controle, seria o fim para nós."[30]

Houve problemas desde o começo. Alguns da alta patente do exército permaneciam leais ao velho regime, e odiavam a idéia de tornar os grupos de defensores da liberdade, guardas paramilitares e "jovens das ruas" parte de uma força de segurança responsável pela manutenção da paz. Até mesmo Maléter, que apoiara a revolução, tinha dúvidas quanto a esta idéia. Ele nunca achou que daria certo. "Desde o primeiro momento eu fui contra o uso de insurgentes para formar unidades de força pública", afirmou.[31]

Király e Kopácsi propuseram a formação de duas divisões de 26 mil homens, que vigiariam os edifícios estratégicos de Budapeste: o Parlamento, as estações ferroviárias e as interseções rodoviárias principais. Os rebeldes que aderiam voluntariamente recebiam uma arma automaticamente, caso ainda não tivessem uma, e também um bracelete para mostrar que eram "oficialmente" membros da Guarda Nacional. O bracelete foi elaborado para ser um símbolo de sua participação na revolução. Kopácsi disse que eles queriam pessoas "capazes de em poucos dias livrar Budapeste de todos os elementos dúbios, os *desclassificados* e outros aventureiros com fome de poder".[32]

Eles começaram a tarefa de persuadir os vários grupos rebeldes — havia então cerca de duas dúzias deles — a se dissolver e se unir à nova Guarda Nacional. O tumulto na Hungria durava já quase uma semana. Para muitos húngaros parecia que a revolução fora vitoriosa, pois as tropas russas prometeram deixar a capital, o resto do mundo olhava para Budapeste com admiração e respeito recém-descobertos, e o poder do comunismo ruíra.

Os revolucionários pareciam então muito diferentes dos que tinham pegado em armas no primeiro dia. Kopácsi e muitos outros perceberam a mudança quando foram negociar com os líderes rebeldes. Primeiro de tudo, havia poucos estudantes e intelectuais. A maioria deles havia entregado as suas armas e voltado a escrever resoluções e proclamações. Havia ainda muitos no começo da adolescência, e mesmo crianças que deveriam estar nas escolas, se estas não estivessem fechadas.[33] Não existia a figura do defensor da liberdade típico. Porém, uma pesquisa realizada mais tarde por uma universidade norte-americana entre milhares de refugiados forneceu o único estudo detalhado que existe. Mais de 3/4 dos refugiados tinha menos de 30 anos, e a maioria era composta de operários e aprendizes das áreas industriais de Budapeste. "Eles estavam entre os mais pobres da Hungria e eram os que o comunismo supostamente deveria ter ajudado mais, mas não o fizera. No geral, eles eram os jovens que tinham os piores empregos, a pior educação e a menor esperança. Eles queriam um fim para o comunismo [...], e não reformas para um sistema que desprezavam. Eles tinham menos a perder ao se rebelar da maneira impressionante como fizeram, mais do que qualquer outro grupo do país."[34]

Desde os primeiros diálogos com os grupos insurgentes, Kopácsi e Király puderam sentir as dificuldades. Na primeira semana da Revolução, na luta de guerrilha contra os russos, não importava se os grupos rebeldes não se conheciam. De muitas maneiras isto era uma vantagem: quanto mais separados fossem, mais fácil era montar operações únicas e isoladas, desaparecer por um tempo e se reagrupar rapidamente. Porém, a falta de um comando central entre os rebeldes era então uma desvantagem para o levante. A desconfiança era um estorvo às negociações. Os líderes dos grupos não eram capazes de garantir que os acordos que faziam com Király, Kopácsi ou Nagy seriam aceitos pelos seus membros. Os vários grupos discordavam entre si. Não havia um único comandante dos rebeldes ou um chefe de autoridade com quem Nagy pudesse negociar diretamente.

O grupo do beco Corvin tinha influência em uma parte do centro de Peste, "Tio Szabó" era o chefe da praça Széna e de uma porção pequena de Buda. Dudás tinha poder entre os seus próprios apoiadores, mas nenhuma autoridade em nenhum outro lugar. Alguns grupos decidiram se unir à Guarda Nacional, enquanto outros optaram por não ter nada a ver com ela e permanecer isolados, em oposição. Era difícil encontrar muitas semelhanças, por exemplo, entre o falastrão e extravagante Gergely Pongrácz, dos combatentes do Corvin, e o calmo, pensativo, asceta e ex-interno de Auschwitz István Angyal, de 26 anos, que liderou os insurgentes da rua Tűzoltó, um grupo que derrubou meia dúzia de tanques soviéticos em uma semana de lutas.[35] Pongrácz queria um fim para o comunismo, recusou-se a se unir à Guarda Nacional e jurou continuar a lutar até que as últimas tropas soviéticas deixassem a Hungria. Certa vez ele disse: "É verdade que eu cometi muitos erros. O maior deles foi não ter permitido as execuções dos homens da ÁVO que nós capturamos. Alguns foram linchados por outras pessoas, não por nós." Angyal continou sendo um comunista ao estilo de Nagy. Ele queria remover a bandeira vermelha para batalhar com a bandeira tricolor húngara, e ficou estarrecido com a justiça imediata que estava "maculando a revolução".

Ele não era o único que pensava assim. Nada provocou tanto dano à revolução quanto os casos largamente divulgados de justiça aplicada pelas multidões aos oficiais da ÁVO. A explosão de fúria contra a polícia secreta nunca abrandou, e teve conseqüências bem mais trágicas do que umas poucas dezenas de mortes bárbaras. Os assassinos aparentemente queriam deixar claro que ninguém em Budapeste tinha o controle das ruas. Nas vias principais, entre os destroços, nos buracos abertos onde antes existiam prédios e nos tanques queimados, era comum os transeuntes verem cadáveres deixados para apodrecer em cadafalsos improvisados. As vítimas eram geralmente penduradas pelos pés, espancadas até quase morrer e depois queimadas. Uma característica peculiar das execuções húngaras era que com freqüência deixavam sob o corpo uma pilha de dinheiro, às vezes em quantias consideráveis, que nunca era tocado. Isto indicava que o agente morto da ÁVO possuía dinheiro de sangue que nenhum húngaro deveria pegar.

A justiça instantânea era geralmente apenas isto, a ação de um momento. "Homens, mulheres e até mesmo crianças chegavam como se viessem do nada, e uma multidão se formava espontaneamente. Eles levantavam uma figura trêmula e apavorada, a chamavam de 'assassino, torturador e espião' e depois a penduravam em um poste ou em uma árvore. As pessoas faziam então uma pequena comemoração e se dispersavam rapidamente, sem olhar umas para as outras."[36] Ninguém sabe ao certo quantos agentes da ÁVO foram mortos em ataques de vingança durante o levante. Os Livros Brancos propagandísticos, publicados em 1957 pelo governo que destroçou a revolução, afirmam que 289 agentes de segurança morreram, mas a maioria deles foi morta em combates entre os rebeldes e a ÁVO, e não assassinados a sangue-frio. O cálculo mais aproximado é que entre noventa e cem foram linchados.

Alguns deles eram totalmente inocentes. O jornal socialista *A Voz do Povo* publicou uma descrição vívida de uma multidão que quase matou o homem errado:

> O nó corrediço apertava contra o pescoço do homem, a sua cabeça caiu e [...] o vento fazia seu corpo balançar. A morte era iminente. Neste momento, alguém no meio da multidão gritou: "Rápido, tirem ele da forca. Ele não é da ÁVO. O nome dele é Kelemen e ele mora em Kobanya." Por sorte ainda havia tempo. Kelemen, ainda vivo, foi levado ao hospital. Houve outros incidentes nos quais as pessoas deram vazão à fúria contra vítimas inocentes acusadas por engano. Os fanáticos atacavam membros da força aérea e do grupo de entretenimento do Honvéd [exército popular], porque, como eles também usavam uniformes com golas azuis, achavam que eram membros da ÁVO. Havia "julgamentos populares" com freqüência, e estes eram seguidos de linchamentos nos quais as identidades, e muito menos as ocupações das vítimas, nunca eram conferidas.[37]

O general Király deplorava os linchamentos, mas afirmava: "A Revolução Húngara não foi caracterizada pela brutalidade. Muito pelo contrário, foi caracterizada principalmente pela moderação. Se pensarmos nos milhares de pessoas que pereceram sob o regime de Rákosi, nas centenas de milhares que foram presas ou internadas nos campos de trabalho, houve de fato pouca violência contra os opressores. A Revolução Húngara foi moderada em comparação ao regime que tentava derrubar."

Por esta ocasião, todas as vozes responsáveis na revolução haviam se pronunciado contra os linchamentos feitos pelas multidões. József Szilágyi estava falando pelo primeiro-ministro quando escreveu: "Todas as pessoas honestas devem se opor firmemente aos perturbadores. É preciso parar imediatamente os linchamentos. Não há misericórdia para os criminosos, mas eles devem ser responsabilizados por seus crimes de uma maneira ortodoxa, diante dos tribunais." Miklós Gimes, o pilar de apoio intelectual de Nagy, que seria executado juntamente com ele, disse: "Nós não devemos permitir que a pureza de nossa revolução seja violada. [...] Estamos falando dos pretensos "julgamentos populares" dos linchamentos [...], cujo espírito é estranho à nossa revolução. É preciso que haja julgamentos, mas não nas ruas, não tomados pela emoção do momento."

Contudo, havia vozes prontas a explicar e a justificar os assassinatos. Zoltán Szántó, um ex-diplomata graduado dos governos de Rákosi e Gerő, dizia a respeito das vítimas dos linchamentos das multidões no calor da revolução: "Não somos sádicos, mas não podemos ter pena destes húngaros. Eles cometeram crimes contra o povo. Os comunistas levaram a culpa."

VINTE E SEIS

Terça-feira, 30 de outubro

As tropas russas continuavam a deixar Budapeste. Foram disparados alguns tiros esporádicos durante a noite no centro da cidade, perto do beco Corvin, mas não foi nada que abalasse o cessar-fogo. Ao amanhecer de mais um dia bonito, os tanques soviéticos que vigiavam o Parlamento, a sede do Partido Comunista nacional, as pontes do Danúbio e outros pontos estratégicos começaram a ser substituídos pelos húngaros. As celebrações e a euforia eram contidas, mas a ira e a amargura não. Quando as colunas de soldados russos partiam, "levando consigo os seus mortos", eles eram vaiados e zombados.[1] Um camponês húngaro cuspiu em um tanque T34 quando este passava por ele à distância de um braço. A tripulação russa não percebeu. O ódio literalmente jorrava dos húngaros que silenciosamente se alinhavam nas laterais das ruas para observar os soviéticos saindo de Budapeste. Os russos estavam alertas. Eles tinham os canhões de 100 milímetros de seus tanques apontados na horizontal para atirar, caso necessário.[2]

As intenções reais dos soviéticos estavam deliberadamente envoltas em mistério. Cedo pela manhã, os líderes russos pareciam contentes com sua decisão de fazer uma retirada tática digna. Eles alertaram que levaria 36 horas até todos os soldados deixarem a cidade. Mas, para qualquer húngaro que duvidasse da sinceridade deles, o persuasivo Mikoian aludia à declaração extraordinária "Sobre a Amizade e a Cooperação entre a URSS e os outros Estados Socialistas", com que os magnatas do Kremlin concordaram e que foi a primeira coisa que assinaram no dia. A declaração prometia uma vez mais que as tropas russas deixariam Budapeste, e afirmava que os soviéticos negociariam "com o governo [...] húngaro e os outros signatários do Pacto de Varsóvia sobre a questão da presença de tropas soviéticas em outros lugares do território da Hungria". A declaração foi mais além. Admitia "violações e erros que infringem os princípios de igualdade entre os Estados soberanos". Falava em criar uma "comunidade" de Estados socialistas independentes, reconhecia o direito da Hungria e de todos os outros satélites à soberania nacional e foi o manifesto mais liberal e progressista para um agrupamento aleatório de Estados, com idéias compartilhadas sempre produzidas por Moscou. Sabemos hoje que a declaração, uma lista de hipocrisias cuidadosamente escritas que não comprometia Moscou a nada em específico, foi originalmente esboçada no verão, após os problemas em Poznań, e simplesmente adaptada para uso na Hungria quando surgiu a necessidade. Entretanto, há evidências de que alguns líderes do Kremlin a levaram a sério, ao menos por um certo tempo.[3]

Kruschev afirmou mais tarde que ele e os outros líderes soviéticos hesitaram em relação à Hungria.[4] Isto foi um grande eufemismo. Os potentados soviéticos se encontraram no Kremlin por volta das nove da noite, e demonstravam incerteza, indecisão e confusão quanto à maneira de proceder em relação à crise em Budapeste. Kruschev chegou tarde. Ele estivera negociando com uma delegação de autoridades chinesas chefiadas por Liu Shao-chi. As relações entre a Rússia e a China estavam se deteriorando, mas as opiniões do presidente Mao ainda eram consideradas importantes em Moscou. Kruschev foi informado de que Mao queria então que os soviéticos fizessem um acordo com os húngaros, e que não havia nenhuma razão para se tomar medidas desesperadas para esmagar a rebelião.[5] Kruschev disse que concordava e se despediu dos chineses em bons termos. Depois se uniu à conversa mais estranha que seus colegas tiveram durante a crise.

Por um breve período, até mesmo os extremistas pareciam estar abertos a buscar uma fórmula para salvar as aparências. A idéia era retirar os soldados russos, desde que a Hungria permanecesse firme no bloco soviético e mantivesse o sistema comunista. Jukov disse concisamente: "Há uma lição política e militar para nós nisso. O sentimento anti-soviético está generalizado. Nós devemos retirar nossas tropas de Budapeste e da Hungria, se isso for necessário." Nenhum dos stalinistas parecia discordar, ou ao menos não se manifestaram. Todos os relatórios indicam que Kruschev, a esta altura do dia, foi sincero em sua conclusão: "Somos unânimes. Há dois caminhos: um caminho militar, o da ocupação; e um caminho pacífico, o da retirada das tropas, das negociações. Devemos tomar o segundo caminho."[6]

A imprensa do governo foi autorizada a dar a Imre Nagy o selo de aprovação dos soviéticos e a saudar o rumo dos acontecimentos em Budapeste. "O governo de Nagy conquistou o apoio do povo", declarou a edição do *Pravda* daquele dia. "Relatos que chegam sem cessar de todas as partes da Hungria indicam que os trabalhadores apóiam o novo programa do governo."

A praça da República, próxima à Estação Ferroviária Leste, era uma das áreas de maior espaço aberto do distrito comercial central de Peste. Em uma de suas esquinas se erguia o elegante Teatro Erkel, construção do início do século XX, famoso por suas produções de óperas leves. Exatamente em frente se encontrava um dos prédios mais feios da cidade, o bloco de concreto e vidro que era a sede do Partido Comunista da Grande Budapeste. Neste local já haviam acontecido algumas pequenas manifestações nos dias anteriores, mas, diferentemente de outros edifícios do Partido do país, ao menos até o momento este não fora alvo de ataque dos rebeldes. Contudo, em seu interior o clima era extremamente tenso. Um contingente de 47 policiais secretos fora enviado para lá havia uma semana, no primeiro dia da revolução.[7] A maioria deles era formada por jovens recrutas alistados compulsoriamente, sem escolha a não ser obedecer, e com muito medo para se expor do lado de fora depois dos relatos de linchamentos de agentes da ÁVO. Uns poucos agentes da "velha guarda" da ÁVO, impiedosos e bem treinados, se uniram a eles, como o comandante de sua unidade, o coronel József Papp. Apesar de a ÁVO ter sido dissolvida, os oficiais permaneceram em seus postos. Eles não acreditavam nas garantias que a polícia regular de Budapeste lhes dera de que estariam seguros e de que tomariam conta deles se se entregassem, embora Kopácsi mantivesse várias centenas de agentes da ÁVO sob proteção.[8]

Apesar da tensão reinante dentro do edifício, o trabalho prosseguia. O chefe do Partido de Budapeste, o alegre e gordo Imre Mező, de 48 anos, estava reunido com soldados da recém-formada Guarda Nacional, discutindo sobre a melhor maneira de defender as fábricas, caso fossem atacadas. Mező era uma figura respeitada que havia lutado na Guerra Civil Espanhola e na Resistência francesa aos nazistas. Ele era um grande apoiador do programa de reformas de Imre Nagy e um dos amigos pessoais mais íntimos de János Kádár. Era um comunista leal, grandemente admirado fora dos círculos do Partido. Na noite anterior, Kádár o visitara. Mező dissera que tinha certa preocupação em relação à sua própria segurança, mas que estava confiante de que seria protegido se a praça da República fosse atacada.[9]

Por volta das nove e meia da manhã, aconteceram duas coisas. Primeiro, os soldados russos e os húngaros que estavam vigiando o edifício se retiraram, como parte do acordo de cessar-fogo, e a sede do Partido ficou indefesa. Então um caminhão parou em frente ao edifício para fazer a entrega de uma grande quantidade de carne fresca. A comida era facilmente encontrada em Budapeste na ocasião, mas, ao ver as entregas especiais para os *apparatchiks* do Partido Comunista, um grupo de clientes que aguardavam pacientemente em uma fila em um *közert* próximo se enfureceu. Eles contaram a um grupo de combatentes o que acontecera. Os insurgentes entraram no prédio e exigiram que explicassem o porquê de os comunistas serem privilegiados. Imediatamente reconheceram os oficiais da ÁVO dentro do prédio. O que se seguiu foi uma troca furiosa de tiros que se agravou e provocou um cerco de três horas e a batalha mais tristemente célebre da revolução.

Os primeiros insurgentes no prédio do Partido se retiraram quando perceberam a sua grande inferioridade numérica. Porém, logo voltaram para a praça da República com reforços pesados. Os rebeldes tentaram negociar uma rendição do edifício, mas, em vez de diálogos, o tiroteio tornou-se mais intenso. Os civis que estavam dentro do prédio telefonaram para todos os escritórios do governo que conseguiam contatar para implorar por algum tipo de proteção. Finalmente, o Ministério da Defesa enviou à praça da República cinco tanques do 33º Regimento de Tanques, comandados pelo coronel Ede Virágh. Ele próprio não liderou seus homens, o que talvez explique a confusão e a tragédia que se seguiram.

Dois dos tanques não conseguiram chegar, e quando os outros finalmente chegaram ao local, encontraram um grupo separado de soldados húngaros do lado dos rebeldes atirando no edifício com seu próprio tanque. Por isso, eles começaram a atirar nele também. Neste momento, todas as janelas já haviam sido destroçadas e um buraco podia ser visto no andar do meio. Alguns jornalistas ocidentais chegaram ao local da cena. O talentoso fotógrafo do *Paris-Match,* Jean-Pierre Pedrazzini, de 29 anos, em um de seus primeiros trabalhos na zona de guerra, saiu por uma fração de segundo da cobertura de um tanque para tirar uma fotografia; foi atingido no tiroteio — não se sabe de qual lado — e ferido no estômago. Morreu em decorrência de seus ferimentos poucos dias depois, em Paris.

Como pedaços da alvenaria do edifício caíam, era evidente que ele logo seria tomado de assalto. Mező, um homem decente e generoso, estava aterrorizado e amarrou um lençol branco em um bastão. Ele saiu da maneira mais confiante que conseguiu e gritou a plenos pulmões: "Parem, por favor, não atirem, eu me rendo!" Foi imediatamente baleado no peito e nas pernas. Ele foi levado às pressas para o hospital, mas morreu dois dias depois. Um outro jornalista fotográfico, o norte-americano John Sadovy, da revista *Life,* descreveu o horrendo episódio final:[10]

> De repente ouviu-se um barulho de pessoas correndo. [...] Elas estavam se aproximando rapidamente. Eu fui com o primeiro grupo. Nos encontramos com um outro grupo, liderado por um homem que carregava uma bandeira enorme. Ele dizia: "Venham, venham, nós conseguimos, é nosso." Outros [...] rebeldes chegaram de um dos lados, gritando e entrando no edifício. [...] Houve então alguns tiros esporádicos de metralhadoras no andar mais alto. Os tanques ainda estavam atirando, e caíram tijolos do edifício quando os tanques o explodiram. As pessoas continuavam agindo com muita cautela. Havia dois caminhões queimados em frente ao edifício com sete corpos queimados dentro deles. As pessoas entraram lá para se abrigar e foram atingidas. Foi uma confusão.
>
> Então se podia sentir a confiança tomando conta da multidão. As pessoas avançaram diretamente para a entrada do edifício. Os homens da ÁVO começaram a sair. O primeiro a surgir foi um oficial, sozinho. Foi o assassinato mais rápido que já presenciei. Ele saiu rindo e, no instante seguinte, vi que ele estava caído no chão, com as pernas abertas, morto. Por um tempo não passou pela minha cabeça que ele tivesse sido baleado. Pensei que ele tivesse apenas caído. Então o primeiro grupo, o mais audacioso de todos, decidiu entrar no edifício. Eles trouxeram para fora um oficial de boa aparência, com o rosto branco como cera. Ele

> caminhou por uns 5 metros, voltou-se e discutiu. Ele se dobrou. Estava tudo acabado para ele. Eles entraram de novo e trouxeram dois de uma vez. Houve uma confusão, várias coronhadas de rifle, socos e chutes. E então, de repente, ouviu-se um disparo. Os dois simplesmente caíram.
>
> Saíram seis jovens oficiais, um deles de ótima aparência. As insígnias dos seus ombros estavam arrancadas. Eles não usavam quepes. Houve uma discussão rápida. Eles disseram: "Não somos tão maus quanto vocês imaginam. Nos dêem uma chance." Eu estava a um metro deste grupo. De repente um começou a se curvar. Mal ouvi um tiro. Eles deviam estar tão perto que o corpo do homem agiu como um silenciador. Todos caíram como uma folha, muito plasticamente. Eles se dobraram lenta e suavemente. E quando caíram ao chão, os rebeldes continuaram a descarregar tiros neles.
>
> Mais um saiu, e veio correndo. Ele viu seus amigos mortos, virou-se e correu para dentro da multidão. Os rebeldes o puxaram para fora. Neste instante, perdi a calma. Eu já passara três anos na guerra, mas nada do que vira podia ser comparado a este horror. Eles trouxeram uma mulher e um homem para fora do edifício. O rosto dela estava branco. Ela olhou [...] para os corpos que estavam espalhados por todos os lados. De repente um homem se aproximou dela e a golpeou com a coronha de um rifle. Um outro puxou seus cabelos e a chutou. Ela caiu. Eles continuaram a chutar. Achei que tinha sido o fim para ela. Porém, dentro de poucos instantes ela se levantou, implorando, e disse que não era membro da ÁVO. Houve alguns gritos: "Nada de prisioneiros, nada de prisioneiros!" Porém, ela foi colocada em um ônibus que estava estacionado ali perto. [...] Outros saíram, entre eles um oficial de alta patente. Penduraram seu corpo ensangüentado pelos pés em uma árvore, e as mulheres se aproximavam e cuspiam nele.[11]

No total, 23 oficiais da ÁVO foram mortos pela "justiça imediata" na praça da República. Os rebeldes estavam convencidos de que havia calabouços subterrâneos no edifício, e se empenharam em uma busca infrutífera por várias horas para achá-los. Seis pessoas foram feridas e encaminhadas ao hospital antes que o edifício caísse nas mãos dos rebeldes, e as outras conseguiram escapar de alguma maneira. Entre os mortos, a imagem que mais chocou o mundo foi a de László Elek, um recruta da ÁVO que mal havia saído da adolescência, pendurado de cabeça para baixo e com os rebeldes o chutando. O coronel Papp foi amarrado com cabos pelos pés e encharcado com gasolina. Seu rosto e torso foram queimados, e o fedor acre encheu a praça.

Por volta do meio-dia, o cardeal József Mindszenty, o arcebispo primaz da Hungria, conquistou a liberdade de uma maneira dramática. Depois de tortura e julgamento, ele passou a maior parte dos últimos oito anos em confinamento solitário. Durante o primeiro mandato de Imre Nagy como primeiro-ministro, o cardeal problemático não foi libertado, porém as condições severas sob as quais estava preso melhoraram. Ele estava em prisão domiciliar nos últimos dois anos no castelo medieval de Felsopeteny, cerca de 65 quilômetros ao norte de Budapeste, e ficara tanto tempo fora da vida pública da Hungria que a sua importância real era então discutível. Contudo, para os fiéis ele ainda era um mártir.

Desde o verão de 1956, ele tinha a autorização para ouvir o rádio e ler os jornais. De maneira abrupta e sem explicações, no dia 24 de outubro os seus privilégios foram revogados e uma vez mais ele foi colocado em isolamento. Ele ouvira vagamente a respeito de uns tumultos em Budapeste, mas não que uma revolução havia eclodido. "Era possível sentir a tensão cada vez que eu via um dos guardas", afirmou ele. "Então, um dia eles romperam o silêncio."[12] Logo cedo pela manhã, os guardas disseram a ele para arrumar uma mala e partir. "Eles me disseram que a minha vida corria perigo." O cardeal perguntou:

— Mas quem está me ameaçando?

— A multidão — respondeu o oficial da ÁVO.

Mas Mindszenty recusou-se a deixar o castelo e disse: "Eu não vou. Se [...] eu tiver que morrer aqui, morrerei. Mas daqui eu não saio."

"Os oficiais da ÁVO ficaram perplexos", continuou o cardeal. "Eles conversaram brevemente entre si. Então um deles perguntou, meio timidamente: "'Você sairia se nós usássemos a força, apenas a força simbólica? Por exemplo, nós poderíamos tocar seu braço como símbolo de força. Você iria então?'" Ele disse que não.

Um carro blindado russo chegou aos portões do castelo e dele saiu János Horváth, o chefe comunista do Escritório Húngaro para Assuntos Religiosos. Ele disse a Mindszenty: "A sua vida não está segura neste lugar. Tenho ordens para retirá-lo." Mindszenty recusou-se novamente. "Eu não vou, vocês já me tomaram tudo que se pode tirar de alguém, não há como tomar mais nada", disse ele. Horváth relutou em usar a força contra o prelado, especialmente porque centenas de camponeses se reuniam do lado de fora do castelo, com foices, pás e enxadas e gritando "Liberdade para Mindszenty!".[13]

Horváth consultou os seus superiores em Budapeste, mas não percebeu que todas as ligações feitas no castelo estavam sendo grampeadas pelos insurgentes. Sentindo uma oportunidade, uma unidade do exército com dois tanques e um carro blindado, comandada por um impetuoso oficial, o major Antál Pálinkás, baseada no campo de treinamento militar de Rétság, a 20 quilômetros de distância, se apressou em chegar a Felsopeteny para resgatar o cardeal. Quando chegaram, porém, Mindszenty já estava livre. Os agentes da ÁVO entraram em pânico ao ver a manifestação dos camponeses. O oficial no comando se aproximou do cardeal "com humildade e respeito" e, para o espanto do velho, informou que eles haviam "formado um Comitê Revolucionário", que ele havia sido preso injustamente e que estava livre para sair. Isto foi claramente uma maneira que os agentes da ÁVO encontraram para salvar suas peles, mas funcionou.

Poucos minutos depois, chegou o alto, esguio e desdentado Pálinkás, que entrou no grande salão do castelo e desarmou os oficiais da ÁVO. O encontro entre o cardeal e o soldado de 34 anos foi fatídico. Pela primeira vez em seis anos ele usou o seu nome verdadeiro ao se ajoelhar para beijar o anel do prelado. Ele foi batizado com o nome de Antál Pallavicini, e era herdeiro de uma das famílias aristocráticas mais antigas e ricas da Hungria. Ele se apresentou como voluntário para o exército e recebeu o posto de tenente do Corpo Blindado em 1943. Porém, ele uniu-se à resistência antinazista depois que os alemães ocuparam a Hungria no ano seguinte, e aliou-se aos russos, comandando um batalhão de tropas. Regressou à Hungria em 1946, na condição de herói de guerra condecorado, membro do Partido Comunista e oficial comandante de uma brigada de tanques. Em 1950, trocou seu nome por um que soava mais proletário, e era aparentemente uma estrela ascendente no Exército Popular. Porém, foi vítima do Partido durante os expurgos constantes do exército. Em 1954, foi rebaixado sob acusações fictícias costumeiras, e teve sorte de escapar com vida. Em julho de 1955 foi enviado para treinar suboficiais em Rétság, o que era, na prática, um exílio militar interno. Quando a revolução teve início, ele ficou do lado dos insurgentes, mas poderia ter sobrevivido, como aconteceu a muitos de seus colegas. O seu destino foi selado quando decidiu executar a missão de resgate para libertar Mindszenty. Ele jamais seria perdoado pelos soviéticos.*[14]

O cardeal queria ir direto para Budapeste com sua escolta militar e entrar na cidade em uma procissão triunfal. Ele estava se preparando para uma grande ocasião quando declarou à multidão, ao sair do castelo: "Meus filhos, vou continuar a partir do ponto onde parei oito anos atrás." Entretanto, um evento cerimonial era a última coisa que Imre Nagy ou János Kádár queriam. Eles sabiam que isto irritaria os russos, e achavam que poderia se transformar facilmente em um maciço protesto violento. Eles queriam que a libertação acontecesse da maneira mais discreta possível. Pálinkás recebeu ordens para levar o cardeal à guarnição na pequena Rétság e escoltá-lo ao seu palácio barroco na rua Úri, no distrito do Castelo em Budapeste, no começo da manhã seguinte.[15] O primaz chegou com Pálinkás e uma companhia de homens logo após o amanhecer, "para a própria segurança dele, porque as ruas eram mais seguras nesta hora", de acordo com o rádio. Não havia multidões em frente à sua residência porque ninguém fora informado de quando o prisioneiro mais famoso da Hungria ali chegaria finalmente na condição de homem livre.

Em todo o país, entre 7.500 e 8 mil prisioneiros políticos foram libertados das prisões. Um dos objetivos principais da revolução foi atingido quando foi tomada a infame fortaleza-prisão de Vác, às margens do Danúbio e cerca de 50 quilômetros ao norte de Budapeste, onde dezenas de detentos morreram por negligência com o passar dos anos. Muitos conseguiram depois fugir da Hungria, incluindo alguns prisioneiros estrangeiros cuja existência os húngaros sempre se recusa-

---

* Após a revolução, Pálinkás/Pallavicini se entregou sem luta aos soviéticos. Foi preso em 25 de dezembro de 1956. Após sua libertação, foi rebaixado. Primeiro ele foi condenado à prisão perpétua, mas dois meses depois, após a acusação recorrer da sentença, foi condenado à morte. Foi enforcado em 10 de dezembro de 1957 na Prisão Nacional de Budapeste.

ram a admitir. Entre eles estava a médica inglesa Edith Bone, presa em 1949 sob as ordens pessoais de Rákosi no momento em que se encontrava no aeroporto pronta para embarcar em um avião com destino à Inglaterra. Ela foi mantida em confinamento solitário por anos, e foi praticamente ignorada pelos revolucionários quando estes entraram na Prisão Central de Budapeste. A princípio, eles não acreditaram em quem ela era.*

Por volta da hora em que o funcionário comunista Imre Mező foi ferido fatalmente, às duas e meia da tarde, Imre Nagy fez a sua maior concessão até aquele momento. "A tremenda força do movimento democrático colocou nosso país frente a uma encruzilhada", declarou ele no rádio.[16] "O governo decidiu dar um passo vital para o futuro da nação. O Ministério abole o sistema monopartidário e coloca o governo do país em uma base de cooperação democrática entre partidos de coalizão." Ele formou um novo ministério simplificado, com seis membros: três comunistas, dois do Partido dos Pequenos Proprietários Rurais e um do Partido Camponês. Implorou ao povo para que parasse com a violência, dizendo: "Primeiramente, nós temos que restabelecer a ordem." O velho e meticuloso Tildy tomou o microfone imediatamente depois e fez um emocionado apelo semelhante.

---

* Edith Bone foi uma mulher extraordinária. Filha de um advogado húngaro, ela se formou em medicina em 1914, e ficou estarrecida com as condições dos hospitais para "os outros postos" [eufemismo para soldados rasos e praças] na Primeira Guerra Mundial. Ela deixou a Hungria e viajou pela Europa como ativista do Partido Comunista e se estabeleceu finalmente na Inglaterra em 1933. Ela se desiludiu com o stalinismo. Retornou à Hungria após a Segunda Guerra Mundial e trabalhou como tradutora, mas resolveu partir logo que Rákosi assumiu o poder absoluto. Presa no portão de embarque do aeroporto Ferihegy, foi acusada de espionagem e lançada na prisão de Vác para que lá apodrecesse. Ela desapareceu, sem uma identidade e nem mesmo um número de registro na prisão. Os ingleses protestaram, mas receberam a resposta de que ela não se encontrava no país. Disseram que ela saíra da Hungria de avião em 1949, e que jamais retornara desde então. Ela passou anos no confinamento solitário. Ela não tinha material para escrever, mas fazia letras do alfabeto com pão. Confeccionou um ábaco para que pudesse contar. Foi uma mulher de espírito indomável. Tempos depois, deram a ela livros e uma caneta e ela estudou grego e matemática. Depois que os revolucionários finalmente a libertaram, ela regressou à Inglaterra, onde faleceu em 1976 aos 89 anos de idade.

O anúncio de Nagy sobre a democracia multipartidária foi um passo gigante, o qual ele tinha quase certeza de que os russos nunca aceitariam. Foi difícil para ele próprio, pois era um comunista leal havia quarenta anos. Ele disse que lutou com sua consciência por um longo tempo, mas que também percebeu que tinha de alcançar os revolucionários ou ser varrido por eles. Segundo descreveu o exilado húngaro Paul Zinner, Nagy foi semelhante a outras figuras trágicas, pois foi "apanhado pelo turbilhão da revolução e sofreu terrivelmente por causa dela".[17] Às vezes era uma provação visível. Dentro de uma hora após a sua "declaração histórica", ele se viu cercado por exigências cada vez mais impossíveis.

A gota d'água aconteceu aproximadamente às quatro da tarde, em seu escritório no Parlamento, quando ele se encontrou com uma delegação de cinco homens de Győr, liderada mais uma vez pelo enorme, corado e irascível Attila Szigetthy, que começava a se ver como uma alternativa possível ao posto de líder do país. Ele deixou clara uma ameaça que havia apenas sugerido dois dias antes. Szigetthy alertou que, se não fosse marcada uma data para as eleições livres dentro de no máximo três meses, "Győr poderia romper com o governo de Nagy".[18] Nagy respondeu dizendo que isto seria lamentável e que esperava que eles entendessem que a coisa mais importante a se evitar era mais derramamento de sangue. Tumultuadores exigiam em alta voz que Nagy anulasse o Pacto de Varsóvia. Ele encheu-se de frustração e raiva e ameaçou renunciar. Ouviu-se então um dos delegados sussurrar no fundo da sala: "Ótimo. Isso seria maravilhoso." Nagy saiu de seu escritório com os olhos vermelhos, abatido e praticamente em prantos, acompanhado por Géza Losonczy. Poucos minutos depois ele retornou.[19]

A estação nacional de rádio finalmente fora tomada das mãos dos stalinistas. Passou então a ser controlada pelo governo, diretamente pelo apoiador de confiança e de longa data de Nagy, o sério intelectual Ferenc Donáth, a quem foi prometida uma liberdade que nenhum outro locutor comunista jamais teve. Rebatizada como Rádio Kossuth Livre, a estação transmitiu, às 15h06, a declaração mais extraordinária de todas as freqüências de rádio da Hungria:

> Caros ouvintes, estamos começando um novo capítulo na história da rádio húngara. Por muitos anos nossa rádio foi um instrumento de mentiras, que simplesmente executava ordens. Mentia dia e noite, mentia em todas as freqüências de onda. Nem mesmo na hora do renascimento de nosso país ela cessou sua campanha de mentiras. Mas a luta nas ruas, que garantiu a liberdade da nação e a independência, se espalhou e chegou também até a rádio. Os que eram porta-vozes das mentiras não pertencem mais à nossa equipe, a partir deste momento. Nós que estamos agora diante do microfone somos novos homens. No futuro vocês ouvirão novas vozes em velhas freqüências de onda. Como diz o velho ditado, nós falaremos a verdade, somente a verdade, nada mais que a verdade.[20]

Na América, o presidente Eisenhower tinha de esperar uma semana até o dia da eleição. Ele confiava em uma vitória fácil, mas não queria acreditar que estava tudo garantido. Suas preocupações principais no momento eram a rachadura crescente na aliança ocidental e um conflito no Oriente Médio, que ele temia poder estender a Guerra Fria a um outro continente. Ike deixou claro que daquele momento em diante a questão mais urgente de sua administração era a crise do Canal de Suez. Nos dias seguintes ele fez dezenas de reuniões e várias ligações telefônicas sobre o Oriente Médio, e pouquíssimas sobre a Hungria.[21]

Havia meses que os Estados Unidos sabiam que os ingleses e franceses, em conspiração com Israel, planejavam atacar o Egito. Isto parecia certo desde o dia em que o presidente egípcio, o coronel Gamal Abdel Nasser, nacionalizou o canal de Suez, em julho. Contudo, quando aconteceu, Washington pareceu estar despreparada. O presidente esperava que, no último momento, a França e o Reino Unido retrocedessem. Como militar, ele não conseguia ver nenhum valor estratégico no lançamento de um ataque por parte de seus aliados ocidentais. Diferentemente do que alegavam, um ataque não iria proteger suas provisões de petróleo, que não corriam nenhum risco. A guerra tornaria o mundo um lugar muito mais perigoso, e traria o risco de um conflito potencial com a União Soviética. Politicamente, a invasão de Suez fazia ainda menos sentido para o presidente norte-americano, pois se assemelhava a uma aventura imperial franco-inglesa ultrapassada e fadada ao fracasso. Na verdade, Eisenhower trabalhou para *assegurar* que a invasão falhasse, e como conseqüência inevitável, que provocasse a queda do primeiro-ministro britânico, Sir Anthony Eden.

Os pára-quedistas israelenses aterrissaram na Península do Sinai no dia anterior e atingiram seus objetivos militares em poucas horas. Ao ataque se seguiu um ultimato de Eden e do primeiro-ministro francês, Guy Mollet, para que os dois lados parassem a luta, e estes sabiam que o Egito não o faria. Era isto que forneceria um pretexto para que a Inglaterra e a França lançassem a sua própria invasão. "É a coisa mais cruel e brutal que eu já vi", disse John Foster Dulles a Ike na reunião informativa às dez da manhã do horário de Washington (quatro da tarde em Budapeste). Eisenhower estava furioso porque, apesar da "relação especial", Eden não lhe dera nenhum aviso sobre os ataques. O presidente jamais perdoaria o primeiro-ministro, que na época já era um homem doente. Ele escreveu rapidamente um telegrama, começando com a saudação "Caro Anthony", no qual advertia a ele que, se os ingleses e os franceses prosseguissem com sua ameaça, os Estados Unidos iriam publicamente desassociar sua imagem da invasão que estava pondo em risco a unidade do Ocidente. Mais tarde naquele dia, Dulles ao telefone concordou com Ike e achou que deveria acrescentar mais um ponto. "Há uma outra coisa: é trágico que, justamente quando o tecido soviético está se rompendo, os ingleses e os franceses façam exatamente a mesma coisa no mundo árabe."[22]

Por muitos anos após o desastre em Suez, alguns teóricos da conspiração alegaram que os ingleses e os franceses programaram seu ataque para coincidir com a crise em Budapeste. Segundo seu argumento, a invasão do Egito pareceria menos chocante e menos afrontosa depois que fossem publicadas as fotografias dos civis húngaros lutando contra os tanques russos com coquetéis molotov. Sabemos hoje que isto não foi verdade. A data do ataque foi decidida em uma conferência secreta em Sèvres, próximo a Paris, em 22 de outubro, antes do início da revolução na Hungria. Porém, como um acidente da história, Suez teve reflexos na Hungria. A atenção do mundo se desviou de Budapeste, e o destino de 10 milhões de pessoas presas atrás da Cortina de Ferro subitamente pareceu menos importante do que fora poucos dias antes.

A selvageria da violência na praça da República horrorizou Mikoian e Suslov, os emissários russos. Eles ouviram falar do ataque logo após o encontro com Imre Nagy para discutir a declaração de "amizade" dos soviéticos. Eles imediatamente telegrafaram para Moscou, com o mais alarmante de todos os relatos que até então tinham enviado ao Kremlin, exatamente na manhã em que Kruschev parecia acalentar esperanças de um acordo pacífico. Eles escreveram:

> A situação política no país e em Budapeste [...] está piorando. Há um sentimento de desesperança. Elementos desordeiros estão se tornando mais insolentes, ocupando comitês do Partido e matando comunistas. [...] As fábricas estão paralisadas. As pessoas estão em suas casas, sem fazer nada. Estudantes baderneiros e outros elementos da resistência mudaram suas táticas e estão se envolvendo em atividades maiores. Agora eles praticamente não atiram mais, em vez disso estão ocupando instituições. O exército húngaro adotou a atitude de "esperar para ver". Nossos assessores militares dizem que as relações entre os oficiais e generais húngaros e os oficiais soviéticos se deterioraram nos últimos dias.[23]

Eles alertaram que logo o exército húngaro iria passar em massa para o lado dos insurgentes e que "seria então necessário que as unidades soviéticas adotassem ações militares mais uma vez". Eles concluíram com um apelo desesperado que mostrava o quão perto os soviéticos estavam da beira do precipício. Disseram: "Acreditamos que é essencial que o camarada Koniev venha a Budapeste imediatamente." O marechal Ivan Koniev era o comandante-em-chefe de todas as forças do Pacto de Varsóvia. Se o Kremlin concordasse, sua ida a Budapeste significaria apenas uma coisa: que o exército soviético, que publicamente concordara em se retirar, estava se preparando novamente para a batalha.[24]

O que dizer do documento da "amizade" que Moscou assinara havia poucas horas? Há duas linhas de pensamento. A primeira diz que, na ocasião, foi uma tentativa genuína dos russos para tentar chegar a um acordo que evitaria uma invasão total e a ocupação militar do país. Mikoian definitivamente acreditava nisso, como parecem confirmar sem sombra de dúvida todas as suas ações subseqüentes. Ele ainda desejava estabelecer um pacto nos moldes do acordo polonês. Outros argumentam que a declaração sempre fora uma farsa cínica, elaborada para dar mais tempo a Moscou e enganar os húngaros. Entretanto, as evidências sugerem que os soviéticos não tinham certeza quanto ao que fazer e reviam suas decisões, e não o faziam diariamente, mas de hora em hora.[25]

Sir William Hayter, o embaixador britânico, era geralmente bem informado e não costumava ter visões deturpadas quanto ao comunismo e às intenções soviéticas. Naquela noite, após uma recepção na embaixada da Síria, ele comunicou ao Ministério das Relações Exteriores que acreditava na sinceridade da declaração. "O governo soviético com certeza já fez muitas declarações hipotéticas a respeito da independência das democracias populares, mas a atual declaração é muito mais importante, porque a União Soviética se propõe agora a tomar medidas práticas e concretas para abrir mão de sua autoridade sobre estes países." O embaixador norte-americano, "Chip" Bohlen, foi mais perceptivo. "Os líderes soviéticos, incluindo Kruschev, Bulganin, Molotov e Kaganovich, estavam visivelmente mais abatidos do que ontem", disse ele em um telegrama para o Departamento de Estado. Ele previu que a política soviética poderia mudar, e explicou: "Por exemplo, se o governo de Nagy perder totalmente o controle e o que a Declaração chama de 'contra-revolução e reação negras' se estabelecer, a decisão de retirada das tropas pode muito bem ser revista." Tanto ele quanto a CIA fizeram a mesma observação naquela noite: se Moscou pudesse escolher entre aceitar a situação e permitir que a Hungria se torne independente, ou restaurar seu poder pela força das armas, os russos certamente escolheriam a segunda alternativa.[26]

A democracia renasceu, ou pelo menos os velhos partidos políticos da coalizão no pós-guerra passaram a funcionar legalmente uma vez mais, aparentemente com a aprovação dos soviéticos. Zoltán Tildy, o ex-líder dos Pequenos Proprietários Rurais, era o influente vice de Imre Nagy. Em poucos dias a revolução os havia aproximado. Bélá Kovács, o político democrata mais impressionante do pós-guerra, finalmente aceitou um lugar no "ministério central", de seis integrantes, que fora criado de manhã cedo, depois de ter se recusado inicialmente a aderir ao governo de Nagy. Ele não deixaria sua casa em Pécs nos próximos dois dias. Entretanto, Nagy via os Pequenos Proprietários Rurais como uma parte vital da coalizão que tentava criar e estava preparado para ajudá-los. Ele transferiu o Partido para sua antiga sede, em um elegante edifício do início do século na rua Semmelsweis, que até poucos dias antes era ocupado pela Sociedade da Amizade Húngaro-Soviética. Kovács retribuiu segundo o espírito da aliança. Os Pequenos Proprietários Rurais formavam historicamente um partido direitista, representante da burguesia tradicional, mas apesar disso Kovács declarou: "Ninguém deve sonhar em voltar ao mundo dos aristocratas, banqueiros e capitalistas. Este mundo se foi para sempre. Nós [...] não podemos pensar segundo as idéias de 1939 ou 1945." O espirituoso József Kővágó, libertado da prisão poucos dias antes do começo da revolução, recebeu de volta seu antigo cargo de prefeito de Budapeste.[27]

A maioria dos socialdemocratas que voltou à vida política ativa passara algum tempo na prisão. Sua líder era Anna Kéthly, feminista séria e fervorosa de 67 anos e uma das primeiras mulheres do Parlamento húngaro. Ela foi presa durante os expurgos de Rákosi nos anos 1950 e estava à beira da morte quando foi libertada das condições cruéis da prisão de Vác, quatro anos antes. Nagy assegurou sua libertação logo depois de se tornar primeiro-ministro pela primeira vez. Kéthly confiava em Nagy, mas dentro de seu partido havia a mesma discussão inflamada de oito anos antes, quando o Partido Socialdemocrata fora retalhado pela tática de salame de Rákosi. Eles perguntavam-se se deveriam cooperar com os comunistas. Finalmente, depois de horas de conversas com Nagy, e depois que seu partido teve de volta o controle de seu velho jornal *A Voz do Povo,* eles concordaram. Kéthly assumiu um cargo no governo, mas Nagy a enviou imediatamente a Viena para uma reunião da Internacional Socialista.[28]

O Partido Nacional Camponês, simpatizante dos comunistas após 1945, mudou seu nome para Partido Petőfi. Entre seus líderes estava o escritor brilhante e ex-médico László Németh, de 55 anos, que em pouco tempo se desiludiu por causa das "rixas entre os políticos que estavam destruindo a revolução". Porém, esta não era a reação típica da maioria das pessoas. Uma volta às disputas democráticas era uma das causas pelas quais os húngaros haviam lutado na última semana. Os primeiros dias da formação dos novos partidos foram inebriantes e emocionantes. Na sede do Partido Socialdemocrata, havia tantas pessoas querendo se filiar que, tarde da noite, a fila fora do prédio bloqueava parte da avenida Rákóczi, uma das principais vias de Budapeste.[29] No Partido dos Pequenos Proprietários Rurais o entusiasmo era o mesmo. "Havia uma fila longa de carros do lado de fora. [...] Tudo correu bem até as dez da noite, mas depois houve tanta agitação que se tinha a impressão de que a cidade inteira queria entrar no prédio. [...] As pessoas afluíam de todas as direções."[30]

A missão de János Kádár era reinventar o Partido Comunista. Uma semana antes, era a única força política que podia existir no país. Contava com 800 mil membros e dominava a vida de todos os húngaros, do berço ao túmulo. Ao menos, era isso que o Partido achava. O Partido se desintegrara então. Ninguém sabia quantos comunistas convictos existiam no país. A revolução conquistara uma vitória suprema: as pessoas não tinham mais de fingir crer no que não acreditavam.

Nesta ocasião, o calculista Kádár fazia suas apostas. Ele não tinha certeza do que os russos fariam, ou de como deveria agir. Ele ficou horrorizado com o ataque ao seu amigo Imre Mező, que lutava por sua vida no hospital. Porém, como os soviéticos ainda apoiavam Nagy, Kádár não tinha nenhum motivo para transformá-lo em um inimigo seu. Publicamente, ele apoiava Nagy totalmente em relação às eleições livres, e afirmou estar muito entusiasmado para reconstruir um Partido Comunista mais "honesto" e "nascido da revolução". Ele tranqüilizou o povo, garantindo que a partir daquele momento "não haveria nem oposição nem ditadura". Ele disse: "O novo comunismo será um comunismo nacional húngaro [...] que terá o interesse nacional húngaro em seu cerne e não o interesse do comunismo internacional." Depois ele tentou vestir o manto da revolução. "Os que prepararam este levante foram recrutados de nossas fileiras", disse ele. "Escritores comunistas, jornalistas, estudantes universitários, os jovens do Círculo Petőfi e milhares e milhares de trabalhadores e camponeses e combatentes veteranos que foram presos sob acusações falsas lutaram na linha de frente contra o despotismo de Rákosi."[31]

Georg Lukács, ministro da Cultura do governo de Nagy, disse a Kádár: "O novo Partido Comunista não deve esperar um sucesso rápido, pois o comunismo na Hungria foi totalmente desacreditado. Nas eleições livres, os comunistas vão conquistar 5% dos votos, ou no máximo 10%. É possível que nem faça parte do governo. [...] Mas o Partido continuará a existir. [...] Será um centro intelectual."[32] Kádár simplesmente não deu importância aos números.

VINTE E SETE

Quarta-feira, 31 de outubro

Nikita Kruschev permaneceu acordado até bem tarde, na casa de campo que pertencera a Stalin, em Volinoskoie, nos arredores de Moscou. O local onde as discussões estavam sendo feitas era adequado, pois se discutia sobre matar civis em uma cidade européia. O espírito de Stalin "pairava no ar", segundo o seu sucessor no posto de líder do Partido soviético. Por várias horas, desde cerca das dez e meia da noite anterior, Kruschev conversava seriamente com o funcionário comunista chinês de alta patente Liu Shao-chi, e o único item da discussão era a Hungria. Kruschev tinha simpatia e admiração por Liu, um oficial eloqüente conhecido por ser íntimo de Mao Tse-tung. "Eles se assentaram [...] pesando os prós e os contras do uso da força na Hungria. Os dois lados estavam sempre mudando de opinião. Primeiro Liu sugeriu aguardar para ver se os próprios húngaros conseguiam resolver a crise, e depois sugeriu o uso de uma ação direta. Liu telefonava com freqüência para Mao. Assim como Stalin, Mao trabalhava à noite. Eles decidiram não usar a força, ao menos naquele momento."[1]

Por volta das três e meia da manhã, Kruschev voltou por um breve período para sua residência nas colinas Lenin. Mais tarde ele se lembraria: "Eu não conseguia dormir. Budapeste martelava na minha cabeça."[2] Todas as opções eram potencialmente muito perigosas para o futuro do bloco soviético, e ele tinha de se preocupar também com seu próprio cargo. Os seus inimigos no Kremlin atacariam bruscamente ao menor sinal de fraqueza ou erro. Ele não queria ser o homem que "perdeu" a Hungria. "Durante toda a semana a pressão foi subindo", disse seu filho Sergei. Ele ficou retraído e irritadiço.[3] Os arquivos psicológicos da CIA registram que um psiquiatra norte-americano descreveu Kruschev como "hipomaníaco". Há pouco em seu comportamento que indique quaisquer sintomas de depressão maníaca. Entretanto, sua esposa, Nina Petrovna Kruscheva, que se mantinha firme nos bastidores como a maioria das esposas do Kremlin, mas que falava francamente quando lhe faziam perguntas diretas, fez uma revelação interessante acerca de seu marido. Em uma visita aos Estados Unidos em 1961, ela disse à esposa do então embaixador norte-americano, Llewellyn Thompson: "Ele é oito ou oitenta."

No início da crise, segundo o filho de Kruschev, o líder soviético estava preocupado, mas não desolado. Neste dia, "ele caminhava em volta do jardim em silêncio, e respondia a perguntas com relutância. Ele disse que se sentia incapaz de tomar uma decisão. Ele hesitou durante a crise. Ele se torturava não apenas por causa da Hungria, mas também por não saber o que aconteceria em outras partes do império. O bloco soviético ameaçava desmoronar. Todos os dias a embaixada de Budapeste enviava álbuns cheios de fotografias de pessoas armadas com rifles e metralhadoras, correndo pelas ruas de Budapeste, e de estilhaços de vidros nas calçadas e fachadas de lojas destruídas. Meu pai trazia os álbuns para casa com ele."[4] Ele refletia sobre o que a história soviética diria sobre o líder comunista que não conseguiu manter o império socialista, mas é improvável que ele tenha pensado muito sobre a frase de Marx que diz: "Não pode ser livre o povo que oprime outros povos." Provavelmente ele também não consultou os textos de Lenin que dizem: "Não devemos usar a força para obrigar outras nações a se aliar à Rússia. Somente se podem firmar acordos verdadeiramente livres e verdadeiramente voluntários, e isto é impossível se não houver a liberdade para se revogar tais acordos. Somente os iguais podem chegar a um acordo. As partes têm de ter direitos iguais se o acordo for de fato real, e não uma conquista marcada por expressões."[5]

Irrequieto e agitado, ao amanhecer Kruschev pediu a seu motorista que o levasse a seu escritório no Kremlin, onde começou a reler os relatórios mais recentes de Budapeste. Mikoian e Suslov ainda se encontravam lá, e pela segunda vez em 12 horas insistiram para que o marechal Koniev fosse enviado imediatamente à Hungria. Foi a mensagem mais sombria que eles enviaram em uma semana, e eles sentiam que os seus medos mais profundos estavam se tornando realidade: a Hungria poderia romper com o bloco socialista. Eles fizeram uma narrativa arrepiante do ataque sangrento da praça da República.

Ivan Serov, o chefe da KGB, aliado e amigo de Kruschev, deixou clara a sua preferência desde o início. Ele queria uma invasão total da Hungria quando o levante começou, com o uso de quaisquer medidas necessárias para esmagar os rebeldes. Ele achava que os soviéticos haviam enfrentado problemas na semana que passara porque estavam tratando a questão com luvas de pelica. Ele enviou a Moscou uma série de relatórios funestos, extremamente distorcidos e exagerados, os quais Kruschev estava reexaminando. "A população está incitada contra os comunistas. Em vários casos as pessoas armadas vasculham os apartamentos dos comunistas e atiram neles", escreveu ele em um dos relatórios.[6] "Nos ônibus, [...] os bandidos dão batidas e comunistas ilustres são tirados para fora e baleados."[7] "Em Miskolc, o Conselho dos Trabalhadores sugeriu que os funcionários dos órgãos de segurança depusessem suas armas e fossem embora. Três funcionários, incluindo o vice-diretor do Departamento, o major [János] Gati, não obedeceram às exigências e [...] foram enforcados coletivamente."[8]

Kruschev convocou os magnatas do Kremlin para uma reunião definitiva, na qual disse que decidiria sobre as questões na Hungria de uma vez por todas. A atmosfera de crise e de tensão estava mais aguda quando eles se encontraram, por volta das dez da manhã. Na sala, passaram um filme com as cenas de Budapeste, incluindo a batalha da Praça da República e o linchamento de oficiais da ÁVO.[9]

Kruschev iniciou a reunião dizendo que havia se dado conta de que a decisão do dia anterior fora um erro praticamente no instante em que foi tomada. Neste momento, ele afirmou decididamente: "Nós precisamos revisar a nossa avaliação. Nossas tropas não podem ser retiradas da Hungria ou de Budapeste. Precisamos tomar a iniciativa de restaurar a ordem na Hungria. Se sairmos da Hungria, encorajaremos os imperialistas norte-americanos, ingleses e franceses, e eles interpretarão o gesto como um sinal de fraqueza da nossa parte e partirão para a ofensiva. Se isto acontecer, nosso partido não nos entenderá. [...] Nós daríamos a Hungria a eles, assim como o Egito. Não temos outra alternativa. [...] Podemos dizer que tentamos chegar a um meio-termo com eles [os húngaros], mas no momento eles não têm nenhum governo."[10] Ele já havia conversado anteriormente com os outros chefes mais influentes do Kremlin, e todos deram a sua aprovação, exceto o insípido Maxim Saburov, de 56 anos, responsável pelo planejamento econômico, uma nulidade que praticamente nunca expressara uma opinião independente. Ele afirmou que uma invasão na Hungria no momento "justificaria as ações da OTAN".[11]

Restava algo a ser decidido. Os potentados do Kremlin ainda não estavam certos sobre quem nomear como líder vassalo na Hungria. Uma alternativa era o velho fiel e submisso Ferenc Münnich, bem conhecido dos russos como um "moscovita" húngaro, agente da KGB de longa data e homem em quem se podia confiar para executar cegamente os comandos de Moscou. A outra opção era János Kádár, mais jovem e mais dinâmico, pouco conhecido dos líderes soviéticos, mas uma figura que viam como destoante do modo como a revolução estava acontecendo. Eles decidiram investigar os dois antes de chegar a uma conclusão, mas se prontificaram a fazer ofertas a ambos.

Kruschev simplesmente ignorou a crítica isolada de Saburov. Os seus argumentos eram sobre o prestígio soviético, a unidade do bloco socialista e as considerações domésticas. Ele disse que os *apparatchiks* do Partido, o exército e os "órgãos" de segurança do Estado não entenderiam se não dessem uma resposta ao desafio imposto pela Hungria. Suez não foi o motivo da repressão na Hungria. A aventura anglo-francesa no Oriente Médio proporcionou a Kruschev uma cobertura política extra para o envio de novos tanques a Budapeste e tornou a intervenção muito mais fácil. Porém, Suez não provocou nada. A tragédia de Budapeste era inevitável. Moscou estava determinada a pôr os satélites na linha.[12]

Os magnatas ficaram profundamente perturbados com uma série de relatórios da KGB. Entre as principais razões da decisão estava o medo de que a agitação na Hungria vazasse para outros pontos do bloco. No dia anterior houve enormes manifestações de apoio aos húngaros em toda a Polônia, e cerca de 300 mil pessoas participaram de uma marcha em Varsóvia. Na Romênia, os estudantes de Bucareste e de muitas outras cidades da Transilvânia (Cluj, Timisoara e Tirgu Mures) promoveram grandes marchas de protesto. Desde o dia 24 de outubro, os líderes romenos passaram a impor medidas de segurança e regras estritas de concessão de visto, em uma tentativa de selar a fronteira com a Hungria. As autoridades romenas implementaram procedimentos extras de segurança para reforçar suas defesas em edifícios-chave, como estações ferroviárias, aeroportos, estações transmissoras, *campi* universitários e escritórios do governo e do Partido. Foram canceladas todas as licenças dos soldados e dos agentes do serviço de segurança, a Securitate, a polícia secreta romena.[13]

Entretanto, a inquietação continuou, e os comunistas mais importantes começaram a sentir medo. Um movimento estudantil não-oficial formado na Universidade Bolyai, em Cluj, atraiu centenas de membros, incluindo muitos do corpo docente que pertenciam ao Partido Comunista Romeno. Este foi um eco do começo dos acontecimentos em Budapeste. Os comunistas de Moscou estavam preocupados porque os membros do Partido de origem húngara da Transilvânia "eram particularmente mais passíveis de sucumbir aos elementos hostis". Alguns estudantes da Transilvânia tinham a intenção de se unir ao exército húngaro. No dia anterior, os líderes romenos estabeleceram um gabinete de comando geral de emergência, chefiado pela estrela comunista ascendente Nicolau Ceauşescu. Ele recebeu poderes extraordinários, incluindo o direito de emitir ordens para a polícia atirar para matar e declarar estado de emergência. Os problemas na Romênia foram resolvidos, mas o fato de que medidas como estas foram necessárias indicaram claramente aos líderes russos que a revolução na Hungria poderia ser contagiosa, caso não fosse contida.[14]

Um relatório da KGB da Tchecoslováquia descreveu manifestações estudantis em Bratislava e outras cidades provinciais, e "uma hostilidade crescente e descrença na União Soviética". Em um telegrama altamente secreto enviado ao Kremlin, o governo tcheco admitiu que os acontecimentos na Hungria estavam provocando um "efeito psicológico deletério" e criando uma "atmosfera anti-socialista hostil" entre as tropas tchecas enviadas para reforçar a segurança ao longo da fronteira de 560 quilômetros com a Hungria.[15] "Se nós não fizermos um movimento decisivo, as coisas na Tchecoslováquia irão desmoronar", dizia a resolução final que autorizou a invasão da Hungria. Os russos eram totalmente realistas. Todos os relatórios que receberam, de seus serviços de inteligência, de seus diplomatas, dos governos dos outros Estados do Pacto de Varsóvia, indicavam que a posição soviética era precária.[16]

Eles também foram informados a respeito dos problemas na própria União Soviética. A desestalinização havia produzido muitos exemplos de desordem pública que foram silenciados. Na primavera de 1956, houve revoltas na Geórgia, com tumultos em Tbilisi e outras cidades. O Kremlin declarou a lei marcial em toda a Geórgia e enviou tanques para sufocar o tumulto. Havia a ameaça de novos tumultos no local, e as forças militares soviéticas foram colocadas no nível de alerta mais alto quando a revolução húngara eclodiu.[17]

Na Rússia, a KGB estava preocupada com um movimento intelectual dissidente, formado de maneira livre e até então sendo mantido sob controle, mas Kruschev estava preocupado, pois achava que os escritores soviéticos, estimulados pelos húngaros, talvez tentassem estabelecer um grupo equivalente ao Círculo Petőfi. Os líderes soviéticos não estavam em estado de pânico. Porém, apesar de Kruschev ter iniciado o processo de reforma e tentado alterar os contornos do stalinismo, ele temia os ventos de mudança vindos de Budapeste. Estes medos foram intensificados quando os protestos estudantis irromperam em faculdades, incluindo a prestigiosa Universidade Estadual de Moscou. Tropas da KGB foram enviadas para prender os estudantes e os membros do corpo docente que criticaram a intervenção na Hungria na semana anterior. Em Jarosław, a KGB reprimiu com violência manifestações nas quais centenas de pessoas carregavam faixas pela cidade exigindo a saída das tropas da Hungria.[18]

Estas foram algumas das razões pelas quais os soviéticos lançaram a sua segunda invasão. Uma vez decidida, os líderes soviéticos estavam determinados a fazer com que ela fosse implacável, eficiente e sem misericórdia. No meio da manhã, no horário de Moscou, após o fim da reunião, Kruschev pediu que o marechal Koniev fosse se encontrar com ele. Ele perguntou ao experiente soldado quanto tempo levaria para sufocar a resistência em Budapeste, caso fossem enviados todos os reforços necessários. "Três dias, não mais que isso", respondeu o marechal. Narrativas contam que Kruschev teria dito: "Pois então é isso que vamos fazer." A data foi marcada de modo que a operação terminasse antes da celebração em Moscou do 39º aniversário da Revolução Russa, no dia 7 de novembro.[19]

Kruschev tinha de convencer seus aliados fora da URSS, a quem ele considerava inferiores, mas de quem necessitava a seu lado em uma ocasião tão delicada. Primeiro ele conversou com os chineses. Na última vez que se encontrara com Liu Shao-chi, no meio da noite em Volinoskoie, a decisão sobre a Hungria era a de "esperar para ver". Neste momento, a delegação chinesa estava prestes a retornar a Pequim. De maneira incomum, todos os mais altos funcionários russos foram levados em um cortejo, em suas limusines Zil 110, ao aeroporto Vnukovo. Kruschev queria contar imediatamente a Liu sobre a reviravolta, pois não queria que ele e o camarada Mao ficassem sabendo muito mais tarde, quando a delegação aterrissasse na China. Ele se preocupava com a possibilidade de Liu se irritar com a mudança de política. Contudo, durante a noite Mao também havia tido a idéia de uma resposta rápida e intensa por parte dos soviéticos.[20] Kruschev então se empenhou em uma série de visitas rápidas e altamente secretas nas capitais do Leste Europeu para informar aos outros líderes socialistas a decisão do Kremlin.

A questão vital para Kruschev era deixar os húngaros confusos o máximo de tempo possível. Era preciso que Nagy permanecesse em dúvida quanto às intenções da Rússia para que os húngaros não tivessem tempo de mobilizar suas defesas. A movimentação das tropas soviéticas foi deliberadamente confusa. Todos os soldados, tanques e veículos blindados russos que entraram em Budapeste no dia 24 de outubro deixaram a cidade no meio da manhã de quarta-feira, mas pareceu estranho a alguns grupos de defensores da liberdade o fato de muitas unidades soviéticas estarem se dirigindo para oeste e continuarem em direção à fronteira austríaca, quando o acordo era para que se preparassem para deixar o país e retornassem à União Soviética.[21] Apesar disso, muitos rebeldes acreditavam na vitória que haviam declarado. Alguns norte-americanos estavam convencidos disso também. A Legação dos Estados Unidos duvidara da sinceridade da "declaração" de Moscou, contudo relatou a Washington que não havia praticamente nenhuma presença militar soviética na cidade. O relatório da Legação para Washington dizia: "Em uma mudança noturna dramática, se tornou praticamente certo em Budapeste, nesta manhã, que a Revolução Húngara é um fato histórico."[22]

No começo da manhã, os líderes húngaros também pareciam acreditar na vitória. Zoltán Tildy disse que Mikoian o fitara olho no olho e garantira a ele que as tropas russas deixariam a Hungria por completo — "e eu acreditei na sinceridade dele". Porém, havia quem duvidasse. János Kádár não estava tão convencido. Na noite anterior ele comparecera à mesma reunião que Tildy tivera com o armênio e com Suslov. Após a reunião, Kádár confidenciou em voz baixa que não duvidava deles, e sim de suas certezas.

Às dez da manhã, o novo ministério húngaro se reuniu pela primeira vez, e a atmosfera não era de celebração. Circulavam rumores desde as primeiras horas da manhã de que, enquanto os soldados russos deixavam Budapeste, como todos na cidade podiam testemunhar, novas tropas soviéticas estavam entrando no país em outros pontos. Operadores de sinais ferroviários de Záhony, na fronteira com a Ucrânia soviética, relataram que desde o começo da manhã eles viam os soldados, tanques e veículos blindados que haviam retornado à URSS voltando à Hungria. Um relatório mais preciso informou que unidades do 114º Regimento de Pára-quedistas da 13ª Divisão de Tropas Aerotransportadas chegaram, vindo de Lvov, ao aeroporto de Veszprém, distante 80 quilômetros a oeste de Budapeste, com 1.120 tropas, 12 morteiros de trincheira de 82 milímetros e 18 canhões de grande calibre.[23] Pál Maléter fora promovido a general e em breve seria nomeado ministro da Defesa, em uma carreira meteórica que em poucos dias pareceria sintetizar a intensidade da revolução. Ele relatou os fatos a Nagy, mas disse que não tinha certeza absoluta se a movimentação das tropas significava que a Hungria estava sendo invadida ou não. Béla Király fora encarregado de defender Budapeste e de chefiar a Guarda Nacional. Ele também não tinha certeza, mas disse que, mesmo que o número das novas tropas que estavam entrando na Hungria ainda não fosse significativo, qualquer chegada de tropas rompia os termos da famosa "declaração" soviética, publicada naquele dia com muito alarde pelo *Pravda*.

Se a tática russa tinha o objetivo de confundir Nagy e seus ministros, estava funcionando. A reunião se arrastava, mas apenas uma coisa ficou clara: Nagy queria silêncio total sobre a movimentação das tropas soviéticas. Primeiro, porque o governo não sabia o que de fato estava acontecendo. Segundo, Nagy não queria que o público ficasse alarmado.[24]

No meio da reunião, chegou um mensageiro e entregou um bilhete ao exausto primeiro-ministro. György Heltai, de 35 anos, o vice-ministro das Relações Exteriores e protegido de Nagy, relatou: "O primeiro-ministro leu em voz alta: 'Forças inglesas e francesas estão bombardeando o Egito.'"

Fez-se um silêncio absoluto. "Malditos", vociferou Losonczy.

Nagy olhou para seu relógio e disse: "Mikoian está esperando por nós. Vamos!"

Alguém perguntou: "Não vamos ligar as antenas para sondar o Ocidente nem mesmo agora?"

"Com certeza, agora não", respondeu Nagy.

Há poucos indícios de que Nagy tenha visto a notícia como um golpe, pois ele nem queria nem esperava nenhuma ajuda real do Ocidente. Porém, ele percebeu que o mundo então se importaria menos com a batalha na Hungria. Ele achou que, se a Hungria fosse ignorada, isto tornaria seu trabalho um pouco mais difícil.[25]

Mikoian e Suslov estavam esperando por Nagy e seus ministros na sede do Partido Comunista para se despedirem. Eles iriam logo tomar o avião para Moscou, pois o seu trabalho em Budapeste estava quase terminado, conforme eles explicaram. Embora soubessem então das decisões tomadas anteriormente em Moscou, eles não revelaram nada. Ambos passavam a impressão de estarem animados e tranqüilos, de acordo com Heltai. Nagy perguntou diretamente por que as tropas russas haviam entrado de novo na Hungria pela Ucrânia. Mais tarde, Nagy contou a seus assistentes que os emissários soviéticos disseram que as movimentações das tropas não significavam nada e que eram todas manobras de rotina. Eles reafirmaram a disposição de Moscou em dialogar sobre a retirada das tropas da Hungria e a mudança dos termos do Pacto de Varsóvia. Depois, Mikoian e Suslov partiram da mesma maneira que chegaram: vestidos com elegantes casacos azuis de lã e em dois carros blindados soviéticos. Nagy acreditou neles. Quando eles finalmente partiram, Nagy estava radiante. "Acho que nós conseguimos", disse a János Kádár.[26]

Entretanto, Imre Nagy, homem decente e honrado, ainda tinha de lidar com o problema da credibilidade entre o seu próprio povo. Ele ainda não era o herói que queria ser, ou que se tornaria. Ele precisava mostrar aos húngaros que o patriota que existia dentro dele suplantara o "socialista internacionalista", e isto não seria nada fácil. Muitos grupos revolucionários ainda desconfiavam dele, e para estes ele estava acompanhando a revolução, e não liderando. Nagy era um comunista, quando o grande movimento nas ruas era de um anticomunismo crescente. Os escritores e intelectuais socialistas podiam ter começado a revolução, mas não se encontravam mais na vanguarda.

A maior parte da propaganda do Ocidente transmitida para a Hungria era profunda e fundamentalmente hostil a Nagy, como várias reportagens da Rádio Europa Livre dos últimos dias que diziam que "nenhum tipo de comunismo é um bom comunismo". Mas a REL foi mais além, ao encorajar os insurgentes a continuar lutando e a aumentar suas exigências. "Os Ministérios da Defesa e do Interior ainda continuam nas mãos dos comunistas", declarou a estação naquela tarde. "Não deixem que isto continue, defensores da liberdade, não guardem as suas armas. [...] Este governo pequeno não oferece nenhuma garantia [...] e não deve ser aceito nem mesmo provisoriamente. É vital que um novo governo, capaz de enfrentar esta situação, seja formado imediatamente."[27]

Nagy percebeu que a propaganda continha uma afirmação seriamente prejudicial a ele. A REL e muitas outras estações de rádio locais continuavam a relatar o fato de que fora Nagy quem solicitara o envio de tropas soviéticas quando se tornou primeiro-ministro, no dia 24 de outubro. Ele achava que "desmentir esta mentira maldosa" era tão importante que se empenhou então em uma ofensiva maciça para negá-la pessoalmente e para persuadir os outros membros do governo a ajudá-lo. Às duas e meia da tarde, ele fez uma declaração na praça do Parlamento, e suas palavras foram transmitidas ao vivo na Rádio Kossuth Livre:

> Dirijo-me a vocês, irmãos húngaros, com sentimentos de afeto e amizade. [...] Estamos vivendo os primeiros dias de nossa soberania e de nossa independência. [...] Expulsamos de nosso país o bando de Rákosi e Gerő. Eles responderão por seus crimes. Eles tentaram manchar a minha reputação ao espalhar a notícia de que eu solicitei as tropas soviéticas.

Esta mentira é infame. Imre Nagy, o defensor da soberania húngara, da liberdade húngara e da independência húngara, não pediu o envio dessas tropas. Ao contrário, foi ele quem lutou pela sua remoção. Meus caros amigos, hoje nós começamos as negociações para a retirada das tropas soviéticas de nosso país e para a anulação das obrigações impostas a nós pelo Pacto de Varsóvia. Peço apenas que vocês tenham um pouco de paciência [...] vocês podem depositar toda esta confiança em mim. [...] Fiquem do nosso lado, nos apóiem em nossos esforços patrióticos.[28]

Uma hora depois ele concedeu uma entrevista à Rádio Viena, ocasião em que ficou extremamente irritado:

— O que o senhor tem a dizer agora sobre o Pacto de Varsóvia? Nós fazemos parte dele ou não?

— No momento, sim — respondeu Nagy.

— O senhor pretende deixar o Pacto de Varsóvia caso o povo húngaro assim o deseje?

— Hoje nós começamos as negociações a este respeito.

— Agora será necessário reconstruir a Hungria economicamente. O senhor irá recorrer às potências ocidentais para pedir ajuda?

— Me parece que teremos de contar com todas as forças econômicas para sair desta situação.

— O senhor disse... que foi pressionado a trazer as tropas soviéticas, mas que não foi o senhor quem pediu que elas viessem a Budapeste. Quem foi que pediu o envio delas então?

— Não fui *eu*, isto eu posso dizer. Naquela ocasião eu não era primeiro-ministro. Eu não era membro do Comitê Central do Partido.

— Como então cresceu a impressão de que o senhor teria pedido as tropas?

— Eu não sei. Na ocasião, eu nem era membro da liderança. Pode ter sido assim: primeiro se disse que foi o governo e, depois de dois ou três dias, eu me tornei premiê, e as massas não são capazes de diferenciar. Dois dias atrás ou agora, para eles é a mesma coisa.

— O senhor aprovou posteriormente o envio das tropas soviéticas?

— Não.

— O senhor disse que o envio das tropas era necessário para o estabelecimento da paz e da ordem ou não?

— Não, não e não. Eu não disse tal coisa, e tenho que acrescentar que esta alegação tem causado muito dano.[29]

Ele passou horas conversando com vários entrevistadores durante a tarde. De uma maneira vaga, que Nagy nunca tornou totalmente clara, ele prometeu justiça contra os torturadores e assassinos da ÁVO. "A culpa da ÁVO é uma culpa coletiva", refletiu ele. "Não temos nenhuma intenção de não punir os criminosos. Todos os que ocuparam postos na ÁVO são criminosos apenas pelo fato de terem pertencido a ela." Mais uma vez ele foi pressionado a respeito de quem teria pedido as tropas soviéticas no primeiro dia da revolução. "O povo húngaro não sabia, então eles tentaram colocar a culpa em mim. Mas não fui eu." Perguntaram a ele: "Foi Gerő?" E ele respondeu: "Eu não sei."[30]

Logo depois das oito e meia da manhã em Washington, Allen Dulles, o agitado chefe da CIA, passou ao presidente Eisenhower o seu informativo do serviço de inteligência matinal diário. Quase toda a conversa foi sobre Suez e a melhor maneira de os Estados Unidos limitarem o alcance e o dano de uma guerra "estúpida" no Oriente Médio. Eisenhower já decidira usar toda a sua influência e poder diplomático nas Nações Unidas para dar um basta no conflito o mais rápido possível.

Dulles, sempre um espião cavalheiro, tinha um temperamento bem mais alegre que o do seu irmão, o secretário de Estado desmancha-prazeres. Allen Dulles se esforçava para compreender a notícia confusa de Budapeste durante a semana que passou. Ele era um ardoroso apoiador da Guerra Fria, não nutria ilusões quanto aos soviéticos e desconfiava deles por princípio. Contudo, ele e seus melhores analistas do serviço de inteligência pareciam estar convencidos de que os russos estavam sendo sinceros e de que a crise na Hungria seria resolvida. Tudo o que eles ouviam a respeito do Oriente Médio era "muito ruim", admitia ele, e então acrescentou: "Mas há uma notícia boa." Ele contou ao presidente sobre a "Declaração" dos russos, e que os soviéticos aparentemente estavam cumprindo sua promessa de retirar suas forças de Budapeste. "Este pronunciamento é um dos mais importantes da parte da União Soviética desde o fim da Segunda Guerra Mundial", disse o diretor da CIA.[31]

Eisenhower era mais cético e respondeu simplesmente: "Sim, se for honesto." No resto do dia, ele se concentrou na questão do canal de Suez. A Hungria sequer foi mencionada, exceto em uma conversa rápida entre Ike e o outro Dulles, do Departamento de Estado, por volta das quatro da tarde. Ele lembrou ao presidente que a questão da Hungria estava programada para ser discutida no Conselho de Segurança Nacional do dia seguinte. Eisenhower disse a Dulles que achava que Suez era uma prioridade máxima.[32]

A negociação com alguns dos grupos rebeldes estava se revelando um desafio enorme. Para Király, então nomeado major-general, era compreensível que os defensores da liberdade não confiassem nos russos, mas era "profundamente perturbador" que eles não confiassem nele e em seu suplente, Sándor Kopácsi.[33] Fora o revolucionário dedicado Kopácsi quem abrira os arsenais da polícia e as lojas de armamentos no primeiro dia do levante para que os insurgentes pudessem pegar as armas. Contudo, ambos estavam então sendo questionados pelos rebeldes quanto aos seus passados. Király fora um comunista, e alguns dos rebeldes não confiavam nele, apesar dos longos e dolorosos anos que passou em prisões comunistas. Kopácsi ainda era um comunista leal, ao estilo de Nagy. A Guarda Nacional foi estabelecida oficialmente durante a tarde, com sede no Quartel Kilián, lar espiritual da revolução. Houve acaloradas discussões em seu lançamento que revelaram grandes divisões entre os revolucionários.[34]

Alguns dos insurgentes odiavam até mesmo o herói do público, Pál Maléter. Em um ponto dramático do encontro, um dos comandantes rebeldes, Gergely Pongrácz, que assumira a liderança total do grupo do beco Corvin, levantou-se para acusar Maléter de ter sido um assassino. "Era isto o que ele era, e eu disse a ele", afirmou Pongrácz. "No primeiro ou nos dois primeiros dias da revolução, a idéia dele de manter a ordem em Budapeste era atirar na brigada do Corvin. Nós não o perdoaremos facilmente. Muitos dos nossos jovens foram mortos naquela luta."[35]

De maneira agitada, entre acusações ácidas e cortantes e ressentimentos que jamais foram resolvidos, a força de segurança foi finalmente formada, e Király, sentindo-se aliviado, foi eleito seu chefe. Ele acreditava que finalmente os interesses dos revolucionários haviam sido levados em conta na nova administração. Havia a necessidade de um acordo por razões práticas simples: podia-se então começar com a limpeza de parte dos destroços das ruas de Budapeste. "Era essencial para manter a ordem não apenas na cidade, como também no país", explicou ele. "Se por acaso os russos estivessem voltando, como algumas pessoas começavam a acreditar, a Guarda Nacional poderia ser a base de algum tipo de defesa."[36]

Contrariando sua própria opinião, Nagy foi persuadido a se encontrar com os líderes dos defensores da liberdade armados. Na tarde do dia anterior, seu encontro com "Tio Szabó" foi quase totalmente silencioso, uma vez que o ex-soldado e motorista, lenda das barricadas de Budapeste, praticamente não abriu a boca na presença de Nagy. Segundo Jenő Széll, que trabalhava no escritório do primeiro-ministro, Szabó era esmeradamente educado. Ele "bateu os calcanhares e disse: 'Respeitosamente me apresento para o trabalho'". E isso foi tudo.[37]

O encontro que teve às seis da tarde do dia 30 de outubro com o insensível Dudás foi emocionalmente desgastante. Dudás estava recebendo muita cobertura dos jornalistas ocidentais, e alguns deles o anunciavam como a alternativa revolucionária ao governo. Um grupo de apoiadores de Nagy convenceu o "velho" a conceder uma audiência a Dudás. Um deles disse ao primeiro-ministro que tudo o que Dudás queria era ser visto como importante e ser tratado seriamente, e que depois disso o rebelde ruidoso cessaria seus ataques corrosivos ao primeiro-ministro.[38] Nagy acatou a idéia, mas o encontro não foi um sucesso. Dudás e sua comitiva de combatentes das ruas, de feições duras, entraram brandindo armas. A reunião foi breve e claramente desagradável para Nagy, de acordo com um dos participantes.[39]

> Dudás exigiu que o governo o reconhecesse como o único representante legal dos grupos rebeldes armados. Ele afirmou que o governo deveria passar a tarefa de manter a ordem, em cooperação com a polícia e o exército, aos rebeldes sob suas ordens, ou seja, a ele próprio. Nagy simplesmente recusou-se a fazê-lo, e disse que a responsabilidade de manter a ordem

> era tarefa do governo e não de "pessoas semelhantes" a ele. Nagy então encerrou a conversa, mas concordou em publicar uma declaração dizendo que os dois haviam se encontrado. E isto foi tudo o que se passou. Depois disso, Nagy saiu da sala antes da aprovação da versão final da declaração, porque ele certamente deu pouca importância a todo este episódio.[40]

Dudás voltou à sua base no edifício do jornal *Povo Livre* e, em seu jornal, o *Independência Húngara,* escreveu um artigo furioso acusando o governo de ser indigno de confiança. Dudás conteve as suas críticas pessoais contra Nagy, mas isto foi de pouca valia. Nagy achava que lidar com homens como Dudás significava se rebaixar.

Anastas Mikoian chegou a Moscou por volta das oito da noite. Logo que o avião aterrissou no aeroporto de Vnukovo, ele tentou mudar a decisão tomada anteriormente naquele dia. Embora soubesse que a invasão de Budapeste era iminente, ele não sabia exatamente quando ela começaria, até que Kruschev o informou mais tarde naquela noite. Ele ficou amargamente decepcionado e achou que todo o processo era equivocado. Ele era um homem orgulhoso, e estava irritado porque o Kremlin tomara uma decisão tão importante para o bloco soviético quando ele não se encontrava presente. Ele, um reconhecido especialista em Hungria, imaginava qual seria a razão de ter sido enviado a Budapeste por uma semana, se todos os seus conselhos seriam ignorados. Em uma série de ligações telefônicas e reuniões, ele argumentou com Kruschev e os outros comunistas do alto escalão do Kremlin, dizendo que eles haviam interpretado mal os relatórios que enviara da Hungria. Disse a Kruschev que a União Soviética estava prestes a cometer um erro terrível. Uma invasão da Hungria iria piorar ainda mais a Guerra Fria. O dano ao prestígio da URSS arruinaria a reputação dos soviéticos nos anos a seguir. Havia outras maneiras de "salvar as aparências" e garantir que o bloco soviético não desmoronaria, disse o astuto armênio.

Os extremistas ficaram muito contentes com a aflição de Mikoian, a quem viam como um liberal moderado incorrigível. Para pessoas como Molotov e Kaganovich, uma derrota de Mikoian era, por extensão, também uma derrota de Kruschev, e isso enfraqueceria a ambos. Entretanto, Mikoian não desistiu. Normalmente ele tinha um temperamento calmo e controlado, que compreendia precisamente quando sofria uma derrota, e era capaz de se adaptar de acordo com as conveniências. Porém, a Hungria era uma questão de importância incomum para ele, que continuou a pedir uma mudança de opinião.

Kruschev não dormira na noite anterior. Ele estava com viagem de avião marcada para logo cedo, na manhã seguinte, com Molotov e Malenkov, em sua viagem de cortesia às capitais do bloco oriental. Pouco antes da meia-noite, ele voltou exausto ao seu apartamento em Moscou e tentou descansar um pouco. Logo depois de ter pegado no sono, o telefone ao lado de sua cama tocou. Era o agitado Anastas Mikoian, que começou a argumentar contra o reenvio de tanques a Budapeste.

"Não devemos usar a força, e eu sou totalmente contra toda a idéia", disse Mikoian.

Kruschev, irritado por ter sido acordado, respondeu: "O que é que eu posso dizer a você? A decisão já foi tomada, e eu concordo com ela."

Mikoian disse desesperadamente: "Então eu exijo uma outra reunião."

Kruschev ficou ainda mais irritado. "Mas a decisão já foi tomada e o cronograma já foi estabelecido. Nós teríamos que mudar o cronograma para podermos nos reunir de novo. Todo o plano seria arruinado. Eu não posso fazer isso. Particularmente, creio que tomamos a decisão correta e que você está errado", disse ele e encerrou a conversa. Ele não conseguiu dormir de novo.[41]

Em Budapeste, as celebrações continuaram por toda a noite. As ruas e as praças da capital haviam sido palcos de carnificina 36 horas antes. Nesta noite, as pessoas dançavam, convencidas de que haviam conquistado a vitória, que seus longos dias de colônia oprimida haviam findado. Ouvia-se música alegre por toda a cidade, no lugar dos disparos insistentes dos rifles dos dias anteriores. Tarde da noite, chegou a informação de que o coronel-general Gyurkó, o soldado que havia ordenado duas vezes que os aviões de caça atirassem em civis húngaros desarmados, havia desertado e se colocado sob a proteção dos russos. A notícia parecia simbolizar que as esperanças e os sonhos dos húngaros seriam concretizados. Na praça do Parlamento, uma banda *cygany* (cigana) improvisada começou a tocar as melodias nacionais favoritas. Milhares de pessoas se reuniram para ouvir, cantar, contar histórias dos feitos emocionantes dos dias anteriores e para comemorar a vitória.

Após um dia de protestos, os tanques soviéticos começam a avançar sobre Budapeste nas primeiras horas de 24 de outubro. Os russos imaginaram que estavam montando uma operação policial contra uns poucos milhares de manifestantes, para "restaurar a ordem". Porém, logo se viram no meio de uma batalha de guerrilha, lutando contra grupos de defensores da liberdade extremamente motivados. Os rebeldes empunharam armas sob uma nova bandeira improvisada: a tricolor húngara, vermelha, branca e verde, sem o brasão circular comunista ao centro.

A principal causa pela qual os húngaros lutaram era evidente. Centenas de fachadas de lojas em Budapeste foram pichadas com os dizeres "Ruszkik haza" ("Russos, vão para casa"). O maior foco de resistência armada aos soviéticos foi o labirinto de becos e passagens subterrâneas próximos do Cine Corvin, o maior de Budapeste. Na semana anterior à Revolução, o cinema passava o filme *Wings*, um romance ambientado em uma fazenda coletiva.

Os soviéticos enviaram a Budapeste dois de seus mais experientes magnatas do Kremlin para administrar a crise na Hungria. Anastas Mikoian (abaixo), armênio astuto, cordial e maquiavélico, ocupava posições de liderança na União Soviética desde os tempos de Lenin, e defendia firmemente um desfecho pacífico para a crise de Budapeste em 1956. Seu rival, o sério Mikhail Suslov (direita), sempre previra que a Rússia necessitaria de uma ação militar para manter o seu satélite húngaro. Os dois permaneceram em Budapeste por quase uma semana, enviando para Moscou vívidos relatos em primeira mão sobre a Revolução.

Alguns episódios sangrentos da violência das multidões (esquerda e abaixo) mancharam a Revolução, como admite a maioria dos líderes rebeldes. Os alvos dos ataques cruéis de vingança eram os agentes da odiada polícia secreta. Dezenas de agentes da ÁVO foram linchados nas ruas da cidade e pendurados em árvores e postes por alguns dias.

János Kádár (esquerda) uniu-se a Imre Nagy e foi um dos líderes políticos do levante. Ele era chefe do Partido Comunista, mas mudou de lado e se aliou aos soviéticos. Foi levado secretamente a Moscou e empossado como líder do regime vassalo soviético depois da invasão russa. Por anos ele foi chamado de "Judas" Kádár, mas com o passar do tempo conquistou certa independência do Kremlin e a admiração relutante dos húngaros.

Os réus no julgamento de Imre Nagy quando a sentença foi proferida, em junho de 1958. Usando roupas civis, temos: Imre Nagy (esquerda), Zoltán Tildy (frente/centro) e Miklós Gimes (frente/direita). Pál Maléter é o mais alto de todos, e no canto à direita está Sándor Kopácsi.

Após a Operação Turbilhão, de 4 de novembro, quando o exército soviético voltou com força avassaladora para esmagar a Revolução, os húngaros começaram a avaliar o preço de sua rebelião corajosa e condenada. O levante foi um fracasso heróico. Mais de 2.500 pessoas foram mortas e Budapeste foi devastada. Retaliações horríveis e brutais continuaram por anos, e milhares de pessoas suspeitas de oposição ao regime foram presas. As cicatrizes continuaram visíveis na Hungria por décadas após o levante.

VINTE E OITO

Quinta-feira, 1º de novembro

Houve um enxame de notícias durante a noite: a Hungria não tinha nada a celebrar. Logo depois do amanhecer, Imre Nagy foi acordado por um melancólico Béla Király, com a prova de que os russos estavam voltando à Hungria com uma força tão maciça que poderia significar apenas uma coisa: uma invasão avassaladora. As tropas cruzavam rapidamente a fronteira soviética pela Ucrânia. Uma coluna de 850 tanques foi vista de manhã cedo perto de Miskolc, próximo à fronteira tcheca. Os tanques se dirigiam para o sul e atravessaram o segundo maior rio da Hungria, o Tisza, chegando a cidades com postos de controle do tráfego de trens em direção à capital. Király disse que eles estavam começando a fazer um "aperto lento" em Budapeste. Os russos cercaram o aeroporto Ferihegy, e apenas um outro no país, o campo de pouso militar em Budaörs, fora do perímetro urbano, foi deixado sob o comando húngaro. Király disse a Nagy que havia dois aviões à sua disposição, caso fosse necessário, mas Nagy descartou a idéia de fuga e perguntou: "Para onde eu iria?" Király disse que ordenaria ao vice-comandante das forças de Budapeste, o coronel János Mecséri, que organizasse um anel externo de defesa da cidade, mas reconheceu que esta ação não seria mais que uma força simbólica.[1]

A força aérea húngara contava com cerca de cem aviões de caça MIG, que poderiam causar algum dano aos russos se fossem usados naquele momento, antes que os soviéticos assumissem o controle total do país. Király informou que recusara taxativamente permitir que seus comandantes ordenassem o ataque aéreo, pois sabia que Nagy não aprovaria, e também porque achava que eles poderiam negociar uma maneira de evitar que Budapeste se tornasse um matadouro. Nagy acreditava que ele estava certo.[2]

Poucos minutos depois, Maléter confirmou a mesma notícia acerca da movimentação das tropas. Ele disse a Nagy: "Os tanques são a força dos soviéticos para executar a retaliação pelo contratempo que tiveram. Os extremistas russos não se importam com a opinião pública do resto do mundo e pretendem usar a Hungria como uma lição para os outros Estados [satélites]. Asseguro a você que o perigo não diminuiu; muito pelo contrário, ele está piorando." Nagy, apesar dos testemunhos que ouvia, ainda não acreditava, e continuou a dizer a seus auxiliares que estava certo de que tinha um acordo com os soviéticos. Ele conhecia os russos e já fora um cidadão soviético. Ele tinha certeza de que eles não poderiam ser tão "traiçoeiros".[3]

Ele tentou ligar para a linha *kisbúgó*, a linha K, a rede telefônica secreta do Partido. Não houve resposta, e estranhamente ninguém chegou nem mesmo a admitir que o primeiro-ministro húngaro havia ligado. Ele tentou falar com Mikoian, que também não retornou a ligação. Nagy teve então a sensação de que seus piores medos estavam se tornando realidade.[4]

Em Moscou, Kruschev se preparava juntamente com Molotov para a viagem a Brest, próximo da fronteira polonesa com a Rússia. Ele queria informar pessoalmente aos líderes dos satélites sobre a decisão de invadir a Hungria, parcialmente por cortesia, mas, como achavam alguns de seus assessores, parcialmente como uma maneira de mostrar quem era o chefe. O apartamento de Kruschev no Kremlin era no mesmo quarteirão onde ficava o de Anastas Mikoian. Por volta das sete da manhã, quando Kruschev já estava quase de saída para o aeroporto, o armênio apareceu de surpresa, o interpelou e o importunou mais uma vez a respeito da Hungria. Ele repetiu todos os argumentos angustiantes da noite anterior, e Kruschev admitiu que, embora tivesse muito respeito por Mikoian, já estava se cansando destes encontros. Eles caminharam por uma via de pedras no ar frio enquanto a limusine de Kruschev parava em frente à entrada de veículos. "Você acha que é mais fácil para mim?", perguntou Kruschev. "Nós temos de agir. Não temos outra escolha."[5]

Mikoian continuou a dizer que a invasão da Hungria era uma decisão estúpida e, posteriormente, quando Kruschev se preparava para partir, quase gritou: "Se o sangue for derramado, não sei o que eu vou fazer." Os dois homens não se entendiam. Kruschev achou que o seu colega mais íntimo estava indicando que poderia se matar e respondeu: "Isto seria o cúmulo da estupidez, Anastas. Eu acredito que você seja um homem racional. Pense a respeito, considere todos os fatores e você verá que nós tomamos a decisão certa. Mesmo que haja derramamento de sangue agora, isto nos poupará do derramamento de sangue mais tarde. Pense novamente e você verá que nossa decisão foi necessária." Tempos depois, Mikoian disse que seu comentário significava que, por uns tempos, ele havia considerado renunciar por causa da questão da Hungria. Porém, ele pensou melhor a respeito.[6]

Nagy finalmente conseguiu encontrar um russo do alto escalão com quem falar. Ele telefonou para a embaixada soviética e exigiu um encontro urgente com Iuri Andropov. Às nove da manhã, o embaixador chegou ao escritório de painéis de madeira de Nagy, no edifício do Parlamento, onde uma cama de campanha fora armada nas noites anteriores, mas mal fora usada. Nagy insistiu para ser informado do significado dos reforços das tropas soviéticas.[7] Andropov respondeu calmamente que não sabia quais eram os movimentos das tropas do Exército Vermelho na Hungria, que não tinha nenhuma informação precisa, mas que pediria uma explicação ao seu governo imediatamente. Depois de cinco minutos, saiu escoltado, deixando Nagy e seus principais assessores e melhores amigos, seu secretário József Szilágyi, Géza Losonczy e seu genro Ferenc Jánosi. Logo depois, chegou Tildy. Estes foram os principais conselheiros com quem Nagy elaborou a tática que o governo empregaria se todos os relatos sobre uma nova invasão russa fossem verdadeiros. A Hungria abandonaria o Pacto de Varsóvia e se declararia neutra. Foi uma medida desesperada, e neste momento da manhã Nagy não tinha certeza se queria aumentar os riscos fazendo a ameaça. Ele ainda tinha esperanças de que os russos iriam retroceder se ele pudesse provar que Budapeste era pacífica, que as greves seriam canceladas e que a Hungria daria a garantia de permanecer como um vizinho socialista amigo.[8]

Ele repetiu suas instruções quanto ao silêncio total a respeito das informações sobre a movimentação das tropas russas. Ele não queria que "o público ficasse agitado", nem que nenhum dos insurgentes armados fizesse qualquer coisa que provocasse os russos ou lhes desse uma justificativa para o retorno. Ele também pediu a Maléter, então seu vice-ministro da Defesa, que fizesse um apelo direto para a calma e que usasse sua reputação para apoiar o governo. Apesar de Maléter saber da verdade, ou seja, que novas tropas russas entravam em massa no país, ele engoliu o orgulho e cumpriu seu dever. "O povo da Hungria é maduro o bastante para não considerar uma provocação qualquer demora no cumprimento das promessas feitas pelos líderes estrangeiros", afirmou.[9] Ele também concordou em pedir o fim das greves com um apelo direto tanto ao Kremlin quanto aos trabalhadores da "Csepel Vermelha" ou dos outros distritos industriais da Hungria: "No curso da luta revolucionária, todos os combatentes ouviram com orgulho que estavam sendo apoiados pela greve dos trabalhadores", disse ele. "Porém, como acontece após cada batalha, é preciso que se dê início à era de reconstrução, para consolidarmos as conquistas da revolução. O objetivo da greve era enfraquecer o opositor. A greve atual enfraquece não apenas o nosso opositor, mas também a nós mesmos. Temos que garantir o leite de nossos filhos e o carvão para as nossas fábricas. [...] Caso contrário, iremos perder o que os combatentes revolucionários conquistaram ao custo de um sacrifício tão elevado em sangue."[10]

Nagy aguardava boas notícias, sem saber que os russos simplesmente o enganavam e que o haviam deixado sem qualquer caminho de negociação.

Houve um êxodo de Budapeste. Os jornalistas ocidentais partiam o mais rápido que podiam, alheios à tragédia que estava por vir. A guerra de Suez, no Oriente Médio, estava estampada em todas as primeiras páginas, e os repórteres estavam sendo enviados para outros postos por seus editores. Os repórteres norte-americanos começaram a sair no dia anterior. Eles achavam que Suez era uma história melhor. Um dos autores mais famosos do jornalismo britânico, Sefton Delmer, do (então) campeão de vendas *Daily Express,* declarou: "Isto não é mais notícia."[11] Ao sair da cidade, em mais um dia claro de outono um pouco mais quente do que os anteriores, eles puderam observar a vida voltando à normalidade. Ainda era possível ver algumas crianças com armas caminhando pelas ruas, mas o processo de limpeza dos destroços já começara, e esta tarefa era feita por pessoas de rostos sorridentes, que pareciam mais felizes do que haviam sido por anos.

A primeira parada da viagem de Kruschev aos seus Estados satélites era potencialmente a mais complicada. Ele iria se encontrar com Gomułka, o líder comunista polonês que subira ao poder havia menos de uma quinzena, por meio de uma rebelião em Varsóvia que de alguma forma refletiu no levante em Budapeste. A crise polonesa fora resolvida de maneira pacífica, mas na visão de Kruschev a Polônia ainda era considerada turbulenta e potencialmente perigosa. Ele sabia que Gomułka se solidarizava com os húngaros, e que os poloneses apoiavam a revolução entusiasticamente. Ele queria deixar Gomułka a par da invasão, porque não queria que surgisse nenhum outro problema de outro flanco do império soviético, em Varsóvia. Gomułka encorajara Nagy a buscar mais independência da Rússia, mas em particular enviara alertas constantes para ele não ir "longe demais", para não fazer o machado russo cair sobre sua cabeça.[12] Ele achou que Nagy havia ignorado todos os alertas e o considerou um político pobre e sem bom senso.

Apesar disso, Gomułka "se opôs fortemente" quando Kruschev o informou que os russos iriam estabelecer a ordem na Hungria com o uso da força. Kruschev achou que Gomułka estava sendo "deliberadamente difícil" e não tinha certeza se ele pararia de criticar Moscou diretamente e em público. O polonês disse que a crise húngara deveria ser "resolvida pelo próprio povo húngaro, e não por meio de uma intervenção estrangeira", mas não falou nada mais além disso. Ele ofereceu Varsóvia como local para encontros dos diálogos diretos entre russos e húngaros, mas a oferta não levou a nada, pois os russos a recusaram. O tempo dos diálogos acabara. Contudo, Gomułka era astuto e no final concordou em manter um silêncio discreto em público a respeito da Hungria, para evitar antagonismos com o Kremlin.[13] Era o melhor que Kruschev podia esperar da Polônia, e ele ficou satisfeito. As suas outras reuniões com os líderes comunistas mais servis transcorreram calmamente. O líder tcheco e o romeno eram homens medrosos e extremamente preocupados com a Hungria. Antonin Novotny em Praga e Gheorghe Gheorghiu-Dej, o chefe comunista romeno, ficaram tão interessados na repressão à

Hungria que perguntaram se suas tropas também poderiam tomar parte dela. Kruschev não aceitou a oferta.[14]

Às onze da manhã, Andropov encontrou-se com Imre Nagy novamente, mas desta vez na sede do Partido Comunista. Nagy exigiu uma resposta às suas perguntas: "Por que mais tropas russas estão cruzando a fronteira? O que Moscou tem a dizer a respeito?"[15] "A movimentação das tropas são manobras de rotina e não irão causar nenhum dano à Hungria", respondeu o embaixador. "Muito pelo contrário, eles estão fazendo isto para evitar incidentes na retirada de nossas unidades militares. Esta é a nossa obrigação: garantir a saída pacífica de nossas forças." Nagy perguntou: "Mas por que então os tanques e os carros blindados cercaram nossos aeroportos?" Andropov não tinha nenhuma resposta pronta para esta questão, mas, como seguia ordens estritas para tentar ganhar tempo, disse que era "para garantir a evacuação segura dos aviões com feridos e doentes". Ele acrescentou: "Você irá certamente concordar, senhor primeiro-ministro, que as coisas não andam muito pacíficas em seu país neste momento." Isto fez soar um alarme na mente de Nagy. "Para ele, ser chamado de 'senhor' (*gospodin*) era uma ofensa. Andropov e as outras autoridades russas sempre o chamavam de camarada até então", recordou-se um dos assistentes de Nagy.[16]

Contudo, ele preferiu acreditar em Andropov. Provavelmente não havia muito mais que ele pudesse fazer naquele ponto. Ele fez um protesto oficial quanto à entrada das tropas russas através da fronteira e insistiu para que Andropov lhe fornecesse informações mais precisas e atualizadas, ou a Hungria não teria outra alternativa a não ser abandonar o Pacto de Varsóvia e se declarar neutra.

Nagy se autonomeara ministro das Relações Exteriores no começo do dia, unindo este cargo com o de premiê. Ele explicou que era o homem mais experiente para o cargo, mas disse a seu jovem e entusiasmado assistente, György Heltai, para preparar dois documentos que ele enviaria aos soviéticos, caso necessário.[17] Seguiram-se momentos de uma grande farsa, como se recorda Heltai. "Quando foi tomada a decisão de deixar o Pacto de Varsóvia, as autoridades húngaras não conseguiram encontrar nenhuma cópia do documento", segundo ele.

"É claro que suspeitamos que devia haver uma cláusula condicionando a entrada de tropas estrangeiras no país a um pedido do governo húngaro. Nenhum de nós, nem mesmo Imre Nagy, jamais havia visto o Pacto de Varsóvia. Procuramos nos arquivos do Ministério das Relações Exteriores, e nada do Pacto de Varsóvia. Alguém então ligou para a sede da polícia secreta, e lá se encontrava a única cópia do acordo, que foi trazida até nós por um mensageiro."[18]

Mikoian era realista. Contudo, apesar do encontro pela manhã com Kruschev, ele ainda acreditava que poderia deter a invasão. No meio da manhã em Moscou, ele reuniu todos os magnatas importantes que permaneciam no Kremlin e fez um último apelo desesperado para evitar o desastre que previa em Budapeste. "O uso da força na Hungria agora não ajudará em nada", disse ele. "Em vez disso, nós devemos começar a negociar, esperar e ver o que acontece. Se o governo [de Nagy] se enfraquecer, então decidiremos o que fazer [...] quanto a retirar nossas tropas ou não. Vamos esperar de dez a 15 dias, apoiar o governo e ver o que acontece. Se a situação se estabilizar, então tudo será melhor."[19]

Enquanto estava em Budapeste, Suslov estava indeciso, mas tinha então a certeza absoluta da resposta certa: uma invasão com força total para mostrar quem detinha o poder no Leste Europeu. Ele nutria uma grande antipatia por Nagy, por causa de sua fraqueza. "Imre Nagy não organizou o levante, mas foi usado pelo povo que o organizou", afirmou Suslov. Os soldados eram os mais convictos quanto a dar uma lição aos húngaros e enviar um alerta às outras colônias do império. Dois dias antes, o ministro da Defesa, Jukov, era a favor de uma solução diplomática, mas mudara de opinião. "Este é o momento de uma ação decisiva para apanhar todos os canalhas e para desarmá-los", disse ele a Mikoian. O marechal Koniev sempre falava em frases curtas, sem respirar, como se estivesse dando ordens, mesmo quando estava em uma conferência no Kremlin. Ele disse simplesmente: "Budapeste está nas mãos dos rebeldes. A anarquia impera. A reação tem o controle. A solução: invasão."

Logo depois, Koniev, uma figura de pescoço grosso, e seus principais assistentes voaram para Szolnok, no centro da Hungria, onde ele assumiu o comando pessoal da operação para destruir a resistência em Budapeste. A operação recebeu o nome de Turbilhão. No momento em que o marechal chegou à Hungria, todos os aeroportos já haviam sido cercados por tropas soviéticas, incluindo a pista de pouso mais ocidental em Veszprém. As famílias dos oficiais soviéticos do Corpo Especial baseados na Hungria foram evacuadas.[20]

Às duas da tarde, Nagy ainda não recebera nenhuma informação da embaixada soviética. Com indignação e frustração crescentes, enquanto o resto de seu ministério estava em outra sala, ele ligou para Andropov. Disse a ele que possuía então prova documental sobre a movimentação das tropas russas. "Meus especialistas militares já concluíram que é fato que, nas últimas três horas, mais tropas soviéticas cruzaram a fronteira", disse ele. "O seu governo está tentando reocupar a Hungria, apesar de sua própria Declaração."[21] Andropov tentou dizer mais uma vez que as novas tropas russas estavam simplesmente garantindo a segurança das tropas que se retiravam. Desta vez, porém, Nagy não acreditou nele e anunciou oficialmente que a Hungria abandonaria o Pacto de Varsóvia e pediria às quatro Grandes Potências que garantissem a neutralidade do país, que entraria "imediatamente em vigor".

A declaração da neutralidade da Hungria ainda hoje intriga os historiadores. Há alguns na Rússia — que não são defensores da era comunista — cujo argumento é o de que a declaração foi a gota d'água para o Kremlin, o movimento que convenceu os soviéticos a enviar os tanques de volta a Budapeste.[22] Abandonar o Pacto de Varsóvia foi um risco extremo, mas a lógica era simples: com isto seriam anulados os direitos que o tratado dava aos soviéticos de intervir na Hungria. Legalmente, em vez de oferecer ajuda a um aliado, eles estariam atacando um Estado soberano e independente. Alguns dos grupos dos defensores da liberdade em Budapeste e dos líderes revolucionários nas províncias, como Szigetthy em Győr e Rudolf Földvári em Miskolc, queriam que a Hungria declarasse sua neutralidade logo no início do levante.[23] Se tivessem agido assim, segundo o argumento, eles estariam em uma posição melhor para buscar a ajuda do Ocidente. Dois dias antes, quando se tornou ministro e membro do Ministério central de Nagy, o ponderado Béla Kovács pediu que a Hungria desse um fim nos "laços com os blocos militares". Nagy foi indiferente. Porém, seu papel era seguir a revolução, e isto ele fizera durante toda a semana.

Dois dias antes, Nagy insinuara a Mikoian e Suslov, quando os emissários soviéticos ainda se encontravam em Budapeste, que a neutralidade era uma meta de longo prazo, e que esperava conversar a respeito disso com os líderes em Moscou. Eles relataram este comentário imediatamente aos seus colegas do Kremlin, no momento em que Kruschev estava na residência de Stalin, refletindo sobre o que fazer na Hungria. A declaração de neutralidade foi um fator importante, segundo indicou um dos redatores dos discursos de Kruschev. "Os soviéticos sabiam que o ímpeto do movimento na Hungria culminaria com a saída do Pacto. Eles sabiam que era provável que isto acontecesse, e não podiam permitir. Tinham que detê-los. Quando os soviéticos se viram diante da possibilidade da neutralidade da Hungria, eles perceberam quanta influência haviam perdido."[24]

Os participantes do lado húngaro dizem que a declaração foi uma reação à decisão soviética de invadir, e não o contrário. "Basta olhar as datas", disse Béla Király:

> A segunda onda de agressão soviética começou no dia 31 de outubro. Era possível ver a movimentação das tropas. [...] Nós conseguíamos informações de várias fontes, como, por exemplo, dos funcionários das ferrovias, que nos mantinham muito bem informados sobre os movimentos dos russos. Nós informamos a Imre Nagy, e ele começou a protestar. Supostamente nós tínhamos um acordo de cessar-fogo com a União Soviética, e eles estavam colocando mais tropas na Hungria, violando os acordos estabelecidos. Nós protestamos. Na quinta-feira, dia 1º de novembro, Budapeste já estava cercada, e foi quando a Hungria declarou sua neutralidade. Foi como se um homem que estivesse se afogando se agarrasse a um graveto flutuante. Foi com este espírito que a Hungria fez a declaração.
>
> Sim, foi uma medida desesperada. Achamos que, na condição de membro do Pacto de Varsóvia, não havia nada que outro país pudesse fazer se fôssemos invadidos. O mundo consideraria a invasão como uma briga familiar, e não interferiria em [...] assuntos internos. Porém, se a Hungria fosse neutra e independente, havia uma chance mínima de

que outros pudessem fazer algo, ao menos diplomaticamente. A declaração de neutralidade não foi a causa da invasão, foi uma conseqüência dela. A invasão já havia começado.

A razão pela qual Nagy apelou à ONU para reconhecer a neutralidade da Hungria e às Grandes Potências para proteger seu status não foi porque ele acreditava que os norte-americanos prestariam ajuda militar. Nagy não pediu isso. Entretanto, os húngaros esperavam que os Estados Unidos empregassem meios pacíficos e vigorosos para defender a neutralidade da Hungria. Na realidade, nem os Estados Unidos nem a ONU fizeram nada.[25]

Às nove da manhã na Casa Branca, o presidente Eisenhower presidia uma reunião do Conselho de Segurança Nacional com seus assessores de política internacional e com especialistas dos serviços de inteligência. Assim que entrou na sala, antes mesmo de se assentar, anunciou: "Hoje eu não quero que vocês discutam a situação dos satélites soviéticos. Quero me concentrar no Oriente Médio."

Porém, o diretor da CIA, Allen Dulles, insistiu em dizer algo sobre a Hungria, e Ike deixou que ele falasse. Dulles disse: "Aconteceu um milagre em Budapeste que contradisse todas as nossas opiniões anteriores de que é totalmente impossível uma revolta popular frente às armas modernas. O impossível aconteceu [...] e, por causa do poder da opinião pública, a força armada não pode ser usada efetivamente." Embora o presidente tivesse dito que a notícia parecia "boa demais para ser verdade", Dulles continuou com sua veia otimista, dizendo que acreditava na "declaração" soviética. "O problema principal da Hungria hoje é a falta de uma autoridade de liderança forte para reunir os rebeldes", afirmou Dulles. "Nagy está fracassando na tentativa de unir os rebeldes. É preciso que se encontre um ponto de unificação para impedir o caos na Hungria se os soviéticos partirem. Em um país profundamente católico como a Hungria, o cardeal Mindszenty pode ser um líder e uma força unificadora."[26]

O primaz fora oficialmente reabilitado por Nagy, por meio de um decreto assinado aproximadamente na mesma hora em que Mindszenty chegou a Budapeste na manhã do dia anterior. Multidões efusivas se reuniam desde então do lado de fora de sua residência, mas eram menores do que Nagy previra. O cardeal dissera muito pouco em público no último dia e meio. Ele disse a um jornalista italiano que passaria os próximos dois dias "descobrindo o que o mundo fizera no tempo em que ficara fora", e deu audiências para Zoltán Tildy e Pál Maléter, entre outros. Ambos instaram para que ele apoiasse Imre Nagy e o governo, mas o cardeal disse que precisava de um tempo para tomar uma decisão e que faria um pronunciamento em dois dias. Ele não sabia que o diretor da CIA propusera seu nome ao presidente dos Estados Unidos como um potencial líder para a Hungria, mas todos no país sabiam que o primaz gozava do apoio da América. Quando ele foi libertado, a Rádio Europa Livre "encorajou a juventude húngara a aceitar Mindszenty como o líder da rebelião" e apelou para que eles "lutassem com toda a força nas ruas para defender a Igreja".[27]

Às cinco da tarde, Andropov chegou à reunião do ministério convocada por Nagy. Poucos minutos antes, a decisão sobre a neutralidade fora unanimemente reafirmada, mas não tornada pública. Nagy considerava a decisão tão importante que continuava a adiar seu anúncio, para o caso de ela poder ser evitada. Ele percebeu que não podia esperar mais. Andropov informou que finalmente recebera uma resposta oficial de Moscou. O próprio Nagy a traduziu para o húngaro, para ajudar os seus ministros que desconheciam o russo, e a ditou para um assistente. A resposta dizia que a URSS mantinha firmemente a declaração do dia 30 de outubro e queria negociar um acordo total com a Hungria. Os soviéticos propunham o estabelecimento de duas comissões conjuntas, uma para lidar com as conseqüências políticas da neutralidade húngara e outra para administrar a retirada dos soldados russos.

Nagy sabia que Andropov o estava enganando e tentando ganhar tempo, segundo seus assistentes. Ele percebeu então, com uma expressão cansada e fatalista, que era quase certo que não havia nada que pudesse fazer para evitar a catástrofe que se aproximava. O embaixador agia sob as ordens de Moscou para ganhar tempo, por duas razões. A primeira era minimizar a possível resistência militar dos húngaros e reduzir o número de baixas russas quando eles invadissem. A segunda era encontrar traidores colaboracionistas húngaros preparados para estabelecer um governo alternativo. Mentir era o meio mais inofensivo que tinha à disposição.

Nagy e o ministério ouviram a resposta, e ninguém parecia muito convencido. Então simplesmente perguntaram a Andropov se ele podia dar uma garantia de que outras tropas não cruzariam a fronteira da Hungria. Ele havia mentido o dia todo com muita firmeza, mas neste momento permaneceu em silêncio. Nagy então fez algo estranho. Ele deu uma volta completa ao redor da mesa e perguntou individualmente a cada membro se eles concordavam com a decisão de abandonar o Pacto de Varsóvia. Todos concordaram.*[28] Andropov relatou isso ao Kremlin com satisfação e observou quem estava entusiasmado com a decisão e quem não estava. Ele percebeu que János Kádár "estava relutante".

As Nações Unidas foram uma grande decepção para os húngaros — em parte por acidente, em parte por erro crasso, e em parte por teimosia. Enquanto a Hungria resistia aos russos, o mundo livre ficou chocado e admirado. Então, estava prestes a ficar negligente. A ONU não tinha como se dedicar seriamente a duas crises ao mesmo tempo — ou preferia não fazê-lo —, e decidiu que a de Suez era a mais importante. Em meio a uma série de confusões e desentendimentos, os apelos angustiados da Hungria mal foram ouvidos em Nova York.

Imre Nagy não fizera nenhum contato com a ONU até então, quando apelou por ajuda internacional. Mais tarde disse que não lhe ocorrera fazer isso porque tinha fé nos russos. Evidentemente, era tarde demais. Ele queria que a Assembléia Geral da ONU discutisse sobre a Hungria naquela tarde, quando estava programada para realizar uma sessão sobre o Oriente Médio. Os norte-americanos, os soviéticos e o respeitadíssimo secretário-geral da ONU, o diplomata e filósofo sueco Dag Hammarskjöld, de 51 anos, tramaram em conjunto para garantir que a reunião se limitaria a um só assunto, o Canal de Suez.[29]

* De acordo com vários relatos sobre esta reunião, o opositor mais fervoroso de uma segunda intervenção dos russos foi János Kádár. Alega-se, porém, sem jamais ter sido confirmado, que Kádár olhou diretamente para Andropov e, sobre a possibilidade de as tropas soviéticas entrarem em Budapeste, afirmou: "Eu não me importo comigo. Eu lutaria contra eles de mãos vazias."

Pouco depois das quatro e meia da tarde de Budapeste (dez e meia da manhã em Manhattan), o teleimpressor do 22º andar do edifício da ONU recebeu um telex de um operador identificado como DIPLOMAG BUDAPEST. "PARA AS NAÇÕES UNIDAS, NOVA YORK. [...] VOCÊS ESTÃO AÍ?" Geralmente estas mensagens eram entregues ao delegado da ONU do país em questão. Porém, havia um problema com o representante da Hungria, Péter Kós, que fora demitido, mas que ainda não desocupara seu escritório.* Por isso, a mensagem foi enviada ao centro de comunicação principal. Às 10h42, chegou um outro telex do Ministério das Relações Exteriores de Budapeste: "PARA O SECRETARIADO DA ONU: SE VOCÊS ESTIVEREM OCUPADOS, POSSO LIGAR DAQUI A POUCOS MINUTOS, NOSSA MENSAGEM ESTARÁ PRONTA, OK? POR FAVOR, RESPONDAM." A resposta veio quase instantaneamente: "NÃO ESTAMOS OCUPADOS, PODEMOS ESPERAR SE VOCÊS QUISEREM." Isto ocorreu após Nagy ter aprovado a declaração de neutralidade, mas antes da reunião que contou com a presença de Andropov. Nagy decidiu esperar, e depois de 48 minutos sem transmissão Budapeste cortou a conexão, às 11h14.

Às 12h21, o teleimpressor da ONU começou de novo a funcionar. "BUDAPESTE CHAMANDO. POR FAVOR, VOCÊS ESTÃO PRONTOS?" A ONU respondeu que sim, e Nagy começou o seu apelo:

> Relatos confiáveis chegaram ao governo da República Popular da Hungria informando que mais unidades soviéticas estão entrando no país. [O primeiro-ministro] convocou o Sr. Andropov, embaixador soviético, e expressou seu protesto mais veemente contra a entrada de mais tropas soviéticas na Hungria. Ele exigiu a retirada imediata destas forças soviéticas.
>
> Ele informou ao embaixador soviético que o governo húngaro repudia de imediato o Pacto de Varsóvia e que, ao mesmo tempo, declara a neutralidade da Hungria, volta-se para as Nações Unidas e

---

* Os húngaros ficaram furiosos, no terceiro dia da revolução, ao descobrirem que Péter Kós era na verdade um cidadão soviético, Leo Konduktorov. Contudo, um fato como este não era comum entre os satélites soviéticos naquela época. Kós foi demitido por Nágy, mas seu substituto levou alguns dias para chegar, e ele também foi demitido quando Kádár assumiu o poder.

> solicita a ajuda das Grandes Potências na defesa da neutralidade do país.
>
> Portanto, solicito a vossa excelência que coloque imediatamente na pauta da próxima Assembléia Geral das Nações Unidas a questão da neutralidade da Hungria e da defesa desta neutralidade pelas Grandes Potências.
>
> Assinado. Imre Nagy.

O drama e a importância da notícia foram percebidos por todos na sala do teleimpressor, e a mensagem chegou ao escritório do secretário-geral em oito minutos. Porém, era horário de almoço no secretariado de Hammarskjöld, e foi somente às duas da tarde que o texto da declaração de Nagy foi encaminhado aos delegados. Primeiramente, os assessores de Hammarskjöld tentaram negar que haviam recebido a mensagem, porém mais tarde tiveram de se explicar. Disseram que ela passara despercebida "por confusão ou descuido". A mensagem não foi classificada como urgente para os delegados. Foi colocada em seus escaninhos, e a maioria deles a ignorou. Os assessores de Hammarskjöld então discutiram sobre o que Nagy queria dizer com "a próxima Assembléia Geral", pois a sessão daquele dia começaria em menos de três horas. Eles então concluíram que ele não se referia à assembléia daquele dia, e que certamente falava da reunião de 12 de novembro.

Em meio a tantas oportunidades perdidas, desentendimentos e confusões, esta foi mais uma. Deveria ter ficado claro a qual Assembléia Geral Nagy estava dirigindo o seu apelo desesperado. Apenas 18 minutos após enviar sua declaração de neutralidade, chegou um outro telex na 42nd Street. "TENHO A HONRA DE INFORMÁ-LOS QUE O SR. JÁNOS SZABÓ, PRIMEIRO-SECRETÁRIO DA MISSÃO PERMANENTE, REPRESENTARÁ A REPÚBLICA POPULAR DA HUNGRIA NA SESSÃO ESPECIAL DA ASSEMBLÉIA GERAL DAS NAÇÕES UNIDAS A SE REUNIR EM 1º DE NOVEMBRO DE 1956 EM NOVA YORK."[30] A data não poderia ter sido mais clara, mas o secretariado da ONU a ignorou. Mais de 24 horas depois, Hammarskjöld ainda não tinha conhecimento deste telex. Mais tarde, durante a própria discussão, mal se falou sobre a Hungria durante uma reunião que se arrastou por várias horas e terminou com a condenação da invasão franco-inglesa do Egito. György Heltai disse que Nagy cometeu um grande erro por não ter apelado à ONU com mais antecedência, pois poderia ter ganhado algum tempo para levantar apoio internacional. No final das contas, o apelo provavelmente fez pouca diferença. "Neste ponto, o Ocidente já estava ocupado com a crise em Suez e nós não obtivemos nenhuma resposta de fato da ONU", disse ele. Hammarskjöld não foi a Budapeste e nem a Moscou para tentar resolver a crise. Ele foi para o Cairo.[31]

Pouco antes das oito da manhã, no estúdio da rádio localizado um andar abaixo de seu escritório no edifício do Parlamento, Imre Nagy tomou uma porção de mel que um técnico da rádio lhe deu para adoçar sua boca. Apesar disso, sentiu um nó na garganta ao anunciar que a Hungria estava deixando o Pacto de Varsóvia. Ele falou com muito mais emoção e grandiloqüência do que era seu costume:[32]

> Povo da Hungria. O [...] governo, imbuído de profunda responsabilidade para com o povo húngaro e sua história, e dando expressão à vontade unânime de milhões de húngaros, declara a neutralidade da República Popular da Hungria. O povo húngaro, com base na independência e na igualdade, e em acordo com o espírito da Carta das Nações Unidas, deseja viver em verdadeira amizade com seus vizinhos, a União Soviética e todos os povos do mundo. O povo húngaro deseja a consolidação e posterior desenvolvimento das conquistas de sua revolução nacional, sem se aliar a nenhum bloco de poder. O sonho centenário do povo húngaro agora se torna realidade. A luta revolucionária empreendida pelos heróis húngaros do passado e do presente finalmente levou a causa da liberdade e da independência à vitória. A luta heróica tornou possível implementar, nas relações internacionais de nosso povo, o seu interesse nacional fundamental: a neutralidade. Apelamos aos nossos vizinhos, aos países próximos e distantes, para que respeitem a decisão inalterável de nosso povo. Hoje nosso povo está tão unido nesta decisão como talvez jamais esteve antes em toda a sua História.[33]

Depois ele foi para casa. Disse a seus assistentes que estava pessimista, mas que ainda tinha esperança de que os soviéticos pudessem ser persuadidos a mudar de opinião uma vez mais. Porém, não havia nada que ele pudesse fazer naquela noite. Ele queria então dormir um pouco. Por uma semana, Nagy mal vira a sua esposa, Maria, e tinha dormido um pouco em seu escritório. Ele queria passar uma noite decente em sua própria cama, em sua residência em Buda, tomar um banho, fazer uma boa refeição e pensar em "uma vida normal por um momento". Ele disse que retornaria ao Parlamento na manhã seguinte.[34]

Por volta da hora em que Nagy chegou à sua casa, o chefe do Partido, János Kádár, acabara de fazer uma transmissão pelo rádio. O conteúdo foi emocionante: "Em seu levante glorioso, nosso povo libertou-se do regime de Rákosi e conquistou a liberdade das pessoas e a independência para o país", declarou ele. O novo Partido dos Trabalhadores Socialistas Húngaros, o qual ele tinha o orgulho de liderar como parte da coalizão de Nagy, "participaria das eleições e romperia com os crimes do passado de uma vez por todas". Ele acrescentou: "[O partido] defenderá a honra e a independência do nosso país contra todos."[35] Este discurso havia sido pré-gravado durante a manhã. Quando os ouvintes o escutaram, Kádár já havia traído a revolução e desertado para o lado russo. Entre oito e nove da noite, ele deixou o Parlamento, dizendo aos seus colegas ministros e assistentes que iria jantar, e depois sumiu de vista juntamente com Ferenc Münnich.

Apesar de sua idade, Münnich ainda era um homem ambicioso. Ele havia morado por alguns anos na Rússia e estava convencido de que, dentro em breve, os soviéticos esmagariam a revolução, e queria estar do lado vencedor. Embora não fosse um stalinista à moda antiga, ele era incondicionalmente pró-Rússia. Sir William Hayter, que o conheceu bem no circuito diplomático de Moscou, o descreveu como "bem-humorado e simpático", mas também disse: "Ele tinha um senso de humor cínico e era [...] um *bon-vivant*, mas nunca o vi expressar uma opinião independente sobre nenhum assunto."[36] Durante a revolução, ele se manteve em contato próximo com Andropov, e manteve seus amigos do Kremlin e do quartel da KGB na praça Lubianka bem informados a respeito de Budapeste. Anteriormente neste dia, ele dissera com muita autoridade a um repórter: "Os russos não ousarão atacar a Hungria porque, se fizerem isso, podem perder o prestígio mundial." Porém, não era assim que ele pensava. Münnich tentou por um dia e meio convencer Kádár para que juntos mudassem de lado e se aliassem aos russos. Um dos argumentos mais convincentes foi o assassinato bárbaro do grande amigo de Kádár e colega de Münnich da Guerra Civil Espanhola, o veterano Imre Mező. Um outro argumento foi a convicção ardente que ambos compartilhavam de que não pretendiam ser mártires, e sim figurões.[37]

Kádár não revelou a ninguém suas intenções reais. Após a reunião do ministério naquela noite, que contou com a presença de Andropov, Münnich o persuadiu a ter um encontro em particular com o embaixador. A princípio Kádár relutou, mas acabou concordando. Os dois homens procuraram ser discretos quanto às suas intenções. Do Parlamento, Münnich pediu um carro com motorista, por volta das oito e meia da noite. Ele e Kádár entraram no Mercedes com cortinas na parte de trás, e Münnich ordenou que o motorista os levasse a um isolado parque arborizado próximo do cemitério Kerepesi, famoso por ser um ponto de encontro para casais de namorados no verão. Quando o carro parou, uma limusine preta Zis veio se encontrar com eles. Os dois húngaros saíram do carro e caminharam em direção ao carro russo, mas Kádár parecia hesitante, como se não tivesse certeza se queria ir até o fim deste encontro. Eles conversaram por alguns minutos na escuridão, até que finalmente Münnich praticamente empurrou Kádár para dentro da limusine russa à espera deles. Nenhum dos dois jamais revelou exatamente o que foi dito entre eles.

Eles foram levados diretamente à embaixada soviética, onde Andropov ora era gentil com Kádár, ora o ameaçava. Ele foi o único húngaro a quem Andropov contou toda a história. Disse que os soviéticos haviam decidido invadir a Hungria imediatamente com uma força arrasadora e que nada os deteria. Disse também: "É fim de jogo para Nagy, e ele está acabado." O embaixador disse que Kádár tinha pouca escolha. Caso recusasse cooperar com os russos, sofreria o mesmo destino de Nagy. Kádár concordou então em ir a Moscou e conversar com os potentados no Kremlin.[38]

Perto da meia-noite, Kádár, Münnich e um outro desertor, o ex-ministro da Defesa húngaro István Bata, foram levados até a base aérea militar em Tököl, bem próxima a Budapeste, juntamente com um funcionário da embaixada soviética. Eles se encontraram com Malaschenko, o segundo no comando das tropas russas baseadas na Hungria. Os húngaros "pareciam exaustos", recordou-se. "Os sapatos de Kádár estavam encharcados. Nós os alojamos na única casa de hóspedes de nossa força aérea, que não era muito grande. Demos a Kádár um par de meias e sapatos dos soldados que pegamos na divisão de materiais. Quando perguntamos como estava a situação em Budapeste, ele disse que havia deixado o governo de Nagy e que no momento estava pensando sobre o que deveria fazer. Quando ele viu um jogo de xadrez bonito sobre a mesa, ficou mais animado."

Cerca de duas horas mais tarde, chegou o chefe da KGB, o impaciente Ivan Serov, que estivera na Hungria durante toda a semana. Ele se uniu aos húngaros no vôo para Moscou, no início da manhã seguinte, em um avião de carga russo.

VINTE E NOVE

Sexta-feira, 2 de novembro

A chuva caiu a partir do romper do dia e um vento de doer os ossos dava voltas através do Danúbio. Era o primeiro dia de inverno. Não havia nenhuma notícia oficial do governo quanto ao retorno das tropas soviéticas à Hungria. Surpreendentemente, os cerca de dez jornais independentes que haviam surgido nos dois últimos dias não publicaram nada a respeito das tropas russas em marcha. Porém, o boca a boca já se espalhara e o povo sabia que a cidade estava sendo cercada pelas tropas soviéticas e veículos blindados em massa.

Em Budapeste, muitas pessoas se enganavam, acreditando que a revolução triunfara. As tropas soviéticas foram forçadas a deixar a capital, humilhadas por grupos de jovens combatentes da liberdade mal organizados e mal equipados, mas fervorosos. Os comunistas não eram mais o único poder real em sua terra. Nos cafés reabertos, discutia-se política de uma maneira franca e intensa, da qual poucas pessoas se recordavam. A cada hora se formavam novos partidos políticos, e havia uma imprensa que gozava de relativa liberdade. Os meios de transporte circulavam por entre os destroços de alvenaria e estilhaços de vidro nas ruas do centro da cidade.

Quase todos os trabalhadores votaram a favor do fim das greves. Muitos já haviam retornado às fábricas, escritórios e escolas. Muitos voltariam neste dia, e o restante prometeu retornar ao trabalho na segunda-feira. Os Conselhos de Trabalhadores, que tão rapidamente assumiram o poder como exemplos extraordinários de democracia direta, asseguraram ao governo e ao povo: "Na segunda-feira, as coisas voltarão ao normal."[1]

Contudo, as pessoas não sentiam que tudo estava normal. "Principalmente naquela ocasião, nós tivemos uma sensação de cansaço e desamparo", disse um dos estudantes ativistas. "É claro que percebemos o que praticamente estava para acontecer, mas, apesar da apreensão, mantivemos a esperança. Era possível acreditar que a vitória que achamos que tínhamos conquistado seria tirada de nossas mãos? Não queríamos acreditar nisso. Mas é claro que estávamos com medo."[2] Muitos pensaram em ir para o Ocidente, embora fosse difícil no momento. Desde o dia anterior os austríacos mantinham sua fronteira fechada, ao verem a dimensão dos reforços militares russos. O prefeiro de Budapeste, József Kővágó, pensou em fugir sorrateiramente, mas, para a decepção de sua esposa, Lonci, decidiu permanecer em seu posto.[3] György Heltai confidenciou mais tarde que pensou em fugir até mesmo quando estava elaborando a versão preliminar da declaração de neutralidade da Hungria.[4]

Os combatentes rebeldes, que aos seus próprios olhos haviam derrotado os russos, se encontravam divididos. Alguns concordaram em se unir à Guarda Nacional de Béla Király e apoiar o governo de Nagy. Maléter, em um gesto simbólico, transferiu para o edifício do Parlamento o seu escritório do Quartel Kilián, onde seu próprio tanque ainda se encontrava do lado de fora do portão principal. Sua posição oficial afirmava: "Nem o governo nem eu temos quaisquer razões para duvidar da palavra [dos russos]."[5] Porém, apenas poucos defensores da liberdade entregaram suas armas, e Gergely Pongrácz, líder do grupo do beco Corvin, não estava entre eles. Muitos dos combatentes originais que se aliaram a ele haviam se retirado do grupo desde que as tropas soviéticas deixaram Budapeste, "mas prometeram voltar se os russos retornassem". Pongrácz disse: "Esse período em que nós estávamos esperando e observando foi a pior parte da revolução."[6]

Por volta das sete e meia da manhã, Nagy foi levado de sua casa ao Parlamento por entre as ruas molhadas. Ao chegar, assentou-se imediatamente à sua mesa e pediu a presença do embaixador soviético. Ele fora informado de que mais tropas soviéticas estavam cruzando a fronteira.[7] A sudeste da capital, a cerca de 100 quilômetros da cidade, se avolumava uma formação gigante de tanques que se aproximava cada vez mais. Andropov, normalmente muito cuidadoso com sua aparência, parecia estranhamente desleixado. Dava a impressão de que ele fora arrancado da cama. Não se barbeara, sua gravata estava desalinhada, e ele parecia estar exausto. Nagy leu uma nota verbal oficial reclamando dos reforços de tropas soviéticas e lançou acusações e mais acusações a Andropov a respeito da dissimulação do Kremlin. O embaixador encolheu os ombros, continuou com suas mentiras deslavadas e minimizou a ameaça soviética, dizendo: "Quando você fala sobre uma invasão maciça, você está certamente exagerando. O que está acontecendo é que algumas unidades estão sendo substituídas por outras, mas estas também serão retiradas. Toda esta discussão não vale um centavo furado."[8]

Para ganhar tempo, Andropov insistiu em que Moscou falara com seriedade em relação às negociações e, juntamente com Nagy, elaborou os detalhes. O exército húngaro e o soviético começariam os diálogos acerca da retirada das tropas no Parlamento húngaro no dia seguinte, e os dois lados nomeariam seus representantes. Os diálogos políticos e diplomáticos sobre a neutralidade da Hungria e a saída do Pacto de Varsóvia viriam logo a seguir. Nagy nomeou Géza Losonczy como o ministro responsável para estas negociações e decidiu agir como se Moscou estivesse sendo sincera a respeito delas. Afinal de contas, ele se perguntou, o que ele tinha a perder?

Por volta das dez da manhã, o chefe da polícia de Budapeste, Sándor Kopácsi, entrou no escritório de Imre Nagy. Apesar de Nagy ter tido uma boa noite de sono em sua própria cama, Kopácsi achou os olhos do primeiro-ministro fundos e cansados. Ele tirou os seus óculos pincenê e disse: "Camarada Kopácsi, temos que conversar. Minha pergunta é simples. Você tem alguma idéia de onde está o ministro do Interior?"[9] Ele respondeu que não sabia de nada. Desde o dia anterior, Kopácsi não conseguia falar com seu chefe imediato, Ferenc Münnich. Nagy prosseguiu: "Você deve estar sabendo que János Kádár também está sumido. Nada deve perturbar a atmosfera do país neste momento crucial. Você e Király podem garantir que não acontecerá nada que possa ser classificado como provocação anti-soviética e usado como pretexto para romper as negociações?" Kopácsi disse que se esforçaria ao máximo.

Kopácsi, Losonczy e Szilágyi lançaram uma busca urgente aos ministros desaparecidos. Segundo Jenő Széll, encarregado da Rádio Kossuth, nem mesmo a esposa de Kádár, Maria, de 42 anos, gerente de recursos humanos da agência de telégrafos húngara, a MTI, tinha idéia de onde ele estava. "Eu me dava muito bem com Maria Kádár, já há algum tempo. Ela estava no Parlamento desde a segunda noite da revolução. Ela me disse que estava sendo tratada mais ou menos como uma refém. Ela disse: 'Meu marido desapareceu e eles não vão me deixar sair daqui'. Ela achava que era o governo que a estava tratando daquela maneira, mas eles também não sabiam onde ele estava."[10] Münnich, que fora um mulherengo inveterado em sua juventude e na meia-idade, tinha então apenas uma amante, sua ex-secretária. Ele conversou com ela por telefone pouco antes de desaparecer, mas não deu nenhuma indicação de para onde iria. Durante toda a manhã, cresceram as especulações sobre o paradeiro dos dois homens. "Os rumores iam de um extremo ao outro", disse Széll. "Dizia-se que Kádár fora atraído a uma armadilha e capturado, ou que havia desertado para o lado dos russos. Este último rumor ganhou força à medida que o dia avançava."[11]

A história do motorista que os levou a um encontro com os russos ainda era um boato, só confirmado bem mais tarde, depois que a revolução foi sufocada. Entretanto, Losonczy acreditava nesta história e tentou persuadir Nagy a divulgar a notícia sobre o desaparecimento de Kádár. Ele disse a Nagy: "Se as tropas soviéticas atacarem Budapeste, Kádár seria o homem ideal para fazer o novo governo parecer legal. Você tem de transmitir a notícia [...] imediatamente." Se eles transmitissem a notícia, seria mais difícil para os russos usarem Kádár depois. Nagy, honrado em excesso em algumas ocasiões, recusou-se categoricamente. "Não podemos. Não sabemos ao certo o que aconteceu. Não podemos divulgar uma notícia baseada em uma história não confirmada de um motorista."[12]

Kádár estava em Moscou. Ele e Münnich foram levados de carro do aeroporto de Vnukovo diretamente para uma rodada de reuniões no Kremlin. Kruschev não estava presente. Malenkov se uniu a ele na última parte de sua viagem de paradas curtas pelo Leste Europeu.

Os russos ainda não haviam decidido quem iriam estabelecer como líder do novo governo húngaro após a revolução ser reprimida. Eles tiveram o cuidado de esclarecer que talvez não escolhessem nenhum dos dois húngaros que haviam viajado de avião de Budapeste para Moscou naquela manhã. Kádár não sabia o papel que o Kremlin destinaria a ele no futuro. Neste ponto, conforme disse mais tarde, ele acreditava que os russos podiam facilmente decidir trazer Rákosi de volta, o que Kádár achava que seria um desastre pessoal e uma tragédia nacional para a Hungria. Ele disse algumas coisas surpreendentes para um homem em sua posição, alguém que estava efetivamente sendo entrevistado para a posição de ditador em potencial. Ele disse aos velhos stalinistas — como Molotov, Voroshilov e Suslov — que ele seguira a revolução enquanto achava que era uma batalha pela independência nacional. Disse a eles que "todos no país exigiam a retirada das tropas soviéticas". "Todos" incluía ele, e isto foi algo corajoso de se dizer naquela circunstância.[13] Evidentemente, ele sabia que os russos então não iriam mudar de idéia, e que a invasão era iminente, mas ele nervosamente alertou contra ela. Ele ainda acreditava que havia uma chance, embora muito pequena, de um acordo pacífico, "apesar de o país estar se voltando para a direita e se encaminhando para a contra-revolução". Ele perguntou o que aconteceria após a destruição e o derramamento de sangue. "O moral do país será reduzido a zero. Os países socialistas sofrerão perdas. Há uma garantia de que o mesmo não vai acontecer em outros países? Se a ordem na Hungria for restaurada pela força, a autoridade dos países socialistas será desgastada."

Münnich não se preocupava com argumentos controversos como estes, que não tinham nenhum apelo para os chefes comunistas à mesa. Diferentemente de Kádár, ele conhecia bem todas as personalidades do Kremlin e os instou a prosseguir: "O sentimento anti-soviético está se espalhando. A Hungria está em um caos total", disse ele.[14]

Por volta da hora do almoço em Szolnok, a cerca de 100 quilômetros de Budapeste, o marechal Ivan Koniev, chefe das forças do Pacto de Varsóvia, convocou um conselho de guerra de seus oficiais graduados. Ele estava prestes a emitir a ordem para a Operação Turbilhão, que finalmente esmagaria a revolução húngara. Ele também queria um relato franco sobre o que havia acontecido anteriormente na primeira intervenção na Hungria, e por que os russos haviam sido obrigados a sair com o rabo entre as pernas. Koniev era conhecido por ser um homem irritadiço, embora fosse um general confiável, e as conversas devem ter sido cáusticas.

O Exército Vermelho ainda não havia feito nada destacado e glorioso nos últimos dez dias em Budapeste. Entretanto, Koniev era um velho camarada-em-armas do comandante do Corpo Especial estacionado na Hungria, o tenente-general Piotr Laschenko. Eles haviam servido juntos durante a Segunda Guerra Mundial e, durante os primeiros 15 minutos de sua reunião, se recordaram dos dias em que lutaram juntos na Primeira Frente Ucraniana em julho de 1944. Quando passaram a discutir assuntos mais urgentes, Laschenko explicou que o motivo principal do fracasso dos russos durante aquela semana fora que eles não contaram com forças suficientes. Os tanques e os veículos blindados não eram adequados à luta nas ruas, disse ele. Koniev então perguntou: "Mas então por que você não trouxe a força aérea?" Laschenko respondeu que os ataques aéreos seriam inúteis contra grupos guerrilheiros dispersos e que, além disso, teriam provocado uma ira maior na população civil de Budapeste. Koniev achava que, para a operação que estava para começar, isso não teria importância. O Kremlin decidira que desta vez agiria sem misericórdia. Entretanto, Laschenko admitiu: "Nossos oficiais e nossos soldados procederam com incerteza e falta de habilidade." Ele foi informado de que a Operação Turbilhão procederia com mais eficiência.[15] "Haverá reforços maciços", disse Koniev. "Simplesmente não cometa os mesmos erros de antes."

O comandante então falou a seus oficiais sobre a força avassaladora que já entrara na Hungria ou que chegaria nas próximas horas. Dois exércitos de campo do Distrito Militar dos Cárpatos — o 38º Exército e a 8ª Divisão Mecanizada — foram enviados à Hungria para se unir ao Corpo Especial, com veículos blindados, artilharia e poder aéreo em número mais que suficiente "para restaurar a ordem em Budapeste em três ou quatro dias". Koniev escolheu a senha da operação: Trovão. Então ele lembrou aos seus oficiais que os húngaros tinham defesas fracas. Sob as ordens de Király, eles haviam montado cinqüenta armas antiaéreas e quatrocentos canhões. Em Budapeste e ao redor da cidade, eles tinham 50 mil soldados, e também a Guarda Nacional e grupos de rebeldes armados, totalizando 10 mil. A grande questão era saber se eles iriam lutar ou não.[16]

Sabemos hoje que, no que se refere ao exército húngaro, Imre Nagy não tinha nenhuma intenção de lutar. Ele já tomara esta decisão dois dias antes, apesar de ainda não ter emitido as ordens. Ele sabia que resistir era inútil e queria evitar um banho de sangue.[17] Ele acreditava que, mesmo naquele momento, se conseguisse mostrar à União Soviética que Budapeste era pacífica e calma, os soviéticos talvez fossem embora. Havia algo de nobre, talvez de estranhamente irreal, a respeito da maneira como ele persistia em seu posto, metodicamente fazendo ajustes nos cargos do ministério e emitindo decretos que jamais seriam implementados. Ele sempre fora uma presença benevolente, e os assistentes que trabalhavam para ele ficaram surpresos que, naquela situação, no meio da tensão torturante daqueles poucos dias, ele ainda tentasse garantir aos que estavam à sua volta que tudo acabaria bem. Algumas se deixavam convencer também.[18] À tarde, Maléter foi incumbido de encabeçar os diálogos com os militares soviéticos no dia seguinte a respeito dos detalhes práticos da prometida retirada das tropas soviéticas. Ele disse que estava confiante no sucesso dos diálogos. Em particular, disse aos seus próprios oficiais que acreditava que as divisões soviéticas estavam "brandindo as armas" sobre Suez. "Eles estão se concentrando contra o Ocidente. O que importa agora é que nós não devemos violar o cessar-fogo, nem com um só tiro, pois isso pode ter conseqüências incalculáveis."[19]

Nagy tomou medidas de precaução para assegurar que os soviéticos fossem aplacados o máximo possível. No começo da tarde, ele recebeu uma mensagem urgente de Andropov informando que a embaixada soviética estava sitiada por alguns desordeiros. Nagy telefonou para Király. "Se é que alguém já teve um trabalho importante a fazer, você tem um agora", disse ele. "O embaixador russo diz que os húngaros estão cercando sua embaixada. Se nós não conseguirmos manter a ordem, estaremos oferecendo uma oportunidade para uma segunda agressão russa. Pare de fazer tudo o que estiver fazendo agora e vá até lá."[20]

Király ordenou que uma companhia de homens e tanques se encaminhasse à praça dos Heróis, próxima da embaixada. Porém, quando ele chegou lá, poucos minutos depois da ligação de Nagy, as ruas próximas à embaixada estavam desertas. Ele pediu para se encontrar com Andropov. Assim que entrou, o major-general lhe disse: "Tenho uma ordem de meu premiê para verificar o tumulto aqui, mas não vejo nada."

Andropov respondeu: "Ao que parece, o primeiro-ministro me interpretou mal. Vieram duas senhoras de idade aqui na embaixada. Elas reclamaram que seus apartamentos foram queimados durante a batalha e procuravam um lugar para ficar. [...] Elas deram uma olhada, mas disseram que os cômodos eram altos demais e que seria difícil aquecê-las, e por isso o prédio não servia para elas. Então elas foram embora, mas antes de partirem nós demos chá a elas."[21]

Király ficou impressionado com a capacidade inalterada de mentir de Andropov e pelo senso de humor do embaixador. Ele disse: "Sr. embaixador, nem mesmo senhoras de idade cruzarão estas portas sem sua permissão. [...] Vou montar guarda em frente à embaixada e vigiaremos o prédio com atenção."

Király dirigiu-se ao escritório de Andropov para relatar o incidente a Nagy. Andropov indicou um dos telefones em sua mesa. "Se você discar '1', Nagy vai atender", disse Andropov. Király discou "1", falou diretamente com Nagy e disse que tudo estava bem, que não havia nenhum tumulto.

Andropov levantou-se de sua mesa, caminhou até Király e fez um comentário curioso enquanto o acompanhava até a saída. Ignorando a questão dos tumultos inventados, ele disse simplesmente: "Nós, os russos, não queremos interferir em seus assuntos. Nós entendemos os seus problemas e estamos do lado de vocês." O objetivo real da estranha encenação, "a corrida atrás do vento", disse Király, era persuadi-lo de que a intenção dos russos de negociar era sincera. Ele deixou a embaixada achando que Andropov estava do lado da revolução. "Ele era mestre em passar a impressão de que estava sendo sincero e natural", disse Király. "Sempre vou me lembrar dos falsos sorrisos de Andropov e de seus olhos azuis-acinzentados. Ele era um homem que com certeza sabia o que estava acontecendo, mas mesmo assim fingiu até o último momento para mim, para o primeiro-ministro e para os outros que tudo continuava igual. Até mesmo os piratas, antes de atacar um navio, hasteiam a bandeira negra, mas ele era totalmente dissimulado.[22]

Pouco depois, por volta das seis horas, Király esteve envolvido em outra tragicomédia. A maior prioridade de Nagy e sua equipe militar era manter as ruas calmas e os russos achando que o governo conseguiria finalmente "restaurar a ordem". O destemperado Dudás pôs em risco estas esperanças. Ele se via como o líder revolucionário alternativo que merecia uma parcela de poder, e acreditava ser o homem que deveria negociar internacionalmente em nome da Hungria. Ele enviou um destacamento armado de seu "Comitê Revolucionário Nacional" para assumir o poder no Ministério Húngaro das Relações Exteriores, no lado do Danúbio próximo ao Parlamento. Para os russos, certamente Dudás não era um mero aventureiro, mas sim um dos principais líderes que começaram a "contra-revolução". Qualquer indicação de que ele estava próximo das alavancas do poder de Budapeste, sem falar no controle do Ministério das Relações Exteriores, poderia ser usada como um pretexto para os russos avançarem. Para Nagy, era imperativo que Dudás fosse expulso. Király enviou um comando de seus soldados da Guarda Nacional para prendê-lo.[23] Quando Dudás foi colocado atrás das grades, seus homens deixaram o ministério. O aventureiro inconseqüente foi libertado então. Dudás não era uma ameaça real, mas a sua tentativa patética de golpe preocupou Nagy e enfureceu Király. Os húngaros "estavam sendo incitados a mais revoltas e greves", afirmou. Ele culpou os extremistas e em especial "a interferência da Rádio Europa Livre" por colocarem em risco as conquistas da revolução. "O que nós precisamos de verdade neste momento é que os operários voltem ao trabalho."[24]

Naquela noite, enquanto a Hungria aguardava seu destino, Nikita Kruschev teve medo de morrer em um acidente de avião. O líder soviético estava na última parte de sua missão de cortesia pela Europa comunista para explicar a necessidade de invadir Budapeste. Às seis horas, viajando com Malenkov, partiu de Sófia depois de dialogar com os búlgaros. Em sua próxima parada, encontraria com Tito, e este encontro era potencialmente problemático, pois o marechal fora inimigo de Stalin. Embora as relações com a Iugoslávia tivessem melhorado nos últimos dois anos, elas ainda eram complicadas. A Iugoslávia permanecia como parte do "campo socialista", ainda que não na condição de satélite da Rússia, e Kruschev tinha esperanças de persuadir Tito a auxiliá-lo a reprimir a rebelião na Hungria. Especificamente, queria que o tirano iugoslavo garantisse que Nagy estaria fora do caminho quando os russos marchassem de volta a Budapeste.

Os dois soviéticos tinham um encontro programado com Tito na luxuosa residência de veraneio do iugoslavo na ilha de Brioni, na costa do Adriático. Eles viajaram em um avião bimotor turboélice Ilyushin 14 por entre montanhas e com um clima horrível, à noite e durante uma tempestade violenta de trovões. Caíam raios à volta deles, e Kruschev admitiu ter ficado com medo. "Eu já tinha voado muito, principalmente durante a guerra, mas nunca tinha voado em condições tão ruins", contou ele.[25] Quando eles aterrissaram no pequeno aeroporto em Pula, tiveram que tomar um barco para a residência de Tito. Soprava um vento uivante, e as condições no mar estavam tão ruins quanto no ar. Ninguém deveria ficar sabendo sobre esta viagem. Se a notícia vazasse, a intenção com certeza logo se tornaria evidente. Por motivos de "segredo", os oficiais do serviço de segurança e a guarda de Tito os levaram em um barco a motor por um caminho mais longo, por meio do mar revolto, com ventos fortes e em escuridão total. "Malenkov estava pálido como um cadáver", diria Kruschev mais tarde. "Ele sentia enjôos mesmo viajando de carro em estradas boas. Ele se deitou no barco e fechou os olhos."[26]

Depois que chegaram, com seus estômagos já acalmados, eles iniciaram um diálogo que se estendeu por oito horas, até as cinco da manhã. Eles foram extremamente cautelosos quanto à segurança e ao sigilo, e até hoje não se sabe exatamente o que foi decidido em Brioni. Porém, Kruschev teve uma surpresa agradável ao ver Tito assentir prontamente que a invasão da Hungria era inevitável e "sensata". Os soviéticos não informaram exatamente quando a operação aconteceria, e disseram apenas que era iminente. "O que nos resta a fazer? Se deixarmos as coisas seguirem seu curso, o Ocidente dirá que nós somos estúpidos ou fracos, o que no fundo é a mesma coisa", disse Kruschev. "Não podemos deixar que isto aconteça. Se acontecer, nós teremos capitalistas junto às fronteiras da União Soviética." Tito concordou. Ele alertara a Nagy que a Hungria estava indo "longe demais", mas ele não deu ouvidos. Kruschev disse que ele próprio talvez não sobrevivesse a seus próprios extremistas se os soviéticos "perdessem" a Hungria. "Há pessoas na União Soviética que diziam que enquanto Stalin estava no comando todos obedeciam e que não havia grandes choques, mas que agora, desde que *estes* canalhas chegaram ao poder, a Rússia sofreu uma derrota. E isto está acontecendo num momento em que condenamos Stalin."[27]

Suez propiciou o "momento favorável" para a operação, segundo Kruschev, mas ela aconteceria de qualquer maneira. "Isto nos ajudará. Haverá confusão e tumulto no Ocidente e nas Nações Unidas, mas menos do que era de se esperar, porque a Inglaterra, a França e Israel estão fazendo guerra contra o Egito. Eles estão atolados lá e nós estamos presos na Hungria." Ele disse que o exército estava tão motivado quanto os políticos para esmagar a revolução. "Os húngaros já lutaram juntos com o Ocidente duas vezes contra nós, e agora eles querem unir forças com o Ocidente mais uma vez contra os russos."

Tito e Kruschev decidiram então entre eles quem seria o líder da Hungria após a invasão. Os russos queriam que fosse Münnich, mas estavam dispostos a negociar. Kádár não era a primeira escolha de Kruschev. Ele elogiava Münnich, que sempre fora contra Rákosi, e Kruschev o conhecia desde os anos 1930, quando eram "ambos oficiais e às vezes dividiam a mesma barraca em algumas manobras". O iugoslavo disse que Kádár seria uma escolha bem melhor. Na época de Rákosi, Münnich tivera uma vida de conforto e elegância quando era embaixador em Moscou, enquanto que Kádár fora torturado e passara anos na prisão. Para todos os húngaros, isto pesaria decisivamente a favor de Kádár, e Kruschev entendeu o argumento. Decidiu-se então que seria Kádár.[28]

Muitos húngaros estavam depositando suas esperanças no Ocidente ou na ONU. Eles sabiam que, se os russos voltassem, não conseguiriam resistir por muito tempo. "Nós acreditávamos que o socorro estava a caminho. É claro que nós queríamos acreditar nisso, mas tudo que haviam nos falado parecia se confirmar", disse o comandante dos guerrilheiros do grupo do beco Corvin, Gergely Pongrácz.[28] Tarde da noite, no horário de Budapeste, Ejaz Hussein, repórter do jornal paquistanês *Dawn,* de Karachi, estava caminhando com alguns amigos pela praça do Parlamento, onde a revolução começou. "Nós vimos dois tanques de guarda. Assim que estacionamos nosso carro, um soldado húngaro saltou para fora do tanque, correu até nós e perguntou afoito, olhando para o adesivo da imprensa da ONU em nosso pára-brisa: 'As Nações

Unidas já chegaram?' Ficamos sentidos de ter que contar a ele que nós não representávamos a ONU, mas que éramos apenas membros do corpo de imprensa. 'Isto não basta', disse o soldado, e foi embora com a decepção estampada no rosto."[30]

Naquele dia, a ONU nada fez para enfatizar a urgência da crise em Budapeste. Suez era a prioridade, como também era em Washington, onde o presidente acabara de anunciar um pacote de 20 milhões de dólares em comida e auxílio médico, mas pouca ajuda diplomática. O governo norte-americano não reconheceu a neutralidade da Hungria, um passo que poderia ao menos ter dado algum apoio aos húngaros. Porém, Eisenhower achava que isto era arriscado demais. Ele acreditava que sua opinião firme de que a América "não via os Estados satélites como potenciais aliados militares" impedia que fosse tão longe diplomaticamente. Os franceses e os ingleses insistiam em levantar a questão da Hungria no Conselho de Segurança daquela tarde, mas o presidente e seu secretário de Estado não se deixaram convencer. Logo após as quatro da tarde, Dulles disse a Henry Cabot Lodge, seu embaixador na ONU: "Eles querem tirar o holofote de cima deles. Acho ridículo eles entrarem no Egito lançando bombas e criticarem a União Soviética por ter feito algo que não foi tão ruim. [...] Eu não quero tomar parte nisso. [...] Nós não temos nenhuma informação concreta sobre o que está acontecendo na Hungria."[31] As ordens de Dulles e Ike eram para que a América tentasse impedir os franceses de pôr em discussão qualquer resolução a respeito da Hungria no Conselho de Segurança, e para adiar. Os grandes atores estavam envolvidos com Suez e ninguém fez campanha por uma ação urgente na Hungria. Após mais de três horas de discussões, em grande parte processuais, eles encerraram a reunião e deixaram a questão da Hungria para uma outra data.

TRINTA
Sábado, 3 de novembro

A neve começou a cair durante a noite, mas não durou muito tempo. Ainda fazia um frio penetrante. Os russos apertavam o laço ao redor de Budapeste e começaram a se encaminhar para outras cidades, incluindo o segundo maior centro da revolução, Győr. A maioria dos habitantes da capital tinha conhecimento disso, mas ainda não havia nenhuma informação oficial. Não houve histeria. Os ônibus começaram a funcionar, assim como mais bondes, e as linhas danificadas foram consertadas rapidamente. As pessoas oscilavam incontroladamente entre o medo e a esperança, mas "decidiram se comportar como se fosse um sábado como outro qualquer em Budapeste".[1] Os cafés abriram e tinham até folhados, e o vendedor de castanhas vendia bastante.

Nagy também continuava como sempre, e trabalhava na formação de seu novo ministério. Podia parecer perda de tempo com algo sem importância no momento em que Budapeste estava prestes a explodir, mas ele afirmou que tinha afinal o governo equilibrado com os vários partidos que queria, o qual talvez devesse ter tido no início da revolução.[2] Kádár constava da lista de ministros, pois, apesar da evidência cada vez mais clara, Nagy não acreditava que ele o traíra. Maléter deu um salto surpreendente e se tornou ministro da Defesa. Quando foi nomeado oficialmente, deixou clara a sua política. Numa época em que todos os seus oficiais e homens haviam arrancado as estrelas vermelhas soviéticas e suas dragonas, "ele ainda usava a pequena estrela de combatente de 1944 e uma outra estrela vermelha que ganhou por seu desempenho de sucesso na extração de carvão. Ele dizia: 'Se nós nos livrarmos dos russos, não pensem que vamos voltar aos velhos e maus dias. E se há gente que quer voltar, nós veremos.' E ao dizer isso, punha a mão em seu coldre."[3]

Alguns colegas de Maléter estavam verdadeiramente otimistas, e queriam elevar o ânimo do povo e dar esperanças às pessoas. O sofisticado Zoltán Tildy era largamente conhecido por ser um perito astuto em política. Ele afirmou ter certeza de que os russos não invadiriam e que estavam fazendo ameaças para exercer pressão. "Não vai acontecer um conflito trágico", disse. As negociações previstas para a saída das tropas soviéticas eram honestas e não enfeites retóricos, insistia ele. "Creio que, quando as pessoas estão dispostas a conversar sobre seus problemas, elas estão dispostas também a resolvê-los."[4]

Um outro amigo de Nagy demonstrou ter mais entendimento. "Diz-se que, quando um homem está gravemente enfermo, geralmente ele tem um dia de euforia um pouco antes de morrer, e é quando o funcionamento dos órgãos parece quase normal, e dá a ilusão de que a recuperação é possível. Este dia foi 3 de novembro."[5]

Em Moscou, Kádár foi entrevistado pela segunda vez para o cargo de novo líder da Hungria. Desta vez Kruschev, que voltara em segurança de sua reunião noturna com Tito, estava no Kremlin para analisar Kádár detalhadamente. Até então, os outros chefes soviéticos mantinham a mesma escolha, embora alguns extremistas próximos a Molotov pensassem em trazer Rákosi de volta. Kruschev disse que, se Rákosi aparecesse de novo em Budapeste, "o povo o enforcaria sem pensar duas vezes".[6]

Quase ao meio-dia, Kádár foi informado oficialmente de que seria ele o homem que voltaria a Budapeste como líder do novo governo. Até então, ele não tinha certeza disso. Ferenc Münnich seria o número dois. Kádár foi informado também dos detalhes sobre a data do lançamento da invasão e recebeu as instruções sobre seu papel. Os soviéticos lhe disseram que nos primeiros dias ele nem iria a Budapeste, e que a cidade seria administrada diretamente pelo Exército Vermelho. Kádár disse: "Entregar um país socialista para a contra-revolução é impossível. Concordo com vocês." Porém, ele alertou que pôr um fim na revolução não seria tão fácil quanto os soviéticos imaginavam. Ele perguntava-se sobre o que aconteceria depois. "O país inteiro está participando do movimento. O novo governo precisa de uma base. Precisamos de uma resposta para a questão sobre que tipo de relação teremos que ter com a URSS", disse ele a Kruschev.[7]

Disseram a ele que poderiam conversar a este respeito depois que os problemas acabassem. Kádár fez uma exigência que foi prontamente atendida: Rákosi e Gerő não teriam a permissão de regressar à Hungria. Isto era muito importante para Kádár, primeiro porque odiava Rákosi, e segundo porque tanto o ex-líder quanto Gerő certamente começariam a armar um complô contra ele no momento em que pusessem os pés em Budapeste. Kádár então fez um pequeno gesto de independência e disse a Kruschev que "este não deveria ser um governo vassalo". Kruschev concordou, mas então imediatamente pôs Kádár em seu devido lugar: os russos escolheriam todos os ministros. Contra a vontade de Kádár, um que retornaria seria o bajulador mais repulsivo de Gerő, o obeso e sanguinário István Bata, formado em Moscou e ex-ministro da Defesa quando a revolução eclodiu, e que estava no cargo quando a maior parte do exército se amotinou. A declaração que estabeleceu o governo, seu primeiro discurso ao povo húngaro e o seu programa central foi toda escrita pelos soviéticos em russo. A tradução para o húngaro não teve a mão de Kádár. Ele seria enviado de volta acompanhado de três plenipotenciários soviéticos do alto escalão encarregados de vigiá-lo: Malenkov,[8] o promissor Brejnev e talvez, inevitavelmente, Anastas Mikoian.

Kádár quase nunca falava a respeito destes dois dias que passou no Kremlin. Tempos depois, disse que tinha pouca escolha a não ser seguir os soviéticos. Portanto, o medo teve papel no episódio de sua traição. Não foi verdade, como afirmaram alguns de seus defensores, que Kruschev dissera diretamente a ele que tinha de assumir a liderança ou ir para a prisão, ou talvez até mesmo para o cadafalso. Kádár, porém, sabia como era a prisão e a tortura, e tinha um instinto forte de sobrevivência.[9] Acima de tudo, era realista, como diziam todos que o conheciam ou trabalharam para ele. Ele sabia que os russos invadiriam e venceriam. A única questão era saber em qual cabeça a coroa se assentaria. Uma das poucas vezes em que se ofereceu voluntariamente para dar sua opinião a este respeito, disse: "Se não fosse eu, seria outra pessoa." Ele achou que seria capaz de fazer o trabalho sujo de Moscou com o mínimo de brutalidade.[10]

Pouco depois das dez da manhã, tiveram início os tão propalados diálogos russo-húngaros sobre a retirada das tropas soviéticas. A delegação soviética, enfeitada com medalhas e galões, foi recebida com honras militares completas quando chegou ao Parlamento. Foi liderada pelo general Malinin, calvo, gordo e com queixo duplo, que conhecia bem a Hungria. Ele estava acompanhado do tenente-general Fiodor Stepchenko e do major-general Schelbanin. Maléter encabeçava a delegação húngara, que constava do chefe do Estado-maior do exército, o general István Kovács, seu jovem e ambicioso assistente, o coronel Miklós Szűcs, e um representante político, o ministro do Partido Petőfi, Ferenc Erdei. O clima da reunião era leve e descontraído. Os russos apresentaram detalhes de sua prometida saída, até as minúcias de um desfile militar completo quando saíssem. Por sua vez, os húngaros demonstraram boa vontade ao comunicar a decisão recém-tomada pelo comandante da Guarda Nacional, Béla Király, de ordenar que todos os tanques húngaros voltassem para os quartéis. Ele também apelou a todos os "civis" que tivessem armas e munições para que as entregassem imediatamente.[11] Nagy e o governo estavam determinados a aceitar os diálogos pelas aparências, e eles pareciam estar indo bem. Em um momento, Maléter deixou a sala por uns instantes com um sorriso largo estampado em seu rosto.[12]

A primeira rodada de negociações terminou por volta das duas da tarde. Os soviéticos convidaram os húngaros a encerrar os diálogos às dez da noite na base militar russa de Tököl, na ilha de Csepel, a 20 quilômetros de Budapeste. Maléter concordou em ir. Mais tarde, Király perguntou-lhe como as coisas estavam indo e ele respondeu: "Na mais perfeita ordem." Mas não entrou em detalhes.[13]

Durante a tarde, Imre Nagy acreditou que o dia estava transcorrendo bem, e seu ânimo melhorou. Foi transmitida uma declaração otimista do governo, dizendo que os soviéticos tinham novamente prometido não enviar mais trens com soldados pela fronteira húngara. No interior, não parecia que os russos estavam cumprindo sua parte do acordo, pois chegavam relatos da área próxima da fronteira austríaca sobre tropas russas reunidas em massa no oeste da Hungria, formando um movimento de pinça contra a capital. Nagy, porém, mantinha as esperanças. Ele não conseguia entender por que os soviéticos gastariam tanto tempo com estes diálogos amigáveis e minuciosos se não estivessem sendo honestos. Por volta das quatro da tarde, as esperanças se acenderam ainda mais. Zoltán Tildy e o apoiador e confidente de longa data de Nagy, Géza Losonczy, informaram que as conversações estavam indo bem e que ambos tentaram o máximo para serem complacentes para com os russos. "Apesar de tudo o que aconteceu, estamos tentando conquistar uma amizade verdadeira com a União Soviética", disse Tildy.[14]

Losonczy apoiara a revolução com entusiasmo desde o início, mas quis explicar o porquê: "Nós não vamos abrir mão de nenhuma das nossas conquistas dos últimos 12 anos, como a reforma agrária e a nacionalização das fábricas. [...] Não toleraremos a restauração do capitalismo na Hungria, sob nenhuma circunstância." Já era tarde demais, pois os russos não estavam prestando atenção.[15]

Por volta das seis da tarde, Király ouviu do general Kovács, oficial formado na Rússia e ex-stalinista leal, o relato mais positivo até então sobre as conversações da manhã. Ele aderiu à revolução em seu começo, mas posteriormente agiu como um "Vigário de Bray" militar, ao se comportar como o padre do século XVI, que oscilava entre o catolicismo e o protestantismo de acordo com a fé do monarca no poder. Ele começou a hesitar e a observar quem chegaria ao topo. Király o colocou contra a parede e perguntou sobre o que acontecera na primeira sessão. Estava praticamente tudo acertado, segundo Kovács:

> Primeiro, a Rússia irá retirar todas as suas forças armadas da Hungria. Segundo, para evitar que os transportes sejam interrompidos, os russos querem sair em turnos. Será estabelecido um comitê de especialistas para elaborar um cronograma. Terceiro, as guarnições húngaras precisam parar de negar comida e combustível aos russos. Quarto, os russos não estão preparados para fazer movimentações no inverno e os húngaros terão de ter paciência, pois as tropas não terão condições de sair antes de 15 de janeiro. Por fim, eles dizem que o exército russo não tinha a intenção de atacar os húngaros, e que só fizeram o que o governo húngaro pediu. Portanto, a evacuação não tem de ser apenas pacífica, é preciso que seja amistosa. As tropas têm de partir em um clima festivo, e os húngaros terão de aplaudir quando elas saírem.

De fato, segundo o general Kovács, eles tinham concordado com todas as exigências russas, até mesmo com a despedida amigável, mas insistiram em que a partida tinha de ser adiantada em um mês.[16]

Para Király, tudo parecia bom demais para ser verdade, e ele alertou a Nagy sobre seus maus pressentimentos. O major-general avaliou a posição novamente e achou que então poderiam ser atacados em breve. Nagy duvidou, enquanto os diálogos prosseguiam. Király foi se encontrar com seu velho amigo Sándor Kopácsi no quartel da polícia, a poucas centenas de metros do Parlamento. "Tudo parecia sinistramente calmo naquela noite de sábado, especialmente para uma noite de sábado no meio de uma revolução." Ele estava deprimido, e Kopácsi tinha o mesmo pressentimento ruim. Király disse: "Sándor, as tropas estão se movimentando por todos os lados."

Ele abriu um grande mapa de Budapeste sobre a mesa. Disse que havia dez divisões se movimentando e cinco colunas de veículos blindados pesados se encaminhando para Budapeste. Kopácsi perguntou:

— O velho já viu isso?

— Já, já viu.

— E o que ele diz a respeito?

— Ele acredita em milagres — disse Király.[17]

Milhões de húngaros ligaram seus rádios às oito da noite para ouvir uma transmissão do cardeal Mindszenty. Era a voz que a maioria das pessoas achava que nunca mais ouviria. Para elas, ele era um herói, um mártir por sua fé e pelo seu país, e a sua libertação parecia ser o símbolo mais poderoso da vitória de sua revolução. Seu discurso fora gravado anteriormente, pela manhã, e metade do governo — mas não Imre Nagy — ouviu enquanto ele falava no Parlamento. Ele era um homem livre havia apenas quatro dias. Um dos espectadores descreveu a sua chegada: "Uma visão fantástica, o primaz obstinado chegando com uma guarda armada de honra entre os revolucionários comunistas. [...] O cardeal entrou com passos oscilantes e olhar intenso. [...] A expressão estranha pode ter sido conseqüência de seu sofrimento na prisão da ÁVO."[18]

A transmissão do discurso de Mindszenty foi mais tarde censurada pelos russos e pelo governo húngaro por "incitar os contra-revolucionários". Ele falou com desprezo familiar sobre os comunistas, sobre o governo de Nagy como "herdeiro de um regime caído" e perguntou: "Será que os líderes dos russos não percebem que nós respeitaremos o povo russo ainda mais se eles pararem de nos oprimir?" Porém, nada do que ele disse poderia fazer alguma diferença. No momento em que ele falava, todos os planos russos de batalha já haviam sido definidos.

Maléter fora prevenido ao menos três vezes para ter cuidado ao ir para a segunda rodada de diálogos com seus pares soviéticos, programada para começar às dez da noite em Tököl.[19] Géza Losonczy, extremamente tenso, uma figura normalmente nervosa mas um bom juiz de caráter, foi o primeiro a expressar as apreensões, logo depois do fim da sessão de negociações da manhã. Losonczy recordou que fora Andropov quem sugerira que Maléter fosse incluído na delegação húngara, e Andropov não era confiável. No começo do dia, no Parlamento húngaro, os russos não puderam fazer nada, mas em uma base militar russa era diferente, e lá eles poderiam fazer qualquer coisa. E se os soviéticos tivessem preparado uma armadilha para manter todo o alto-comando do exército húngaro fora do caminho se a invasão fosse lançada? Ele perguntou:

— E se eles o prenderem?

— Não consigo imaginar uma traição tão baixa da parte deles — respondeu Maléter. — A não ser, é claro... quem sabe?

Mais tarde ele jantou com oficiais no Quartel Kilián, entre eles o seu fiel suplente, o capitão Lajos Csiba, que estivera do seu lado desde o primeiro dia da revolução. Ele lembrou a Maléter que os soviéticos, em sua história, em várias ocasiões capturaram e seqüestraram delegações visitantes. O capitão perguntou:

— Não pode ser uma armadilha?

Maléter rejeitou o alerta:

— Eu não espero isso dos oficiais soviéticos. Eles não fariam uma coisa dessas. Até o momento, os russos têm sido francos e compreensivos.[20]

Poucos minutos depois das oito, a esposa de Maléter, Judith, ligou. Ela tinha apenas 24 anos na época e idolatrava seu novo marido. Ela estava desesperadamente ansiosa por causa dele.

> "Eu implorei para que ele não fosse", disse ela. "Para mim, era uma idéia assustadora sair de Budapeste e ir à ilha de Csepel naquela hora da noite para um quartel soviético. Eu sabia que as tropas soviéticas tinham [...] se entrincheirado em volta da cidade. Ele próprio me contou

> isso, por isso eu estava com medo. Ele ficou irritado e acabou falando comigo com um tom militar: 'Você tem que entender que as coisas vão acontecer de acordo com as regras diplomáticas.' A última frase que eu ouvi dele como homem livre foi: 'Voce tem que entender que esposa e família não importam nesta hora. Eu tenho que ir, mesmo que isto custe a minha vida, porque meu país espera a minha ajuda.'"[21]

Levaria apenas pouco mais de uma hora de carro do centro de Budapeste até Csepel. Maléter partiu às 20h20. Nagy dera instruções a ele para que, depois que chegasse a Tököl, telefonasse para o escritório do primeiro-ministro a cada meia hora para assegurar que eles soubessem que ele estava bem.

Em Washington, John Foster Dulles acordou bem cedo e, às sete da manhã, foi levado ao Hospital Walter Reed, onde foi submetido a uma cirurgia de emergência de um câncer no estômago, do qual nunca se recuperou. A sua enfermidade não alterou a política norte-americana das relações exteriores em um curto prazo, mas teve um impacto forte e imediato no presidente, que se viu a três dias da eleição, no meio de uma guerra no Oriente Médio e incerto quanto ao que fazer na Hungria. Em Budapeste, o serviço de inteligência estava confuso a respeito do cerco soviético à cidade, mas não tinha certeza se os russos usariam a força. No dia anterior, chegara o novo chefe da Legação dos Estados Unidos. Era Tom Wailes, de 53 anos, ex-embaixador na África do Sul. Ele era um diplomata experiente, mas assumir em meio a uma crise tão complexa quanto a da Hungria não era uma tarefa fácil. Ele tinha condições de acrescentar muito pouco às notícias de Budapeste.[22]

Em Nova York, bem tarde na noite anterior, Ike, Dulles e Lodge discutiram alguns aperfeiçoamentos da sua política de "não-envolvimento ativo" na Hungria. Porém, ela foi de pouca ajuda prática para Budapeste. Imre Nagy não ouvira uma palavra sequer diretamente da ONU ou do governo dos Estados Unidos sobre o reconhecimento da neutralidade da Hungria. Entretanto, Eisenhower decidiu que finalmente iria censurar os russos. Às três da tarde em Nova York, Lodge apresentou uma moção "repudiando o uso da força militar soviética para reprimir os esforços do povo húngaro em reafirmar os seus direitos". Contudo, a moção nunca foi posta em votação. Os norte-americanos concordaram em encerrar a sessão para ver se os diálogos em Tököl seriam de alguma valia. Eles disseram que levantariam a questão novamente na semana seguinte. Depois de dez dias de crise na Hungria, a ONU não havia decidido absolutamente nada. Esta falha arranharia a reputação da organização e a de seu secretário-geral, Hammarskjöld.[23]

Máleter chegou para a segunda rodada de diálogos com os soviéticos por volta da 21h45. Ele estava com a mesma equipe de antes: o general Kovács, o popular coronel Szűcs, de 36 anos, e o impaciente Ferenc Erdei, que parecia muito nervoso. Eles também foram recebidos por uma guarda de honra, assim como os russos pela manhã. Maléter se comunicou com o escritório de Nagy duas vezes e falou com Király às onze da noite, dizendo que tudo parecia estar em ordem. Király, a cargo da defesa de Budapeste, acalmou-se e informou que ia dormir.[24] Os diálogos pareciam amigáveis. Sándor Horváth, um dos guarda-costas de Maléter que aguardava do lado de fora, disse: "Tudo parecia transcorrer perfeitamente no escritório onde os diálogos estavam acontecendo. Pelo menos esta era a nossa impressão na ante-sala, a julgar pelos sons da conversa que conseguíamos ouvir."[25]

Então, pouco antes da meia-noite, uma dúzia de policiais soviéticos usando gorros verdes entrou com violência na sala, apontando suas armas para a delegação húngara. Depois dos policiais, entrou na sala um homem alto, de boa compleição física, loiro, de olhos azuis brilhantes e vestindo roupas civis. Era Ivan Serov, chefe da KGB. Ele disse aos húngaros: "Vocês estão todos presos." Maléter se levantou e tudo que ele disse, calmamente, foi: "Ah, é isso, então." Horváth estava observando por um buraco na porta. "Eu peguei a minha arma, achando que conseguiria dar uns tiros nos homens de gorros verdes, mas era tarde demais. O chefe gritou: 'Pare! É inútil resistir!' E eu obedeci às ordens."

Malinin era um soldado profissional, decente e honrado, e claramente não havia sido informado a respeito deste golpe. Ele ficou indignado e exigiu saber o que estava acontecendo. Serov se aproximou dele e sussurrou algo em seu ouvido. Malinin encolheu os ombros e saiu da sala, ordenando a seus oficiais subalternos que o acompanhassem. Eles haviam sido enganados cruelmente. Os russos usaram as mentiras de Andropov e as chamadas "negociações" militares para ganhar tempo para finalizar seus planos militares e capturar Maléter, o soldado que talvez pudesse organizar alguma resistência efetiva contra eles.[26]

Eles estavam então à mercê de Serov. Os três soldados e o político de 51 anos de idade que conseguiram sobreviver a todos os expurgos da era de Rákosi e Gerő foram levados para o pátio do quartel de Tököl. Eles estavam convencidos de que seriam todos executados imediatamente. Eles foram então separados, levados para o complexo penitenciário e colocados em celas individuais. Pouco tempo depois as celas foram abertas uma a uma. Depois que cada porta foi aberta, eles ouviram uma salva de tiros. Os soldados russos estavam atirando para o ar, para fazer com que acreditassem que seus companheiros estavam sendo mortos. Cada um deles achou que fosse o único sobrevivente.[27]

TRINTA E UM

Domingo, 4 de novembro

Logo depois da meia-noite, o major-general Király foi acordado com relatos de que as tropas russas haviam ultrapassado o anel externo de defesa de Budapeste. Eles ainda não haviam disparado nenhum tiro, mas os tanques soviéticos estavam a caminho, e alguns se encontravam a menos de dez quilômetros do centro da cidade. Ele ligou imediatamente para o escritório de Imre Nagy no Parlamento para ter a "conversa mais dramática" de sua vida.[1]

> Ele disse: "Primeiro-ministro, agora é certo que a União Soviética está lançando uma guerra contra nós. Os soviéticos já lançaram suas primeiras ondas de ataque. Nós não temos contatos confiáveis com todas as zonas e posições de defesa. Até o momento ainda não demos ordens às nossas tropas para atirar, então agora muitos comandantes devem estar indecisos. É possível que eles ajam apenas quando já for tarde demais, e que as tropas soviéticas os tomem de assalto. Nós temos apenas uma escolha: ou você, o primeiro-ministro, ou eu devemos fazer imediatamente uma transmissão no rádio. Nós precisamos informar às nossas tropas que estamos em guerra contra a União Soviética, e que eles têm de dar início à sua luta defensiva."
>
> Nagy respondeu: "Esta é uma questão política. Na posição de oficial do Estado-maior, você deve saber que este tipo de declaração é responsabilidade do governo, não dos militares. Proíbo você de fazer tal pronunciamento."
>
> "Estou totalmente ciente disso. É por isso que eu proponho que você [...] faça a declaração ou, se preferir, que eu faça com o seu consentimento", afirmou Király.
>
> "Não", insistiu Nagy. "Nós não vamos emitir uma declaração como esta em hipótese alguma. Isto significaria guerra, e não é isso

o que queremos. Não temos condições de empreender uma guerra contra a União Soviética. Por favor, continue a me informar sobre os acontecimentos."

O marechal Koniev havia rapidamente reunido uma força enorme para montar a Operação Turbilhão. Havia aproximadamente 150 mil soldados de dez divisões, 2.500 dos tanques mais modernos da Rússia e muito apoio aéreo. Ele garantiu a Kruschev que poderia "restaurar a ordem" em Budapeste em três dias, e pretendia cumprir suas palavras. Ele emitiu a ordem para seus homens avançarem sobre Budapeste à meia-noite,[2] saindo do norte e do sul, ao longo do Danúbio, dividindo a cidade ao meio. Às três da manhã, poucos tanques — uma pequena guarda avançada — já começaram a adiantar-se estrondosamente pelo centro de Peste. Do escritório do quartel da polícia da cidade, Sándor Kopácsi avistou três deles.[3] O oficial encarregado do ataque a Budapeste era o major-general Kuzmin Ievdokimlovic Grebenik, de 56 anos, stalinista da velha guarda e amigo íntimo de Ivan Serov da KGB. Contudo, havia um outro elemento-chave da operação, segundo o ponto de vista de Moscou. Os russos distribuíram estrategicamente mais de 20 mil soldados ao longo da fronteira com a Áustria para impedir qualquer possibilidade de intervenção do Ocidente. Os soviéticos não imaginavam que estas tropas seriam necessárias. Os quartéis da OTAN, sob ordens de Eisenhower, receberam instruções para não fazer nada que pudesse ser interpretado como provocação,[4] mas os russos exageraram na precaução. O major Grigori Dobrinov, comandante de um regimento de tanques que estava prestes a entrar em Budapeste, recebeu suas ordens: "Nós vamos entrar como salvadores para proteger o povo do terrorismo", recordou-se ele. Então ele foi "alertado de que os norte-americanos talvez entrassem também na cidade, vindo pelo oeste". Ele contou: "Perguntamos ao nosso comandante da divisão: 'Isto pode significar guerra?' Ele respondeu: 'Sim, isto pode ser o começo da Terceira Guerra Mundial.'" Esta foi uma maneira de impressionar os soldados russos sobre a importância de sua missão.[5]

Às quatro da manhã, Koniev emitiu a senha "Trovão" e poucos minutos depois foi este o som que se ouviu em Budapeste. "Senti o chão tremer, e vi o horizonte se iluminar, e ouvi uma explosão atrás da outra", disse Éva Walkó a respeito daquela madrugada. "Nosso sonho de vitória chegara ao fim."[6]

Cinco minutos mais tarde, quando ouviu o bombardeio, Király pegou o telefone de linha direta com Nagy. "Eu disse a ele que a cidade estava sendo invadida e implorei pelas ordens para abrir fogo. [...] 'Não, não', disse Nagy. 'Fique calmo. O embaixador russo está aqui no meu escritório. Ele está ligando para Moscou agora. Está acontecendo algum mal-entendido. Você está proibido de abrir fogo.' Eu desliguei, desnorteado."[7] Ele não precisava ter se sentido assim.

Nagy não tinha intenção nenhuma de ordenar uma resistência armada e sangrenta em larga escala, sem qualquer possibilidade de vitória. A maioria dos representantes do governo não se encontrava com ele. Tildy era uma das exceções, e alguns outros ministros tentaram chegar ao edifício. Entre eles, estava o ministro do Estado, István Bibó, nomeado somente no dia anterior. O sociólogo de 45 anos, baixo e musculoso, conseguiu chegar ao Parlamento passando por entre as linhas de tanques russos.

Nagy permanecia calmo, enquanto seus sonhos eram abalados. Ele disse que tinha de fazer algo, mas não sabia o quê. A cada minuto que passava, o barulho do bombardeio se aproximava do coração de Budapeste e a agitação no Parlamento se tornava mais frenética. Tildy, o vice de Nagy, que sinceramente não acreditava que este momento chegaria, sugeriu que se fizesse uma transmissão — e esta poderia ser a última oportunidade. Nagy concordou, e Ferenc Donáth, seu amigo de longa data, escreveu algumas palavras em um pedaço de papel. Nagy apanhou seu paletó, desceu um lance de escadas e entrou no estúdio de rádio improvisado para fazer a sua última transmissão. A Rádio Kossuth tocava canções nostálgicas e, às 5h20 da manhã, a música foi interrompida. "Atenção, atenção! O primeiro-ministro Imre Nagy fará um pronunciamento ao povo húngaro." Ele então começou, em uma voz firme, clara e calma: "Aqui é Imre Nagy falando. Hoje, ao romper da manhã, as tropas soviéticas atacaram nossa capital com a intenção óbvia de derrubar o governo democrático húngaro legal. Nossas tropas estão em combate. O governo está em seu posto. Eu informo ao povo de nosso país e ao mundo inteiro sobre este fato."

Quando Nagy retornou ao seu escritório, Király telefonou mais uma vez. Ele disse: "Primeiro-ministro, as tropas soviéticas romperam o anel de defesa em vários pontos e avançaram para dentro da capital. Neste momento uma coluna de tanques está passando por nosso prédio e se dirigindo para o Parlamento. Vou contar os tanques." Nagy fez uma pausa, deu um suspiro profundo e disse com convicção: "Não quero receber mais nenhuma informação." Király decidiu então sair do centro de Budapeste e ir para o quartel-general da Guarda Nacional em Szabadhegy (colina da Liberdade), nos subúrbios arborizados ao norte da cidade, "para ver o que poderia salvar".[8] Király ficou perplexo pelo fato de Nagy estar determinado a não querer ser mais informado pelo seu próprio chefe militar a respeito da invasão do país. Porém, o que o major-general não sabia era que Nagy, mesmo antes de fazer seu apelo dramático no rádio, aceitara a oferta de asilo da embaixada iugoslava.

A oferta chegara à uma da manhã do embaixador iugoslavo, Dalibor Soldatic, por intermédio de Zoltán Szánto, um velho stalinista que se tornou reformador comunista, figura grisalha e astuta bem conhecida como uma das grandes inteligências e um dos maiores intriguistas políticos de Budapeste. Szánto fora antes embaixador da Hungria na Iugoslávia, onde ainda mantinha bons contatos. Tito concordara com Kruschev, na reunião em Brioni, em tirar Nagy do caminho quando a invasão fosse lançada, e cumpriu sua promessa. Era uma âncora de salvação para Nagy e sua comitiva, que chegou posteriormente a contar com 41 pessoas, e foi igualmente conveniente para Moscou naquela ocasião. Szánto encontrou-se com Soldatic no começo da madrugada e contou a Nagy sobre o acordo quando ouviu os tanques começando a bombardear a cidade.[9]

Eles não foram os únicos a fugir do prédio. Pouco antes das cinco e meia da manhã, o cardeal Mindszenty recebeu uma ligação do escritório de Nagy e foi alertado de que sua vida corria um sério risco se permanecesse em sua residência. Ele deveria encontrar uma maneira de chegar ao Parlamento. O cardeal acordou seu secretário particular, o velho monsenhor Egon Turchányi, e disse para ele se vestir o mais rápido possível. O monsenhor, de batina preta, foi dirigindo. Os tanques russos já estavam cercando a praça quando eles chegaram, mas os soviéticos ainda não tinham atacado o prédio. Mindszenty permaneceu escondido no carro enquanto Turchányi saiu e explicou a um dos agentes: "O governo húngaro solicitou a nossa presença." O soldado russo sorriu e respondeu: "Sinto muito, mas nós estamos no controle daqui, e não o governo húngaro."

Eles foram para a porta lateral que não estava sendo vigiada e conseguiram entrar, mas não se sentiram mais seguros lá. Tildy lhes disse que o governo faria o máximo por eles. Porém, isso não lhes deu muita confiança, e Mindszenty decidiu ver se conseguia chegar à Legação Americana. Ele vestiu seu sobretudo e dobrou a barra de sua batina para escondê-la. Três soldados húngaros jovens acompanharam o cardeal até a porta lateral, escondendo-o da visão dos russos. Eles entraram no carro, se esquivaram dos tanques passando pelas pequenas ruas laterais e chegaram ao asilo da missão dos Estados Unidos, onde Mindszenty ficaria por 15 anos, como objeto de um animado debate público.*[10]

Andropov saiu contente do Parlamento. Ele fora convocado por Nagy bem antes do amanhecer, quando os tanques começaram a atirar. O embaixador ouviu uma série de impropérios de Nagy contra a falsidade soviética. Segundo os relatos, ele teria dito a Andropov: "Hoje é a Hungria, amanhã ou depois de amanhã será a vez de outros países, porque o imperialismo de Moscou não tem limites e só está tentando ganhar tempo."[11] Porém, seu discurso não teve nenhum efeito sobre o diplomata-espião hipócrita e enganador. Andropov pôde então sentir-se muito satisfeito com seu desempenho durante a revolução. Ele conseguiu dividir a liderança húngara e soube lidar brilhantemente com Nagy, de acordo com o ponto de vista soviético, enganando-o com uma falsa sensação de segurança. Parcialmente por causa das mentiras ousadas de Andropov, os húngaros não tomaram nenhuma medida defensiva, a não ser quando já era tarde demais. Ele ajudou a montar a armadilha para a liderança militar da Hungria. Ele aconselhou ao Kremlin sobre quem deveria ser o líder húngaro, e sua sugestão foi

* Ele acabou se tornando uma grande fonte de irritação, não apenas para o regime húngaro, como também para o Vaticano, que desde os meados dos anos 1960 queria melhorar as relações com os comunistas húngaros. Mindszenty permaneceu exilado na embaixada dos Estados Unidos, apesar da disposição de Kádár em deixá-lo partir. Posteriormente, o presidente norte-americano Richard Nixon o pressionou a sair, e finalmente em 1971 o Papa Paulo VI ordenou sua saída. Ele morou em Roma por um breve período e foi para Viena em 1973. Morreu em 1975.

acatada. O seu próprio agente de segurança da KGB em Budapeste, Vladimir Kriuchkov, o elogiava: "Ele era muito calmo, mesmo com as balas voando e quando todos na embaixada achavam que estavam sendo sitiados em uma fortaleza."[12]

Às seis da manhã, em uma estação de rádio controlada pelos soviéticos, os húngaros ouviram a voz de János Kádár anunciando a formação de um novo governo revolucionário húngaro de camponeses e trabalhadores. Ele afirmou estar falando de Szolnok. "Agindo pelos interesses de nosso povo, nossa classe trabalhadora e nosso país, solicitamos ao comando do exército soviético para ajudar nossa nação a esmagar as forças reacionárias negras e restaurar a ordem e a calma no país", declarou ele. Münnich se uniu a ele e disse que tinham rompido com Nagy porque ele se mostrara "impotente". A transmissão fora pré-gravada: nenhum dos dois estava na Hungria. Eles ainda se encontravam na Rússia e chegaram à Hungria somente naquela noite, e por alguns dias ficaram fora de Budapeste.[13]

A última transmissão de Nagy, simples, breve e emocionada, parecia direta demais, mas continha um erro pequeno e um grande. O "governo legal", que ele disse estar em seu cargo, estava prestes a fugir para procurar asilo em uma embaixada estrangeira. O erro mais sério era que as tropas húngaras não estavam "em combate". A captura de Maléter e seus oficiais mais altos há poucas horas decapitou o comando do exército, que jamais se recuperaria do golpe. Logo mais, um conhecido soldado húngaro se uniu a eles: o coronel János Mecséri, de 35 anos, o vice-comandante das defesas de Budapeste, que também fora preso na noite anterior.[14] O ex-ministro da Defesa stalinista, o tenente-general Károly Janza, demitido dois dias antes por Nagy, pela manhã voltou para o ministério novamente por sua própria iniciativa. A maioria dos soldados húngaros estava confinada em quartéis no dia 4 de novembro, e foi sistematicamente desarmada quando as forças soviéticas entraram em Budapeste. Houve uma breve resistência no Quartel Petőfi e na Academia Militar, mas, quando os soldados húngaros perceberam que estavam em total desvantagem numérica, depuseram suas armas. Fora de Budapeste, o exército húngaro mal chegou a combater, exceto em uma pequena batalha cerca de 50 quilômetros a noroeste de Budapeste, em Soroksár. Malaschenko, o segundo no comando do Corpo Especial das tropas russas, disse que as operações contra o exército húngaro foram concluídas em menos da metade de uma manhã.[15] Király fora instruído por Nagy a não lutar, por isso a Guarda Nacional não empreendeu nenhuma ação, até quando já era tarde demais.

A única resistência real foi oferecida pelos grupos rebeldes que haviam feito a revolução 12 dias antes, mas a batalha foi diferente então. Eles lutaram com bravura e coragem, mas desta vez os russos não estavam montando uma operação policial. Eles estavam fazendo guerra com selvageria e crueldade. Eles possuíam uma força avassaladora: três vezes o número de tropas, cinco vezes o número de tanques e armas pesadas. Os coquetéis molotov e as armas leves não eram de nenhuma utilidade contra os tanques T34 que os soviéticos enviaram a Budapeste como reforços. Eles eram mais novos, mais rápidos, mais fáceis de manobrar, e foram construídos com placas de metal mais pesadas.

Desta vez, como disse Malaschenko, os russos sabiam o que esperar. "Os insurgentes não têm mais o elemento surpresa a seu favor."[16] Todas as táticas foram mais brutais. Os russos não esperaram para se tornar alvos dos guerrilheiros. Quando eram atacados, lançavam bombardeios devastadores contra a vizinhança de onde haviam partido os tiros contra eles. Eles demoliam todos os prédios que suspeitavam ser esconderijos de revolucionários. Os jovens corriam para as barricadas, mas o número delas era menor. Muitos dos defensores da liberdade saíram dos principais centros de resistência após o cessar-fogo de 28 de outubro e não retornaram.

Os russos lançaram ataques selvagens a todos os principais centros de batalha de uma semana antes: o Quartel Kilián, o Cine Corvin e suas passagens interligadas, a Estação Ferroviária Leste, a avenida Üllői, no centro de Peste; e em Buda a praça Széna, a praça Zsigmond Móricz e a praça Moscou. Desta vez eles usaram aviões. Desde cedo de manhã, os aviões de caça russos faziam um barulho ensurdecedor, atacando à baixa altitude as fortificações rebeldes mais conhecidas, sem qualquer preocupação com os "danos colaterais". Por volta das dez da manhã, os russos já controlavam todas as pontes, e dois dos centros de resistência mais conhecidos haviam caído: a praça Baross e a Estação Ferroviária Leste. Porém, os revolucionários não se entregavam.[17]

"Aquele domingo foi uma devastação, um desastre", disse Gergely Pongrácz. "Contra uma infantaria pequena e os tanques velhos que eles tinham antes, nós conseguimos sobreviver onde estávamos fortificados. Mas agora não mais. Continuamos a lutar, o melhor que podíamos, mas sabíamos que era impossível. Não tínhamos esperança de vencer o armamento pesado que atirava com toda força contra nós a quilômetros de distância."[18] Qual seria o propósito de lutar então? "Nós não éramos suicidas. Nunca achamos que sozinhos poderíamos conseguir uma vitória militar. Não era essa a questão no momento. Isso era impossível. Achávamos que, se conseguíssemos resistir, poderíamos provocar uma indignação internacional. Nós acreditávamos mesmo que conseguiríamos ajuda, apoio moral da ONU e ajuda prática real do Ocidente. Por isso nós continuamos a lutar pelo maior tempo possível."[19]

A maioria das pessoas ficou aterrorizada e simplesmente se escondeu durante a fúria implacável dos canhões russos, em despensas ou porões, quando estes existiam. Tamás Foty, que tinha 10 anos na época, morava com sua família em um apartamento na avenida Rákóczi, uma das vias principais no coração do centro comercial de Budapeste. "Alguns revolucionários achavam que meu prédio era um bom lugar de onde se podia atirar nos tanques soviéticos que passavam. Por isso nós descemos para o porão, a família e o periquito de estimação", disse ele.[20] Logo um tanque mirou no prédio e nos atiradores de emboscada que atacavam de dentro dele. Eles derrubaram o prédio inteiro, deixando os moradores amontoados no porão. Havia destroços por todos os lados e a saída estava bloqueada. Os húngaros tinham se preparado para o ataque. Os mais velhos se lembraram da guerra e do cerco sangrento de três meses de Budapeste. Foty recordou: "À luz de velas no porão, alguém sugeriu cavar um túnel subterrâneo até o abrigo antibombas adjacente de uma pequena rua paralela. Usando picaretas e pás guardadas no abrigo, os adultos começaram a abrir uma passagem. Finalmente conseguiram e o túnel foi feito."

Havia uma piada muito difundida pelos centros rebeldes, quartéis e porões de Budapeste: "Os russos dizem que vieram como nossos amigos. Imagine se dissessem que eram nossos inimigos."

A Rádio Kossuth Livre, que transmitia de uma estação no Parlamento, parou de funcionar às 8h07. As últimas palavras que os ouvintes escutaram foram as de uma mensagem do velho dramaturgo Gyula Háy, amigo de Nagy desde os anos de exílio em Moscou, comunista por toda a sua vida e um dos líderes intelectuais da curta revolução. Ele falou a "todos os escritores, cientistas [...] e acadêmicos do mundo". Disse ele: "Apelamos por ajuda a todos os intelectuais de todos os países. Nosso tempo é escasso. Vocês todos conhecem os fatos. Não há necessidade de repeti-los. Ajudem a Hungria. Socorro!"[21]

Logo depois, os russos ameaçaram demolir o edifício do Parlamento. Nagy fugira com seus assessores mais próximos, seus assistentes e suas famílias. Alguns ministros partiram em direção ao Ocidente. Tildy, o vice de Nagy, permaneceu, assim como István Bibó. Tildy estava determinado a salvar da destruição o edifício neogótico enorme e ornamentado. Ele disse aos guardas húngaros, alguns dos quais estavam dispostos a lutar: "Não posso dar ordens a vocês. Quem pode fazer isso é o ministro da Defesa. Mas eu posso dar um conselho a vocês. A melhor coisa a se fazer é enviar um alto oficial, com uma bandeira branca e um intérprete de russo, ao oficial de comando soviético na praça do Parlamento e dizer a ele que nós não atiraremos neles, e pedir que não atirem em nós."[22]

Os oficiais soviéticos chegaram à sala de Tildy por volta das oito e meia da manhã e exigiram a presença de Nagy. Tildy disse que não fazia idéia de onde ele estava, o que era verdade, pois o primeiro-ministro não contara a seu suplente sobre a oferta de asilo dos iugoslavos. Os russos exigiram então uma assinatura oficial em um documento de rendição das forças armadas húngaras, que tinha de ser assinado por István Dobi, o presidente, um cargo nominal ocupado por uma nulidade. Dobi, magro e de óculos, havia prestado juramentos aos governos de Rákosi, Gerő e Nagy, tinha poucas opiniões próprias e era conhecido por beber muito. Ele sussurrou: "Se os representantes soviéticos desejarem falar comigo, estarei em meu escritório." Logo depois disso, saiu cambaleando.[23] Mais tarde, o papel foi devidamente assinado.

Tildy conseguiu deixar o prédio em segurança, embora tenha sido mais tarde capturado. Apenas uma autoridade húngara permaneceu no Parlamento em seu posto: Bibó, de coragem extraordinária. "Se eu me recusar a ceder, estarei demonstrando ao mundo que o novo governo foi instaurado no lugar do governo legal de Nagy pelo uso da força", afirmou ele.[24] Ele encontrou uma máquina de escrever e, com os tiroteios acontecendo à sua volta no centro de Budapeste, elaborou rapidamente um dos testemunhos mais comoventes e bem argumentados contra a tirania escrito por um húngaro, que se tornou um manifesto pela democracia social na Europa Central desde então. Ele escreveu também "na condição de representante legal do governo húngaro" um apelo emocionado de ajuda diretamente ao presidente Eisenhower. "Neste momento, o tipo de ajuda de que necessitamos com mais urgência é política, não militar", disse. Recusar tal ajuda "arruinaria a política de libertação que os Estados Unidos da América almejam [...] com tanta firmeza e sabedoria".[25]

Em Moscou, os líderes soviéticos poderiam ter se sentido aliviados, com as mentes tranqüilas, talvez até mesmo satisfeitos consigo mesmos. Porém, não foi assim. No final da tarde, enquanto o marechal Jukov informava aos seus colegas que, auxiliados por sua farsa elaborada, a operação para esmagar a rebelião na Hungria estava avançando bem, os líderes russos continuavam a lutar entre si. Havia um conflito extraordinário entre os titãs do Kremlin. Horas depois de os soviéticos terem lançado a invasão, quando Kádár já havia se declarado líder do novo governo húngaro, eles lutaram novamente a respeito de quem deveria ser empossado como líder comunista em Budapeste. Molotov e Kaganovich, os principais extremistas, suspeitavam de Kádár, a quem ainda viam como um apoiador dissimulado de Nagy. Eles orquestraram uma campanha de bastidores contra a posse de Kádár em uma posição de comando. Molotov disse que eles deveriam rever a decisão e reintegrar ao governo um dos stalinistas mais velhos e "confiáveis" para ocupar o cargo de procônsul em Budapeste. Kruschev se recusou a ouvir e disse que era um destes stalinistas que havia causado todos os problemas na Hungria. Ele afirmou furiosamente: "Eu simplesmente não consigo entender o camarada Molotov, porque ele sempre tem as idéias mais perniciosas." Molotov respondeu à queima-roupa que Kruschev "deveria ficar quieto e deixar de ser tão insolente".[26]

Na América, nenhuma autoridade deu atenção ao ministro-acadêmico Bibó, ao major-general Béla Király e nem aos defensores da liberdade, que empreendiam uma luta sem esperanças contra a devastadora invasão russa. O presidente Eisenhower, então sem o seu secretário de Estado, que se encontrava gravemente enfermo, tomou uma decisão imediata: não fazer nada para não correr o risco de um confronto com a Rússia. Quando os tanques russos começaram a invasão de Budapeste, Nikolai Bulganin escreveu ao presidente, alertando-o sobre Suez, dizendo: "Se esta guerra não for contida, há o perigo de se transformar na Terceira Guerra Mundial." Eisenhower escreveu sobre o "choque inexprimível" que sentiu ao ouvir as notícias de Budapeste, mas deixou claro que não faria nada para intervir.[27] Frank Wisner fez apelos desesperados na CIA para que a agência enviasse assistência secreta aos defensores da liberdade, mas foi reprimido imediatamente. Nunca houve uma possibilidade real de alguém do Ocidente tomar uma iniciativa militar.

Porém, Ike quis ter certeza disso. Os Estados Unidos ouviram dizer que o general Francisco Franco, da Espanha, pretendia oferecer ajuda à Hungria. O ditador fascista não era aliado da América, mas Ike fez o possível e o impossível para assegurar que a idéia de Franco não se concretizaria. Naturalmente, o caudilho poderia estar apenas fazendo uma encenação para atrair o grande público, sem a intenção real de agir na Hungria, mas na ocasião os Estados Unidos levaram a Espanha a sério. Segundo Robert Murphy, o segundo no comando do Departamento de Estado na ausência de Dulles, o ministério espanhol pretendia enviar uma "força voluntária" a Budapeste no dia 4 de novembro, liderada por um antigo alto comandante. O ministro espanhol das Relações Exteriores, Alberto Martin Artajo, alertou aos Estados Unidos e informou ao seu bom contato Henry Cabot Lodge que a Espanha "se encontrava pronta para enviar uma força armada à Hungria". Artajo sugeriu que os Estados Unidos poderiam "enviar dois aviões à Espanha para serem carregados de armas a serem lançadas na Hungria". Afirmou que falava com a autoridade total de Franco e seu ministério. A resposta de Washington foi imediata e inequívoca: "O governo dos Estados Unidos não pode prestar nenhum apoio, público ou secreto, a qualquer intervenção militar na Hungria nas circunstâncias atuais. Esperamos que a Espanha não tome nenhuma atitude precipitada por contra própria."[28]

A Legação Americana em Budapeste e seu novo ministro, Tom Wailes, enviavam relatos intensos sobre a luta. Ele enviou um telegrama, próximo ao meio-dia, ao Departamento de Estado falando de "uma grande esquadrilha de aviões sobrevoando", e em outra parte dizia: "Planejamos enviar os funcionários para o porão." Porém, suas instruções eram para agir com cuidado. Mindszenty recebera asilo por volta das sete da manhã. Porém, Wailes se viu em um dilema quando um ministro do governo, Béla Kovács, pediu asilo mais tarde naquele dia. Ele foi informado de que poderia dar "abrigo provisório" a Kovács e a seus tenentes, mas eles teriam que deixar a Legação no dia seguinte.[29]

Em Nova York, o Conselho de Segurança da ONU se reuniu e, finalmente, às três da tarde, aprovou uma moção condenando a agressão soviética. Neste momento, Budapeste já era uma capital ocupada, e o secretário-geral Hammarskjöld fazia seus preparativos para uma visita ao Egito.

PARTE TRÊS

O DESFECHO

TRINTA E DOIS

Sexta-feira, 7 de novembro

Após dois dias de bombardeio impiedoso, as pessoas começaram a sair de seus esconderijos. Budapeste era uma montanha de destroços. Alguns distritos comerciais que haviam sido reconstruídos depois da guerra estavam novamente em ruínas. József Kővágó arriscou-se a sair na terça-feira de manhã para encontrar sua esposa, Lonci, que se refugiara em um hospital quando a invasão começou. "Eu cheguei ao Grande Bulevar, que parecia um campo de batalha. As casas estavam arruinadas, e havia destruição por todos os lados. As únicas pessoas à vista estavam na frente das lojas. De repente apareceram dois tanques soviéticos, e as pessoas tentaram se esconder. Eu corri para dentro de uma casa. Os tanques abriram fogo nas pessoas da fila de comida.[1]

Um a um, os principais centros de resistência foram esmagados. A praça Széna caiu no dia 6. "Tio" János Szabó foi capturado quando tentava escapar para a Áustria. O quartel de Dudás foi invadido no mesmo dia, e ele foi uma das primeiras baixas na operação soviética do domingo. Ferido, foi escondido por alguns de seus seguidores no subúrbio ao norte da cidade. A praça Zsigmond Móricz, onde os velhos tanques T34 soviéticos foram tão vulneráveis, foi devastada pelo bombardeio, e os insurgentes se renderam na terça-feira. Um líder incomum surgiu na defesa do Distrito do Castelo. Foi Vazúl Végyvári, monge franciscano de 28 anos de idade. Antes do levante, ele trabalhava em um orfanato em Esztergom, a cidade da catedral, 75 quilômetros ao norte de Budapeste. No momento em que os russos invadiram, ele portava uma metralhadora em volta de seu pescoço e carregava granadas. "Um monge que se ausenta do mosteiro por 24 horas sem permissão do superior é punido, e talvez suspenso. Mas eu considero a luta do povo uma guerra santa", afirmou ele.

Depois que a revolução irrompeu, Végyvári foi ao Quartel Kilián e pediu a Maléter o posto de capelão. "Mas ele me rejeitou", disse. Ele foi ao Distrito do Castelo quando os soviéticos lançaram o ataque da madrugada e decidiu lutar:

> Nós éramos apenas umas poucas dezenas de pessoas, não mais que isso. Antes de me tornar padre, eu fui cadete na escola militar, por isso eu conhecia um pouco sobre armas. Nós tentamos transformar a área em uma fortaleza. Nós ainda tínhamos esperança de que, sob pressão da ONU ou do Ocidente, os russos seriam forçados a entrar em negociações, mas foi em vão. Na terça-feira nós recebemos um ultimato: "Saiam." Nós ficamos. Nosso quartel foi descoberto e atacado pesadamente. Nós nos mudamos para um café nas proximidades, mas fomos descobertos de novo. Toda a resistência parecia inútil contra este tipo de ataque. Havia muitas passagens subterrâneas secretas sob o Castelo, e nós as usamos para escapar.[2]

No Cine Corvin, restaram poucos combatentes, mas eles decidiram sair no dia 6 de novembro para tentar fugir para o Ocidente. "Foi totalmente em vão", disse Gergely Pongrácz aos seus seguidores. O Quartel Kilián resistiu por um pouco mais de tempo. Houve combates no porão depois que o edifício foi demolido pelos tiros sem piedade dos tanques e canhões e pelo bombardeio dos jatos MIG.

O major-general Király, no comando da única força de combate oficial da Hungria, a Guarda Nacional, tentou resistir enquanto pôde. Durante a manhã do domingo, ele transferiu seu quartel para o pequeno mosteiro na colina da Liberdade, bem acima da cidade, e juntamente com seus homens avaliou as suas alternativas. Eles deveriam "fazer um apelo à nação para resistir à agressão soviética com uma guerra de guerrilha, começar a negociar ou simplesmente depor as armas?"[3] Um de seus comandantes, o general Daniel Görgenyi, velho amigo de Király, disse que deveriam tentar estabelecer uma trégua com os russos, oferecer um cessar-fogo, sob a condição de os russos prometerem não iniciar nenhum processo criminal contra ninguém, e principalmente garantir a segurança pessoal de Maléter e Király. Király disse que considerava a idéia ingênua: "Neste ponto, todos devem dar ouvidos às suas consciências. Se alguém tentar salvar algo que pode ser salvo, isto é louvável. Se alguém quiser lutar, que lute. Se alguém decidir tomar um caminho que leve direto ao Ocidente, isto também é aceitável. [...] Eu agora peço a todos que desejam se unir ao general Görgenyi que partam imediatamente. Não vamos ser cerimoniosos ou ficar emotivos. Os que quiserem ir devem ir, mas imediatamente."

Pouco menos da metade deles partiu. O resto permaneceu, formou um comando sob a liderança de Király e tentou resistir o máximo possível. "Eles achavam que, mesmo se continuar lutando não desse em nada no final, não estariam dispostos a colocar suas armas ou a si à mercê das tropas soviéticas."[4] Ele explicou: "Mesmo que não pareça heróico, tenho que dizer que eu não mantive [...] o comando unido com a intenção de organizar uma guerra de guerrilha, ou para prolongar o sofrimento húngaro com um conflito armado obstinado. O meu único objetivo era que, se Imre Nagy fizesse um acordo aceitável, houvesse algum tipo de organização com a qual ele pudesse contar. É por isso que [...] eu estava disposto a continuar lutando para manter o Supremo Comando vivo até que este momento chegasse."

Porém, eles não tinham condições de resistir por muito tempo. Os russos prepararam um ataque intenso ao quartel, e em poucos dias Király bateu em retirada, saiu de Budapeste e partiu para o Ocidente. "Montamos acampamentos no topo das montanhas Pilis, Vértes e Bakony, enquanto os helicópteros soviéticos sobrevoavam, seguindo a nossa rota de fuga. Nós ouvíamos com ansiedade as transmissões estrangeiras, na esperança de uma mudança possível, de que de alguma maneira, em algum momento, alguém iria finalmente forçar a União Soviética a negociar com Imre Nagy." Ele explicou o porquê de deixar a Hungria: "Apesar de a minha primeira sentença de morte não ter sido cumprida, haveria uma outra, e esta seria executada. Há momentos em que um soldado tem de sacrificar sua vida por sua missão. Por outro lado, se eles querem te matar e isso não vai resultar absolutamente em nada concreto, por que correr o risco?"[5]

János Kádár chegou a Budapeste no dia 7 de novembro, quando os soviéticos celebravam o maior dia do calendário comunista: o aniversário da Revolução Russa. Pouco depois de terminar o desfile tradicional na praça Vermelha em Moscou, o novo líder húngaro entrou em sua capital. Ele sabia que não seria recebido de maneira triunfal. Ele chegou em um carro blindado russo e foi acompanhado até o Parlamento por dois tanques soviéticos. Exceto uns poucos soldados soviéticos, ninguém mais estava perto dele. A praça do Parlamento fora esvaziada horas antes.

Ainda ouviam-se tiros esporádicos pela cidade quando Kádár tomou posse. Porém, não era a luta que o preocupava; pois sabia que em breve a resistência armada acabaria. Ele estava certo. A luta persistiu em lugares isolados por mais uns poucos dias. O Quartel Kilián resistiu até o dia 9 de novembro, quando houve as últimas grandes trocas de tiros. Na "Csepel Vermelha", onde 70 mil pessoas foram sitiadas pelo exército russo por cinco dias, grupos de rebeldes determinados resistiram bravamente até 11 de novembro.[6] Cerca de 2.600 húngaros morreram desde o início da revolução, em 23 de outubro, aproximadamente 2/3 dos quais depois da segunda invasão do dia 4 de novembro.[7] A guerra foi inútil, mas a nação encontrou outras maneiras de lutar. Teve início uma resistência passiva, profunda e lenta, juntamente com a greve geral que fez o país parar completamente.

Kádár era odiado e visto como um Judas. Ele não podia sair do Parlamento em segurança, senão teria visto os milhares de cartazes colocados pela cidade. Um cartaz comum dizia: "Perdeu-se: a confiança do povo. Pede-se à pessoa honesta que a encontrar que a devolva imediatamente a János Kádár, na rua dos Dez Mil Tanques Soviéticos."[8] Kádár estava também em período probatório para o Kremlin. Dois agentes da KGB o seguiam a cada passo, supostamente para sua segurança, mas a intenção real era mantê-lo sob vigilância. Serov e Grebenik eram os que de fato detinham o poder — o primeiro como chefe da polícia secreta e o segundo como comandante militar. Budapeste se encontrava sob lei marcial.[9]

Os russos deram pouco mais que apoio moral por sua escolha como líder da Hungria. A princípio, Kádár tentou ser conciliador. No dia 11 de novembro, disse que "como ex-ministro do governo de Nagy", ele sabia que Nagy não havia "liderado uma contra-revolução".[10] Ele estivera sob pressão. Kádár disse repetidas vezes que, quando "a ordem fosse restaurada", ele gostaria que as forças soviéticas partissem.[11] Em 14 de novembro, ele prometeu que ninguém seria prejudicado por causa "do grande movimento popular das últimas semanas".[12] Ele repetiu esta promessa várias vezes durante o mês de novembro.

Kádár sabia o quanto a greve poderia prejudicá-lo. Os soviéticos mudaram os procônsules em Budapeste várias vezes nos últimos anos, e ele poderia ser facilmente afastado por capricho dos seus senhores feudais do Kremlin, caso não fizesse a Hungria funcionar novamente. Ele tentou negociar com os líderes grevistas do Conselho Central dos Trabalhadores da Grande Budapeste, sediado em Csepel. Os soviéticos não gostaram da idéia de dialogar com os grevistas, especialmente porque sua principal exigência era a retirada das tropas soviéticas. Entretanto, estavam dispostos a deixar Kádár fazer uma tentativa. Serov autorizou Kádár a se encontrar com Sándor Rácz, o alto e letárgico ferramenteiro de 23 anos de idade que despontou na revolução como o mais carismático líder dos trabalhadores da Hungria. Eles se encontraram pela primeira vez em 14 de novembro e, até certo ponto da reunião, tudo transcorreu bem. Rácz concordou em suspender a greve para possibilitar a distribuição de comida e o fornecimento de gás. Entretanto, eles tiveram um atrito.[13] Rácz disse que os membros do Comitê dos Trabalhadores o consideravam o único representante da classe trabalhadora da Hungria, e Kádár afirmou que era o Partido Comunista que tinha esta função. Em resposta ao apelo por eleições livres, ele respondeu: "O poder dos trabalhadores pode ser aniquilado não só por balas, mas também por votos." Kádár decidiu que encontraria uma maneira de lidar com os conselhos de trabalhadores quando chegasse a ocasião apropriada.

Enquanto Kádár procurava mostrar moderação, os russos não demonstravam contenção. As prisões tiveram início. Em 8 de novembro, Sándor Kopácsi foi vítima de uma artimanha de um velho amigo russo e se entregou à KGB. "Ele me disse que o embaixador queria se encontrar comigo, e que estava ansioso para discutir a possibilidade de uma trégua. Disse que eu poderia ser útil para seu país e salvar vidas húngaras." Ingenuamente, Kopácsi concordou em ir. No momento em que chegou à embaixada, foi preso no jardim e atirado no porão, que era usado como uma prisão com guardas soviéticos. Kopácsi disse que o uso do cômodo como prisão foi adequado: "O porão não tinha nenhum aquecimento, e nós tremíamos de frio. Uma vez por dia nós éramos levados aos banheiros indescritivelmente imundos. No andar principal, havia um salão de danças e a 4 metros havia o *gulag*. Esta era a melhor imagem possível da soberania soviética." Kopácsi foi colocado junto com Maléter e os outros três que caíram na armadilha dos russos à meia-noite antes da invasão. "Maléter agiu com dignidade. Ele deu uma reprimenda, em russo fluente, em um guarda da KGB que não demonstrara respeito suficiente para com ele. 'Preste atenção. É o ministro da Defesa de um país socialista que você tem a honra de empurrar para dentro desta cela.'" Logo depois eles foram transferidos para a Prisão Central de Budapeste.[14]

Corriam rumores fortes pela cidade de que os russos estavam deportando para a União Soviética milhares de pessoas, incluindo muitas crianças. Nos primeiros dias depois da invasão, 846 húngaros foram enviados à Rússia, sendo a maioria deles civis comuns que haviam sido vistos próximos aos locais de batalhas, e dentre eles havia 68 menores de idade. Eles foram enviados à Ucrânia, mas as deportações pararam em 15 de novembro, e todos eles regressaram poucos dias depois. O funcionário soviético encarregado disse que era possível lidar com eles com a mesma facilidade e eficiência na Hungria.[15]

No começo de novembro, Kádár contou a amigos e apoiadores que não gostava destas medidas duras. Serov e Grebenik tinham a autoridade, particularmente em relação à segurança, e eles às vezes tomavam decisões sem informá-lo. Tempos depois ele disse que os acordos que ele firmava em boa-fé eram freqüentemente revogados pelos soviéticos. Era uma máscara que usava, mas neste ponto ele achava que era uma vantagem tentar passar uma imagem de conciliador.[16]

Münnich raramente demonstrava o que pensava, porém até ele procurou se distanciar do que os soviéticos estavam fazendo em seu nome. Segundo o jornalista István Szabó, que fugiu para a América como refugiado e não tinha nenhuma razão para mentir, Münnich "repudiava as manifestações cruéis de terror. Mas em vez de se levantar contra elas, preferiu fechar os olhos e não ver nada. Ele bebia muito, e isto o ajudava a manter uma atitude de 'não dar a mínima'. Ele não impunha a sua vontade. Eu costumava beber com ele às vezes e o achava uma pessoa divertida. No auge das operações de 'limpeza' depois de 4 de novembro, [...] ele se sentava em seu escritório e não atendia aos telefonemas. Se um visitante estava com ele, ele simplesmente comentava: 'São *eles* que estão fazendo isso.' 'Eles' significava os russos."[17]

Em 4 de dezembro, um mês após os tanques soviéticos começarem a demolir Budapeste, a ira, a amargura e o ressentimento dos húngaros atingiram o que a grande filósofa Hannah Arendt descreveu como o instante mais comovente da revolução. Todas as manifestações foram proibidas, sob o controle da lei marcial russa. Contudo, 30 mil mulheres, vestidas de preto, marcharam pelo centro de Budapeste em um protesto silencioso contra a invasão e em luto pela revolução perdida.[18]

A realidade da derrota, da morte e da destruição foi muito dolorosa para os húngaros. Tão grave quanto isto foi o enorme êxodo para o exterior. Começou com um pequeno fluxo na manhã em que os tanques russos afluíram a Budapeste para esmagar a revolução. Dentro de poucos meses, 180 mil pessoas haviam partido, sendo a maioria jovens ambiciosos, dinâmicos e bem-educados, cuja ausência gerou mais tarde um problema grave para a Hungria. Durante quase todo o mês de novembro e na primeira semana de dezembro, os soviéticos e o regime de Kádár não tinham controle rígido da emigração. As tropas russas deixaram grandes partes da fronteira com a Áustria sem proteção, e era como se eles tivessem a intenção de deixar partir os "desordeiros". Dezenas de milhares simplesmente saíram a pé do país, ou tomaram um trem até o ponto mais próximo da fronteira, e de lá fizeram a difícil caminhada por campos lamacentos até a Áustria e a liberdade. Depois, quando Kádár apertou o cerco, a Hungria novamente se transformou em uma prisão, e fugir passou a ser um negócio arriscado e temerário.

Alguns revolucionários ilustres fugiram das sentenças de morte, entre eles Béla Király e Gergely Pongrácz. Outros certamente teriam ficado presos por um período longo se tivessem permanecido, como, por exemplo, György Heltai, o suplente do primeiro-ministro, e József Kővágó, o prefeito de Budapeste, libertado da cadeia poucos dias antes do início da revolução. Assim como o escritor Paul Ignotus, alguns escaparam da prisão durante o levante e teriam voltado imediatamente para a cela. Para uns poucos, foi a segunda vez em suas vidas em que foram forçados a emigrar. O poeta György Faludy fugira dos fascitas nos anos 1930 e se viu então de novo forçado ao exílio. As pessoas temiam um outro Grande Terror tão medonho quanto o dos anos de Rákosi, e achavam que os russos procurariam se vingar da ousadia que os húngaros tiveram em se rebelar. Muitas famílias simplesmente aproveitaram a primeira oportunidade para partir que tiveram. O talentoso Faludy, como acontecia com freqüência, se deparou com um outro medo de viver sob uma ditadura militar: o medo do colaboracionismo. "Eu queria escrever em liberdade", afirmou ele. "Mas eu tinha uma outra razão para partir. Eu estava com medo. Eu tinha uma mulher e um filho pequeno. Eu tive medo de que, se eu ficasse, eu fraquejasse, me aliasse ao Partido Comunista para sobreviver e proteger minha família."

Os países ocidentais foram extraordinariamente generosos. Os campos de refugiados montados rapidamente na Áustria para administrar o influxo de húngaros foram fechados no começo de 1957. As comunidades dos exilados húngaros foram uma característica das grandes cidades em todo o mundo, mas estes novos refugiados foram absorvidos com uma facilidade excepcional. Os Estados Unidos acolheram cerca de 150 mil, e tanto a Inglaterra quanto a França receberam 30 mil.

TRINTA E TRÊS

22 de novembro de 1956

Logo a fachada caiu e Kádár mostrou o seu lado cruel. A armadilha que ele preparou para Imre Nagy mostra um político possuidor de um talento cruel para enganar.

O acordo entre Kruschev e Tito feito em Brioni foi um sucesso parcial. Os iugoslavos conseguiram "neutralizar" Nagy e mantê-lo fora do caminho enquanto os russos invadiam, mas não foram capazes de persuadi-lo a renunciar como primeiro-ministro e a oferecer seu apoio ao governo de Kádár. Ninguém previu que o grupo de 42 pessoas, incluindo várias esposas de ministros e 17 crianças, permaneceria por quase três semanas e acerbaria novamente as relações entre os soviéticos e a Iugoslávia.

A embaixada era uma construção de estuque branco de três andares, rodeada por um jardim, na avenida Stalin, e o complexo era rodeado por uma cerca de ferro de 2 metros de altura. Abatido, deprimido e deposto, Nagy deixou claro desde o primeiro dia que não renunciaria e nem "tornaria as coisas fáceis para Kádár". O embaixador iugoslavo, o experiente e sofisticado Dalibor Soldatic, agia como intermediário, tarefa que detestava intensamente.[1] Suas negociações com os russos foram tensas praticamente desde o início. No dia 7 de novembro, um tanque soviético disparou contra a embaixada, matando um de seus diplomatas. Os soviéticos se desculparam, alegando que os tiros foram acidentais, mas Soldatic não ficou totalmente convencido.[2] Ele achou que o tiro poderia ter sido premeditado para pressioná-lo.

Todos os dias, o embaixador mantinha conversas em separado com Nagy e seu grupo e com Kádár. Após três dias, Kádár percebeu que o obstinado Nagy não cederia. Kádár disse a Soldatic que queria que todos eles procurassem asilo na Romênia até que a situação voltasse ao normal na Hungria. O iugoslavo disse que não tinha nada contra a idéia, mas que a decisão ficaria a cargo dos refugiados. Nagy e sua comitiva queriam ficar na Hungria, se conseguissem garantias escritas de sua segurança. Caso contrário, prefeririam ir para a Iugoslávia, um país socialista que não estava sob o domínio russo. Tito vetou o asilo na Iugoslávia. Ele estava preocupado com a reação dos soviéticos. Mas estava disposto a deixar que os refugiados permanecessem na embaixada.[3]

Em público, Kádár repetidamente deu garantias de que nada de mal aconteceria a Nagy. Na manhã do dia 14 de novembro, ele disse a Sándor Rácz: "Eu ficaria contente em trazê-lo de volta ao governo. [...] Vamos deixar que Nagy venha ao Parlamento, aí então poderemos conversar com ele." Mais tarde naquele mesmo dia, ele afirmou que queria negociar, mas disse: "Como é que eu posso falar com Imre Nagy enquanto ele estiver na embaixada de um poder estrangeiro?"[4]

Entretanto, em 16 de novembro Kádár disse que daria a Nagy a garantia que ele desejava. Porém, quando Soldatic encontrou-se com Kádár para discutir os detalhes, este apresentou uma nova série de exigências. Nagy e seu assessor mais próximo, Losonczy, teriam que reconhecer o novo governo, abrir mão de qualquer reivindicação de cargos no ministério e fazer uma confissão pública de culpa.[5] Nagy imediatamente rejeitou o acordo. Tito, exasperado e impaciente por uma solução, enviou a Budapeste o seu vice-ministro das Relações Exteriores, Dobrivoje Vidic, para dialogar com Kádár e Nagy. Finalmente, em 21 de novembro, Kádár, em uma carta encaminhada ao governo iugoslavo, confirmou por escrito a garantia de que Nagy e seus amigos poderiam viver na Hungria sem restrições. Revelada após a morte de Tito nos anos 1980, a carta não poderia ser mais clara: "A fim de acertar esta questão, o governo húngaro, em conformidade com a carta enviada a mim, [...] por meio desta reitera as garantias já concedidas várias vezes verbalmente, de que não tem qualquer intenção de punir Imre Nagy e os membros de seu grupo de maneira alguma por suas atividades passadas. Portanto, esperamos que o asilo concedido pela embaixada iugoslava seja suspenso e que seus membros retornem às suas casas."[6]

Os refugiados decidiram partir. Três já haviam partido, entre eles o filósofo Georg Lukács. Alguns pensaram em sair, mas rejeitaram a idéia. Júlia Rajk, que desempenhara um papel limitado na revolução, mas que era íntima de Nagy e bem distante de Kádár, sentia-se deprimida na embaixada e ponderava se deveria sair com seu filho de 7 anos de idade. Ela enviou uma carta ao velho amigo de seu marido, Béla Szász, levada pelo diplomata Milan Georgievic, interrogando se deveria ir para casa. Szász, que logo também deixaria a Hungria por uma vida nova no Ocidente, respondeu: "Saia. Não há razão nenhuma para ficar com os iugoslavos. Ninguém ousará tocar em nenhum de vocês." Ela não seguiu o conselho de Szász.[7]

O que os persuadiu então? Nagy obviamente não confiava em Kádár, mas acreditava que o homem que usurpara o seu posto era ainda fraco demais politicamente para aproveitar a oportunidade de romper uma promessa pública como era a garantia escrita. Novamente Nagy demonstrou uma ingenuidade fatal e um mau discernimento sobre as pessoas. Ele acreditava que os russos não o prejudicariam, apesar de já o terem deposto. Havia um outro motivo para sua decisão: Nagy não se sentia confortável na Embaixada Iugoslava. Uma semana após receber asilo, Tito fez um discurso altamente crítico a Nagy e seu manejo da "crise húngara", afirmando:

> Se o governo de Imre Nagy tivesse sido vigoroso, se não tivesse hesitado sempre e assumido uma postura firme contra o caos e contra o fato de os comunistas terem sido mortos pelos reacionários, [...] se tivesse demonstrado uma reação de oposição resoluta, talvez então tudo tivesse sido posto em ordem e a intervenção do exército soviético pudesse ter sido evitada. Mas o que Imre Nagy fez? Ele pediu ao povo que se armasse contra o exército soviético e pediu ajuda aos países ocidentais. O Ocidente se aproveitou amplamente desta intervenção. Temos que proteger e ajudar o governo de Kádár. [...] Posso assegurar a vocês que conheço os homens do novo governo e, na minha opinião, eles representam as forças mais honestas da Hungria.[8]

Este discurso deixou Nagy exasperado. Ele também não conseguia confiar em Tito.

Às seis e meia da tarde do dia 22 de novembro, 18 dias após entrar no prédio, Nagy e os 39 refugiados que ainda estavam com ele deixaram a embaixada. Nagy acreditava piamente que teria a permissão para voltar para casa. Ele telefonou para seus amigos para contar-lhes que a família estaria de volta para o jantar na rua Orsó.

Münnich dissera que enviaria um ônibus para levá-los da embaixada às suas casas. Nagy deu uma última volta pelo jardim para entregar a Soldatic uma carta de agradecimento por tratar a ele e a seus amigos tão bem nos últimos dias. Ele caminhou até a rua e parecia alegre. As dúvidas começaram a surgir apenas quando ficou evidente que havia agentes da KGB no ônibus. Assim que ele entrou, o motorista o alertou: "Tenha cuidado, camarada Nagy, porque você não será levado para o lugar que eles prometeram." Aturdido, Nagy saiu do veículo e foi até o embaixador, que mandou que os dois Milans, Georgievic, o primeiro-secretário, e o adido militar Drobac, fossem averiguar o que estava acontecendo. Após os dois terem ido, pouco tempo depois, o próprio embaixador se dirigiu até lá. Nagy insistiu em que "não entraria no ônibus enquanto os espiões soviéticos estivessem nele".[9]

Os homens da KGB afirmaram que estavam lá apenas para garantir a segurança dos passageiros, e saíram do ônibus conforme foi pedido. As mulheres e as crianças entraram, e logo depois Nagy, que, acreditando ou não nos russos, tomou um assento de janela no lado direito do ônibus. Os dois diplomatas iugoslavos se sentaram perto da porta. Assim que o motorista deu a partida, a polícia soviética pulou para dentro do ônibus. Apareceu um carro soviético, como se tivesse surgido do nada, e seguiu ao lado do ônibus. Um outro carro vinha logo atrás. Os diplomatas iugoslavos protestaram, mas foram forçados a sair do ônibus. Naquela noite, enquanto bebiam no bar do Hotel Duna, Milan Georgievic contou a um amigo íntimo de Nagy, o escritor Miklós Molnár, o que acontecera: "Nós mal tínhamos andado 200 metros quando o ônibus parou e os russos literalmente nos arrancaram do ônibus."[10]

Depois de passar pela rua Gorki, o grupo chegou à casa de um dos refugiados húngaros, mas o ônibus seguiu em frente, e dois veículos blindados se uniram ao comboio. O ônibus parou finalmente na Escola Militar Rákóczi, na periferia da cidade. Os guardas avisaram que atirariam em qualquer um que tentasse escapar. Nagy a princípio se recusou a sair do ônibus. Dois soldados corpulentos entraram, o arrastaram para fora e o empurraram para dentro do edifício. O seqüestro foi claramente planejado nos mínimos detalhes. Sabemos hoje que a idéia foi de Andropov, e que foi aprovada entusiasticamente por Serov, o chefe da KGB. Três altos funcionários do Kremlin se encontravam em Budapeste supervisionando seus domínios coloniais na Hungria: Malenkov, Suslov e um terceiro, que chegara poucos dias antes, o pouco conhecido homem da "organização", Averiki Aristov, que permaneceu na Hungria por menos de uma semana. Os três estavam envolvidos no plano do seqüestro.

Os iugoslavos sabiam do plano, embora negassem com firmeza. Kádár sempre alegou que tinha um acordo verbal com os iugoslavos segundo o qual Nagy jamais chegaria à sua casa. Porém, os iugoslavos escreveram uma declaração indignada, expressando revolta para com o tratamento dispensado aos seus diplomatas, e isto causou mais tensões entre Tito e Kruschev.[11] A versão de Kádár dos acontecimentos de três dias depois foi bem pouco confiável: "Foi para a própria segurança dos passageiros do ônibus em questão que eles não foram levados às suas casas. O governo tinha bons motivos para supor que havia elementos contra-revolucionários escondidos no país que poderiam fazer uso da provocação, assassinando Nagy ou um de seus colaboradores, e tentar colocar a responsabilidade diante do público no governo húngaro."[12]

Münnich se encontrou com as vítimas do seqüestro por volta das sete e meia da noite. A ironia chocante de que este ato de traição poderia ter sido obra dele não passou despercebida por Nagy e sua esposa. Eles haviam sido amigos quando eram exilados em Moscou nos anos 1930. Enquanto Münnich lutava na Espanha, sua esposa morou com eles por dois anos. O objetivo de Münnich então era ver se Nagy estava apavorado o suficiente para abandonar a sua obstinação e se estaria preparado para apoiar Kádár. Ele saiu frustrado. Quatro dias depois, Nagy e seu séqüito foram embarcados em um avião para a Romênia, e por mais de um ano e meio os cidadãos húngaros comuns não tiveram nenhuma idéia de se ele estava vivo ou morto.

A seguir foi a vez dos opositores menos conhecidos de Kádár. A ÁVO não voltou à sua antiga forma, mas seus 40 mil membros não desapareceram simplesmente nas últimas duas semanas. Muitos passaram a fazer parte da nova força de segurança do regime de Kádár, a Karhatalom, cuja "Seção R" especial, ou "Riadó Csoport" (Grupos de Alarme), tinha a incumbência de organizar represálias maciças contra os revolucionários. Era encabeçada por László Mátyás, um *apparatchik* mordaz e insípido, de uma magreza esquelética, que por um breve período partilhou com Kádár uma das celas da prisão de Rákosi. Os métodos dos grupos "R" não eram tão brutais, pois não praticavam a tortura, mas eles conseguiam ser cruelmente eficientes. Eles não instigavam um expurgo indiscriminado, mas a partir do final de novembro começaram a perseguir todos aqueles envolvidos diretamente com o levante.[13]

O próprio Kádár era a favor das mentiras e do engano para capturar as vítimas. No dia 11 de novembro, ele convidou o líder do Conselho Central dos Trabalhadores, Sándor Rácz, e o seu vice Sándor Bali, de 32 anos, montador de ferramentas da fábrica Standard Electrical, para uma outra rodada de diálogos. Kádár não estava mais disposto a fazer concessões aos líderes dos trabalhadores. Quando tentou abolir o Conselho de Trabalhadores, eles convocaram uma outra greve que de novo praticamente parou o país. Todos os trabalhadores largaram suas ferramentas, e Kádár disse que negociaria. Quando Rácz e Bali chegaram ao Parlamento para a reunião, foram presos pela polícia. Foi uma reedição do tratamento dispensado a Maléter e a Kopácsi. Rácz e Bali ficaram na prisão por seis anos. A greve foi cancelada.

Dudás caiu em uma armadilha semelhante no fim de novembro. Ele conseguira permanecer escondido, mas por meio de um intermediário conseguiu se comunicar com Kádár, dizendo que estava preparado para dialogar, e este lhe prometeu um salvo-conduto. Em vez de se encontrar com Kádár, Dudás foi preso quando chegou ao Parlamento na hora marcada para os diálogos. Ele foi um dos primeiros a ser enforcado após a revolução, em 19 de janeiro de 1957, mesmo dia do enforcamento do "Tio" Szabó. Lajos Steiner, um trabalhador eventual de 26 anos de idade, foi um dos líderes do grupo rebelde próximo da Estação Ferroviária Leste. Ele teve a oportunidade de escapar depois que os russos invadiram, mas regressou. Ele foi convencido a deixar a segurança da Áustria. A embaixada húngara em Viena foi até onde ele estava, deu garantias de que lhe concederiam uma anistia e o persuadiram a retornar. Dentro de poucos dias, ele foi preso e enviado ao cadafalso.

Tildy foi preso em poucas semanas e condenado a seis anos de prisão. Attila Szigetthy, líder da revolução nas províncias, se matou depois de ser capturado em Győr. Depois, foram presos os líderes estudantis e os intelectuais que começaram a revolução. Tibor Déry foi o primeiro, e depois foi a vez dos jornalistas, como Gyula Obersovsky, editor do *Igazsag* (Verdade), o tablóide que fez jus a seu nome por dez dias. Ele foi condenado à morte, mas, após indignação generalizada do Ocidente, a sentença foi comutada para prisão perpétua. Foi feita uma perseguição implacável a Miklós Gimes, amigo de Nagy e uma das vozes inspiradoras da revolução. Ele começou um movimento clandestino, com um jornal chamado *23 de Outubro,* que tentava manter vivo o espírito da revolução. Foi capturado no meio de dezembro, condenado com Nagy e executado. Os escritores entraram em greve e se recusaram a produzir textos para todos os tipos de publicações. Eles passaram a viver de *royalties* de livros antigos e permaneceram firmes por seis meses.[14]

Kádár estabeleceu novos "tribunais populares" com poderes extraordinários, supervisionados por juízes cuidadosamente selecionados e dirigidos por funcionários do Partido Comunista, reforçando a idéia de que os soviéticos estavam de volta e que a Hungria ainda era uma colônia comunista. Cerca de 22 mil pessoas foram presas depois da revolução, em um período negro de represálias que se estendeu pelo resto dos anos 1950. Foram pronunciadas sentenças de morte para 229 pessoas, mas o número de execuções foi maior. Em alguns casos chocantes, vítimas que haviam sido a princípio enviadas para a prisão tiveram suas sentenças agravadas por terem apelado, e aproximadamente 330 foram executadas.

O ajuste de contas foi cruel e inclemente. Mária Wittner, operária de 19 anos e mãe solteira, uniu-se aos rebeldes do grupo do Corvin depois do segundo dia da revolução. Ela não chegou de fato a lutar. "Eu tinha apenas uma arma. Nós aprendíamos a atirar em um terreno baldio, mas o coice da arma atingiu o meu rosto, e eu disse que ia desistir antes que a arma me quebrasse um dente." Ela entregou a arma. Foi ferida quando o beco Corvin foi atacado por morteiros, no dia 4 de novembro. "Eu fui atingida em três lugares: na coxa, na perna e nas costas, a um centímetro da coluna." Quando saiu do hospital em 9 de novembro, ela voltou ao Corvin, mas os rebeldes haviam sido derrotados e todos haviam fugido. Ela tentou deixar o país, mas foi capturada pelos russos e interrogada. Para sua surpresa, foi libertada.

Ela conseguiu chegar à segurança da Áustria, mas regressou depois de poucas semanas. "A mensagem do governo de Kádár na época dizia que as pessoas que haviam atuado na primeira parte da revolução, antes da segunda invasão russa, estavam livres de qualquer retaliação. Eu acreditei. Achei que, se fosse este o caso, eu não teria nenhum problema, ou então eles teriam que prender metade de Budapeste." Ela foi presa novamente poucas semanas depois. Na prisão, encontrou-se com uma amiga do grupo do Corvin, uma morena bonita de 26 anos chamada Kati Stickler, que partira para a Suíça depois da invasão russa, mas regressara. "O noivo dela enviou uma mensagem dizendo que ela não sofreria nenhum dano, porque o governo de Kádár prometera imunidade a todos. Nós fomos estúpidos e acreditamos neles."

Mária e a sua amiga permaneceram presas sem julgamento por mais de um ano, mas depois foram processadas com base em uma fotografia delas de 30 de outubro de 1956, que as mostrava portando armas. Entretanto, várias evidências indicavam que elas não dispararam um único tiro. O julgamento delas, em maio de 1958, durou um mês e foi presidido pelo famoso juiz do Tribunal Popular Gusztáv Tutsek. Elas foram declaradas culpadas. Em fevereiro do ano seguinte, o juiz János Bórbely julgou um apelo da sentença, mas o veredicto foi mantido. Estes dois juízes eram muito conhecidos e famosos por sua crueldade e por terem mandado muitas vítimas para a morte após a revolução. As duas jovens foram condenadas ao enforcamento. Poucos dias depois, Mária e a amiga estavam em sua cela. "A porta se abriu, e chamaram o nome dela. Nos abraçamos e então dois guardas entraram, a pegaram pelo braço e a levaram para fora. Eu apenas fiquei olhando para eles, até fecharem a porta da cela com força. Kati era uma mulher pequena. Ela saiu caminhando firme, com a cabeça erguida."

Por três meses Mária achou que cada dia fosse o seu último. Então ela foi informada que, por ser mãe, eles haviam decidido ser "complacentes", e sua pena foi atenuada para prisão perpétua. Ela permaneceu presa por 13 anos e, nas retaliações que se seguiram à revolução, foi uma das últimas a ser libertada.[15]

TRINTA E QUATRO

16 de junho de 1958

Traídos e humilhados, Imre Nagy e seus companheiros seqüestrados foram mantidos por quatro dias em um quartel militar russo em Budapeste. Todos os dias, Ferenc Münnich visitava e tentava persuadir seu ex-amigo a renunciar, retratar-se oficialmente e declarar seu apoio ao novo governo. Nagy recusou-se.[1] Ele ora sentia-se melancólico ora revoltado, mas, segundo a maioria das testemunhas que o viram na época, ele não sentia medo. Ele estava convencido de que Kádár estava em uma posição muito fraca para matá-lo e que os russos, apesar de tudo, recuariam e não levariam a cabo a sua execução. Quando Münnich finalmente se convenceu de que seus poderes de persuasão não funcionariam, Nagy, sua família e seus trinta amigos que ainda permaneciam com ele foram levados de avião para fora da Hungria e mantidos no Palácio Snagov, à beira de um lago próximo de Bucareste. O local foi bem escolhido, e eles foram tratados com respeito, mas estavam em uma prisão.

Kádár aparentemente ainda desejava um acordo e, em diversas ocasiões, deu garantias da segurança de Nagy. Em 26 de novembro, em uma transmissão de rádio, Kádár declarou: "Prometemos não instaurar nenhuma ação judicial contra Imre Nagy ou seus amigos pelos crimes que cometeram. [...] Manteremos a nossa promessa. Não consideramos sua partida permanente, mas, na situação atual, acreditamos que é preferível que Nagy e seus seguidores deixem o território húngaro por uns tempos."[2]

Posteriormente, no começo do ano-novo, a temperatura mudou. Entre 1º e 4 de janeiro de 1957, os líderes dos Estados do bloco soviético se reuniram em uma conferência em Budapeste. Dois dias mais tarde, pela primeira vez, eles usaram a palavra "traição" para descrever como "Nagy e seu governo [...] abriram caminho para a contra-revolução fascista".[3] Em uma visita à Hungria no meio de janeiro, Zhou Enlai, o segundo entre os comunistas chineses no governo de Mao, se referiu várias vezes a Nagy e seus companheiros como "traidores e renegados". Ele não teria dito isso se houvesse a possibilidade de constranger seu anfitrião.[4] Contudo, em público Kádár negou repetidas vezes que levaria Nagy a julgamento. Em 27 de fevereiro, uma declaração do Ministério das Relações Exteriores afirmou: "O governo não tem nenhuma intenção de levar Imre Nagy a julgamento."[5] Em 4 de abril, falando confidencialmente a jornalistas estrangeiros, Kádár disse que "em vista da delicadeza da situação não haveria nenhum julgamento".[6]

Por muitos anos acreditou-se que os russos tiveram a maior parte da responsabilidade no assassinato de Imre Nagy. Segundo este argumento, Kruschev estava determinado a fazer do húngaro um exemplo para mostrar aos outros líderes dos satélites a linha que não podiam ultrapassar se quisessem permanecer vivos. Há pouca evidência de que tenha sido assim. Kruschev, conversando tempos depois com seu filho Sergei, defendeu a prisão de Nagy, dizendo: "[Ele] representa um grande perigo, por isso não pode ser deixado livre em Budapeste. Os rebeldes vão se reunir em torno dele."[7] Porém, o filho de Kruschev disse que seu pai ficou "abatido" quando Kádár pediu que Nagy fosse entregue ao executor. Muitos críticos de Kruschev duvidam disso, mas documentos mantidos em sigilo até o final dos anos 1990 indicam que Kádár estava mais ansioso pelo enforcamento do que seus mestres em Moscou. Ele achava que, se Nagy continuasse vivo, mesmo na cadeia, seria sempre um rival, e que tinha de eliminá-lo. Secretamente, Kádár estava decidido a matar Nágy desde o começo.[8]

Kádár sabia que precisava da aprovação dos mais altos escalões do Kremlin para um assunto tão sério para o futuro de todo o bloco soviético. Ele recebeu tal aprovação em uma conferência húngaro-soviética em Moscou, realizada entre 21 e 27 de março. Posteriormente ele disse aos assistentes que assumiu toda a responsabilidade:

> A questão a respeito de Imre Nagy e dos outros [...] foi levantada. Nós a levantamos. Os camaradas acharam correto chamá-lo para prestar contas com a severidade apropriada. [...] Podemos discutir se isso vai acontecer em breve ou mais tarde, mas eles respaldaram sua execução.

> Tendo em mente nossas experiências passadas, é óbvio que nada pode ser inventado. Devemos usar como nosso ponto de partida os fatos conhecidos por centenas de milhares de pessoas. Este assunto demanda um trabalho preparatório meticuloso. [...] Com isso não quero dizer agir com lentidão, mas é impossível imaginar a situação política de todo o país sem que nós estabeleçamos um ajuste apropriado para esta questão. [...] Devemos começar a trabalhar nisto [...] em um futuro próximo. Não podemos esperar oito ou dez meses para nos livrarmos da maçã podre.[9]

Em 14 de abril de 1957, Nagy foi capturado pela polícia húngara em Snagov. Foi levado a Budapeste e mantido na Prisão Central, juntamente com seus companheiros acusados Pál Maléter, Miklós Gimes, József Szilágyi, Sándor Kopácsi e Géza Losonczy, a quem Kádár decidiu enforcar simultaneamente. Porém, as engrenagens se moveram lentamente, em parte porque todos eles se declararam inocentes. Kádár não concordou com o uso da tortura para extrair confissões, o que tornou impossível os julgamentos-espetáculo comunistas do passado.[10] Os presos foram mantidos em confinamento solitário. Nagy recusou-se a responder sequer uma pergunta de seus interrogadores até o final de maio de 1957. Porém, foi tudo em vão. Ele tinha um ideal sobre os registros escritos, e achava que a posteridade o absolveria, por isso decidiu responder as perguntas factuais diretas, e pouco além disso. Ele sabia então, com uma certeza quase absoluta, o destino que o aguardava. Szilágyi foi julgado em separado e executado dois meses antes dos outros. Géza Losonczy entrou em esgotamento físico e psicológico. Ele sofreu terrivelmente e teve um colapso nervoso, assim como acontecera nas prisões de Rákosi. Fez greve de fome e morreu após ser forçado a comer.

Kádár se sentia profundamente frustrado pelo ritmo lento dos acontecimentos, causado principalmente pelas preocupações diplomáticas em Moscou. Em 19 de junho de 1957, ele foi convocado por Kruschev para diálogos em Moscou, mas as conversas não foram concluídas. Os russos queriam esperar para que o assassinato acontecesse em um momento o menos inconveniente possível para eles. Kádár, porém, estava ansioso para apertar o passo. No início de agosto, o ministro húngaro do Interior, Béla Biszku, que permaneceria por décadas em altos cargos nos governos de Kádár, foi de novo a Moscou para pedir que o processo fosse acelerado e os enforcamentos pudessem ser realizados. Andropov fora promovido. Ele era então a autoridade do Kremlin responsável pelos laços com os partidos "fraternos" do bloco soviético. Ele concordou com os candidatos sugeridos para a forca. Porém, insistiu em mais um adiamento do julgamento. Os húngaros queriam que acontecesse em setembro, mas os soviéticos adiaram para depois de novembro de 1957, data planejada por Moscou para as celebrações do 40º aniversário da Revolução Bolchevista.[11]

A impaciência de Kádár aumentou, mas não havia nada que ele pudesse fazer. Em 21 de dezembro, ele confidenciou que se arrependia por eles não terem matado Nagy imediatamente após a revolução ter sido reprimida. "A retaliação teria sido mais justificável entre 4 e 5 de novembro, mas era nesta ocasião que estávamos mais fracos."[12] O julgamento foi adiado até 5 de fevereiro de 1958. As audiências iniciais já haviam começado quando os soviéticos pediram novamente uma prorrogação. Os diplomatas soviéticos tinham esperanças de que haveria em breve uma conferência entre o Ocidente e o Oriente, e um grande julgamento como o de Nagy seria um desastre nas relações públicas. Kádár ficava cada vez mais irritado e, em 14 de fevereiro, fez a seguinte observação: "Na ocasião em que podíamos ter encerrado este caso, nós não tínhamos o poder necessário. Agora nós temos o poder, mas não somos capazes de encerrá-lo."[13]

Em dezembro, Kruschev demonstrou interesse em conceder um indulto a Nagy.[14] Kádár ficou estarrecido e disse ao novo embaixador de Moscou, Ievgeni Gromov: "Se nós concedermos uma anistia agora, ela incluiria os principais criminosos que podem enfraquecer a ordem democrática popular." Kádár estava desesperado em assegurar que Moscou não insistiria em uma sentença mais branda. Ele não era um homem sanguinário, mas estava convencido de que jamais seria capaz de se estabelecer como um líder legítimo se Nagy permanecesse vivo. Ele achava que um mártir era melhor que um rival vivo. Um dos céticos de seu círculo, Márton Valkó, sugeriu que, depois do pronunciamento da sentença de morte, imediatamente deveria ser concedido o perdão com uma pena reduzida. A isso, Kádár respondeu indignado: "Não, isto não é viável."[15]

No final de maio de 1958, Kádár viajou a Moscou para uma conferência final sobre o caso de Nagy, e na ocasião Kruschev lhe disse que o julgamento poderia prosseguir. As audiências aconteceram entre 9 e 15 de junho. Entretanto, o grande julgamento-espetáculo concebido para fazer cair o pano da revolução teve de ser realizado secretamente. Nagy negou as acusações de conspiração para derrubar o Estado e recusou-se a reconhecer a autoridade do tribunal. Quando a acusação e o juiz o trataram como o "ex-primeiro-ministro" da Hungria, ele insistiu que "ainda" era o premiê. Kopácsi foi poupado do enforcamento no último instante, e Kádár comutou sua sentença para prisão perpétua. Maléter e Miklós Gimes foram enforcados juntamente com Nagy. As últimas palavras registradas de Maléter foram: "Longa vida à Hungria socialista e independente".

Depois que Nagy foi condenado, ele recusou-se a pedir clemência. Durante a provação dos seus últimos 18 meses de vida, ele perdera peso, mas ainda mantinha uma aparência jovial ao fazer sua última declaração ao tribunal:

> Em duas ocasiões tentei salvar a honra e a imagem do comunismo no vale do Danúbio: a primeira vez em 1953 e a segunda em 1956. Rákosi e os russos me impediram de fazê-lo. Se minha vida é necessária para provar que nem todos os comunistas são inimigos do povo, faço o sacrifício com alegria. Sei que um dia haverá um outro julgamento de Nagy, o qual me reabilitará. Sei também que terei um reenterro. Temo apenas que a oração fúnebre seja feita pelos que me traíram.

Ele foi enforcado na manhã do dia 16 de junho de 1958, mas o acontecimento só foi divulgado aos húngaros por meio de uma declaração breve no rádio no dia seguinte.

Nagy, Maléter e Gimes foram enterrados no pátio da prisão, virados para baixo e envoltos em papel betuminado. Quatro anos mais tarde, foram reenterrados secretamente em Rákoskeresztúr, cemitério em frente à prisão, em túmulos não-identificados, em um canto remoto do sepulcrário reservado para os restos dos criminosos impiedosos. Suas famílias só obtiveram a permissão para cuidar de seus túmulos no final dos anos 1980. Foi difícil identificar seus ossos quando, depois do colapso do comunismo, eles foram reenterrados em público como heróis nacionais.

PÓS-ESCRITO

Em Washington, começaram as avaliações *post-mortem*. O presidente Eisenhower disse a um de seus redatores de discursos, Emmet John Hughes: "Eu simplesmente não consigo entender o que deu nestas pessoas, é a pior coisa que eu já vi na vida."[1] Porém, ele reconheceu que devia haver uma outra explicação mais detalhada da Revolução Húngara. Ele conquistou a reeleição com facilidade no dia 6 de novembro. Ike ainda gozava de uma enorme popularidade em seu país, e a imagem dos tanques soviéticos chegando ruidosamente ao centro de Budapeste não mudaria o panorama. Contudo, ele sabia que a Revolução Húngara representara um grande golpe na credibilidade dos Estados Unidos como líderes do mundo livre. A imagem do presidente foi arranhada, independentemente do que disseram as urnas.

A atenção pública no Ocidente fora desviada para o Oriente Médio, mas voltou-se então novamente para a Europa Central e para a União Soviética. A solidariedade para com a Hungria, vista como nação-vítima, foi fortíssima, e a ajuda para os refugiados foi abundante. Os Estados Unidos foram incomodados com perguntas insistentes de dentro e de fora do país. Foi um golpe duro contra a liberdade. Os russos foram condenados como tiranos bárbaros, mas como os soviéticos saíram impunes com tanta facilidade? Os norte-americanos sempre disseram que queriam libertar os povos cativos, mas, quando tiveram uma oportunidade, aos olhos dos estrangeiros parecia que não tinham feito nada. A distância entre as palavras e os atos parecia imensa.*

---

* Algumas vozes do serviço de inteligência ficaram profundamente frustradas. Frank Wisner nunca se recuperou da "perda" da Hungria, segundo suas próprias palavras. A revolução de 1956 não foi o único motivo, mas ele entrou em rápida decadência logo depois dela. Ele passou a beber cada vez mais, teve um colapso psicológico em 1957 e no ano seguinte cometeu suicídio.

O presidente Eisenhower era profundamente sensível às críticas. Uma semana após a eleição, Henry Cabot Lodge foi o primeiro a levantar acusações diretas contra Ike. No dia seguinte, foi agendada uma sessão na Assembléia Geral da ONU para discutir uma outra resolução condenando a invasão soviética. Lodge, um velho aristocrata republicano, fora um antiintervencionista no pré-guerrra, mas mudou de opinião. Ele telefonou para o presidente e, em tom nervoso, disse a Eisenhower: "Na ONU, a impressão que se tem é que por dez anos nós incitamos os húngaros com a nossa [propaganda política], e agora que eles estão em perigo, nós voltamos nossas costas para eles." Eisenhower protestou com firmeza. "Nós nunca incitamos ninguém a se rebelar", afirmou.[2] John Foster Dulles estava doente na ocasião, mas, ainda em recuperação de sua cirurgia, voltou ao seu escritório no Departamento de Estado no distrito de Foggy Bottom. Após sua conversa fria com Lodge, Ike se queixou ressentidamente da suposta repreensão que ouvira, e Dulles lhe garantiu: "Nós sempre dissemos que somos contra rebeliões violentas." Entretanto, esta foi uma acusação que jamais foi esquecida.

No dia seguinte, Eisenhower defendeu firmemente a sua administração: "Nossos corações se voltaram para eles [os húngaros], e fizemos tudo o que foi possível para aliviar seu sofrimento, mas temos que esclarecer as coisas", afirmou ele. "Os Estados Unidos não defendem e jamais defenderam uma rebelião aberta de uma população indefesa contra uma força contra a qual não pudesse prevalecer. Pelo contrário, nós sempre insistimos para que o espírito de liberdade permanecesse vivo, que as pessoas não perdessem a esperança. Porém, em todos estes anos em que temos lidado com este tipo de problema, nós jamais estimulamos ou defendemos qualquer tipo de revolta armada que pudesse causar desastre aos nossos amigos."[3]

A questão da propaganda norte-americana jaz na raiz das queixas de muitos húngaros, segundo as quais os norte-americanos os abandonaram. Algumas destas críticas desesperadas foram aparentemente frutos da dor pela derrota, mas outras eram mais racionais, e causaram preocupações aos políticos norte-americanos. Gergely Pongrácz, um dos líderes rebeldes de Budapeste que morou na América por trinta anos após a revolução, disse pouco antes de morrer, em 2005: "Os

Estados Unidos nos traíram. Nos prometeram ajuda, mas ela nunca veio."*[4] Béla Király, outro exilado na América, costumava dizer: "As pessoas ouvem o que elas querem ouvir."[5] Sem dúvida, algumas das transmissões da Rádio Europa Livre encorajaram os húngaros a pegar em armas contra os soviéticos. O seu "especialista militar", como era chamado, disse durante a revolução: "As forças soviéticas alinhadas para o combate contra a Hungria não são irremovíveis [...] e seus soldados disponíveis já estão exaustos. [...] As forças húngaras são superiores a eles."[6] O que mais isso podia significar além de um incentivo à luta?

A CIA desmentiu. Quase ao final de 1956, a agência pediu a William Griffith, velho defensor da Guerra Fria e especialista em guerra psicológica que ajudou a montar a estação, que investigasse se as acusações tinham fundamento. Em um longo relatório, ele produziu transcrições, incluindo algumas mencionadas anteriormente neste livro, as quais claramente feriram as diretrizes da CIA. Porém, tudo aconteceu de forma involuntária, disse ele, que inocentou a estação. "Quando a revolução já estava em curso, umas poucas transcrições de fato sugerem que a REL ocasionalmente fez mais que elaborar relatórios factuais autorizados, [...] e forneceu conselhos táticos aos patriotas quanto ao caminho que a revolução deveria tomar e quais os indivíduos mais bem qualificados para liderá-la. [...] Logo que percebemos estes desvios das normas, tomamos medidas para impor uma supervisão rígida do conteúdo das transmissões. [...] A Rádio Europa Livre não incitou o povo húngaro à revolução. A rebelião foi a conseqüência de dez anos de repressão soviética."[7]

Mil refugiados húngaros foram entrevistados por acadêmicos norte-americanos logo após a revolução, e 96% deles acharam que as transmissões de rádios estrangeiras os fizeram acreditar que o Ocidente enviaria ajuda.[8] Entre eles estavam escritores extremamente inteligentes como Tamás Aczél, que se tornou professor de literatura em uma universidade norte-americana. "O nosso coração estava no lugar certo. O problema foi que imaginamos que o Ocidente tinha sentimentos semelhantes em relação a nós, e que iria corresponder às nossas con-

* Pongrácz regressou à Hungria em 1990, após o colapso do comunismo. Entrou na política e curiosamente lançou um partido de direita — em parte nacionalista húngaro e em parte neoconservador norte-americano.

fissões de amizade. Esta idéia, tola ao que tudo indica, foi reforçada em grande parte pela propaganda e pelos lemas dos Estados Unidos, 'libertação' e 'retrocesso' do domínio soviético. Descobrimos então o que não sabíamos: que o Ocidente já dava estes países como perdidos, e que apenas suas máquinas de propaganda afirmavam o contrário."[9] József Köböl, o fervoroso intelectual liberal que argumentou que os Estados Unidos só apoiaram a revolução depois que ela já havia fracassado, afirmou:

> Quando [...] a América enfim falou, [...] foi para enviar uma mensagem de pêsames. É claro que nenhum húngaro esperava uma guerra nuclear a favor de seu país, mas, ao que tudo indica, nós acreditamos demais na retórica política das campanhas eleitorais, que não eram para ser levadas a sério. O engano por deturpar as mensagens foi em parte nosso, mas em parte foi erro da América, por achar que as palavras podem ser usadas de maneira irresponsável e negligente. Palavras como "liberdade", "luta pela independência nacional", "retrocesso" e "libertação" têm significados. Se a América quiser inundar a Europa Central e o Leste Europeu com estas palavras, precisa assumir a responsabilidade por elas. Caso contrário, estará estimulando as nações a cometerem suicídio.[10]

Um observador norte-americano sagaz fez um boa pergunta: "Por muitos anos nós mantivemos acesa a tocha da liberdade. Em que momento ela se tornou uma arma incendiária?"[11]

Eisenhower deu razões claras para a não-intervenção.

> "Nenhum país europeu, e creio que nem o nosso, estava preparado para dizer que deveríamos ter agido imediatamente e tentado libertar a Hungria da influência comunista", afirmou. "Não creio que tínhamos o apoio da ONU para ir e provocar uma guerra total. [...] Não havia um governo [na Hungria] pedindo que nós agíssemos, e só tivemos alguma comunicação com eles, creio eu, quando algo como um governo revolucionário, de duração bem curta, foi estabelecido. Por isso, eu não sei. Tudo começou de uma maneira que deixou a todos pasmados, creio, e quando de repente os soviéticos chegaram com toda a sua força com suas divisões de tanque, e já era um fato consumado, foi uma grande tragédia e um grande desastre."[12]

Houve críticos tanto da política quanto da propaganda. Henry Kissinger era um acadêmico naquela época, antes de entrar para a política. Ele era um oponente cínico e obstinado do comunismo, e culpou Eisenhower pela inatividade. "Ele se comportou como um espectador", afirmou Kissinger, "sem nenhum interesse direto no resultado da Revolução Húngara e seu fracasso degradante para extorquir um preço de Moscou, fosse ele diplomático, econômico ou militar. Não houve nenhuma mensagem diplomática, nem pressão ou ofertas de mediação. Nada."[13] No ano seguinte, calou fundo o parecer do Comitê Congressional das Relações Exteriores, controlado pelos republicanos, pois continha uma afirmação verossímil: "A falha dos Estados Unidos em não ter um plano, ou planos, de ação para os acontecimentos na Hungria indica uma fraqueza grave dos nossos serviços de inteligência ou uma má aplicação da nossa política de relações exteriores pela administração. [...] Não havia nenhuma evidência de que a passividade induziria um espírito de negociação nos líderes soviéticos."[14]

Em seu segundo mandato, Eisenhower se manteve popular, mas se tornou mais realista em sua retórica. Ele aprendeu algumas lições com o episódio da Hungria, e a propaganda para o Leste Europeu se tornou mais moderada. A Guerra Fria se tornou mais intensa por um período, mas no ano seguinte foram tomados os primeiros passos hesitantes em direção à coexistência e à "distensão" política. Talvez ele tenha perdido um pouco de sua imagem de herói, mas era visto também como menos hipócrita.

A ONU pareceu impotente em seu papel de instituição pacificadora após a crise húngara, e não foi esta a primeira nem a última vez. Provavelmente não havia nada a ser feito, uma vez que as duas superpotências mundiais haviam decidido a questão entre elas. A Rússia tinha tanques em Budapeste e o poder de veto em Nova York. A América aceitara o *status quo* na Europa Central, e o presidente Eisenhower se concentrou no Oriente Médio, onde tinha condições de fazer uma diferença. Entretanto, a ONU acabou passando a imagem de ineficiente e também de impotente. O extravio das mensagens desesperadas da Hungria nos dias críticos, o fato de não ter agido com urgência em relação aos apelos de Nagy, tudo isso fez a ONU parecer pior do que era.

Dag Hammarskjöld representou injustamente o papel de bode expiatório. Tempos depois, quando perguntado sobre o porquê de não ter ido a Budapeste no começo de novembro, quando poderia ter iniciado negociações com os russos, ele respondeu: "Naquela ocasião, ninguém no Conselho de Segurança sabia qual era a situação em Budapeste, mas nós sabíamos bem o que estava acontecendo em Suez." Ele falou a verdade.[15] O primeiro-ministro do Canadá, Lester Pearson, perguntou ao honrado sueco em 7 de dezembro de 1956: "O que nós podemos fazer?" "Muito pouco", respondeu ele. "Seria uma falsidade cruel fingir que faríamos uso da força. Se agíssemos assim, as pessoas que sofreriam primeiro e mais que todas as outras seriam os próprios húngaros."[16] Hammarskjöld sustentou com firmeza que não havia nada que ele pudesse ter feito para ajudar a Hungria. Um ano e meio depois, ele refletiu com distanciamento: "Fiz o que pude, e o que fiz não produziu os resultados que eu esperava. Isto pode [...] acontencer na diplomacia pública, e com certeza acontece na diplomacia privada."[17]

Os russos enviaram um alerta terrível a todos os Estados vassalos: eles estavam preparados para esmagar qualquer sinal de rebelião com selvageria impiedosa. A lição foi aprendida, e mal se viu um indício de resistência aberta nos satélites soviéticos por mais de uma década. Porém, a "vitória" na Hungria teve o seu preço.

No Kremlin, Kruschev ficou exposto ao ataque por ter quase "perdido" a Hungria. Ele admitiu que não administrara a crise de maneira suficientemente decisiva,[18] e com isso quis dizer que achava que os soviéticos deveriam ter avançado sobre Budapeste com maior antecedência. Molotov, Kaganovich e outros extremistas lançaram desafios maiores contra ele, mas fracassaram na tentativa de depô-lo. Em junho seguinte, com a ajuda de seu velho aliado Mikoian, do marechal Jukov e de Serov, o chefe da inteligência, ele virou a mesa e organizou um golpe contra eles. Kruschev sobreviveu até 1964 e continuou a governar com um misto de impulsos contraditórios: às vezes astuto, por vezes brutal, e ocasionalmente respeitável. Ele tentou liberalizar o império soviético, mas, quando percebeu uma ameaça à sua existência, voltou instintivamente à repressão. Após 1956, Kruschev e muitos outros próximos a ele no Kremlin tinham o que um de seus assessores chamava de "complexo de Hungria". A experiência o tornou profundamente consciente da velocidade na qual um Estado monopartidário aparentemente todo-poderoso podia ruir.[19] Ele alegava ter aumentado o prestígio soviético, mas isto sempre foi discutível. O prestígio pode ser ilusório.

A Rússia foi tão odiada quanto temida após a Revolução Húngara. No resto do mundo, houve uma indignação com traços de remorso pelo Ocidente ter feito tão pouco para ajudar. Todas as grandes cidades fora do bloco soviético foram palcos de grandes manifestações contra a invasão. Em Londres, os manifestantes atiraram 13 tijolos na Legação Húngara, na região de Belgravia, na noite do dia 4 de novembro, e o escritor de origem húngara Arthur Koestler assumiu a autoria do protesto. Por uma semana, foram realizadas grandes manifestações em frente à embaixada todos os dias. Em Luxemburgo, o embaixador soviético e sua família se esconderam no porão da embaixada quando manifestantes invadiram o edifício e atearam fogo antes de um coquetel que estava prestes a começar. Em Bonn, os manifestantes atiraram tijolos na Legação Russa e, nos edifícios do governo, as bandeiras foram hasteadas a meio mastro. Em Haia, os comerciantes se recusaram a entregar comida para a Embaixada Soviética, e um hotel impediu os russos de fazer uma festa programada com semanas de antecedência. Em Roterdã, os estivadores não fizeram o carregamento de navios soviéticos.[20]

Nenhum desses protestos perturbou a liderança soviética. O aparente respeito que recebiam do resto do mundo era maior que a fúria do Ocidente. Contudo, um efeito que mal foi levado em consideração nos cálculos dos potentados do Kremlin quando enviaram seus tanques a Budapeste teve um impacto profundo na Guerra Fria. A selvageria soviética na Hungria fraturou a esquerda em todo o mundo, especialmente na Europa. A União Soviética sempre considerou importante que existissem no Ocidente partidos comunistas completamente leais a Moscou. Eles eram obviamente valiosos instrumentos de propaganda. Desde o fim da Segunda Guerra Mundial, na Itália e na França os comunistas sempre tiveram força suficiente para assumir o poder em eleições honestas, mas não mais depois da crise na Hungria. Os partidos comunistas partiram-se ao meio, o que foi um golpe terrível para a reputação e a influência da URSS. O Partido Comunista da França perdeu aproximadamente metade de seus membros, e os comunistas italianos dissidentes romperam com Moscou. Na Inglaterra, onde o partido sempre fora fraco, 2/3 de seus membros se desfiliaram. O Partido Comunista dinamarquês deixou de existir completamente.[21]

Os simpatizantes também romperam. A crítica mais poderosa contra a repressão soviética na Hungria veio na forma de um brilhante panfleto intitulado *O Fantasma de Stalin*, escrito pelo filósofo marxista Jean-Paul Sartre, freqüente e mais conceituado defensor da União Soviética. Ele escreveu: "Antes da Hungria, eles [os russos] foram sempre vencedores, e parecia que sairiam vitoriosos da Guerra Fria. Estavam se reconciliando com Tito, restaurando a unidade no bloco socialista e estendendo sua influência em lugares como a Índia e o Oriente Médio. Nas democracias burguesas, sua ofensiva cultural estava dando frutos. Agora [...], os massacres de Budapeste destruíram anos de esforços para a distensão política, a coexistência e a paz. Os comunistas do Ocidente nunca se sentiram tão isolados e tão confusos."[22]

Poucas pessoas ainda alimentavam ilusões a respeito das pretensões imperiais de Moscou. Para alguns otimistas do Ocidente, os acontecimentos na Hungria em 1956 foram "o começo do fim do império soviético".[23] A esperança era prematura, mas os húngaros deram um golpe duro nos soviéticos, do qual eles nunca se recuperaram inteiramente.

János Kádár foi por anos o homem mais odiado da Hungria. Até mesmo Kruschev, ao visitar Budapeste em janeiro e em abril de 1957, pareceu menos impopular do que o colaborador húngaro, como Kádár era chamado em segredo. Depois da repressão violenta, um período de abrandamento parcial teve início. A partir da primavera após a revolução, os soldados soviéticos permaneceram confinados em quartéis próximos a Budapeste ou tentavam ser menos visíveis em outras cidades e vilas. Os oficiais usavam roupas civis. Nos três anos seguintes, a ocupação do exército foi reduzida pela metade. Com a ajuda de empréstimos soviéticos, os salários subiram de 15% a 20% no verão de 1957.[24]

Por fim, e aos poucos, Kádár relaxou sua mão de ferro e tentou demonstrar que não era uma marionete manipulada pelo Kremlin.

No verão de 1959, enquanto os Tribunais Populares continuavam a enforcar alguns revolucionários, ele concedeu uma anistia a outros deles, embora muitos milhares ainda permanecessem na prisão. Em abril seguinte, ele libertou mais prisioneiros. O Partido Comunista assumiu o poder de outrora e logo já contava com cerca de 80 mil membros.[25] Entretanto, Kádár desencorajava todo tipo de culto à sua personalidade e abominava a notoriedade. Era difícil encontrar fotografias dele na Hungria.

Kádár afirmava que, se não tivesse assumido o poder em novembro de 1956, alguém pior poderia ter sido imposto, e os húngaros passaram a acreditar nele, com má vontade. Em público ou em particular, ele raramente falava sobre a revolução, a qual chamava de tentativa de "contra-revolução". Em novembro de 1962, afirmou: "Quem não está contra nós está conosco." Ele prometeu anistia plena a todos os prisioneiros capturados após o levante, e todos compreenderam o que ele queria dizer. Quase todos os prisioneiros foram libertados. "Suspiramos aliviados depois daquele momento", disse Ágnes Gergely, vítima da repressão limitada. Não era apenas o terror da prisão que tornava a vida tão horrenda nos anos pós-levante, explicou. Ela foi demitida de seu emprego de professora por ter dito em uma aula que em 1956 na Hungria houvera uma "revolução". Esta era uma palavra proibida.[26]

Depois da anistia, o clima se tornou mais ameno. Porém, nada se falava da revolução ou da contra-revolução. Não se podia mencionar o nome de Imre Nagy, a não ser em voz baixa e em ambientes privados, entre os familiares e amigos.

O psicólogo Ferenc Mérei, preso por quatro anos após 1956 por ter sido um dos líderes do movimento rebelde estudantil em Budapeste, disse que uma "amnésia coletiva" tomou conta dos húngaros a partir dos anos 1960. Foi uma silenciosa conspiração complacente. Não havia democracia, o Partido Comunista estava no poder e as tropas soviéticas ainda ocupavam a Hungria. Em compensação, Kádár abandonou os traços mais marcantes da economia de comando ao estilo soviético, e o Estado Policial passou a ter uma atuação relativamente discreta. A Hungria era "a barraca mais alegre do campo de prisioneiros", no dizer de uma pessoa que fugiu do país.[27] Sob vários aspectos, a Hungria era o satélite soviético mais próspero e tranqüilo, apesar de as memórias de

1956 ainda assombrarem. Com o apoio soviético, Kádár instituiu um "comunismo gulache", nome do prato tradicional do país, que era um regime tipicamente húngaro, livre dos piores traços do socialismo do Leste Europeu, mas que manteve o Partido Comunista no poder.

Kádár se tornou uma figura amplamente respeitada e admirada por sua habilidade política. Ele não foi perdoado, mas prestou-se certo reconhecimento às suas realizações. Ele manteve-se em seu cargo por um tempo longo demais, e já estava ficando senil quando foi destituído do poder, em 1988, por concorrentes comunistas mais jovens. Em seu último ano, ele confessou-se culpado pelas mortes após a revolução ter sido reprimida.[28] Morreu em julho seguinte, duas semanas após Imre Nagy ter sido reenterrado em um funeral assistido por milhares de pessoas em Budapeste. O comunismo não sobreviveu à sua morte por muito tempo, e nem a presença das tropas russas em solo húngaro. A nova Hungria democrática, multipartidária e com economia de mercado livre substituiu oficialmente a República Popular em 23 de outubro de 1989, 33 anos após o dia das primeiras manifestações antissoviéticas da revolução.

APÊNDICE

Os Dezesseis Pontos

1. Exigimos a evacuação imediata de todas as tropas soviéticas, em conformidade com as provisões do Tratado de Paz.
2. Exigimos a eleição por voto direto, seqüencialmente dos cargos mais altos aos mais baixos, de todos os membros do Partido, e de novos funcionários para os escalões baixo, médio e alto do Partido dos Trabalhadores Húngaros. Esses funcionários convocarão um Congresso do Partido o mais rápido possível, para eleger um Comitê Central.
3. É preciso que se constitua um novo governo sob a direção do camarada Imre Nagy, e todos os líderes criminosos da era de Stalin e de Rákosi devem ser destituídos imediatamente de seus cargos.
4. Exigimos um inquérito público sobre as atividades criminais de Mihály Farkas e seus cúmplices. Mátyás Rákosi, o maior responsável por todos os crimes do passado recente, assim como pela ruína de nosso país, precisa ser trazido de volta à Hungria para ser julgado perante um tribunal popular.
5. Exigimos que as eleições gerais, por voto secreto universal, sejam realizadas em todo o país para eleger uma Assembléia Nacional, com a participação de todos os partidos políticos. Exigimos que o direito à greve dos trabalhadores seja reconhecido.
6. Exigimos a revisão e o reajustamento das relações húngaro-soviéticas e húngaro-iugoslavas nos campos da política, economia e assuntos culturais em uma base de igualdade política e econômica completa e de não-interferência nos assuntos internos uns dos outros.
7. Exigimos a completa reorganização da vida econômica húngara, sob a direção de especialistas. Todo o sistema econômico, baseado em um sistema de planejamento, deve ser reexaminado à luz das condições da Hungria e dos interesses vitais do povo húngaro.
8. Nossos acordos de comércio exterior e o total exato das reparações que nunca poderão ser pagas devem ser divulgados ao público. Exigimos informações precisas e exatas sobre os depósitos de urânio em nosso país, sobre a sua exploração e sobre as concessões aos russos nesta área. Exigimos que a Hungria tenha o direito de vender seu urânio livremente, a preços do mercado mundial, para obter moeda forte.
9. Exigimos a revisão completa das normas em vigor na indústria e um ajuste imediato e radical dos salários, de acordo com as exigências justas dos trabalhadores e intelectuais. Exigimos que seja estabelecido um salário mínimo para os trabalhadores.
10. Exigimos que o sistema de distribuição seja organizado em uma nova base e que os produtos agrícolas sejam utilizados de uma maneira racional. Exigimos a igualdade no tratamento das fazendas individuais.

11. Exigimos a revisão de todos os julgamentos políticos e econômicos por tribunais independentes, assim como a libertação e a reabilitação dos inocentes. Exigimos a repatriação dos prisioneiros de guerra e civis deportados para a União Soviética, incluindo os prisioneiros condenados fora da Hungria.
12. Exigimos o reconhecimento total da liberdade de opinião e de expressão, da liberdade de imprensa e de rádio, assim como a criação de um novo jornal diário para a organização MEFESZ (Federação Húngara dos Estudantes Universitários e de Institutos de Educação Superior).
13. Exigimos que a estátua de Stalin, símbolo da tirania stalinista e da opressão política, seja removida o mais rápido possível e substituída por um monumento aos mártires que lutaram pela liberdade em 1848 e 1849.
14. Exigimos a substituição dos emblemas estrangeiros ao povo húngaro pelo antigo brasão húngaro de Kossuth. Exigimos novos uniformes para o exército húngaro, de acordo com as nossas tradições nacionais. Exigimos que 15 de março seja declarado feriado nacional e que 6 de outubro seja um dia de luto nacional, no qual as escolas permaneçam fechadas.
15. Os estudantes da Universidade Tecnológica de Budapeste declaram unanimemente sua solidariedade para com os trabalhadores e estudantes de Varsóvia em seus movimentos pela independência nacional.
16. Os estudantes da Universidade Tecnológica de Budapeste organizarão o mais rápido possível unidades locais da organização MEFESZ. Eles decidiram convocar um Parlamento Jovem no qual toda a juventude da nação será representada por seus delegados, em Budapeste, no sábado, dia 27 de outubro.

NOTAS

Capítulo Um

1. Winston S. Churchill, *The Second World War,* vol. 6, *Triumph and Tragedy,* Boston, Houghton Mifflin, 1953, p. 174.
2. David Dilles (org.), *The Diaries of Sir Alexander Cadogan, OM, 1938-1945,* Londres, Cassell, 1971, p. 233.
3. The Confidential Papers of Admiral Horthy, Budapeste, Corvina Press, 1965.
4. Ibid.
5. Krisztián Ungváry, *The Siege of Budapest,* New Haven e Londres, Yale University Press, 2005, p. 30-36.
6. Ibid.
7. Ibid.
8. Ferenc Nagy, *The Struggle Behind the Iron Curtain,* Nova York, MacMillan, 1948, p. 42.
9. Sándor Márai, *Memoir of Hungary, 1944-1948,* Budapeste, Corvina/Central European University Press, 1996, p. 36-40.
10. Ungváry, *The Siege of Budapest,* p. 45.
11. Christine Arnothy, *J'ai Quinze Ans et Je ne Veux pas Mourir,* Paris, Fayard, 1981.
12. Alaine Polcz, *A Woman's War,* Budapeste, Hungarian Quarterly, 1991.
13. László Borhi, *Hungary in the Cold War, 1945-1956,* Budapeste,Central European University Press, 2004, p. 37-41
14. Citado em Eduard Mark, "Revolution By Degrees: Stalin's National Front Strategy for Europe", Cold War International History Project, Washington, Woodrow Wilson Center, 2001.
15. Ver Borhi, *Hungary in the Cold War,* ver também Charles Gati, *Hungary and the Soviet Bloc,* Carolina do Norte, Duke University Press, 1986.
16. Bennett Kovrig, *Communism in Hungary from Kun to Kádár,* Stanford, Califórnia, Hoover Institution Press, 1979, p. 80.
17. Citado em Borhi, *Hungary in the Cold War,* p. 58.
18. László Mravik, *The "Sacco di Budapest" and the Depredation of Hungary, 1938-1949,* Budapeste, The Hungarian National Gallery, 1998.
19. Tamás Aczél e Tibor Meray, *The Revolt of the Mind,* Londres, Thames and Hudson, 1960, p. 40-41.

Capítulo Dois

1. Árpád Pünkösti, *Rákosi a Csúcson,* Budapeste, Europa, 1996.
2. Gyula Háy, *Born 1900,* Londres, Hutchinson, 1974, p. 194.
3. Ver Pünkösti, *Rákosi a Csúcson,* ver também Miklós Molnár, *From Béla Kun to János Kádár; Seventy Years of Hungarian Communism,* Oxford, Berg, 1991.
4. György Pálóczi-Horváth, *The Undefeated,* Londres, Secker and Warburg, 1959, p. 122.
5. Ibid., p. 136-7.
6. Citado em Pünkösti, *Rákosi a Csúcson.*

Capítulo Três

1. Paul Lendvai, *The Hungarians,* Londres, Hurst, 1999, p. 481-4.
2. Citado em Peter Unwin, *Voice in the Wilderness,* Londres, Macdonald, 1991, p. 37.
3. Borhi, *Hungary in the Cold War,* p. 78.
4. Rákosi a Dimitrov, citado em István, Feitl (org.), *Documents from Rákosi on Rákosi,* Budapeste, Múltunk, 1991.
5. Borhi, *Hungary in the Cold War,* p. 92.
6. Nagy, *The Struggle Behind the Iron Curtain,* p. 197.
7. Paul Ignotus, *Hungary,* Londres, Benn, 1972, p. 326.
8. Ver Oscar Jászi, *Homage to Danubia,* Lanham, Md, Rowman and Littlefield, 1995.
9. Hugh Seton-Watson, *The Times,* 15 de junho de 1946.
10. Citado em Borhi, *Hungary in the Cold War,* p. 86.
11. Ibid.
12. Paul Zinner, *Revolution in Hungary*, Nova York, Columbia University Press, 1962, p. 177.
13. Borhi, *Hungary in the Cold War,* p. 82-90.
14. David Pryce-Jones, *The Hungarian Revolution,* Londres, Benn, 1969, p. 33-40.
15. Discurso feito na Academia do Partido dos Trabalhadores Húngaros em 29 de fevereiro de 1952. Citado em Lendvai, *The Hungarians.*
16. Citado em Miklós Molnar, *From Béla Kun to János Kádár*, Oxford, Berg, 1991.
17. Citado em Borhi, *Hungary in the Cold War,* p. 109.

Capítulo Quatro

1. Constituição da República Popular da Hungria, *Szabad Nép (Povo Livre),* 20 de agosto de 1949.
2. Discurso de Mátyás Rákosi em 29 de fevereiro de 1952.

3. Pünkösti, *Rákosi a Csúcson.*
4. Ibid.
5. Paul Ignotus, *Political Prisoner,* Londres, Routledge and Kegan Paul, 1959, p. 135.
6. Citado por György Faludy, *My Happy Days in Hell,* Londres, André Deutsch, 1962, p. 166-7.
7. Ignotus, *Political Prisoner,* p. 137.
8. Faludy, *My Happy Days in Hell,* p. 173.
9. Pálóczi-Horváth, *The Undefeated,* p. 139.
10. Béla Szász, *Volunteer for the Gallows,* Londres, Chatto and Windows, 1971, p. 144.
11. Faludy, *My Happy Days in Hell,* p. 180-81.

Capítulo Cinco

1. Ver Cardeal József Mindszenty, *Memoirs*, traduzido para o inglês por Richard e Clara Winston, Nova York, Macmillan, 1974.
2. Citado em Ignotus, *Hungary,* p. 204.
3. Ibid., p. 204-6.
4. Entrevista número 227 (Caixa 12) com János Ödön Péterfalvy, Arquivo Bakhmeteff, Projeto de História Oral da Universidade de Columbia (CUOHP), Nova York.
5. Citado em Lendvai, *The Hungarians,* p. 482-4.

Capítulo Seis

1. Szász, *Volunteer for the Gallows,* p. 167.
2. Borhi, *Hungary in the Cold War,* p. 208-12.
3. Ibid.
4. Entrevista com Péter Kende, Arquivo da História Oral, Instituto de Estudos da Revolução Húngara de 1956, Budapeste.
5. Miklós Molnár, *Budapest 1956*, Londres, Allen and Unwin, 1971, p. 69-73.
6. Szász, *Volunteer for the Gallows,* p. 112.
7. Entrevista feita pelo autor.
8. Lendvai, *The Hungarians,* p. 483.
9. Borhi, *Hungary in the Cold War,* p. 117.
10. Lendvai, *The Hungarians,* p. 481-2.
11. Ibid.
12. Entrevista com Péter Kende, Arquivo da História Oral, Instituto de Estudos da Revolução Húngara de 1956, Budapeste.
13. Entrevista com Miklós Vásárhelyi, Arquivo da História Oral, Instituto de Estudos da Revolução Húngara de 1956, Budapeste.

14. Pálóczi-Horváth, *The Undefeated,* p. 165.
15. Ignotus, *Political Prisoner,* p. 177.
16. Entrevista com Vladimir Farkas, Arquivo da História Oral, Instituto de Estudos da Revolução Húngara de 1956, Budapeste, e também Vladimir Farkas, *No Excuses: I was a Colonel in the ÁVO,* Budapeste, Corvina, 1991.
17. Klara Szakasits, *Fent és Lent (Para Cima e para Baixo),* Budapeste, Magvető, 1985.
18. Conversa entre Kisilev e Zagar em 4 de dezembro de 1956, citada em Borhi, *Hungary in the Cold War,* p. 203-4.
19. Pünkösti, *Rákosi a Csúcson.*
20. Veljko Micunovic, *Moscow Diary,* Nova York, Doubleday, 1980, p. 86-8.

Capítulo Sete

1. George Mikes, *The Hungarian Revolution,* Londres, André Deutsch, 1957, p. 62-5.
2. András Klinger, *Társadálomstatisztikal álapismerétek (Estatísticas Sociais),* Budapeste, K S H, 1998.
3. Ignotus, *Hungary,* p. 238.
4. Miklós Nyárádi, *My Ringside Seat in Moscow,* Nova York, Crowell, 1952.
5. Ibid.
6. Citado em Borhi, *Hungary in the Cold War,* p. 175-9.
7. Pálóczi-Horváth, *The Undefeated,* p. 181.
8. Entrevista com Péter Kende, Arquivo da História Oral, Instituto de Estudos da Revolução Húngara de 1956, Budapeste.
9. Ensaio de George Schöpflin in György Litván (org.), *The Hungarian Revolution: Reform, Revolt, Repression, 1953-1956,* Nova York, Longman, 1996, p. 12-19.
10. *Szabad Nép,* 4 de julho de 1950.
11. Ivan Pető e Sándor Szakács, *A hazai gazdaság négy évtizedének története (Uma História de Quatro Décadas da Economia Húngara),* Budapeste, Közgazdasági és Jogi Könyvkiadó, 1985.
12. Ferenc Váli, *Rift and Revolt in Hungary,* local, Oxford University Press, 1961, p. 70-75.
13. Pető e Szakács, *A hazai gazdaság.*
14. Váli, *Rift and Revolt in Hungary,* p. 70-75
15. Mikes, *The Hungarian Revolution,* p. 41-4.
16. O caso Simon Papp é relatado em documentos do Magyar Országos Levéltár (Arquivos Nacionais Húngaros), 276, F. 67.
17. Borhi, *Hungary in the Cold War,* p. 179-82.
18. Rádio Kossuth Livre, 1 de novembro de 1956.
19. Klinger, *Estatísticas Sociais.*
20. Pető e Szakács, *A hazai gazdaság.*
21. Litván, *The Hungarian Revolution,* p. 51-9.

Capítulo Oito

1. Ver Stephen Ambrose, *Eisenhower: Soldier and President,* Nova York, Simon and Schuster, 1990, p. 123-7.
2. Stephen Ambrose, *Ike's Spies: Eisenhower and the Espionage Establishment,* Nova York, Simon and Schuster, 1981, p. 113-35.
3. Ibid.
4. Richard Immerman, *John Foster Dulles: Piety, Pragmatism and Power in US Foreign Policy,* Wilmington, Del., SR Books, 1998, p. 90-110.
5. Ambrose, *Eisenhower: Soldier and President,* p. 192.
6. *Full Circle: Memoirs of Sir Anthony Eden,* Londres, Cassell, 1960, p. 98-9.
7. National Security Archive, Cold War Interviews, CNN, Episódio 7, novembro de 1998.
8. Immerman, *John Foster Dulles.*
9. Sir John Colville, *The Fringes of Power: Downing Street Diaries 1939-1955,* Londres, Hodder and Stoughton, 1985, p. 662.
10. Lord Horan, *Winston Churchill: the Struggle for Survival 1940-1965,* Nova York, Houghton Mifflin, 1966, p. 292.
11. *Memoirs of Sir Anthony Eden,* p. 98-9.
12. Por exemplo, o discurso feito em Pittsburgh, na Pensilvânia, em 15 de maio de 1952.
13. Peer de Silva, *Sub Rosa: The CIA and the Uses of Intelligence,* Nova York, Times Books, 1980, p. 121-6
14. Tamás Pásztor, Entrevista no. 484, Arquivo Bakhmeteff, CUOHP.
15. James McCargar (escrevendo sob o pseudônimo de Christopher Felix), *The Spy and His Masters,* Londres, Secker and Warburg, 1963, p. 137.
16. National Security Council Staff Study, "United States Policy Toward the Soviet Satellites in Eastern Europe", 11 de dezembro de 1953, NSC 144. *Foreign Relations of the United States 1955-1957* (FRUS), Washington D.C.
17. Ibid.
18. Walter Hixson, *Parting the Curtain: Propaganda, Culture and the Cold War 1945-1961,* Londres, Macmillan, 1997, p. 63-4.
19. Opiniões dos refugiados húngaros, Rádio Europa Livre, Munique, Análise de Audiência, National Security Archive, Washington.
20. Hixson, *Parting the Curtain,* p. 63-70.
21. George Urban, *Radio Free Europe and the Pursuit of Democracy,* Londres e New Haven, Yale University Press, 1998.
22. Hixson, *Parting the Curtain,* p. 90-98.
23. Frances Stoner Saunders, *Who Paid the Piper? The CIA and the Cultural Cold War,* Londres, Granta, 1999, p. 140-52.

Capítulo Nove

1. Farkas, *No Excuses,* p. 82-90.
2. Paul Ignotus, Entrevista no. 503, CUOHP, e também em *Political Prisoner.*
3. Sándor Kopácsi, *In the Name of the Working Class,* Nova York, Grove Press, 1986, p. 129.
4. Entrevista com Vladimir Farkas, Arquivo da História Oral, Instituto de Estudos da Revolução Húngara de 1956, Budapeste.

Capítulo Dez

1. Váli, *Rift and Revolt in Hungary,* p. 126-30.
2. Tibor Meray, *Thirteen Days that Shook the Kremlin,* Londres, Thames and Hudson, 1959, p. 3-7.
3. Notas de uma reunião entre o Comitê Central do Partido Comunista Soviético e a delegação do Comitê Político do Partido dos Trabalhadores Húngaros em Moscou, de 13 a 16 de junho dc 1853. Arquivos Nacionais Húngaros, primeira publicação in *Múltunk* no. 37, 1992. Traduzido por Monika Berbely e Csaba Békés.
4. Meray, *Thirteen Days,* p. 3-7.

Capítulo Onze

1. *Szabad Nép,* 5 de julho de 1956.
2. Pálóczi-Horváth, *The Undefeated,* p. 178.
3. William Shawcross, *Crime and Compromise: János Kádár and the Politics of Hungary since Revolution,* Londres, Weidenfeld and Nicolson, 1974.
4. Ver János Rainer, *Imre Nagy: Politikai Életrajz,* Budapeste, 1956-os Intézet, 1996-9 e Peter Unwin, *Voice in the Wilderness: Imre Nagy and the Hungarian Revolution,* Londres, Macdonald, 1991.
5. Unwin, p. 41-50.
6. *Népzabadság,* Budapeste, 9 de maio de 1957.
7. Johanna Granville, *Imre Nagy, aka "Volodya": a Dent in the Martyr's Halo?,* Cold War International History Project, primavera de 1995.
8. Ibid.
9. Georg Lukács, *Record of a Life,* Londres, Verso, 1983, p. 278.
10. Citado por Rainer, *Imre Nagy.*
11. *Szabad Nép,* 9 de março de 1953.
12. Bennett Kovrig, *Communism in Hungary from Kun to Kádár,* Stanford, Califórnia, Hoover Institution Press, 1979, p. 92.
13. Mátyás Rákosi, *Visszaemlékezések,* Budapeste, Napvilag Kiadó, 1997.

14. Zinner, *Revolution in Hungary,* p. 137.
15. Meray, *Thirteen Days,* p. 30-36.

Capítulo Doze

1. Pünkösti, *Rákosi a Csúcson.*
2. Vladimir Solovyov e Elena Klepikova, *Yuri Andropov: A Secret Passage into the Kremlin,* Londres, Robert Hale, 1984, p. 12-13.
3. Notas da discussão entre o Comitê Central do Partido Socialista da URSS e a delegação do Partido dos Trabalhadores Húngaros em Moscou, em 8 de janeiro de 1955. Arquivos Nacionais Húngaros. Publicado in *Múltunk,* 37, 1992, traduzido para o inglês por Csaba Farkas.

Capítulo Treze

1. Aczél e Meray, *The Revolt of the Mind,* p. 162.
2. Éva Walkó em uma conversa com o autor.
3. Entrevista com Jenő Széll, Arquivo da História Oral, Instituto de Estudos da Revolução Húngara de 1956, Budapeste.
4. Háy, *Born 1900,* p. 197.
5. Tamás Aczél, Entrevista no. 500, CUOHP.
6. Dmitri Volkogonov, *The Rise and Fall of the Russian Empire — Political Leaders from Lenin to Gorbachev,* Londres, HarperCollins, 1998, p. 228-49.
7. Imre Nagy, *On Communism,* Nova York, Praeger, 1957.
8. Éva Walkó em uma conversa com o autor.
9. Volkogonov, *The Rise and Fall of the Russian Empire,* p. 228-49.
10. Paul Kecskeméti, *The Unexpected Revolution: Social Forces in the Hungarian Uprising,* Stanford University Press, 1961, p. 57-8.
11. Extraído de *The Plough and the Pen: Writings from Hungary 1930-1956,* org. por Elena Duczynska e Karl Polany, Londres, Peter Owen, 1963.
12. Miklós Molnár, *Budapest 1956,* p. 61-4.
13. Éva Walkó em uma conversa com o autor.
14. Stephen Vizinczey em conversa com o autor.

Capítulo Quatorze

1. William Taubman, *Kruschev: The Man and his Era,* Londres, The Free Press, 2003, p. 294-9.
2. Litván, *The Hungarian Revolution,* p. 78-86.

3. Pünkösti, *Rákosi a Csúcson.*
4. Em conversa com o autor.
5. Molnár, *Budapeste 1956,* p. 68-72.

Capítulo Quinze

1. Simon Bourgin, "The Well of Discontent", *Hungarian Quarterly,* números 142 e 143, primavera e verão de 1996.

Capítulo Dezesseis

1. NSC (National Security Council) 174, FRUS (Foreign Relations of the United States), 1953.
2. NSC 5608. Biblioteca Dwight D. Eisenhower, Abilene, Kansas.
3. Ata do National Security Council, 12 de julho de 1956, National Security Council, Washington.
4. Ibid.
5. US Army Military History Institute, Carlisle Barracks, Pensilvânia. Ver também National Security Archive, Washington.
6. Bourgin, "The Well of Discontent".
7. Leslie Fry em conversa com o ministro das Relações Exteriores Selwyn Lloyd, em 2 de janeiro de 1956, Public Record Office, Londres, Escritório das Relações Exteriores. 371.122372.NH.1013/1. Publicado in Eva Haraszti-Taylor, *The Hungarian Revolution: A Collection of Documents from the British Foreign Office,* Nottingham, Astra Press, 1995.
8. Fry ao Escritório das Relações Exteriores, 9 de abril de 1956. PRO.FO.371.122373. NH.10110/6.
9. Fry ao Escritório das Relações Exteriores, 15 de junho de 1956, PRO. FO.371.122373.NH.10110/31/28.

Capítulo Dezessete

1. Fedor Burlatsky, *Kruschev and the First Russian Spring,* Londres, Weidenfeld and Nicholson, 1991, p. 88-94.
2. Cold War History, CNN, Episódio 7, entrevista com András Hegedüs, 8 de novembro de 1998.
3. Relatório de Anastas Mikoian ao Comitê Central do Partido Comunista Soviético, 14 de julho de 1956. Arquivo do Presidente da Federação Russa, Moscou. Também

publicado in *Sovietskii Soyuz i vengerskii krizis, 1956,* Moscou, ROSSPEN, 1998. Traduzido por Svetlana Savranskaia.

4. Ibid.
5. Ibid.
6. Mikes, *The Hungarian Revolution,* p. 85-93.
7. Ibid.
8. Introdução, Jenő Györkei e Miklós Horváth (orgs.), *Soviet Military Intervention in Hungary 1956,* Budapeste, Central European University Press, 1999.
9. Tenente-general Ievgeni Malaschenko, "Memoirs of an Eyewitness", in Györkei e Horváth, *Soviet Military Intervention,* p. 210-42.

Capítulo Dezoito

1. Mikes, *The Hungarian Revolution,* p. 72.
2. Váli, *Rift and Revolt in Hungary.*
3. Entrevista com Jenő Széll, Arquivo da História Oral, Instituto de Estudos da Revolução Húngara de 1956, Budapeste.
4. Ibid.
5. Ibid.
6. Citado em Burkatsky, *Kruschev and the First Russian Spring,* p. 90.
7. Relatório sobre as condições na Hungria de Iuri Andropov para o Comitê do Partido Comunista Soviético, 29 de agosto de 1956. Arquivo da Política de Relações Exteriores do presidente da Federação Russa. Moscou. Publicado in *Sovietskii Soyuz i vengerskii krizis, 1956,* Moscou, ROSSPEN, 1998.
8. Mark Kramer, "The Soviet Union and the 1956 Crises in Poland and Hungary: New Evidence on Soviet Decision Making", *Journal of Contemporary History,* vol. 33, 1998, p. 14.
9. Telegrama altamente secreto e urgente de Andropov ao Comitê Central do Partido Comunista Soviético, 27 de setembro de 1956. Centro de Guarda de Documentos Contemporâneos, Moscou.
10. Ibid.
11. Telegrama altamente secreto e urgente de Andropov para Comitê Central do Partido Comunista Soviético, 12 de outubro de 1956. Arquivo do presidente da Federação Russa, Moscou.
12. Kramer, "The Soviet Union and the 1956 Crises in Poland and Hungary", p. 17.
13. Ibid.
14. Nagy, *On Communism.*
15. Ibid.
16. Citado por Tibor Meray, Entrevista nº. 567, CUOHP.
17. Malaschenko, "Memoirs of an Eyewitness", p. 232-5.
18. Ibid.

19. Ibid.
20. Csaba Békés, Malcom Byrne e Janós Rainer (org.), *The 1956 Hungarian Revolution: A History in Documents,* Budapeste, Central European University Press, 2002.
21. Imre Mécs, entrevistado em *The Revolution Goes Home,* 30º aniversário da Revolução Húngara, BBC Television, Londres, 1986.
22. Ibid.

Capítulo Dezenove

1. Kecskeméti, *The Unexpected Revolution,* p. 97.
2. Aczél, Entrevista nº. 500, Arquivo Bakhmeteff, CUOHP.
3. Meray, *Thirteen Days,* p. 78-82.
4. Ibid.
5. Ibid.
6. Tibor Meray, Entrevista nº. 567, CUOHP.
7. Ibid.
8. Ibid.
9. Kopácsi, *In the Name of the Working Class,* p. 73-7.
10. Ibid.
11. Sándor Petőfi, *60 Poems,* traduzidos para o inglês por Eugénie Bayard Pierce, Budapest, Petőfi Society, 1948.
12. Entrevista com o autor.
13. Lenin, *Collected Works,* vol. 10, Moscou, Foreign Language Publishing House, 1960-1980.
14. Györkei e Horváth, *Soviet Military Intervention,* p. 22-5.
15. Malaschenko, "Memoirs of an Eyewitness", p. 251.
16. Notas de trabalho do Comitê Central do Partido Comunista Soviético, 23 de outubro de 1956, 23h, Centro de Guarda de Documentos Contemporâneos, Moscou.
17. Malaschenko, "Memoirs of an Eyewitness", p. 242-7.
18. George Gábori, *When Evils Were Most Free,* Ottawa, Deneau and Company, 1981, p. 280-84.
19. Ibid.
20. Meray, *Thirteen Days.*
21. Ver Tamás Aczél (org.), *Ten Years After,* Londres, MacGibbon and Kee, 1966, p. 13-19.
22. Ibid.
23. Ver os quatro artigos sob o título "A Radio Ostrama" in *Népszabadság,* 22 a 26 de janeiro de 1957. Ver também John MacCormac, *New York Times,* 25 de outubro de 1956.
24. Ibid.
25. Noel Barber, *Seven Days of Freedom,* Londres, Macmillan, 1973, p. 13-21.

26. *Népszabadság,* 23 de janeiro de 1957.
27. Conversa entre o autor e Mátyás Sárközi.
28. Kopácsi, *In the Name of the Working Class,* p. 121-37.
29. Entrevista com Stephen Vizinczey, documentário da BBC, "The Hungarian Revolution: 30 Years After", 1986.
30. Gábori, *When Evils Were Most Free.*
31. *Thirteen Days,* p. 149-55.
32. Aczél, Entrevista nº 500, CUOHP.
33. Entrevista com Péter Kende, Arquivo da História Oral, Instituto de Estudos da Revolução Húngara de 1956, Budapeste.
34. Notas de trabalho do Comitê Central do Partido Comunista Soviético, 23 de outubro de 1956.
35. Györkei e Horváth, *Soviet Military Intervention,* p. 15-20.
36. Király, revista *Life,* fevereiro de 1957.
37. Kopácsi, *In the Name of the Working Class,* p. 135.
38. Tibor Meray, Entrevista nº 567, CUOHP.
39. Entrevista com András Hegedüs, National Security Archive, CNN, Episódio 7, novembro de 1998.
40. Kopácsi, *In the Name of the Working Class,* p. 131-42.
41. Vários relatos: Meray, conforme citado acima; Molnár, *Budapest 1956;* Mikes, *The Hungarian Revolution.*
42. Meray, *Thirteen Days,* p. 86-90.
43. Entrevista com András Hegedüs, National Security Archive, CNN, Episódio 7, novembro de 1998.

Capítulo Vinte

1. Malaschenko, "Memoirs of an Eyewitness", p. 230-42.
2. Ibid.
3. Conversa de Ágnes Gergely com o autor.
4. Rádio Kossuth, 24 de outubro de 1956.
5. Ibid.
6. Sergei Kruschev, *Nikita Kruschev and the Creation of a Superpower,* Penn State University Press, 2000, p. 192-4.
7. Notas de Jan Svoboda da reunião do Comitê Central do Partido Comunista Soviético com os líderes dos Estados satélites, em 24 de outubro de 1956. Publicado originalmente in *Ekvony 1992* (org. por János Rainer), Cold War International History Project Bulletin 5, primavera de 1995.
8. Material sobre Maléter de Peter Gosztonyi, *The General of the Revolution, The Review,* Bruxelas, vol. 5, 1963 e *Föltámadott a tenger... 1956,* Budapeste, *Népszava,* 186.

9. Ibid.
10. Ibid.
11. Ibid.
12. Barber, *Seven Days of Freedom,* p. 26-31.
13. Gosztonyi, *Föltámadott a Tenger,* p. 70-90.
14. Ibid.
15. Rádio Kossuth, 24 de outubro de 1956.
16. Meray, *Thirteen Days,* p. 86.
17. Entrevista com Péter Kende, Arquivo da História Oral, Instituto de Estudos da Revolução Húngara de 1956, Budapeste.
18. Entrevista com Miklós Vásárhelyi, ibid.
19. Relatório de Anastas Mikoian e Mikhail Suslov ao Comitê Central do Partido Comunista Soviético, Altamente Secreto, 24 de outubro de 1956. Arquivos da Política de Relações Exteriores da Federação Russa. F 059a Op. 4 Pap. 6 D. 5. Publicado in Cold War International History Project Bulletin 5, primavera de 1995. Traduzido por Johanna Granville.
20. Ibid.
21. Ibid.
22. Malaschenko, "Memoirs of an Eyewitness", p. 245-52.
23. Ibid.
24. FRUS 1955-1957, Vol. 25.
25. Malaschenko, "Memoirs of an Eyewitness", p. 245-52.
26. Conversa do autor com Bela Király, abril de 2004.
27. Veljko Micunovic, *Moscow Diary,* p. 126-9.

Capítulo Vinte e Um

1. Rádio Kossuth, 25 de outubro de 1956.
2. Gergely Pongrácz, National Security Archive, Cold War Interviews, CNN, 1998.
3. Ibid.
4. Ambrose, *Eisenhower the President,* p. 348-9.
5. Discurso de Dwight Eisenhower, 25 de outubro de 1956, Madison Square Garden, Nova York.
6. Ibid.
7. Notas telefônicas a Dulles, *Eisenhower Diaries,* Biblioteca Eisenhower, Abilene, Kansas.
8. Ibid.
9. Relatado a Meray por Nagy, *Thirteen Days,* p. 89.
10. Tibor Huszár, *János Kádár: Politikai Életrajza 1912-1956,* Budapeste, Szabad Ter Kiadó, 2001; Shawcross, *Crime and Compromise.*
11. Ibid.

12. Mikes, *The Hungarian Revolution,* p. 131-8.
13. Ver Lendvai, *The Hungarians,* p. 391
14. György Pálóczi-Horváth, Entrevista nº 578, CUOHP.
15. Ibid.
16. Mikes, *The Hungarian Revolution,* p. 136.
17. Lendvai, *The Hungarians,* p. 490-91.
18. József Kővágó, *You Are All Alone,* Nova York, Praeger, 1959.
19. Special Report on the Events in Hungary, Nova York, ONU, 1957, p. 30-35.
20. Ibid.
21. Alexander Kirov, ensaio in Györkei e Horváth, *Soviet Military Intervention,* p. 143-52.
22. Ibid.
23. Ibid.
24. Conversa do autor com Ágnes Gergely.
25. Barnes ao Departamento de Estado, FRUS, 1955-1957.
26. Ibid.
27. Conforme citado em Barber, *Seven Days of Freedom,* p. 51.
28. Telegrama de Lodge, FRUS, 1955-1957.
29. Gergely Pongrácz, National Security Archive, Cold War Interviews, CNN, 1998.

Capítulo Vinte e Dois

1. CUOHP, Entrevista nº 243 com István Kovács.
2. Ibid.
3. Ibid.
4. Conforme citado por Barber, *Seven Days of Freedom,* p. 76.
5. CUOHP, Entrevista nº. 243 com István Kovács.
6. Conversa do autor com László Eörsi.
7. CUOHP, Entrevista nº 243 com István Kovács.
8. Ibid.
9. Gergely Pongrácz, Nacional Security Archive, Cold War Interviews, CNN, novembro de 1996, e em conversa com o autor.
10. Entrevista com Anikó Vajda, National Security Archive, Cold War Interviews, CNN, 1998.
11. CUOHP, Entrevista nº. 467 com György Szabó.
12. Conversa com László Eörsi. Ver também Eörsi, *A Széna Tériek 1956,* Budapeste, 1956-os Intézet, 2004.
13. Molnár, *Budapest 1956,* p. 163-73.
14. Relatório de Mikoian ao Comitê Central do Partido Comunista Soviético, Moscou, 26 de outubro de 1956. Arquivo do Presidente da Federação Russa. F. 3. Op. 64. D. 484. Publicado in *Sovietskii Soyuz i vengerskii krizis, 1956 goda,* org. por E.D. Orekhova, T. Sereda et al., Moscou, ROSSPEN, 1998.

15. Ibid.
16. Conversa do autor com Mária Vásárhelyi.
17. Molnár, *Budapeste 1956,* p. 166-73.
18. Conversa do autor com László Eörsi.
19. Rádio Kossuth, 26 de outubro de 1956.
20. Rádio Győr Livre, 27 de outubro de 1956.
21. Rádio Miskolc Livre, 27 de outubro de 1956.
22. Kecskeméti, *The Unexpected Revolution,* p. 78-82.
23. Rádio Miskolc Livre, 26 de outubro de 1956.
24. Relatos sobre o massacre de Mosonmagyaróvár de Bruno Tedeschi, *Il Giornale d'Italia*; Peter Fryer, *Hungarian Tragedy*, Londres, Dobson Books, 1957; Entrevista nº 515 do CUOHP com Ernő Garnadi, e Erik Durschmied, *Unsung Heroes*, Londres, Hodder and Stoughton, 2003.
25. Fryer, *Hungarian Tragedy,* p. 74-82.
26. Memorando da discussão do National Security Council, 9-10h42; Washington D.C. FRUS 1955-1957, vol. 25.
27. Ibid.
28. Strassen a Eisenhower, Biblioteca Eisenhower, Abilene, Kansas.
29. William Colby, *Honorable Men: My Life in the CIA,* Nova York, Simon and Schuster, 1978, p. 134-5.
30. Arquivo do Presidente Russo. F.3. Op.64.D.484. Publicado in Cold War International History Project Bulletin 5, primavera de 1955. Traduzido por Johanna Granville.
31. FRUS 1955-1957, vol. 25.

Capítulo Vinte e Três

1. Rádio Kossuth, 27 de outubro de 1956.
2. Conversa com o autor.
3. Conversa do autor com Ágnes Gergely.
4. Dora Scarlett, *Window onto Hungary,* Bradford, Broadacre, 1959, p. 224.
5. Ibid.
6. Fryer, *Hungarian Tragedy,* p. 96.
7. Conversa do autor com Csaba Békés, abril de 2004.
8. Ibid.
9. A respeito de Tildy, ver Károly Vigh, *Zóltan Tildy élétútja,* Békéscsaba,Tevan Kiadó, 1991, e também Kővágó, *You Are All Alone.*
10. Para material bibliográfico a respeito de Béla Kovács, ver Mária Palasik, *Béla Kovács 1908-1959,* Budapeste, Occidental Press, 2002.
11. Lendvai, *The Hungarians,* p. 489-92.
12. Meray, CUOHP, Entrevista nº 567.

13. Rádio Miskolc Livre, 27 de outubro de 1956.
14. Gosztonyi, *Föltámadott a tenger.*
15. Ibid.
16. Malaschenko, "Memoirs of an Eyewitness", p. 241-8.
17. Citado por Ilaria Fiore, jornalista da Legação Italiana.
18. CUOHP, Entrevista nº 227 com János Péterfalvy.
19. Alexander Kirov, in Györkei e Horváth, *Soviet Military Intervention,* p. 140-45.
20. Ibid.
21. Ibid.
22. Peer de Silva, *Sub Rosa.*
23. Kecskeméti, *The Unexpected Revolution,* p. 80-84.
24. Ver os telegramas de Mikoian e Suslov para o Kremlin, Arquivo do Presidente da Federação Russa.
25. Béla Király, National Security Archive, Cold War Interviews, CNN, 1998, e em conversa com o autor em Budapeste, abril de 2004.
26. Litván, *The Hungarian Revolution,* p. 92-8.
27. Spencer Barnes ao Departamento de Estado, Telegrama nº 168, FRUS 1955-1957, vol. 20.
28. Ambrose, *Ike's Spies,* p. 128-34.
29. Discurso feito por John Foster Dulles, 27 de outubro de 1956.
30. Rádio Kossuth, 27 de outubro, às 21h.
31. Molnár, *Budapest 1956,* p. 135-9.
32. Rádio Győr Livre, 27 de outubro de 1956.
33. György Köver, *Géza Losonczy 1917-1957,* Budapeste, 1956-os, 1998 e Meray, *Thirteen Days,* p. 107-10.
34. Ouvido e relatado por Péter Kende, Aczél, Meray e Losonczy.

Capítulo Vinte e Quatro

1. Ver Tibor Meray, CUOHP, Entrevista nº 567, e conversa do autor com Béla Király, abril de 2004, Budapeste.
2. Malaschenko, "Memoirs of an Eyewitness", p. 241-8.
3. Ibid.
4. Barber, *Seven Days of Freedom,* p. 88-91.
5. Györkei e Horváth, *Soviet Military Intervention,* p. 63-72.
6. Ibid.
7. Ver os vários telegramas de Mikoian e Suslov, Arquivo do Presidente da Federação Russa.
8. Ibid.
9. Ibid.
10. Ibid.

11. Alexander Kirov, in Györkei e Horváth, *Soviet Military Intervention,* p. 130-34.
12. Malaschenko, "Memoirs of an Eyewitness", p. 240-48.
13. Györkei e Horváth, p. 41-6.
14. Notas de trabalho do Comitê Central do Partido Comunista Soviético, 28 de outubro de 1956, Centro de Guarda de Documentos Contemporâneos, Moscou. "Notas Malin", F.3.Op.12.D.1005, publicado in Cold War International History Project Bulletin 8/9, inverno de 1996-1997.
15. Ibid.
16. Entrevista com Hegedüs in National Security Archive, Cold War Interviews, CNN, novembro de 1998.
17. Békés, Byrne e Rainer, *The 1956 Hungarian Revolution,* p. 203-7.
18. Soloviov e Klepikova, *Yuri Andropov,* p. 16-18.
19. Kopácsi, *In the Name of the Working Class,* p. 159-68.
20. Soloviov e Klepikova, *Yuri Andropov,* p. 18-19.
21. Conversa do autor com Béla Király.
22. Kopácsi, *In the Name of the Working Class,* p. 159-68.
23. Taubman, *Kruschev,* p. 294-9.
24. Békés, Byrne e Rainer, *The 1956 Hungarian Revolution,* p. 203-7.
25. Ambrose, *Eisenhower,* p. 351-60.
26. Békés, Byrne e Rainer, *The 1956 Hungarian Revolution,* transcrições da REL, p. 286-90.
27. Ibid.
28. Ibid.
29. REL, 28 de outubro de 1956.
30. Ibid.
31. Gravações de conversas telefônicas, Biblioteca Eisenhower, Abilene, Kansas.

Capítulo Vinte e Cinco

1. Litván, *The Hungarian Revolution,* p. 91-7.
2. Pesquisa de opinião feita com os refugiados húngaros, conduzida pela REL, novembro de 1957. National Security Archive, Washington.
3. Em conversa com o autor.
4. Meray, *Thirteen Days,* p. 111-15.
5. Entrevista do autor com Béla Király, abril de 2005.
6. Revista *Life,* fevereiro de 1957, e artigo de Király in *East Europe* nº 7, 1958.
7. Ibid.
8. Ibid.
9. Ibid.
10. Kopácsi, *In the Name of the Working Class,* p. 177-85.

11. Sobre a política de Maléter, ver Péter Gosztonyi, “General Maléter: A Memoir”, in Problems of Communism, março/abril de 1966, e Péter Gosztonyi, “The General of the Revolution”.
12. George Gábori, *When Evils Were Most Free,* p. 270-76.
13. Ver os telegramas de Mikoian e Suslov.
14. Gábori, *When Evils Were Most Free,* p. 270-76.
15. Eörsi, *A Széna tériek.*
16. Gábori, *When Evils Were Most Free,* p. 270-76.
17. Ibid.
18. Ibid.
19. *Magyar Függetlenség* (*Independência Húngara*), 3 de outubro de 1956.
20. Entrevista com Jenő Széll, Arquivo da História Oral, Instituto de Estudos da Revolução Húngara de 1956, Budapeste.
21. Entrevista nº 470 com György Szabó, CUOHP.
22. Ambrose, *Eisenhower,* p. 359.
23. Charles Bohlen ao Departamento de Estado, Moscou, Telegrama 992, FRUS 1955-1957.
24. Ibid.
25. Barnes ao Departamento de Estado, Telegrama 180, FRUS 1955-1957.
26. Ambrose, *Eisenhower,* p. 355-7.
27. Entrevista nº 567 com Tibor Meray, CUOHP.
28. Conversa com o autor, abril de 2004.
29. Meray, *Thirteen Days,* p. 142-9.
30. Kopácsi, *In the Name of the Working Class,* p. 177-85.
31. Ver Gosztonyi, “The General of the Revolution”.
32. Kopácsi, *In the Name of the Working Class,* p. 177-85.
33. Leslie Bain, *The Reluctant Satellites: An Eyewitness Report from Eastern Europe and the Hungarian Revolution,* Nova York, Macmillan, 1960, p. 92-8.
34. Ibid.
35. Litván, *The Hungarian Revolution,* p. 86-9.
36. Conversa do autor com Ágnes Gergely.
37. *Népszava,* 1º de novembro de 1956.

Capítulo Vinte e Seis

1. A. J. Cavendish, United Press, 30 de outubro de 1956.
2. Ibid.
3. Publicado pela primeira vez in *Pravda* em 31 de outubro de 1956.
4. Nikita Kruschev, org. por Strobe Talbott, *Kruschev Remembers: The Glasnost Tapes,* Nova York, Little, Brown, 1990, p. 180-96.
5. Ibid.

6. Notas de trabalho do Comitê Central do Partido Comunista Soviético, 30 de outubro de 1956. Centro de Guarda de Documentos Contemporâneos, Moscou. "Notas Malin", F.3. Op. 12.D. 1006. Publicado in Cold War International History Project Bulletin 9, inverno de 1996-1997.
7. Kopácsi, *In the Name of the Working Class,* p. 190-98.
8. Ibid.
9. Ibid.
10. John Sadovy, revista *Life,* dezembro de 1956.
11. Ibid.
12. *New York Herald Tribune,* Paris, 16 de dezembro de 1956, e também em Cardeal Mindszenty, *Memoirs.*
13. Ibid.
14. Testemunho do monsenhor Egon Turchányi, *New York Herald Tribune,* 15 de junho de 1958.
15. Mindszenty, *Memoirs.*
16. Rádio Kossuth, 30 de outubro de 1956.
17. Paul Zinner, *National Communism and Popular Revolt in Eastern Europe,* Nova York, Columbia University Press, 1956, p. 126-34.
18. Rádio Győr Livre, 30 de outubro de 1956.
19. Entrevista nº 567 com Tibor Meray, CUOHP.
20. Rádio Kossuth Livre, 30 de outubro de 1956.
21. Ambrose, *Eisenhower,* p. 356-60.
22. Eisenhower Diaries, Biblioteca Eisenhower, Abilene, Kansas.
23. Telegramas do Arquivo do Presidente Russo, Moscou.
24. Ibid.
25. Békés, Byrne e Rainer, *The 1956 Hungarian Revolution,* p. 203-7.
26. Bohlen ao Departamento de Estado, telegramas 1040 e 1044, FRUS 1955-1957, vol. 20.
27. Agência de Notícias Húngara, 31 de dezembro.
28. Rainer, *Imre Nagy.*
29. Citado em Pryce-Jones, *The Hungarian Revolution,* p. 92-3.
30. Ibid.
31. Rádio Kossuth Livre, 30 de outubro.
32. Huszár, *János Kádár.*

Capítulo Vinte e Sete

1. Sergei Kruschev, *Nikita Kruschev: An Inside Account of the Man and his Era,* Nova York, Little, Brown, 1990, p. 196-9.
2. Ibid.
3. Ibid.

4. Ibid.
5. Ibid.
6. Ivan Serov, Telegrama altamente confidencial ao Comitê Central do Partido Comunista Soviético, 28 de outubro de 1956. Centro de Guarda de Documentos Contemporâneos, Moscou. F.89.Per.45. Dok 10, traduzido por Johanna Granville.
7. Ibid.
8. Ivan Serov, Telegrama altamente confidencial ao Comitê Central do Partido Comunista Soviético, 29 de outubro de 1956. Centro de Guarda de Documentos Contemporâneos, Moscou. F.89.Per.45. Dok 11, traduzido por Johanna Granville.
9. Taubman, *Kruschev,* p. 297.
10. Notas de trabalho do Comitê Central do Partido Comunista Soviético, 31 de outubro. Centro de Guarda de Documentos Contemporâneos, Moscou. "Notas Malin", F.3. Op. 12.D. Ll 1006. Publicado in Cold War International History Project Bulletin 8/9, inverno de 1996-1997.
11. Ibid.
12. Ibid.
13. Protocolo nº 54. Arquivo do Comitê Central do Partido Comunista Romeno, Bucareste. F. Biroul Politic, Doc. 355/56.
14. Corneliu Mihai Lungu, *1956 Explozia Bucharest,* Bucareste, Editura Univers Enciclopedic, 1956.
15. Relatório do coronel-general Vaclav Kratochivil, chefe do Estado-Maior da Tchecoslováquia, 29 de outubro de 1956, altamente secreto. Arquivo do Ministério da Defesa Tcheco, Praga. GS/OS 2/8-39 b.
16. Kramer, "The Soviet Union and the 1956 Crises in Poland and Hungary", p. 39-42.
17. Ibid.
18. Ibid.
19. Taubman, *Kruschev,* p. 297.
20. Ibid.
21. Malaschenko, "Memoirs of an Eyewitness", p. 248-53.
22. Barnes ao Departamento de Estado, telegrama 200, 31 de outubro de 1956, FRUS 1955-1957.
23. Király, revista *Life,* fevereiro de 1957.
24. Király, National Security Archive, Cold War Interviews, CNN, 1998.
25. Rádio Europa Livre, 31 de outubro de 1956.
26. Tibor Meray, Entrevista no. 567, CUOHP.
27. Rádio Europa Livre, 31 de outubro de 1956.
28. Rádio Kossuth Livre, 31 de outubro de 1956.
29. Rádio Viena e Rias (Berlim), 31 de outubro de 1956.
30. Rádio Kossuth Livre, 31 de outubro.
31. *Eisenhower Diaries*, Biblioteca Eisenhower, Abilene, Kansas.
32. Ibid.

33. Kopácsi, *In the Name of the Working Class,* p. 203-9.
34. Conversa de Király com o autor.
35. Gergely Pongrácz, National Security Archive, Cold War Interviews, CNN, novembro de 1998.
36. Conversa de Király com o autor, abril de 2004.
37. Entrevista com Jenő Széll, Arquivo da História Oral, Instituto de Estudos da Revolução Húngara de 1956, Budapeste.
38. Tibor Meray, Entrevista no. 567, CUOHP.
39. Entrevista com Jenő Széll, conforme indicado acima.
40. Ibid.
41. Nikita Kruschev, *Kruschev Remembers,* p. 180-84.

Capítulo Vinte e Oito

1. Király, revista *Life,* fevereiro de 1957.
2. Ibid.
3. Tibor Meray, *Thirteen Days,* p. 203-15.
4. Rainer, *Imre Nagy.*
5. Nikita Kruschev, *Kruschev Remembers,* p. 421-5.
6. Ibid.
7. Relatório de Iuri Andropov para o Comitê Central do Partido Comunista Soviético, Altamente Secreto, Arquivo do Presidente da Federação Russa, Moscou, RF 059a. Op.4, p.6. D. 5. Publicado por János Rainer, "The Other Side of the Story", *Hungarian Quarterly* nº 129, primavera de 1993.
8. Heltai, *The End in Hungary.*
9. Discurso de Maléter, Rádio Kossuth Livre, 1º de novembro de 1956.
10. Ibid.
11. Barber, *Seven Days of Freedom,* p. 145-51.
12. Kramer, "The Soviet Union and the 1956 Crises in Poland and Hungary", p. 38-43.
13. Ibid.
14. Ibid.
15. Relatório de Andropov ao Kremlin, conforme citado acima.
16. Tibor Meray, Entrevista no. 567, CUOHP.
17. Heltai, *The End in Hungary.*
18. Ibid.
19. Györkei e Horváth, *Soviet Military Intervention,* p. 55-61.
20. Ibid.
21. Relatório de Andropov ao Kremlin, conforme citado acima.
22. Borhi, *Hungary in the Cold War,* p. 243-9.
23. Ibid.
24. Burlatsky, *Kruschev and the First Russian Spring,* p. 88-94.

25. Király in National Security Archive, Cold War Interviews, CNN, novembro de 1998.
26. Memorando da 302ª reunião do National Security Council, Washington, FRUS 1955-1957, vol. 25.
27. Rádio Europa Livre, 31 de outubro de 1956.
28. Relatório de Andropov ao Kremlin, conforme citado acima.
29. Brian Urquhart, *Hammarskjöld,* Londres, Bodley Head, 1973, p. 241-4.
30. United Nations Special Committee Report on the Problems in Hungary, Nova York, General Assembly Official Records, 1957.
31. Heltai, *The End in Hungary.*
32. Ibid.
33. Rádio Kossuth Livre, 1º de novembro de 1956.
34. Meray, *Thirteen Days,* p. 213-19.
35. Rádio Kossuth Livre, 1º de novembro de 1956.
36. Citado em Haraszti-Taylor, *The Hungarian Revolution,* p. 210.
37. Huszár, *János Kádár.*
38. Malaschenko, "Memoirs of an Eyewitness", p. 243-51.

Capítulo Vinte e Nove

1. Litván, *The Hungarian Revolution,* p. 119-24.
2. Conversa de Mátyás Sárközi com o autor.
3. Kővágó, *You are All Alone,* p. 160-72.
4. Heltai, "The End in Hungary".
5. Rádio Kossuth Livre, 2 de novembro de 1956.
6. Conversa de Gegely Pongrácz com o autor.
7. Béla Király, revista *Life,* fevereiro de 1957.
8. György Heltai, entrevista no programa de televisão Westdeutsche Rundfunk, "Die Toten kehren wieder", junho de 1968.
9. Kopácsi, *In the Name of the Working Class,* p. 192-8.
10. Entrevista com Jenő Széll, Arquivo da História Oral, Instituto de Estudos da Revolução Húngara de 1956, Budapeste.
11. Ibid.
12. Tibor Meray, Entrevista no. 567, CUOHP.
13. Notas da reunião do Comitê Central do Partido Comunista Soviético, com János Kádár e Ferenc Münnich, 2 de novembro de 1956. Centro de Guarda de Documentos Contemporâneos, Moscou. "Notas Malin". F.3.Op. 12. D. 1006. Ll 23-30. Publicado in Cold War International History Project Bulletin 8/9, inverno de 1996/1997, traduzido por Mark Kramer.
14. Ibid.
15. Alexander Kirov in Györkei e Horváth, *Soviet Military Intervention,* p. 152-7.

16. Malaschenko, "Memoirs of an Eyewitness", p. 246-53.
17. Király, revista *Life,* fevereiro de 1957.
18. Coronel Lajos Csiba, entrevista no programa de televisão Westdeutsche Rundfunk, "Die Toten kehren wieder", junho de 1968.
19. Ibid.
20. Király, revista *Life,* fevereiro de 1957.
21. Ibid.
22. Ibid.
23. Conversa de Király com o autor, abril de 2004.
24. Ibid.
25. Nikita Kruschev, *Kruschev Remembers,* p. 180-84.
26. Ibid.
27. Micunovic, *Moscow Diary,* p. 138-42.
28. Ibid.
29. Gergely Pongrácz, National Security Archive, Cold War Interviews, CNN, novembro de 1998.
30. Ejaz Hussein, *Dawn,* Karachi, 15 de novembro de 1956.
31. Dulles Papers, Biblioteca Eisenhower, Abilene, Kansas, caixa 18.

Capítulo Trinta

1. Meray, *Thirteen Days,* p. 232-5.
2. Ibid.
3. Entrevista com Maléter feita por Noel Barber, Londres, *Daily Mail,* 4 de novembro.
4. Coletiva de imprensa com Zoltán Tildy, e também na Rádio Kossuth Livre, 3 de novembro de 1956.
5. Meray, *Thirteen Days,* p. 240-45.
6. Notas da reunião do Comitê Central do Partido Comunista Soviético, 3 de novembro de 1956. Centro de Guarda de Documentos Contemporâneos, Moscou. "Notas Malin". F. 3. Op. 12 D. 1006. L. 31-330b. Publicado in Cold War International History Project Bulletin 8/9, inverno de 1996-1997.
7. Ibid.
8. Ibid.
9. György Pálóczi-Horváth, "János Kádár and Schizophrenia", *Der Monat,* Berlim, março de 1957.
10. Huszár, *János Kádár.*
11. Király, revista *Life,* fevereiro de 1957.
12. Ibid.
13. Ibid.
14. Coletiva de imprensa com Tildy e Losonczy e na Rádio Kossuth Livre, 3 de novembro de 1956.

15. Ibid.
16. Király, revista *Life,* fevereiro de 1957.
17. Kopácsi, *In the Name of the Working Class,* p. 210-18.
18. Ignotus, *Hungary,* p. 250-51.
19. Péter Gosztonyi, "The General of the Revolution".
20. Entrevista com Lajos Csiba no programa de televisão Westdeutsche Rundfunk, "Die Toten kehren wieder", junho de 1968.
21. Entrevista com Judith Gyenes, Arquivo da História Oral, Instituto de Estudos da Revolução Húngara de 1956, Budapeste.
22. Dwight Eisenhower Diaries, Biblioteca Eisenhower, Abilene, Kansas.
23. Urquhart, *Hammarskjöld,* p. 242-3.
24. Király, revista *Life,* fevereiro de 1957.
25. In Gosztonyi, "The General of the Revolution"; "Maleter's Last Days", artigo de Kopácsi in *Irodalmi Ujsag,* Paris, maio de 1978; in United Nations Special Committee on the Problems in Hungary, Nova York, General Assembly Official Records, 1957.
26. Kopácsi, *In the Name of the Working Class,* p. 210-18.
27. Ibid.

Capítulo Trinta e Um

1. Király, revista *Life,* fevereiro de 1957 e em conversa com o autor, maio de 2004.
2. Malaschenko, "Memoirs of an Eyewitness", p. 258-63.
3. Kopácsi, *In the Name of the Working Class,* p. 210-18.
4. Borhi, *Hungary in the Cold War,* p. 243-51.
5. Malaschenko, "Memoirs of an Eyewitness", p. 258-63.
6. Conversa de Éva Walkó com o autor.
7. Király, revista *Life,* fevereiro de 1957.
8. Conversa de Király com o autor.
9. Ver Békés, Byrne e Rainer, *The 1956 Hungarian Revolution,* p. 214-16.
10. Barber, *Seven Days of Freedom,* p. 190-98.
11. Escrito por Nagy, mas nunca publicado ou transmitido, de acordo com CNN, Cold War History, junho de 1998.
12. Ver Soloviov e Klepikova, *Yuri Andropov,* p. 22-4.
13. Kádár, Rádio do Governo, Szombathely, 4 de novembro de 1956.
14. Litván, *The Hungarian Revolution,* p. 121-4.
15. Malaschenko, "Memoirs of an Eyewitness", p. 258-63.
16. Ibid.
17. Alexander Kirov in Györkei e Horváth, *Soviet Military Intervention,* p. 164-8.
18. Gergely Pongrácz, National Security Archive, Cold War Interviews, CNN, 1998, e em conversa com o autor.

19. Ibid.
20. Entrevista na Radio Free Europe, 18 de outubro de 1996.
21. Rádio Kossuth Livre, 4 de novembro de 1956.
22. Ver Vigh, *Zoltán Tildy.*
23. Kopácsi, *In the Name of the Working Class,* p. 219-25.
24. István Bibó, *Összegyűjtött munkái* (*Trabalhos Reunidos*), Berna, Európai Protestáns Magyar Szabadegyetem, 1993.
25. Ibid.
26. Notas da reunião do Comitê Central do Partido Comunista Soviético, 4 de novembro de 1956. Centro de Guarda de Documentos Contemporâneos, Moscou. "Notas Malin". F. 3. Op. 12. D. 1006. Publicado in Cold War International History Project Bulletin 10, março de 1998.
27. Carta de Eisenhower a Nikolai Bulganin, FRUS 1955-1957.
28. Robert Murphy, *Diplomat among Warriors,* Londres, Collins, 1964, p. 380.
29. Wailes ao Departamento de Estado, FRUS 1955-1957.

Capítulo Trinta e Dois

1. Kővágó, *You Are All Alone,* p. 245.
2. Entrevista nº 478 com Vázul Végyvári, CUOHP.
3. Király, revista *Life,* fevereiro de 1957, e também em conversa com o autor em abril de 2004.
4. Ibid.
5. Conversa de Király com o autor.
6. Litván, *The Hungarian Revolution,* p. 120-24.
7. Ibid.
8. Mikes, *The Hungarian Revolution,* p. 146-52.
9. Györkei e Horváth, *Soviet Military Intervention,* p. 98-104.
10. *Népszabadság,* 12 de novembro de 1956.
11. Huszár, *János Kádár.*
12. *Népszabadság,* 15 de novembro de 1956.
13. Ver Békés, Byrne e Rainer, *The 1956 Hungarian Revolution,* p. 213-15.
14. Kopácsi, "Maléter's Last Days".
15. Relatório do vice-ministro do Interior soviético M. N. Holodkov. Holodkov para o ministro do Interior Duddorov, 15 de novembro de 1956. Arquivo do Presidente da Federação Russa. F. 3. Op.4. D. 486, publicado in *Sovietskii Soyuz i vengerskii krizis 1956,* Moscou, ROSSPEN, 1998.
16. Huszár, *János Kádár.*
17. István Szabó, Entrevista no. 249, CUOHP.
18. Ver Hannah Arendt, *As Origens do Totalitarismo,* São Paulo, Companhia das Letras, 1989.

Capítulo Trinta e Três

1. Ver Békés, Byrne e Rainer, *The 1956 Hungarian Revolution,* p. 366-72.
2. Ibid.
3. Micunovic, *Moscow Diary,* p. 132-41.
4. *Népszabadság,* 15 de novembro de 1956.
5. Ver Békés, Byrne e Rainer, *The 1956 Hungarian Revolution,* p. 366-72.
6. Ibid.
7. Szász, *Volunteer for the Gallows,* p. 198.
8. Discurso de Tito em Pula, 11 de novembro de 1956, publicado in *Borba,* Belgrado, 16 de novembro de 1956.
9. Relatos extraídos de UN Special Report on Hungary; entrevista com Dalibor Soldatic no jornal *Vjesnik,* Zagreb, 28 de novembro de 1977; relatos de Júlia Rajk a Béla Szász e Miklós Molnár, *Budapeste 1956.*
10. Ibid.
11. Ver Békés, Byrne e Rainer, *The 1956 Hungarian Revolution,* p. 366-72.
12. *Népszabadság,* 26 de novembro de 1956.
13. Litván, *The Hungarian Revolution,* p. 131-6.
14. Molnár, *Budapest 1956,* p. 219-26.
15. Entrevista com Mária Wittner, Arquivo da História Oral, Instituto de Estudos da Revolução Húngara de 1956, Budapeste.

Capítulo Trinta e Quatro

1. Meray, *Thirteen Days,* p. 252-6.
2. *Népszabadság,* 27 de novembro de 1956.
3. Ver Békés, Byrne e Rainer, *The 1956 Hungarian Revolution,* p. 366-72.
4. Ibid.
5. *Népszabadság,* 27 de novembro de 1956.
6. Ver Békés, Byrne e Rainer, *The 1956 Hungarian Revolution,* p. 366-72.
7. Sergei Kruschev, *Nikita Kruschev,* p. 201-5.
8. Ver Békés, Byrne e Rainer, *The 1956 Hungarian Revolution,* p. 366-72.
9. János Kádár, Relatório para o Comitê Executivo do Partido dos Trabalhadores Socialistas Húngaros, 2 de abril de 1957. Arquivos Nacionais Húngaros, 228. f. 5/20.
10. Ver Békés, Byrne e Rainer, *The 1956 Hungarian Revolution,* p. 366-72.
11. Ibid.
12. Ata do Comitê Central do Partido Comunista Húngaro, 21 de dezembro de 1957, Arquivos Nacionais Húngaros, 228. f. 4/14/1, publicada por Károla Némethné Vagyi et al., *A Magyar Szocialista Munkáspárt Központi Bizottságának 1957-1958,* Budapeste, Magyar Országos Levéltár.

13. Huszár, *János Kádár.*
14. Sergei Kruschev, *Nikita Kruschev.*
15. Ata do Comitê Central do Partido dos Trabalhadores Socialistas Húngaros, 21 de dezembro de 1957, conforme mencionado acima.

Pós-escrito

1. Ver Ambrose, *Eisenhower,* p. 358-61.
2. Registros das conversas telefônicas, Biblioteca Eisenhower, Abilene, Kansas.
3. *New York Times,* 14 de novembro de 1956.
4. Gergely Pongrácz, National Security Archive, Cold War Interviews, CNN, 1998.
5. Em conversa com o autor.
6. Relatório de William Griffith, Policy Review of Voice for Free Hungary Programming, National Security Archive, série "Flashpoints".
7. Ibid.
8. Estudo de Monitoramento da Rádio Europa Livre, citando em Békés, Byrne e Rainer, *The 1956 Hungarian Revolution,* p. 464-72.
9. Aczél, *Ten Years After* e na Entrevista nº 500, CUOHP.
10. Arquivo do Instituto de Estudos da Revolução Húngara de 1956, Budapeste.
11. *The New Republic,* Nova York, 7 de janeiro de 1957.
12. Eisenhower entrevistado por Walter Cronkite, CBS, 23 de novembro de 1961.
13. Henry Kissinger, *Diplomacy,* Nova York, Simon and Schuster, 1994, p. 566.
14. Conclusões sobre a Hungria, US Congressional Committee on Foreign Affairs, Biblioteca do Congresso, Washington, 1957.
15. Citado em Urquhart, Hammarskjöld, p. 246.
16. Ibid.
17. Ibid.
18. Nikita Kruschev, *KruschevRemembers,* p. 180-84.
19. Burlatsky, *Kruschev and the First Russian Spring,* p. 92-3.
20. Barber, *Seven Days of Freedom,* p. 226-9.
21. Jean-Paul Sartre, *O Fantasma de Stalin,* Rio de Janeiro, Editora Paz e Terra, 1967.
22. Ibid.
23. Richard Milhous Nixon em 20 de novembro de 1956, na Áustria.
24. Litván, *The Hungarian Revolution,* p. 156-60.
25. Ibid.
26. Em conversa com o autor.
27. George Mikes in Reg Gadney, *Cry Hungary,* Londres, Weidenfeld and Nicholson, 1986, p. 13.
28. Lendvai, *The Hungarians,* p. 498-503.

BIBLIOGRAFIA

ACZÉL, Tamás (org.). *Ten Years After (Dez Anos Depois)*. Londres: MacGibbon and Kee, 1966.

ACZÉL, Tamás e MERAY, Tibor. *The Revolt of the Mind: A Case Study of Intellectual Resistance Behind the Iron Curtain (A Revolta da Mente: Um Estudo de Caso da Resistência Intelectual atrás da Cortina de Ferro)*. Londres: Thames and Hudson, 1960.

ALDRICH, Richard. *The Hidden Hand: Britain, America and Cold War Secret Intelligence (A Mão Escondida: Inglaterra, América e a Inteligência Secreta da Guerra Fria)*. Londres: John Murray, 2001.

AMBROSE, Stephen. *Eisenhower: Soldier and President (Eisenhower: Soldado e Presidente)*. Nova York: Simon and Schuster, 1990.

__________. *Ike's Spies: Eisenhower and the Espionage Establishment (Os Espiões de Ike: Eisenhower e o* Establishment *da Espionagem)*. Nova York: Simon and Schuster, 1981.

ARENDT, Hannah. *As Origens do Totalitarismo*. São Paulo: Companhia das Letras, 1989.

BAIN, Leslie. *The Reluctant Satellites: An Eyewitness Report from Eastern Europe and the Hungarian Revolution (Os Satélites Relutantes: Um Relato de uma Testemunha Ocular Acerca da Europa Oriental e da Revolução Húngara)*. Nova York: Macmillan, 1960.

BARBER, Noel. *Seven Days of Freedom (Sete Dias de Liberdade)*. Londres: Macmillan, 1973.

BÉKÉS, Csaba, BYRNE, Malcom e RAINER, János (orgs.). *The 1956 Hungarian Revolution: A History in Documents (A Revolução Húngara de 1956: Uma História em Documentos)*. Budapeste: Central European University Press, 2002.

BÉKÉS, Csaba. *Cold War, Détente and the 1956 Hungarian Revolution (Guerra Fria,* Détente *e a Revolução Húngara de 1956)*. Budapeste: Ekonvy III, 1996-1997.

__________. *The 1956 Hungarian Revolution in World Politics (A Revolução Húngara de 1956 na Política Mundial)*. Budapeste: 1956-os Intézet, 1996.

BORHI, László. *Hungary in the Cold War, 1945-1956: Between the United States and the Soviet Union (Hungria na Guerra Fria, 1945-1956: Entre os Estados Unidos e a União Soviética)*. Budapeste: Central University Press, 2004.

BOURGIN, Simon. "The Well of Discontent" ("O Poço de Descontentamento"), in *Hungarian Quarterly* 142 e 143, primavera/verão de 1996.

BURLATSKY, Fedor. *Kruschev and the First Russian Spring (Kruschev e a Primeira Primavera Russa)* [tradução para o inglês de Daphne Skillen]. Londres: Weidenfeld and Nicolson, 1991.

COUTTS, Charles. "Eyewitness in Hungary" ("Testemunha Ocular na Hungria"), in *Daily Worker*, Londres, 1957.

COX, Terry (org.). *Hungary 1956 – Forty Years On (Hungria 1956 – Quarenta Anos Mais Tarde)*. Londres: Frank Cass, 1997.

EÖRSI, László. *Corvinsatak, 1956: A VIII kerulet fegyveres csoportjai (Os Rebeldes do Corvin de 1956: Três Grupos Armados do 8º Distrito)*. Budapeste: 1956-os Intézet, 2001.

__________. *Ferencvaros 1956: The Armed Groups of the District (Ferencvaros 1956: Os Grupos Armados do Distrito)*. Budapeste: 1956-os Intézet, 1997.

__________. *A Széna tériek 1956 (O Povo da Praça Széna)*. Budapeste: 1956-os Intézet, 2004.

FALUDY, György. *My Happy Days in Hell (Meus Dias Felizes no Inferno)*. Londres: André Deutsch, 1962.

FERRELL, Robert. *The Eisenhower Diaries (Os Diários de Eisenhower)*. Nova York: Norton, 1981.

FONTAINE, André. *La Guerre Froide (A Guerra Fria)*. Paris: Fayard, 1970.

FRYER, Peter. *Hungarian Tragedy (Tragédia Húngara)*. Londres: Dobson Books, 1957.

GÁBORI, George. *When Evils Were Most Free (Quando as Maldades Eram Mais Livres)*. Ottawa: Deneau and Co., 1981.

GADNEY, Reg. *Cry Hungary (Chore Hungria)*. Londres: Weidenfeld and Nicolson, 1986.

GATI, Charles. *The Bloc That Failed: Soviet-East European Relations in Transition (O Bloco que Fracassou: Relações Soviéticas com o Leste Europeu em Transição)*. Bloomington: Indiana University Press, 1990.

GOSZTONYI, Péter. *Föltámadott a tenger ... 1956: A Magyar Október története (O Mar se Ergueu... 1956: Uma História da Revolução Húngara, 3ª ed)*. Budapeste: Népszava, 1986.

__________. "The General of the Revolution" ("O General da Revolução"), in *The Review*. Bruxelas, vol. 5, 1963.

GROSE, Peter. *Gentleman Spy: The Life of Allen Dulles (Espião Cavalheiro: A Vida de Allen Dulles)*. Londres: André Deutsch, 1995.

GYÖRKEI, Jenő e HORVÁTH, Miklós (orgs.). *Soviet Military Intervention in Hungary, 1956 (Intervenção Militar Soviética na Hungria, 1956)*. Budapeste: Central European University Press, 1999.

HADJU, Tibor. "Soviet Foreign Policy towards Hungary, 1953-1956" ("Política externa soviética em relação à Hungria, 1953-1956"), in *20th Century Hungary and the Great Powers (Hungria do Século XX e as Grandes Potências)*. Organizado por I. Romsics. Nova Jersey: Highland Lakes, 1995.

HÁY, Gyula. *Born 1900 (Nascido em 1900)* [Tradução para o inglês de J. A. Underwood]. Londres: Hutchinson, 1974.

HIXSON, William. *Parting the Curtain: Propaganda, Culture and the Cold War, 1945-1961 (Partindo a Cortina: Propaganda, Cultura e a Guerra Fria, 1945-1961).* Londres: Macmillan, 1997.

HODOS, George. *Show Trials: Stalinist Purges in Eastern Europe, 1948-1954 (Julgamentos-espetáculo: Expurgos Stalinistas no Leste Europeu)* . Nova York: Praeger, 1987.

HUSZÁR, Tibor. *János Kádár: Politikai életrajza 1912-1956 (A Biografia Política de János Kádár, 1912-1956).* Budapeste: Szabad Tér Kiadó, 2001.

IGNOTUS, Paul. *Hungary (Hungria).* Londres: Benn, 1972.

__________. *Political Prisoner (Prisioneiro Político).* Londres: Routledge and Kegan Paul, 1959.

KECSKEMÉTI, Paul. *The Unexpected Revolution: Social Forces in the Hungarian Uprising (A Revolução Inesperada: Forças Sociais no Levante Húngaro).* Stanford: Stanford University Press, 1961.

KHRUSHCHEV, Sergei. *Nikita Khrushchev and the Creation of a Superpower (Nikita Kruschev e a Criação de uma Superpotência).* University Park: Penn State University Press, 2000.

KISSINGER, Henry. *Diplomacy (Diplomacia).* Nova York: Simon and Schuster, 1994.

KONRÁD, György. *Loser (Perdedor).* Nova York: Harcourt Brace International, 1984.

KOPÁCSI, Sándor. *In the Name of the Working Class (Em Nome da Classe Trabalhadora).* Nova York: Grove Press, 1986.

LASKY, Melvin (org.). *The Hungarian Revolution: A White Book (A Revolução Húngara: Um Livro Branco).* Londres: Secker and Warburg, 1957.

LENDVAI, Paul. *The Hungarians (Os Húngaros).* Londres: Hurst, 2003.

LITVÁN, Georg (org.). *The Hungarian Revolution of 1956: Reform, Revolt, Repression 1953-1956 (A Revolução Húngara de 1956: Reforma, Revolta, Repressão, 1953-1956).* Nova York: Longman, 1996.

LOMAX, Bill. *Hungary, 1956 (Hungria, 1956).* Londres: Allison and Busby, 1976.

LUKÁCS, Georg. *Record of a Life (Registro de Uma Vida).* Londres: Verso, 1983.

MARCHIO, James. "Resistance Potential and Rollback: US Intelligence and the Eisenhower Administration's Policies toward Eastern Europe, 1953-56" ("Potencial da Resistência e Recuada: Inteligência dos Estados Unidos e as Políticas da Administração Eisenhower Relativas ao Leste Europeu, 1953-56"), in *Intelligence and National Security,* vol. 10, nº 2, abril de 1995.

MÁRTON, Endre. *The Forbidden Sky (O Céu Proibido).* Boston: Little, Brown, 1971.

MEDVEDEV, Roy. *Khrushchev (Kruschev).* Oxford: Blackwell, 1982.

__________ e MEDVEDEV, Zhores. *Khrushchev: The Years in Power (Kruschev: Os Anos no Poder).* Londres: Oxford University Press, 1977.

MERAY, Tibor. *Thirteen Days that Shook the Kremlin (Os Treze Dias que Abalaram o Kremlin).* Londres: Thames and Hudson, 1959.

MICUNOVIC, Veljko. *Moscow Diary (Diário de Moscou).* Nova York: Doubleday, 1980.

MIKES, George. *The Hungarian Revolution (A Revolução Húngara)*. Londres: André Deutsch, 1957.

MOLNÁR, Miklós. *Budapest 1956 (Budapeste 1956)*. Londres: Allen and Unwin, 1971.

__________. *From Béla Kun to János Kádár: Seventy Years of Hungarian Communism (De Béla Kun a János Kádár: Setenta Anos de Comunismo Húngaro)*. Oxford: Berg, 1991.

NAGY, Imre. *On Communism: In Defense of the New Course (Sobre o Comunismo: Em Defesa do Novo Curso)*. Nova York: Praeger, 1957.

NYARÁDY, Nicholas. *My Ringside Seat in Moscow (Minha Poltrona na Primeira Fila em Moscou)*. Nova York: Crowell, 1952.

PALASIK, Mária. *Béla Kovács 1908-1958*. Budapeste: Occidental Press, 2002.

PÁLOCZI-HORVÁTH, György. *The Undefeated (Os Invictos)*. Londres: Secker and Warburg, 1959.

__________. *Kruschev: The Road to Power (Kruschev: A Estrada Rumo ao Poder)*. Londres: Secker and Warburg, 1960.

POLCZ, Alaine. *One Woman in the War (Uma Mulher na Guerra)*. Budapeste: Central European University Press, 2002.

PONGRÁCZ, Gergely. *Corvin Köz – 1956 (O Beco Corvin – 1956)*. Budapeste: Magyar Színkör Kisszövetkezet, 1989.

PRADOS, John. *Lost Crusader: The Secret Wars of CIA Director William Colby (Cruzador Perdido: As Guerras Secretas do Diretor da CIA William Colby)*. Nova York: Oxford University Press, 2003.

PRYCE-JONES, David. *The Hungarian Revolution (A Revolução Húngara)*. Londres: Benn, 1969.

PÜNKÖSTI, Árpád. *Rákosi a Csúcson (Rákosi no Poder)*. Budapeste: Europa, 1996.

RAINER, János. *Nagy Imre, Politikai életrajz (Imre Nagy: Uma Biografia Política)*, 2 vols. Budapeste: Intézet, 1996 e 1999.

RÁKOSI, Mátyás. *Visszaemlékezések 1944-1956 (Memórias: 1944-1956)*. Budapeste: Napvilág Kiadó, 1997.

RIPP, Zoltán. *Ötvenhat októbere és a hatalom (Outubro de 1956 e o Poder)*. Budapeste: Napvilág Kiadó, 1991.

SARTRE, Jean-Paul. *O Fantasma de Stalin*. Rio de Janeiro: Paz e Terra, 1967.

SAUNDERS, Frances Stonor. *Quem Pagou a Conta? A CIA na Guerra Fria da Cultura*. Rio de Janeiro: Record, 2008.

SCARLETT, Dora. *Window onto Hungary (Uma Janela para a Hungria)*. Bradford: Broadacre, 1959.

SHAWCROSS, William. *Crime and Compromise: János Kádár and the Politics of Hungary since Revolution (Crime e Comprometimento: János Kádár e a Política da Hungria desde a Revolução)*. Londres: Weidenfeld and Nicolson, 1974.

SOLOVYOV, Vladimir, e Elena KLEPIKOVA. *Yuri Andropov: A Secret Passage into the Kremlin (Iuri Andropov: Uma Passagem Secreta para o Kremlin)*. Londres: Robert Hale, 1984.

SRODES, James. *Allen Dulles: Master of Spies (Allen Dulles: Mestre dos Espiões)*. Nova York: Regnery Publishing, 1999.

SZÁSZ, Béla. *Volunteer for the Gallows (Voluntário Para o Cadafalso)*. Londres: Chatto and Windus, 1971.

TAUBMAN, William. *Kruschev: The Man and His Era (Kruschev: O Homem e Sua Era)*. Londres: The Free Press, 2003.

TÉGLÁS, Csaba. *Budapest Exit: A Memoir of Fascism, Communism, and Freedom (Saída de Budapeste: Memórias sobre Fascismo, Comunismo e Liberdade*. College Station: Texas A&M University Press, 1998.

UNWIN, Peter. *Voice in the Wilderness: Imre Nagy and the Hungarian Revolution (Voz na Imensidão: Imre Nagy e a Revolução Húngara)*. Londres: MacDonald, 1991.

UNGVÁRY, Krisztián. *The Siege of Budapest: One Hundred Days in World War II (O Cerco de Budapeste: Cem Dias na Segunda Guerra Mundial)*. New Haven e Londres: Yale University Press, 2005.

URBAN, George. *The Nineteen Days: A Broadcaster's Account of the Hungarian Revolution (Os Dezenove Dias: Relato de um Comentarista sobre a Revolução Húngara)*. Londres: Heinemann, 1957.

__________. *Radio Free Europe and the Pursuit of Democracy (Rádio Europa Livre e a Busca pela Democracia)*. New Haven e Londres: Yale University Press, 1997.

URQUHART, Brian. *Hammarskjöld*. Londres: Bodley Head, 1973.

VÁLI, Ferenc. *Rift and Revolt in Hungary (Racha e Revolta na Hungria)*. Cambridge: Harvard University Press, 1961.

VÍGH, Károly. *Zoltán Tildy életútja (Biografia de Zoltán Tildy)*. Békéscsaba: Tevan Kiadó, 1991.

WALKER, Martin. *The Cold War (A Guerra Fria)*. Londres: 4th State, 1993.

ZINNER, Paul. *Revolution in Hungary (Revolução na Hungria)*. Nova York: Columbia University Press, 1962.

ÍNDICE REMISSIVO

Conheça mais sobre nossos livros e autores no site
www.objetiva.com.br

Disque-Objetiva: (21) 2233-1388

Este livro foi impresso na
LIS GRÁFICA E EDITORA LTDA.
Rua Felício Antônio Alves, 370 – Bonsucesso
CEP 07175-450 – Guarulhos – SP – Fax: (11) 3382-0778
Fone: (11) 3382-0777 – e-mail: lisgrafica@lisgrafica.com.br